ullstein

Der Quantensprung ins neue Bewusstsein

Ganz allmählich tritt ein neues Bewusstsein in unsere Welt. Ein Bewusstsein, das sich mit Begriffen wie transzendental und spirituell bezeichnen lässt. Sobald wir lernen, diese Entwicklung zu fördern und aufrechtzuerhalten, wird unsere Welt einen Quantensprung machen. James Redfields Bestseller beschreibt diesen Quantensprung in Form einer spannenden Erzählung. Abenteuergeschichte und Buch der Erkenntnisse in einem, trifft dieser Roman den Nerv der Zeit und hat bereits Millionen von Leserinnen und Lesern die geistigen und spirituellen Voraussetzungen für das neue Zeitalter nahegebracht.

JAMES REDFIELD studierte Soziologie an der Universität in Auburn, Alabama. Er begann neben seiner Arbeit als Therapeut in der Kinderhilfe sein erstes Buch zu schreiben. Im Mai 1993 veröffentlichte er im Selbstverlag *Die Prophezeiungen von Celestine*, das schnell zum Kultbuch wurde. James Redfield arbeitet und lebt mit seiner Frau in Florida und leitet Workshops und Meditationsgruppen, die sich mit der Veränderung des menschlichen Bewusstseins in unserem Millennium befassen.

James Redfield

Die Prophezeiungen von Celestine

Ein Abenteuer. Das spirituelle Kultbuch

Aus dem Amerikanischen von
Thomas Görden und Olaf Kraemer

Ullstein

Besuchen Sie uns im Internet:
www.ullstein.de

Ungekürzte Neuausgabe im Ullstein Taschenbuch
1. Auflage Juli 2023
3. Auflage 2026

Titel der amerikanischen Originalausgabe: *The Celestine Prophecy. An Adventure (Grand Central Publishing, USA)*

Bei Fragen zur Produktsicherheit wenden Sie sich bitte an produktsicherheit@ullstein.de.
Umschlaggestaltung: zero-media.net, München
Titelmotiv: © FinePic®, München
Satz: Pinkuin Satz und Datentechnik, Berlin
Gesetzt aus der Sabon Next
Druck und Bindearbeiten: ScandBook, Litauen
ISBN 978-3-548-06795-7

Für Virginia Redfield

Und die Verständigen werden leuchten
wie der Glanz der Himmelsfeste;
und die, welche die vielen zur
Gerechtigkeit gewiesen haben,
leuchten wie die Sterne immer und ewig.
Und du, Daniel, halte die Worte geheim und
versiegle das Buch bis zur Zeit des Endes!
Viele werden suchend umherstreifen, und die
Erkenntnis wird sich mehren.

DANIEL 12:3

Danksagung

So viele Menschen hatten Einfluss auf das Entstehen dieses Buches, dass es mir unmöglich ist, ihnen allen an dieser Stelle zu danken. Besonderer Dank gebührt Alan Shields, Jim Gamble, Mark Lafountain, Marc und Debra McElhaney, Dan Questenberry, BJ Jones, Bobby Hudson, Joy und Bob Kwapien, Michael Ryce und allen voran meiner Frau Salle.

Inhalt

Anmerkung des Autors

Seit über einem halben Jahrhundert manifestiert sich in der menschlichen Welt zunehmend ein neues Bewusstsein, eine Bewusstheit, die nur als transzendent bezeichnet werden kann, als zutiefst spirituell. Wenn Sie dieses Buch lesen, gehören Sie vermutlich zu den Menschen, die bereits spüren, was geschieht, und es in ihrem Inneren wahrnehmen.

In diesem Moment der Geschichte scheinen wir besonders auf unseren eigenen Lebensprozess eingestimmt zu sein – auf jene zufälligen Ereignisse, die für uns bedeutsam sind, sich zum genau richtigen Zeitpunkt ereignen und uns mit den genau richtigen Menschen zusammenführen, wodurch unser Leben plötzlich in eine neue, inspirierende Richtung gelenkt wird.

Vielleicht mehr als zu anderen Zeiten erfassen wir intuitiv die höhere Bedeutung dieser geheimnisvollen Fügungen. Wir wissen, dass es im Leben in Wahrheit um eine spirituelle Entfaltung geht, die persönlich, bezaubernd und magisch ist – und bisher gelang es keiner unserer Philosophien und Religionen, diese Entfaltung wirklich zu erklären.

Und wir wissen noch etwas. Wir wissen, dass dann, wenn wir verstehen, was geschieht, und wie wir diesen Wachstumsprozess aktivieren und in Gang halten können, unsere Welt einen Quantensprung hin zu einer völlig neuen Lebensweise machen wird – zu einer Lebensweise, deren Verwirklichung die Menschheit während ihrer gesamten Geschichte angestrebt hat.

Die folgende Geschichte soll diese neuen Einsichten fördern. Wenn Sie sich von ihr berührt fühlen, wenn sich dabei für Sie etwas herauskristallisiert, das Sie Ihr Leben besser verstehen lässt, dann geben Sie Ihre neu gewonnenen Einsichten an andere weiter – denn ich glaube, dass sich unsere neue Bewusstheit für das Spirituelle genau auf diese Weise verbreitet, nicht mehr durch Hype und Modetrends, sondern auf persönlichem Weg, indem die Menschen sich untereinander austauschen und gemeinsam dieses positive neue Bewusstsein entdecken.

Alles, was jeder von uns tun muss, ist, die eigenen Zweifel und Ablenkungen einmal lange genug auszuschalten. Dann kann auf wunderbare Weise diese neue Realität zu unserer eigenen werden.

James Redfield, im Herbst 2018

Eine kritische Masse

Ich parkte meinen Wagen vor dem Restaurant und lehnte mich im Sitz zurück, um mich einen Moment zu sammeln. Drinnen würde Charlene darauf warten, mit mir zu reden, und ich fragte mich, weshalb gerade jetzt? Seit sechs Jahren hatte ich kein Sterbenswort von ihr gehört. Weshalb tauchte sie ausgerechnet auf, nachdem ich beschlossen hatte, mich für einige Zeit in die Einsamkeit der Wälder zurückzuziehen?

Ich stieg aus dem Wagen und ging in Richtung Restaurant. Hinter meinem Rücken versank die Sonne und tauchte den Parkplatz in ein tiefes, bernsteinfarbenes Gold.

Vor kaum einer Stunde noch war die ganze Gegend von einem kurzen, aber heftigen Gewittersturm gebeutelt worden. Jetzt hatte der Sommerabend sich abgekühlt und erfrischt, und das allmählich schwindende Tageslicht verlieh der Szenerie eine fast surreale Stimmung. Über mir schob sich der Halbmond durch die Wolken.

Während ich auf das Restaurant zuging, schossen mir alte Bilder von Charlene durch den Kopf. Würde sie noch so schön und ernsthaft sein wie früher? Wie sehr würden die Jahre sie verändert haben? Und was sollte ich von dem Manuskript halten, das sie erwähnt hatte – jene seltsame und scheinbar uralte Handschrift, die man vor Kurzem in

Südamerika gefunden hatte und von deren Inhalt sie mir jetzt so dringend berichten wollte?

»Ich werde zwei Stunden Aufenthalt am Flughafen haben«, hatte sie am Telefon gesagt. »Können wir uns zum Abendessen treffen? Die Botschaft der Handschrift wird dich begeistern – du magst doch diese Art von Geheimnissen.« Welche Art von Geheimnissen? Ich hatte keine Ahnung, wovon sie redete.

Das Restaurant war überfüllt. Einige Paare standen herum und warteten auf ihre Tische. Als ich endlich die Empfangsdame aufgetrieben hatte, erklärte sie mir, dass Charlene mich bereits an einem der Tische erwartete, und führte mich dann zu einer kleinen Galerie über dem eigentlichen Speisesaal.

Ich ging die Stufen hoch, und mir fiel auf, dass einer der Tische dort von einer Gruppe Menschen regelrecht belagert wurde. Unter ihnen auch zwei Polizisten, die sich unvermittelt umdrehten und an mir vorbei die Stufen hinabeilten. Während sich die Umstehenden zerstreuten, gelang es mir endlich, einen Blick auf die Person zu werfen, die derart im Mittelpunkt des Interesses stand – es war Charlene.

»Was ist los, Charlene? Stimmt was nicht?«

Mit gespielter Erschöpfung warf sie den Kopf in den Nacken, erhob sich und schenkte mir ihr berühmtes Lächeln. Ich bemerkte, dass sie ihre Haare irgendwie anders trug, ansonsten war ihr Gesicht jedoch noch genauso, wie ich es in Erinnerung hatte, die gleichen feinen und sensiblen Züge, ein breiter Mund und riesige blaue Augen.

»Du wirst es nicht für möglich halten«, sagte sie und zog mich freundlich an sich. »Aber vor ein paar Minuten hat mir, als ich auf der Toilette war, jemand meinen Aktenkoffer gestohlen.«

»Wichtige Sachen?«

»Nichts Besonderes, bloß ein paar Bücher und Zeitungen, die ich im Flugzeug lesen wollte. Eine verrückte Sache. Die anderen Gäste sagten, dass jemand schnurstracks auf meinen Tisch zugegangen sei, den Koffer griff und wieder verschwand. Sie gaben der Polizei eine Beschreibung der Person, und die Cops durchsuchen jetzt die Gegend.«

»Soll ich ihnen dabei helfen?«

»Ach was, vergiss es. Ich habe kaum noch Zeit und will mit dir reden.«

Ich nickte, und Charlene schlug vor, wir sollten uns endlich setzen. Ein Kellner näherte sich, also überflogen wir die Speisekarte und bestellten. Danach plauderten wir ein paar Minuten. Obwohl ich mich bemühte, die Folgen meiner selbstauferlegten Einsamkeit herunterzuspielen, hatte Charlene meine Geistesabwesenheit sofort bemerkt. Sie beugte sich vor und lächelte.

»Also, was ist nun wirklich mit dir los?«, fragte sie.

Ich blickte ihr in die Augen und merkte, dass sie echtes Interesse an der Frage zu haben schien. »Du musst immer gleich die ganze Geschichte hören, stimmt's?«

»Immer«, bestätigte sie.

»Nun, um ehrlich zu sein, nehme ich mir einfach etwas Zeit für mich. Ich lebe unten am See und denke daran, meinem Leben eine völlig andere Richtung zu geben.«

»Ich erinnere mich an den See. Ich dachte, deine Schwester und du, ihr hättet das Haus dort verkauft.«

»Bisher noch nicht. Aber da das Land so nah an der Stadtgrenze liegt, werden andauernd die Steuern erhöht.«

Sie nickte. »Und was dann?«

»Ich weiß noch nicht. Irgendetwas ganz anderes.«

Sie sah mich neugierig an. »Klingt, als seist du ebenso rastlos wie alle anderen heutzutage.«

»Möglich«, sagte ich. »Wie kommst du darauf?«

»Es steht in dem Manuskript.«

Schweigend erwiderte ich ihren Blick.

»Erzähl mir von dieser Handschrift«, sagte ich.

Sie lehnte sich zurück, als müsste sie ihre Gedanken sammeln, dann blickte sie mir wieder in die Augen. »Ich glaube, ich habe dir bereits am Telefon erzählt, dass ich vor einigen Jahren meinen Job bei der Zeitung aufgegeben habe und bei einem Forschungsunternehmen anfing, das im Auftrag der UN mit der Erhebung kultureller und demografischer Veränderungen beauftragt ist. Mein letzter Auftrag dort führte mich nach Peru.

Während einiger Recherchen an der Universität von Lima stieß ich immer wieder auf Gerüchte über den Fund einer alten Handschrift – allerdings schien niemand in der Lage, mir Genaueres zu sagen, nicht einmal das Archäologische oder das Ethnologische Institut. Als ich mich mit der Regierung in Verbindung setzte, leugnete man dort jede Kenntnis von der Schrift. Schließlich erzählte mir jemand, dass die Regierung die Existenz des Dokumentes aus irgendeinem Grund zu unterschlagen versuchte. Doch Genaueres wusste er auch nicht.

Du weißt ja, wie neugierig ich bin«, fuhr sie fort. »Sobald mein eigentlicher Auftrag erfüllt war, entschied ich mich, noch ein paar Tage zu bleiben und der Sache auf den Grund zu gehen. Zuerst geriet ich von einer Sackgasse in die nächste. Aber eines Tages aß ich in einem

Café außerhalb von Lima zu Mittag und bemerkte, dass ich von einem alten Priester beobachtet wurde. Nach ein paar Minuten trat er schließlich an meinen Tisch und gestand, dass er am Morgen des gleichen Tages von meiner Suche nach dem Manuskript gehört hatte. Er weigerte sich zwar, mir seinen Namen zu geben, willigte aber ein, mir alle meine Fragen zu beantworten.«

Einen Augenblick zögerte sie und schaute mich dabei unverwandt an. »Er behauptete, dass die Handschrift aus dem Jahr 600 vor Christus stamme und eine massive Transformation der menschlichen Gesellschaft voraussagt.«

»Für wann?«

»Für die letzten Jahrzehnte des zwanzigsten Jahrhunderts.«

»Für jetzt?«

»Ja, jetzt.«

»Um was für eine Transformation soll es sich denn handeln?«, fragte ich.

Sie wirkte ein wenig verlegen, bevor sie mit Nachdruck weitersprach. »Der Priester ließ mich wissen, dass es sich um eine Wiedergeburt des Bewusstseins handelt, die sehr langsam vonstattengeht. Sie ist spiritueller und nicht religiöser Natur. Wir sind angeblich dabei, etwas bahnbrechend Neues über die menschliche Lebensform auf diesem Planeten zu entdecken, etwas, das uns den Sinn unserer Existenz erklären und unsere Kultur dramatisch verändern wird.«

Wieder hielt sie inne und fügte dann hinzu: »Der Priester sagte mir, dass die Handschrift aus unterschiedlichen Abschnitten bestehe, von denen jeder eine besondere

Erkenntnis über unser Leben enthält. Die Schrift sagt voraus, dass die Menschen unserer Zeit damit beginnen werden, diese Erkenntnisse eine nach der anderen zu verstehen und sich dadurch auf eine vollkommen spirituelle Daseinsform zu bewegen.«

Ich schüttelte den Kopf und hob zynisch eine Augenbraue. »Und das glaubst du?«

»Nun«, sagte sie. »Ich bin zumindest der Ansicht …«

»Schau dich doch um«, unterbrach ich sie und zeigte auf die Gäste des Restaurants im Raum unter uns. »Das hier ist die Realität. Kannst du irgendeine Veränderung erkennen?«

Gerade als ich das gesagt hatte, dröhnte eine zornige Bemerkung von einem der Tische an der Wand gegenüber durch den Raum. Ich verstand nicht, worum es ging, doch war die Bemerkung laut genug gewesen, um das gesamte Lokal verstummen zu lassen. Zunächst dachte ich, es sei ein weiterer Diebstahl passiert, dann merkte ich, dass es sich lediglich um eine gewöhnliche Auseinandersetzung handelte. Eine etwa dreißigjährige Frau war erregt aufgesprungen und starrte angewidert auf den ihr gegenübersitzenden Mann.

»Nein«, schrie sie, »das Problem ist, dass diese Beziehung nicht so läuft, wie ich sie mir vorstelle! Verstehst du? Sie läuft verdammt noch einmal nicht!« Sie rang um ein wenig Fassung, warf ihre Serviette auf den Tisch und verließ das Lokal.

Charlene und ich starrten uns einen Augenblick lang an, einigermaßen schockiert über den Ausbruch, der sich genau in dem Augenblick ereignet hatte, als wir über die Leute im Lokal unter uns gesprochen hatten. Schließlich deutete Charlene mit einer Kopfbewegung in Richtung des Tisches, an dem der Mann jetzt allein saß, und sagte: »Genau diese Realität ist dabei, sich zu verändern.«

»Wie?«, fragte ich, immer noch leicht genervt.

»Die Transformation beginnt mit der so genannten Ersten Erkenntnis, und wenn man dem Priester glauben kann, steigt diese Erkenntnis zunächst aus dem Unterbewussten auf und äußert sich in Form einer tiefen inneren Unruhe.«

»Unruhe?«

»Genau das.«

»Und dann?«

»Genau das ist es! Zuerst sind wir verunsichert. Dem Manuskript zufolge beginnt damit unsere Einsicht in eine andere, neue Form des Erlebens... Gewisse Lebenssituationen scheinen urplötzlich eine andere Qualität zu haben, sie sind intensiver und anregender. Doch wissen wir weder, was das Wesen dieser Erfahrung ist, noch wie wir diese inspirierenden Momente halten können. Und wenn sie vorüber sind, fühlen wir uns unbefriedigt und rastlos, gefangen in einem Leben, das nun wieder gewöhnlich und uninteressant zu sein scheint.«

»Du meinst, dass innere Unruhe hinter dem Ausbruch der Frau gestanden hat?«

»Ja. Sie unterscheidet sich darin kein bisschen von uns. Wir alle suchen nach einem kleinen bisschen mehr Erfüllung und wollen nichts mehr mit Dingen zu tun haben, die uns runterziehen. Diese Unruhe steht hinter dieser ›Ich-zuerst‹-Einstellung der letzten Jahrzehnte und betrifft jeden, von den Jungs auf der Wall Street bis hin zu denen in den Straßengangs.«

Sie sah mir direkt in die Augen. »Und was Beziehungen

angeht, haben wir so hohe Anforderungen entwickelt, dass wir sie nahezu unmöglich machen.«

Automatisch erinnerte ich mich bei diesen Worten an meine beiden letzten Beziehungen. Beide hatten mit der gleichen Intensität begonnen und waren vor Ablauf eines Jahres gründlichst gescheitert. Als ich meine Aufmerksamkeit wieder Charlene zuwandte, wartete sie noch auf meine Antwort.

»Und was machen wir in unseren Beziehungen falsch?«, fragte ich.

»Auch darüber habe ich mit dem Priester lange Zeit gesprochen«, erwiderte sie. »Er meint, dass ein Krieg der Egos unvermeidlich ist, wenn beide Partner innerhalb einer Beziehung zu fordernd sind und vom anderen verlangen, in seiner Welt aufzugehen oder für seine Aktivitäten dauernd verfügbar zu sein.«

Was sie sagte, kam mir nur allzu bekannt vor. Meine beiden letzten Beziehungen waren im wahrsten Sinne des Wortes zu reinen Machtkämpfen verkommen. In beiden hatte sich ein starker Interessenkonflikt gezeigt, war alles zu schnell gegangen. Wir hatten uns zu wenig Zeit genommen, um über unsere unterschiedlichen Ansichten zu sprechen, Ansichten darüber, was wir mit unserer Zeit anfangen sollten, welchen Weg wir einschlagen und welchen Interessen wir gemeinsam nachgehen sollten. Am Ende war der Streit darüber, wer den Ton angab und den Tagesablauf bestimmte, zu einem unüberwindlichen Hindernis geworden.

»Aufgrund dieser Machtkämpfe«, fuhr Charlene fort »wird es immer schwieriger, mit einer Person für längere Zeit zusammenzubleiben.«

»Klingt nicht sonderlich spirituell.«

»Das habe ich dem Priester auch gesagt«, erwiderte sie. »Doch er gab zu bedenken, dass die meisten gesellschaftlichen Missstände auf diese innere Unruhe zurückzuführen seien; dass diese Probleme nur vorübergehender Natur sind und schließlich überwunden werden. Dann werden wir endlich verstehen, wonach wir eigentlich suchen und was diese scheinbar so erfüllende Erfahrung in Wirklichkeit ausmacht. Und in dem Augenblick werden wir die Erste Erkenntnis gewonnen haben.«

Das Essen kam, und wir unterbrachen unser Gespräch, während der Kellner Wein nachschenkte und wir gegenseitig von unseren Tellern naschten. Als sie über den Tisch langte, um sich einen Bissen Lachs von meinem Teller zu angeln, rümpfte sie die Nase und kicherte. Mir fiel wieder auf, wie sehr ich ihre Gesellschaft genoss.

»Okay«, sagte ich schließlich. »Nach welcher Erfahrung suchen wir? Wie lautet die Erste Erkenntnis?«

Sie zögerte, als sei sie sich nicht sicher, wo genau sie anfangen sollte. »Das lässt sich nicht so einfach erklären«, sagte sie. »Der Priester hat es folgendermaßen ausgedrückt. Er sagte: Die Erste Erkenntnis wird wirksam, sobald wir uns der Zufälle in unserem Leben bewusst werden.«

Sie beugte sich vor. »Hast du jemals eine Eingebung oder Ahnung bei irgendeinem Vorhaben gehabt, vielleicht wenn es um eine Veränderung in deinem Leben ging? Dich gefragt, wie genau es funktionieren könnte? Und nachdem du die Sache wieder halb vergessen hattest, führte dich eine Begegnung, irgendein Buch oder ein bestimmter Ort genau zu deinem Ziel.

Im Augenblick häufen sich diese Zufälle, und jedes Mal, wenn sie sich ereignen, scheint es uns, als reichten sie weit über unseren Begriff von reinem Zufall oder Glück hinaus. Ein Gefühl der Vorherbestimmung tritt ein, so als würde unser Leben durch eine unerklärliche Kraft gesteuert. Dieses Erleben hat etwas Geheimnisvolles und Aufregendes, und deshalb fühlen wir uns lebendiger.

Der Priester erklärte, dass wir alle bereits kurze Momente dieser Empfindung hatten und bemüht sind, diesen Zustand festzuhalten. Jeden Tag sind mehr Menschen davon überzeugt, dass diese mysteriösen Gefühlsregungen echt sind, dass sie etwas zu bedeuten haben, dass noch etwas Anderes hinter unserem Alltag liegt. Sich dessen voll bewusst zu sein, darin besteht die Erste Erkenntnis.«

Sie blickte mich erwartungsvoll an, doch ich sagte nichts.

»Verstehst du nicht?«, fragte sie. »Die Erste Erkenntnis ist eine neue Sicht auf das Geheimnis des menschlichen Lebens. Wir alle unterliegen diesen merkwürdigen Fügungen, und obwohl wir sie noch nicht verstehen, wissen wir doch, dass sie real sind. Wie damals in unserer Kindheit fühlen wir, dass noch eine andere Seite des Lebens existiert, eine, die es noch zu entdecken gilt – etwas, was sich hinter den Kulissen abspielt.«

Charlene lehnte sich noch weiter vor und gestikulierte wild, während sie sprach.

»Du glaubst wirklich daran, nicht wahr?«, fragte ich.

»Ich erinnere mich an Zeiten«, sagte sie streng, »in denen du derjenige gewesen wärst, der über derartige Erfahrungen gesprochen hätte.«

Diese Bemerkung traf mich. Sie hatte recht. Es hatte in

meinem Leben tatsächlich eine Zeit gegeben, in der ich derartige Fügungen erlebt und sogar versucht hatte, sie psychologisch zu verstehen. Doch irgendwann hatte sich meine Betrachtungsweise verändert. Aus irgendeinem Grund hatte ich damit begonnen, derartige Betrachtungen für unreif und unrealistisch zu halten, und schließlich ganz aufgehört, sie zur Kenntnis zu nehmen.

Ich blickte Charlene in die Augen und verteidigte mich. »Vermutlich beschäftigte ich mich zu jener Zeit gerade mit östlicher Philosophie oder christlicher Mystik. Wie dem auch sei, das, was du die Erste Erkenntnis nennst, ist bereits tausendfach beschrieben worden. Was soll jetzt plötzlich neu daran sein? Auf welche Weise kann die Wahrnehmung irgendwelcher geheimnisvoller Begebenheiten zur Transformation der menschlichen Kultur führen?«

Charlene blickte einen Moment lang vor sich auf den Tisch und dann wieder mir in die Augen.

»Versteh mich nicht falsch«, sagte sie. »Dieses Bewusstsein ist natürlich schon vorher erfahren und beschrieben worden. Der Priester wies mich extra darauf hin, dass es sich bei der Ersten Erkenntnis nicht um etwas sonderlich Neues handelt. Er sagte, dass sich einzelne Menschen immer dieser unerklärlichen Fügungen bewusst gewesen seien und dass sie hinter vielen großen philosophischen und religiösen Ansätzen stehen. Der Unterschied besteht in der Häufigkeit ihres Auftretens. Dem Priester zufolge ist jetzt die Zeit für die Transformation gekommen, weil sich immer mehr Individuen dieser Fügungen bewusst sind.«

»Und was genau soll das bedeuten?«, fragte ich.

»Er sagte, dass sich die Anzahl dieser Menschen mit dem Einsetzen der sechsten Dekade des zwanzigsten Jahrhunderts sprunghaft vermehren würde. Er meinte weiterhin, dass die Zahl bis zum Beginn des nächsten Jahrhunderts drastisch zunehmen wird, bis die kritische Masse erreicht ist.

Das Manuskript sagt voraus, dass unsere Kultur die schicksalhaften Fügungen ernst nehmen wird, sobald die kritische Masse erreicht ist. Dann werden Menschen massenhaft vor der Frage stehen, welchem geheimnisvollen Prozess menschliches Leben auf unserem Planeten unterliegt. Und genau diese Frage, zur gleichen Zeit von genügend Menschen gestellt, wird dafür sorgen, dass weitere Erkenntnisse in unser Bewusstsein drängen. Wenn eine ausreichende Menge von Leuten ernsthaft beginnt zu hinterfragen, was Leben eigentlich bedeutet, so werden wir es auch herausfinden. Dann werden weitere Erkenntnisse enthüllt werden … eine nach der anderen.«

Sie nahm einen Bissen von ihrem Teller.

»Und haben wir diese Erkenntnisse erst einmal verstanden«, so hakte ich nach, »dann wird sich die gesamte menschliche Kultur verwandeln?«

»Das hat der Priester jedenfalls gesagt«, versicherte sie mir.

Für einen Augenblick starrte ich sie an und ließ die Idee einer kritischen Masse auf mich wirken. »Weißt du was? Für ein Manuskript aus dem Jahre 600 vor Christus klingt das ziemlich fortgeschritten.«

»Ich weiß«, gab sie zurück. »Diesen Einwand hatte ich auch. Doch der Priester versicherte mir, dass die Gelehrten, die als Erste mit der Übersetzung der Handschrift beauftragt waren, absolut keinen Zweifel an ihrer Authentizität hegen. Vor allem deshalb, weil das Manuskript in der gleichen Sprache geschrieben wurde wie auch ein Großteil des Alten Testaments, auf Aramäisch.«

»Aramäisch in Südamerika? Wie soll das 600 vor Christus möglich gewesen sein?«

»Das wusste der Priester auch nicht.«

»Steht seine Kirche hinter den Aussagen des Manuskriptes?«, fragte ich.

»Nein«, sagte sie. »Die meisten Geistlichen versuchen die Existenz der Handschrift mit allen Mitteln geheim zu halten. Deshalb wollte er mir seinen Namen nicht nennen. Offenbar stellte schon die Tatsache, dass er darüber sprach, eine große Gefahr für ihn dar.«

»Hat er erwähnt, weshalb die meisten der Kirchenleute dagegen sind?«

»Weil es die Allmacht ihrer Religion in Frage stellt.«

»Wie das?«

»Ich weiß es nicht genau. Er hat nicht viel darüber gesagt, aber offensichtlich gehen einige der Erkenntnisse so weit, dass manche der Kirchenältesten die traditionellen Inhalte ihrer Kirche in Frage gestellt sehen. Man ist offenbar der Ansicht, alles sei gut so, wie es ist.«

»Verstehe.«

»Der Priester war nicht der Meinung, dass die Handschrift die Grundsätze der Kirche untergrabe. Sie erklärt einfach die Bedeutung der spirituellen Wahrheit. Er war fest davon überzeugt, dass die Kirchenführer es ebenso sehen würden, sollte es ihnen gelingen, das Leben wieder als Mysterium zu begreifen und dadurch zu den anderen Erkenntnissen vorzudringen.«

»Hat er gesagt, wie viele dieser Erkenntnisse es gibt?«

»Nein, aber er hat die Zweite Erkenntnis erwähnt. Er sagte, dass es sich um eine wahrhaftigere Interpretation unserer jüngsten Geschichte handele, eine, die die Transformation angeblich noch weiter erhellt.«

»Hat er das ausgeführt?«

»Nein, dazu hatte er keine Zeit. Er musste fort, um sich um seine Angelegenheiten zu kümmern. Wir verabredeten uns für den Nachmittag in seinem Haus, doch als ich dort eintraf, war er nicht dort. Ich habe drei Stunden vergebens auf ihn gewartet. Schließlich musste ich gehen, um meinen Flug noch zu erwischen.«

»Willst du damit sagen, dass du danach nie wieder mit ihm gesprochen hast?«

»Genau das. Ich habe ihn nie wieder zu Gesicht bekommen.«

»Und von Regierungsseite hat dir auch niemand die Existenz dieses Manuskriptes bestätigt?«

»Niemand.«

»Wann war das?«

»Ungefähr vor sechs Wochen.«

Wir aßen eine Weile schweigend. Schließlich sah Charlene von ihrem Teller auf und fragte: »Was hältst du von der Sache?«

»Ich weiß nicht«, sagte ich. Ein Teil in mir bezweifelte zutiefst, dass Menschen überhaupt in der Lage waren, sich grundlegend zu verändern. Ein anderer Teil von mir war fasziniert von der Idee, dass ein derartiges Manuskript existierte.

»Hat er dir eine Kopie oder sonst einen Beweis für die Existenz der Schrift gezeigt?«, fragte ich.

»Nein, alles, was ich habe, sind meine Aufzeichnungen.«

Wir schwiegen wieder.

»Um ehrlich zu sein«, sagte sie, »habe ich gedacht, dass dich diese Sache ein bisschen mehr begeistern würde.«

Ich sah sie an. »Ich schätze, ich brauche einen Beweis dafür, dass das alles wahr ist.«

Sie grinste.

»Weshalb grinst du?«, fragte ich.

»Genau das habe ich auch gesagt.«

»Zu wem, dem Priester?«

»Ja.«

»Was hat er geantwortet?«

»Dass die Erfahrung der Beweis ist. Er meint, dass die Aussagen des Manuskriptes nur durch persönliche Erfahrungen gültig werden. Wenn wir wirklich darauf achten, wie wir uns fühlen und wie sich unser Leben zu diesem Zeitpunkt entwickelt, dann werden wir erkennen, dass die Handschrift einen Sinn ergibt, sie uns sogar bekannt vorkommt.« Sie zögerte einen Augenblick. »Geht es dir nicht so?«

Ich überlegte einen Augenblick. Ergab es wirklich einen Sinn? War jeder so rastlos wie ich, und wenn ja, resultierte diese Rastlosigkeit aus der simplen Einsicht – einer simplen Einsicht, die dreißig Jahre gebraucht hatte, um sich mitzuteilen –, dass mehr hinter dem Leben steckt, als wir wahrhaben wollten, mehr, als wir in der Lage waren zu erfahren?

»Ich bin mir nicht ganz sicher«, sagte ich schließlich, »vermutlich brauche ich ein wenig Zeit, um darüber nachzudenken.«

Ich trat hinaus in den Garten neben dem Restaurant und stellte mich hinter eine Bank aus Zedernholz, die vor einem Springbrunnen stand. Rechts von mir sah ich die blinkenden Lichter des Flughafens und hörte die brüllenden Turbinen eines Jets, der sich zum Start bereitmachte.

»Was für wunderschöne Blumen«, sagte Charlene von hinten. Ich drehte mich um und sah, wie sie den kleinen Pfad entlang auf mich zukam und dabei die Beete mit Petunien und Begonien bewunderte. Sie stellte sich neben mich, und ich legte ihr meinen Arm um die Schultern. Vor Jahren hatten wir beide in Charlottesville, Virginia, gewohnt und viele Abende mit Gesprächen verbracht. Meistens war es dabei um akademische Theorien oder psychologisches Wachstum gegangen. Uns hatten diese Gespräche gleichermaßen fasziniert – und wir uns gegenseitig auch. Trotzdem fiel mir mit einem Mal auf, wie platonisch unsere Beziehung immer verlaufen war.

»Ich kann dir gar nicht sagen, wie schön es ist, dich wieder zu sehen«, eröffnete sie das Gespräch.

»Geht mir auch so«, gab ich zurück. »Eine Menge Erinnerungen kommen bei mir hoch, wenn ich dich so sehe.«

»Ich frage mich, weshalb wir uns aus den Augen verloren haben«, sagte sie.

Ihre Frage brachte mich wieder auf den Boden der Tatsachen. Ich erinnerte mich, wie ich Charlene das letzte Mal gesehen hatte. Sie hatte mir am Auto auf Wiedersehen gesagt. Damals war ich voller neuer Ideen und Vorsätze gewesen und gerade dabei, meine Heimat zu verlassen, um mit misshandelten Kindern zu arbeiten. Ich bildete mir ein zu wissen, wie diese Kinder ihre intensiven Reaktionen und ihr obsessives Verhalten, das sie an ihrer Weiterentwicklung hinderte, überwinden konnten. Doch mit der Zeit hatte mein Ansatz versagt, und ich war gezwungen worden, mir meine völlige Unwissenheit einzugestehen. Auf welche Weise Menschen sich von ihrer Vergangenheit befreien konnten, war mir weiterhin ein Rätsel geblieben.

Blickte ich jetzt auf die letzten sechs Jahre zurück, so merkte ich, dass die Erfahrung sich gelohnt hatte. Trotzdem war mein innerer Drang, mich weiterzubewegen, stärker geworden. Doch wohin sollte ich gehen? Und was tun? Seit Charlene mir geholfen hatte, meine Theorien über Traumata der Kindheit auszuarbeiten, hatte ich nur ein paar Mal an sie gedacht, und jetzt war sie wieder hier, und unsere Unterhaltung schien mir genauso aufregend wie damals in Charlottesville.

»Ich glaube, ich bin vollkommen in meiner Arbeit untergetaucht«, sagte ich.

»Ich auch«, erwiderte sie. »Bei der Zeitung jagte eine Story die nächste. Zwischendurch hatte ich kaum Zeit aufzuschauen. Ich habe alles andere um mich herum vergessen.«

Ich drückte ihr sanft die Schulter. »Weißt du, Charlene, ich hatte völlig vergessen, wie gut wir uns unterhalten können; unsere Gespräche sind so spontan und mühelos.« Ich wollte noch mehr sagen, als Charlene mir plötzlich über die Schulter sah und in Richtung des Restaurants starrte. Ihr Gesicht war bleich, und mit einem Mal wirkte sie nervös.

»Was ist los?«, fragte ich und drehte mich ebenfalls um. Ein paar Leute schlenderten beiläufig über den Parkplatz, doch sonst war nichts Außergewöhnliches zu sehen. Charlene schien immer noch alarmiert und verwirrt.

»Was war?«, fragte ich wieder.

»Dort drüben, bei der ersten Reihe des Parkplatzes – hast du dort den Mann im grauen Hemd gesehen?«

Wieder ließ ich meinen Blick über den Parkplatz schweifen. Eine weitere Gruppe von Leuten verließ das Restaurant. »Welchen Mann?«

»Ich glaube, jetzt ist er weg«, sagte sie und streckte sich, um einen besseren Überblick zu bekommen.

Sie sah mir wieder in die Augen. »Man hat den Dieb, der meinen Aktenkoffer gestohlen hat, als Mann mit schütterem Haar und grauem Hemd beschrieben. Wenn mich nicht alles täuscht, habe ich ihn gerade drüben bei den Autos gesehen... Er hat uns beobachtet.«

Mein Magen zog sich vor Angst zusammen. Ich versicherte ihr, dass ich gleich wieder bei ihr sein würde und inspizierte den Parkplatz, wobei ich sie nicht aus den Augen ließ. Doch ich entdeckte niemanden, auf den die Beschreibung gepasst hätte.

Als ich wieder neben ihr stand, trat Charlene einen Schritt näher und sagte mit ruhiger Stimme: »Meinst du, dieser Kerl glaubt, dass ich eine Kopie des Manuskriptes habe? Hat er vielleicht deshalb meinen Aktenkoffer gestohlen?«

»Ich weiß nicht«, sagte ich. »Aber wir werden jetzt wieder die Polizei einschalten und sie darüber informieren, was du gesehen hast. Ich werde außerdem dafür sorgen, dass die Passagierliste deines Fluges überprüft wird.«

Wir begaben uns wieder ins Innere des Restaurants und riefen die Polizei. Als sie eintraf, lieferten wir eine kurze Beschreibung des Mannes. Zwanzig Minuten verbrachten sie damit, jeden Wagen auf dem Parkplatz zu überprüfen, dann erklärten sie uns, dass sie nicht noch mehr Zeit mit dem Fall verbringen könnten. Allerdings waren sie bereit, die Passagiere von Charlenes Flug zu überprüfen.

Nachdem die Polizei gegangen war, standen Charlene und ich allein am Springbrunnen.

»Wovon haben wir noch mal geredet, bevor der Kerl auftauchte?«, fragte sie.

»Wir haben über uns gesprochen«, antwortete ich. »Charlene, warum in aller Welt hast du mich in dieser Angelegenheit aufgesucht?«

Sie sah mich perplex an. »Als der Priester in Peru mir von dem Manuskript erzählte, musste ich immer wieder an dich denken.«

»Was du nicht sagst.«

»Damals habe ich mir nicht viel dabei gedacht«, fuhr sie fort. »Doch später, in Virginia, musste ich jedes Mal an dich denken, wenn mir das Manuskript einfiel. Ich hatte schon ein paar Mal den Hörer in der Hand, um dich anzurufen, doch es kam immer etwas dazwischen. Dann kam der Auftrag in Miami, und an Bord der Maschine stellte ich fest, dass ich hier Aufenthalt habe. Nach der Landung suchte ich im Telefonbuch nach deiner Nummer. Obwohl dein Anrufbeantworter sagte, dass man dich nur in Notfällen am See stören sollte, entschied ich, dass du in meinem Fall eine Ausnahme machen würdest.«

Einen Augenblick sah ich sie schweigend an und wusste nicht, was ich von ihr halten sollte. »Ich bin froh, dass du angerufen hast«, sagte ich schließlich.

Charlene warf einen schnellen Blick auf ihre Uhr. »Es wird Zeit. Ich muss zurück zum Flughafen.«

»Ich bringe dich hin«, sagte ich.

Wir fuhren zum Hauptgebäude und näherten uns den Schaltern. Aufmerksam hielt ich Ausschau nach etwas Außergewöhnlichem. Als wir den Schalter erreicht hatten, gingen die Passagiere bereits an Bord, und ein Polizist war damit beschäftigt, die Fluggäste zu observieren. Er versicherte uns, dass sich niemand an Bord der Maschine befinde, auf den die Beschreibung zutreffe.

Wir dankten ihm, und nachdem er gegangen war, drehte Charlene sich um und lächelte mich an. »Ich glaube, ich geh jetzt besser«, sagte sie, legte ihren Arm um meinen Hals und zog mich an sich. »Hier sind meine Telefonnummern. Diesmal sollten wir uns nicht aus den Augen verlieren.«

»Ich möchte, dass du auf dich aufpasst«, sagte ich. »Wenn irgendetwas Ungewöhnliches passiert, ruf sofort die Polizei!«

»Mach dir um mich keine Sorgen«, antwortete sie. »Mir passiert schon nichts.«

Einen Moment lang blickten wir einander tief in die Augen.

»Was wirst du nun in Bezug auf das Manuskript unternehmen?«, fragte ich.

»Ich weiß nicht. Auf neue Informationen warten, vermutlich.«

»Was, wenn sie unterdrückt werden?«

Sie schenkte mir ein bezauberndes Lächeln. »Wusste ich's doch«, sagte sie. »Du kannst jetzt schon an nichts anderes mehr denken. Ich habe dir ja gesagt, dass du begeistert sein würdest. Was wirst *du* wegen des Manuskriptes unternehmen?«

Ich zuckte mit den Achseln. »Aller Wahrscheinlichkeit nach werde ich versuchen, mehr darüber herauszufinden.«

»Gut. Wenn du es schaffst, lass es mich wissen.«

Wir verabschiedeten uns zum zweiten Mal, dann ging sie. Ich sah, wie sie sich noch einmal umdrehte, mir zuwinkte und dann in dem langen Korridor verschwand, der das Flughafengebäude mit der Maschine verband. Ich schlenderte zu meinem Geländewagen zurück und machte mich ohne Umwege auf den Rückweg zum See.

Daheim angekommen, setzte ich mich in einen der Schaukelstühle auf der mit Fliegendraht vergitterten Veranda. Die Grillen und Baumfrösche machten einen Heidenkrach und in weiter Ferne hörte ich den unverwechselbaren Ruf des schreienden Ziegenmelkers. Der Mond weiter westlich hing nun tiefer über dem See, sein Licht lief als durchbrochene Linie über die Oberfläche des Wassers direkt auf mich zu.

Es war ein interessanter Abend gewesen, doch was ihre Theorie der kulturellen Transformation anging, blieb ich weiterhin skeptisch. Wie viele in meiner Generation war auch ich dem sozialen Idealismus der Sechziger und Siebziger verfallen, selbst die spirituelle Suche der Achtziger hatte ich nicht ausgelassen. Was in Wirklichkeit vor sich ging, war allerdings weitaus schwerer zu beurteilen. Was sollte das für eine neue Information sein, die imstande wäre, die Welt des Menschen auf grundlegende Weise zu verändern? Das klang mir alles zu idealistisch und zu weit hergeholt. Schließlich und endlich lebten wir seit ewigen Zeiten auf diesem Planeten. Weshalb sollten wir ausgerechnet jetzt eine Erkenntnis über den Sinn unserer Existenz erhalten? Ich starrte noch ein paar Minuten auf das Wasser, dann löschte ich das Licht und ging ins Schlafzimmer, um zu lesen.

Am nächsten Morgen erwachte ich unvermittelt aus einem Traum, der mich bis weit in den Tag hinein verfolgte. Ein oder zwei Minuten lag ich auf dem Rücken im Bett, starrte an die Decke und konnte mich dabei an jedes Detail erinnern. Auf der Suche nach etwas hatte ich mir den Weg durch einen Wald gebahnt, einen Wald von immenser Größe und außergewöhnlicher Schönheit.

Im Lauf meiner Suche war ich immer wieder in Situationen geraten, in denen ich mir vollkommen verloren und verwirrt vorgekommen war und in denen ich beim besten Willen nicht mehr gewusst hatte, wie es weitergehen sollte. Auf geradezu unglaubliche Art war in diesen Momenten wie aus dem Nichts jedes Mal eine Person aufgetaucht, um mir dabei zu helfen, den nächsten Schritt zu planen. Der Gegenstand meiner Suche war mir nicht klar geworden, doch nach dem Traum fühlte ich mich unwahrscheinlich gut gelaunt und voller Selbstvertrauen.

Ich setzte mich im Bett auf und bemerkte einen Sonnenstrahl, der durch das Fenster in den Raum drang. Staubkörnchen tanzten glitzernd darin. Ich stand auf und zog die Vorhänge zurück. Der Tag war wunderschön: Blauer Himmel und strahlender Sonnenschein, eine schwache Brise bewegte die Baumwipfel. Um diese Tageszeit würde der See bewegt und glitzernd vor mir liegen und der Wind kühl über meine nasse Haut streichen, wenn ich aus dem Wasser kam.

Ich ging vor die Tür, und kopfüber sprang ich in den See. Ich kam an die Oberfläche und schwamm auf dem Rücken hinaus in die Mitte des Gewässers, um die vertraute Silhouette der Berge im Auge zu behalten. Der See lag in einem tiefen Tal, von drei Bergketten umgeben: ein perfektes Stück Natur, das mein Großvater in seiner Jugend entdeckt hatte.

Hundert Jahre war es mittlerweile her, seit er zum ersten Mal über diese Gipfel gewandert war, ein jugendlicher Entdecker, ein Naturkind, in einer wilden, intakten Welt voller Pumas, Wildschweine und Creek-Indianer, die in primitiven Behausungen auf der nördlichen Bergkette lebten. Er hatte sich geschworen, eines Tages an diesem Ort seine Zelte aufzuschlagen, zwischen riesigen Bäumen und sieben Frischwasserquellen, und schließlich hatte er sich seinen Traum erfüllt und einen See angelegt; er baute eine Hütte und unternahm zahllose Spaziergänge mit seinem jungen Enkel. Ich hatte die Faszination meines Großvaters, was das Tal betraf, nie ganz verstanden, doch hatte ich mich immer bemüht, den ursprünglichen Zustand des Landes zu erhalten, selbst als die Zivilisation immer näher rückte und den Ort schließlich eingezingelt hatte.

Von der Mitte des Sees konnte ich einen besonderen Felsen sehen, der zwischen den Gipfeln der nördlichen Kette hervorragte. Am Vortag war ich, der Tradition meines Großvaters folgend, dort hinaufgeklettert und hatte versucht, ein wenig inneren Frieden zu finden in der Aussicht, dem Geruch und der Art und Weise, wie der Wind durch die Baumkronen wirbelte. Und während ich dort oben gesessen und den See und das spärliche Laubwerk im Tal unter mir betrachtet hatte, fühlte ich mich langsam besser, als ob die Atmosphäre und die Aussicht dort oben eine Blockade in meinem Kopf gelöst hätten. Wenige Stunden später hatte ich mit Charlene gesprochen und von der Existenz der alten Schrift erfahren.

Ich schwamm zurück und zog mich auf den alten Holzsteg vor der Hütte. Es war alles etwas viel auf einmal. Eben war ich noch ein Eremit in den Bergen gewesen, völlig unzufrieden mit meinem Leben, bis aus heiterem Himmel Charlene aufgetaucht war und mir den Grund für mein Unwohlsein erklärte – dabei zu allem Überfluss aus irgendeiner alten Handschrift zitierte, die vorgab, die Geheimnisse der menschlichen Existenz offen zu legen.

Trotzdem wusste ich, dass Charlenes Ankunft genau jene Art von Fügung war, auf die das Manuskript anspielte, eine, bei der es sich nicht um bloßen Zufall gehandelt haben konnte. Sollte dieses uralte Dokument am Ende recht haben? Waren wir trotz unseres Zynismus und unserer Selbstverleugnung dabei, eine kritische Masse von Leuten zu bilden, die ein Bewusstsein für diese schicksalhaften Fügungen entwickelte? Hatte der Mensch endlich eine Position erreicht, die es ihm ermöglichte, diese Phänomene zu verstehen und damit endlich den Sinn des Lebens zu erfassen?

Wie, so fragte ich mich, könnte ein derartiges Erfassen aussehen? Würden die in der Schrift verbleibenden Erkenntnisse uns Aufschluss darüber geben – so wie der Priester gesagt hatte?

Ich stand vor einer Entscheidung. Durch das Manuskript hatte mein Leben eine neue Perspektive bekommen, und diese stellte eine Herausforderung für mich dar. Die Frage war jetzt, was ich tun sollte. Ich konnte entweder hier bleiben oder eine Möglichkeit finden, der Sache auf die Spur zu kommen. Der Gedanke an die Gefahren einer derartigen Unternehmung schoss mir durch den Kopf. Wer hatte Charlenes Aktenkoffer gestohlen? War jemand daran interessiert, die Nachricht von der Existenz des Manuskriptes zu unterschlagen? Wie sollte ich das herausfinden?

Ich wägte die möglichen Risiken sorgfältig ab, und schließlich gewann mein Optimismus die Oberhand. Ich entschied, mir vorerst keine Sorgen zu machen und mich langsam vorzutasten. So begab ich mich ins Innere des Hauses und wählte die Nummer der Reiseagentur mit der größten Anzeige auf den Gelben Seiten. Der Mann von der Agentur sagte, er könne in der Tat eine Reise nach Peru organisieren. Um genau zu sein, habe sich in letzter Minute ein Reiserücktritt ereignet – ein Flug inklusive Hotelreservierung in einem Hotel in Lima. Ich würde das gesamte Paket zu einem Sonderpreis übernehmen können, so sagte er … vorausgesetzt, ich wäre in drei Stunden abreisebereit.

Drei Stunden?

Das verlängerte Jetzt

Nach einem wahren Packanfall und einem Höllenritt über die Autobahn traf ich gerade noch rechtzeitig genug am Flughafen ein, um mein Ticket in Empfang zu nehmen und mich an Bord des Flugzeuges nach Peru zu begeben. Als ich mich zum Heck des Fliegers vorgearbeitet hatte und mich endlich in meinen Fenstersitz fallen ließ, übermannte mich tiefe Erschöpfung.

Eigentlich wollte ich ein Nickerchen machen, doch nachdem ich mich ausgestreckt und die Augen geschlossen hatte, merkte ich, dass es mir unmöglich war, mich zu entspannen. Ich war mit einem Mal nervös und hatte nun mehr als gemischte Gefühle, was diese Reise anging. Hatte ich den Verstand verloren, so ohne Vorbereitungen aufzubrechen? Wohin sollte ich in Peru? Mit wem dort Kontakt aufnehmen?

Die Zuversicht, die mich am See erfüllt hatte, verwandelte sich jetzt in Windeseile in tiefe Skepsis. Die Erste Erkenntnis und der Gedanke an eine kulturelle Transformation schienen nun geradezu abstrus und unrealistisch. Und je länger ich darüber nachdachte, desto unwahrscheinlicher erschien mir die Idee von der Existenz einer Zweiten Erkenntnis. Wie um alles in der Welt sollte eine neue Sichtweise der Geschichte unsere Einstellung gegenüber schicksalhaften Fügungen verändern – ein ohnehin heikles Thema – und jene zudem noch im Bewusstsein einer breiten Öffentlichkeit manifestieren?

Ich streckte meine Beine noch ein wenig weiter unter den Vordersitz und atmete tief durch. Möglicherweise war dies ein nutzloses Unterfangen, ein schneller Trip nach Peru und retour. Geldverschwendung vielleicht, doch ansonsten würde mir aus dieser Entscheidung wohl kein weiterer Schaden entstehen.

Der Flieger setzte sich mit einem Ruck in Bewegung und rollte hinaus auf die Startbahn. Ich schloss die Augen und gab mich einem leichten Schwindel hin, der einsetzte, als der Riesenjet die kritische Geschwindigkeit erreicht hatte, abhob und in eine dichte Wolkendecke eintauchte. Als wir die Flughöhe erreicht hatten, gelang es mir endlich, ein wenig zu entspannen, und wenig später war ich eingeschlafen. Nach dreißig oder vierzig Minuten wurde ich durch Turbulenzen geweckt und beschloss, die Waschräume aufzusuchen.

Während ich mich durch die Sitzreihen kämpfte, bemerkte ich einen groß gewachsenen Mann mit einer runden Brille, der in der Nähe des Ausgangs mit einer Stewardess sprach. Er musterte mich scheinbar flüchtig und wandte sich dann wieder seiner Unterhaltung zu. Er hatte dunkelbraunes Haar und war nicht älter als fünfundvierzig. Einen Moment lang glaubte ich, ihn zu kennen, doch nachdem ich seine Gesichtszüge genauer in Augenschein genommen hatte, entschied ich, dass ich mich geirrt haben musste. Im Vorbeigehen schnappte ich einen Fetzen der Unterhaltung auf.

»Trotzdem noch einmal vielen Dank«, sagte der Mann. »Ich dachte nur, dass Sie vielleicht etwas von diesem Manuskript gehört hätten, so oft wie Sie nach Peru fliegen.« Er drehte sich um und ging in den vorderen Teil des Flugzeugs.

Ich war wie vor den Kopf geschlagen. War etwa von dem gleichen Manuskript die Rede? Ich schloss die Tür des Waschraumes hinter mir und überlegte, was zu tun sei. Ich neigte dazu, dem Vorfall keinerlei Bedeutung beizumessen, vermutlich war irgendein anderes Manuskript gemeint.

So kehrte ich zu meinem Sitzplatz zurück und schloss wieder die Augen, froh darüber, den Vorfall abgeschrieben zu haben und den Mann nicht weiter belästigen zu müssen. Doch dann überkam mich wieder die Erregung, die ich am See gespürt hatte. Was, wenn dieser Mann tatsächlich Informationen über das Manuskript hatte? Ich würde es nie herausfinden, wenn ich ihn nicht fragte.

Meine Entscheidung geriet noch ein paarmal ins Wanken, dann stand ich auf und begab mich in den vorderen Teil der Maschine, wo er etwa auf mittlerer Höhe saß. Direkt hinter ihm befand sich ein leerer Sitz. Ich ging wieder zu meinem Sitz zurück und ließ die Stewardess wissen, dass ich meinen Sitzplatz wechseln würde, dann nahm ich meine Sachen und bezog den neuen Platz. Nach einigen Minuten tippte ich ihm von hinten auf die Schulter.

»Entschuldigen Sie«, sagte ich. »Ich habe eben zufällig gehört, wie Sie ein Manuskript erwähnten. Handelt es sich dabei zufällig um eines, das gerade in Peru gefunden wurde?«

Er sah mich zunächst überrascht, dann misstrauisch an. »Ja, in der Tat«, gab er zögernd zu.

Ich stellte mich vor und erklärte ihm, dass eine Bekannte von mir kürzlich aus Peru zurückgekehrt sei und mich von der Existenz der Schrift informiert hatte. Er entspannte sich sichtlich und stellte sich dann als Wayne Dobson vor, Professor an der geschichtlichen Fakultät der Universität von New York. Im Laufe unserer Unterhaltung bemerkte ich den irritierten Blick meines Nachbarn, der seinen Sitz in Liegeposition gebracht hatte und versuchte zu schlafen. »Haben Sie das Manuskript je zu Gesicht bekommen?«, fragte ich den Professor.

»Teile davon«, sagte er. »Und Sie?«

»Nichts. Meine Bekannte hat mich allerdings mit der sogenannten Ersten Erkenntnis vertraut gemacht.« Mein Nachbar wechselte unbehaglich die Stellung.

Dobson warf einen Blick in seine Richtung. »Entschuldigen Sie die Störung. Wäre es zu viel verlangt, wenn Sie den Sitzplatz mit mir tauschen?«

»Nein«, sagte der Mann. »Im Gegenteil.«

Wir traten alle in den Gang hinaus, dann quetschte ich mich ans Fenster, und Dobson nahm den Platz neben mir ein.

»Erzählen Sie mir, was Sie über diese Erste Erkenntnis gehört haben«, sagte Dobson.

Ich besann mich einen Moment und versuchte zu rekapitulieren, was ich davon behalten hatte. »Meiner Ansicht nach handelt es sich bei der Ersten Erkenntnis um das Bewusstsein darüber, dass jene seltsamen lebensverändernden Schicksalsfügungen Teil eines umgreifenderen Prozesses sind.«

Das kam mir jetzt selbst absurd vor.

Dobson fing mein Unbehagen auf. »Was halten Sie von dieser Erkenntnis?«, fragte er.

»Ich weiß es beim besten Willen nicht genau«, sagte ich.

»Passt nicht so recht in unser durchschnittliches Alltagsdenken, nicht wahr? Wäre es nicht viel angenehmer, die ganze Idee über den Haufen zu werfen und sich wieder den praktischen Aspekten des Lebens zuzuwenden?«

Ich musste lachen und nickte zustimmend.

»Nun, einen Hang dazu hat wohl jeder. Obwohl uns allen gelegentlich ganz klar ist, dass mehr hinter unserem Leben steckt, halten wir derartige Ideen gewöhnlich für rein spekulativ und legen sie, zusammen mit dem Bewusstsein darüber, zu den Akten. Deshalb wird die Zweite Erkenntnis vonnöten sein. Sobald wir den geschichtlichen Hintergrund unseres Bewusstseins verstehen, wird es auch für uns gültig werden.«

Ich nickte. »Sind Sie als Historiker der Meinung, dass die Voraussage des Manuskriptes von einer umfassenden Transformation zutrifft?«

»Ja.«

»Als Wissenschaftler, als Mann der Tatsachen?«

»Gewiss! Doch dazu müssen Sie Geschichte in der richtigen Weise betrachten.« Er atmete tief ein. »Glauben Sie mir, ich sage dies als jemand, der Jahre damit verbracht hat, Geschichte auf eine falsche Art zu studieren und zu lehren. Ich konzentrierte mich ausschließlich auf die technischen Errungenschaften unserer Zivilisation und die großen Männer, die diese Fortschritte herbeiführten.«

»Was soll daran falsch sein?«

»Soweit nichts. Aber wirklich wichtig ist der globale Überblick über jeden Zeitabschnitt, der Überblick darüber, was Menschen fühlten und dachten. Ich selbst habe lange gebraucht, um das zu verstehen. Es ist die Aufgabe der Geschichtswissenschaft, einen größeren Rahmen für das Verständnis unseres individuellen Lebens zu liefern. Geschichte besteht nicht nur aus technischem Fortschritt; sie ist ebenso die Entwicklungsgeschichte des Geistes. Wenn wir die Realität der Menschen vor uns verstehen lernen, dann werden wir auch verstehen, weshalb wir die Welt sehen, wie wir sie sehen, und worin unser Beitrag zu weiterem Fortschritt bestehen kann. Wir wissen genau, zu welchem Zeitpunkt der Evolution der Mensch ins Spiel gekommen ist, diese Tatsache sollte es doch ermöglichen, eine Idee davon zu bekommen, in welche Richtung wir uns bewegen.«

Er schwieg einen Augenblick und fügte dann hinzu: »Die Zweite Erkenntnis wird uns exakt die benötigte historische Perspektive liefern – zumindest vom Standpunkt unserer westlichen Zivilisation aus. Sie stellt die Vorhersagen des Manuskriptes in einen größeren Rahmen, der ihr Eintreffen nicht nur plausibel, sondern sogar unvermeidlich erscheinen lässt.«

Ich fragte Dobson, wie viele Erkenntnisse er mit eigenen Augen gesehen hatte, und er sagte, dass ihm nur die ersten beiden bekannt seien. Er war auf sie gestoßen, nachdem die Gerüchte über die Existenz der Schrift ihn vor drei Wochen zu einer Reise nach Peru veranlasst hatten.

»Nach meiner Ankunft in Peru«, so fuhr er fort, »traf ich auf ein paar Leute, die die Existenz des Manuskriptes bestätigen konnten, allerdings geradezu eine Todesangst davor hatten, mit mir darüber zu sprechen. Sie sagten, die

Regierung sei verrückt und würde jeden körperlich bedrohen, der Kopien der Schrift besitze oder Informationen darüber weitergebe.«

Sein Gesichtsausdruck wurde ernst. »Das hat mich ziemlich nervös werden lassen. Später erzählte mir dann ein Kellner in meinem Hotel von einem bekannten Priester, der das Manuskript anscheinend des Öfteren erwähnte. Der Kellner berichtete, dass der Priester das Bestreben der Regierung bekämpfe, die Existenz der Handschrift zu verheimlichen. Ich konnte der Versuchung nicht widerstehen, das Haus aufzusuchen, in dem der Mann angeblich die meiste Zeit verbrachte.«

Ich muss ihn erstaunt angesehen haben, denn Dobson erkundigte sich, ob mit mir alles in Ordnung sei.

»Meine Bekannte hat ihre Informationen ebenfalls von einem Priester bekommen«, erwiderte ich. »Ihr gegenüber wollte er seinen Namen nicht nennen, doch es gelang ihr, mit ihm über die Erste Erkenntnis zu sprechen. Sie hat sich ein zweites Mal mit ihm verabredet, doch er tauchte nicht wieder auf.«

»Es könnte ein und derselbe Mann sein«, sagte Dobson. »Auch ich konnte ihn nicht mehr finden. Das Haus war verriegelt und schien verlassen.«

»Sie haben den Mann niemals zu Gesicht bekommen?«

»Nein, aber ich beschloss, mich umzuschauen. Es handelte sich um ein altes Lagerhaus, und aus irgendeinem Grund entschied ich, es mir von innen anzusehen. Hinter einem Haufen Gerümpel versteckt und durch ein loses Brett in der Wand verdeckt, fand ich die Übersetzungen der Ersten und der Zweiten Erkenntnis.«

Er sah mich wissend an.

»Sie lagen dort einfach herum?«

»Ja.«

»Haben Sie das Manuskript zufällig bei sich?«

Er schüttelte den Kopf. »Nein. Ich beschloss, es gründlich zu studieren und es dann einigen meiner Kollegen zu überlassen.«

»Würden Sie sich in der Lage sehen, mir eine Zusammenfassung der Zweiten Erkenntnis zu geben?«, fragte ich.

Es entstand eine ausgedehnte Pause, dann lächelte Dobson und nickte. »Ich schätze, deshalb sind wir hier.

Die Zweite Erkenntnis«, so fuhr er fort, »setzt unseren augenblicklichen Bewusstseinszustand in eine größere historische Perspektive. Am Ende dieser Dekade werden wir nicht nur das zwanzigste Jahrhundert beendet haben, sondern auch eine tausendjährige Geschichte. Wir sind dabei, das zweite Jahrtausend abzuschließen. Bevor der Westen seinen Standpunkt begreifen kann und versteht, was als Nächstes passieren wird, müssen wir verstehen lernen, was in den vergangenen tausend Jahren wirklich geschehen ist.«

»Was genau steht diesbezüglich im Manuskript?«

»Dort steht, dass wir gegen Ende des zweiten Jahrtausends – also jetzt – in der Lage sein werden, unsere gesamte Geschichte als Ganzes zu begreifen. Es steht dort auch, dass wir in der zweiten Hälfte unseres Jahrtausends, also im so genannten modernen Zeitalter, eine bestimmte Befangenheit erkennen werden. Unser Bewusstsein über die heutzutage so häufig auftretenden Schicksalsfügungen ist ein Zeichen für die Befreiung von dieser Befangenheit.«

»Worin besteht diese Befangenheit?«, fragte ich.

Er grinste beinahe schelmisch. »Sind Sie bereit, das Jahrtausend noch einmal zu durchleben?«

»Sicher, schießen Sie los.«

»Es wird nicht ausreichen, wenn ich Ihnen davon lediglich erzähle. Erinnern Sie sich daran, was ich vorhin sagte, dass man lernen muss zu verstehen, wie sich die alltägliche Weltsicht entwickelt hat, wie sie durch die Realität der Menschen, die vor uns lebten, kreiert wurde? Es hat tausend Jahre gebraucht, unseren modernen Standpunkt zu entwickeln, und um zu verstehen, wo genau wir heute stehen, müssten Sie sich eigentlich ins Jahr 1000 zurückversetzen und dann von dort durch das gesamte Jahrtausend schreiten. Ganz so, als ob Sie diesen Zeitabschnitt tatsächlich im Laufe eines Lebens durchlebt hätten.«

»Und wie soll das funktionieren?«

»Ich werde Sie führen.«

Einen Augenblick zögerte ich und starrte aus dem Fenster auf die Landschaftsformationen unter mir. Der Faktor Zeit hatte bereits begonnen, eine andere Rolle zu spielen.

»Ich werde mir Mühe geben«, sagte ich schließlich.

»Okay, stellen Sie sich vor, im Jahr 1000 zu leben. In einer Zeit, die wir das Mittelalter nennen. Das Erste, was Sie sich vergegenwärtigen müssen, ist der enorme Einfluss der christlichen Kirche und ihrer mächtigen Vertreter auf die Wahrnehmung der Realität dieser Zeit. Begünstigt durch ihre Position, hatten diese Männer einen gewaltigen Einfluss darauf, was die Bevölkerung dachte. Und die Welt, die diese Kleriker als Realität vorgaben, war vor allen anderen Dingen eine spirituelle. Sie kreierten eine Wirklichkeit, die ihre Auffassung von Gottes Vorhersehung für die Menschheit ins Zentrum des damaligen Lebens rückte.

Versuchen Sie, sich dies genau vorzustellen«, fuhr er fort. »Sie werden in den Stand Ihres Vaters geboren – entweder Bauer oder Aristokrat – und Sie leben in der Gewissheit, dass Sie für immer auf Ihren angeborenen Stand beschränkt sein werden. Vollkommen unabhängig von Ihrer Standeszugehörigkeit oder davon, welcher Tätigkeit Sie nachgehen, werden Sie bald bemerken, dass Ihre soziale Stellung im Vergleich zu der von den Klerikern definierten spirituellen Realität nur sekundär ist.

Sie entdecken, dass es im Leben scheinbar darum geht, eine Art spirituellen Test zu absolvieren. Die Kleriker behaupten, dass Gott die Menschheit aus einem einzigen Grund zum Mittelpunkt des gesamten Universums gemacht habe: um entweder Erlösung zu erreichen oder aber verdammt zu werden. Und in diesem Prozess müssen Sie die korrekte Wahl zwischen zwei sich diametral gegenüberstehenden Kräften treffen: der göttlichen Kraft und den heimtückischen Versuchungen des Teufels.

Aber denken Sie daran, dass nicht Sie allein vor dieser Entscheidung stehen«, fuhr er fort. »Genaugenommen sind Sie als einfaches Individuum gar nicht in der Lage, Ihren Status in dieser Angelegenheit selbst zu bestimmen. Dies ist das Vorrecht der Kleriker, ihre Aufgabe ist es, die Schriften zu deuten und über jeden Ihrer Schritte zu richten, darüber zu urteilen, ob er im Einklang mit Gott geschieht oder ob Sie sich vom Satan haben täuschen lassen. Nur wenn Sie den Anweisungen der Kleriker folgen, können Sie auf ein sorgenfreies Leben nach dem Tod hoffen. Doch wehe, es gelingt Ihnen nicht, dem schmalen Pfad ihrer Vorschriften zu folgen, dann, nun … dann folgen eben Exkommunizierung und ewige Verdammnis.«

Dobson blickte mich begeistert an. »Das Manuskript spricht davon, wie wichtig es sei zu verstehen, dass jeder Aspekt der mittelalterlichen Welt durch die Begrifflichkeiten des Überirdischen bestimmt wurde. Jede Erscheinung des Lebens – vom zufälligen Gewittersturm oder Erdbeben bis hin zur guten Ernte oder dem Tod einer Geliebten – wurde durch den Willen Gottes oder die Böswilligkeit des Teufels definiert. Es existierte kein Konzept über die wahre Natur von Phänomenen wie Wetter oder geologischen Kräften, von Gartenbaukunst oder Krankheit. Das kam alles erst viel später. Im Augenblick jedoch schenken Sie nur den Klerikern Glauben; Ihre Welt wird einzig durch das Vorhandensein einer spirituellen Realität bestimmt.«

Er hielt inne und sah mich an. »Sind Sie dort angekommen?«

»Ja, ich habe diese Realität sogar direkt vor Augen.«

»Gut, dann stellen Sie sich vor, wie sie langsam zerbröckelt.«

»Wie meinen Sie das?«

»Die Weltsicht des Mittelalters, die auch die Ihre ist, beginnt sich im 14. und 15. Jahrhundert aufzulösen. Zunächst fallen Ihnen bestimmte Unrechtmäßigkeiten im Verhalten der Kleriker selbst auf; sie verletzen heimlich das Keuschheitsgelübde, um nur ein Beispiel zu nennen, akzeptieren Bestechungsgelder, wenn Angehörige der Regierung die Gebote der Bibel verletzen.

Durch derartiges Fehlverhalten werden Sie natürlich alarmiert, denn in Ihren Augen sind die Vertreter der

Kirche die einzige Verbindung zwischen Ihnen und Gott. Vergessen Sie nicht, diese Leute sind die einzigen Deuter der Schriften, die Schiedsrichter Ihrer Erlösung.

Und mit einem Mal stehen Sie inmitten einer Rebellion. Eine von Martin Luther geführte Gruppe verlangt die vollkommene Trennung von der päpstlichen Kirche. Sie behauptet, die Kleriker seien korrupt, und verlangt nach dem Ende der Herrschaft der Kirche über das Gedankengut der Menschen. Neue Kirchen werden auf der Grundlage einer Idee gegründet, die besagt, dass jeder Bürger persönlichen Zugang zu den Schriften haben soll und sie, ohne Mittelsmänner, für sich interpretieren darf.

Während Sie diesem Treiben fassungslos zuschauen, glückt die Rebellion. Die Kleriker verlieren an Einfluss. Seit Jahrhunderten definierten diese Leute die Realität, und nun verlieren sie vor jedermanns Augen ihre Glaubwürdigkeit. Konsequenterweise wird dadurch das gesamte Weltbild in Frage gestellt. Der eindeutige Konsens, was die Natur der Dinge und des Universums, ja den Grund des Daseins der menschlichen Spezies auf diesem Planeten angeht, bricht mit der Diskreditierung der Kleriker zusammen und sorgt dafür, dass Sie und der Rest der westlichen Welt sich mit einem Mal in einer hochprekären Situation befinden.

Denn selbstverständlich haben Sie sich daran gewöhnt, eine Autorität für die Realität zu akzeptieren, und ohne diese Zuwendung von außen fühlen Sie sich jetzt verloren und verwirrt. Wenn Kleriker mit ihrer Beschreibung der Realität und ihrer Begründung für das Vorhandensein der menschlichen Existenz unrecht hatten, so fragen Sie sich, wer hat dann recht?«

Einen Moment hielt er inne. »Erkennen Sie die Wirkung dieses Zusammenbruches auf die Menschen unserer heutigen Zeit?«

»Es musste etwas tief Beunruhigendes gehabt haben«, sagte ich.

»Genaugenommen hat es sich um einen enormen Aufruhr gehandelt. Allerorten stellte man die alte Weltsicht in Frage. Ab 1600 hatten Astronomen den unwiderlegbaren Beweis dafür erbracht, dass weder Sonne noch Sterne sich um die Erde drehten, wie die Kirche vorgegeben hatte. Mit größter Gewissheit handelte es sich bei der Erde jetzt nur noch um einen kleinen Planeten, der eine bedeutungslose Sonne in einer Galaxie umkreiste, welche wiederum Milliarden solcher Sterne beherbergte.«

Er lehnte sich zu mir herüber. »Diese Tatsache ist von großer Bedeutung. Die Menschheit hatte ihren Platz in der Mitte des göttlichen Universums verloren. Können Sie sich die Auswirkungen vorstellen? Wenn Sie jetzt das Wetter beobachteten, dem Wuchs der Pflanzen zusahen oder jemand unerwartet verstarb, blieb Ihnen nur noch angsterfüllte Verstörung. Früher hätten Sie Gott oder den Teufel verantwortlich gemacht. Doch mit dem Zusammenbruch des mittelalterlichen Weltbildes zerbrach auch diese Gewissheit. Alles, was Sie meinten zu wissen, brauchte jetzt eine neue Definition, insbesondere die Natur Gottes und unsere Beziehung zu Gott.«

»Mit diesem Bewusstsein«, fuhr er fort, »setzte die Moderne ein. Es existierte ein zunehmend demokratischerer Geist und ein tiefes Misstrauen der Masse gegenüber päpstlicher oder königlicher Autorität. Auf bloßen Spekulationen oder gar kirchlicher Auslegung beruhende

Definitionen über die Beschaffenheit des Universums wurden nicht länger automatisch akzeptiert. Trotz ihres Sicherheitsverlustes wollten die Menschen es nicht riskieren, von einer neuen Gruppe so kontrolliert zu werden, wie es zuvor die Kirche getan hatte. Wären Sie persönlich anwesend gewesen, hätten Sie sich vermutlich um die Schaffung eines neuen wissenschaftlichen Mandates bemüht.«

»Eines was?«

Er lachte. »Sie hätten in dieses unendliche, unbekannte Universum hinausgestarrt und hätten genau wie die Denker jener Zeit gedacht, dass wir eine Methode zur Konsensbildung benötigen, eine Methode, diese neue Welt systematisch zu erforschen. Und diesen neuen Weg der Entdeckung würden Sie als das wissenschaftliche Prinzip bezeichnet haben, was nichts weiter heißt, als dass man Theorien darüber aufstellt, wie das Universum funktionieren könnte, irgendwann zu einem Schluss gelangt und diesen Schluss dann anderen vorstellt, um herauszufinden, ob die der gleichen Ansicht sind.

Dann«, so fuhr er fort, »hätten Sie vermutlich Forscher ausgerüstet, die dieses neue Universum erkunden sollten, jeder mittels seiner eigenen wissenschaftlichen Methode, und Sie hätten jedem seine historische Aufgabe mitgeteilt: Erforsche diesen Planeten, und finde heraus, wie er funktioniert und was es zu bedeuten hat, dass wir hier leben.

Die Gewissheit über ein gottgesteuertes Universum haben Sie jetzt verloren und damit auch die Gewissheit über die Beschaffenheit von Gott selbst. Aber Sie waren ja der Ansicht, über eine allgemein gültige Methode zu verfügen, die es Ihnen erlaubt, die Natur der Sie umgebenden Dinge, inklusive die Gottes und die des Grundes für die Existenz der Menschheit, auf diesem Planeten zu erklären. Also schickten Sie die Forscher in die Welt, um die wahre Natur der Lage zu erkunden und Ihnen davon zu berichten.«

Er hielt inne und sah mich an.

»Das Manuskript sagt, dass an diesem Punkt der Geschichte die Befangenheit einsetzte, aus der wir jetzt erwachen. Wir schickten unsere Forscher aus, um einen vollständigen Report über den Grund unseres Daseins geliefert zu bekommen, doch aufgrund der Komplexität des Universums schafften sie es nicht, rechtzeitig wieder heimzukehren.«

»Worin bestand diese Befangenheit?«

»Versetzen Sie sich wieder in jene Zeit«, sagte er. »Als die Wissenschaft nicht in der Lage war, ein neues Bild von Gott und dem Daseinsgrund der Menschheit zu liefern, wurde die westliche Welt durch den Mangel an Sicherheit und tieferer Bedeutung schwer in Mitleidenschaft gezogen. Bis man unsere Fragen beantworten würde, brauchten wir einen anderen Zeitvertreib. Schließlich und endlich kamen wir zu einem scheinbar logischen Schluss. Wir sahen uns an und sagten: ›Nun, da unsere Forscher bisher nicht mit einem Bericht über unsere wahre spirituelle Verfassung zurückgekommen sind, sollten wir es uns in der neuen Welt einstweilen bequem machen.‹ Wir lernten genug, um die neue Welt zu unseren eigenen Gunsten manipulieren zu können, weshalb also nicht an einer Erhöhung des Lebensstandards, einer Hebung des Sicherheitsgefühls innerhalb dieser Welt arbeiten?«

Er betrachtete mich und grinste. »Und genau das haben wir getan. Vor vier Jahrhunderten. Wir schüttelten unsere Verlorenheitsgefühle ab, indem wir die Sache selbst in die Hand nahmen, indem wir uns darauf konzentrierten, uns die Erde untertan zu machen und ihre Ressourcen zur Verbesserung unserer Situation zu benutzen. Erst jetzt, kurz vor dem Ende des zweiten Jahrtausends, sind wir in der Lage zu erkennen, was passiert ist. Unser wahres Ziel wurde immer mehr von einer Ersatzbeschäftigung verdrängt. Wir verloren uns völlig darin, eine Welt der Sicherheit um uns herum aufzubauen, eine wirtschaftliche Sicherheit, die unsere verlorene spirituelle Sicherheit ersetzen sollte. Die Frage danach, weshalb wir am Leben waren oder was für eine Bedeutung unsere Spiritualität hat, wurde langsam an den Rand gedrängt und schließlich vollkommen unterdrückt.«

Er warf mir einen aufgeregten Blick zu und sagte dann: »Zu arbeiten, nur um sich eine bequemere Art des Überlebens leisten zu können, ist mittlerweile zu einer ausreichenden Daseinsberechtigung geworden. Mit schönster Folgerichtigkeit haben wir nach und nach die ursprüngliche Frage vergessen. Wir haben vergessen, dass wir immer noch nicht wissen, aus welchem Grund wir eigentlich überleben.«

Durch das Fenster sah ich tief unter mir eine große Stadt liegen. Unserer Flugroute nach zu urteilen, musste es sich um Orlando, Florida, handeln. Wie gebannt starrte ich auf den geometrischen Verlauf der Straßen und Avenuen, die sorgfältig geplante und angeordnete Struktur des von Menschenhand Erschaffenen. Ich warf einen Blick auf

Dobson. Seine Augen waren geschlossen und er schien zu schlafen. Eine Stunde noch hatte er mir von der Zweiten Erkenntnis berichtet, dann war das Mittagessen serviert worden, und ich hatte ihm meinerseits von Charlene berichtet und ihm meine Gründe für die Reise nach Peru genannt. Danach hatte ich nur noch auf die Wolkenformationen schauen wollen und ließ das Gespräch auf mich einwirken.

»Nun, was halten Sie von alledem?«, fragte er unvermittelt und sah mich schläfrig an. »Haben Sie den Inhalt der Zweiten Erkenntnis begriffen?«

»Ich bin mir nicht ganz sicher.«

Er deutete mit einer Kopfbewegung auf die anderen Passagiere des Flugzeuges. »Haben Sie jetzt einen klareren Blick auf die Welt der Menschen gewonnen? Ist Ihnen bewusst, dass beinahe jeder mit einer Ersatzbeschäftigung vorliebnimmt? Wie viele Leute kennen Sie, die völlig von ihrer Arbeit aufgefressen werden, die Kandidaten für Herzinfarkte sind oder unter Stresskrankheiten leiden und trotzdem die Bremse nicht finden können? Sie finden die Bremse nicht, weil sie ihre Routine als Ablenkung benutzen und das Leben auf seine praktischen Aspekte reduzieren. Das wiederum tun sie, um der Frage aus dem Weg zu gehen, weshalb sie überhaupt am Leben sind.

Die Zweite Erkenntnis erweitert unser Bewusstsein von linear fortschreitender Zeit«, fügte er hinzu. »Sie lehrt uns, Kultur nicht nur von unserem zeitlichen Standpunkt aus zu betrachten, sondern als Teil des ganzen Jahrtausends zu begreifen. Sie verdeutlicht uns die wahre Natur unserer Ersatzbefriedigungen und erhebt uns damit über dieselben. Sie, mein Herr, haben gerade diese ›Verlängerung‹ der Geschichte erlebt und leben nun in einem *verlängerten Jetzt.* Sehen Sie sich die Welt der Menschen noch einmal an. Es sollte Ihnen keinerlei Schwierigkeiten bereiten, die dort herrschenden Zwänge und die intensive Ersatzbefriedigung durch wirtschaftlichen Fortschritt zu erkennen.«

»Und was soll daran falsch sein?«, protestierte ich.

»Genau das ist es doch, was die westliche Zivilisation auszeichnet.«

Er lachte laut auf. »Natürlich, Sie haben vollkommen recht. Niemand behauptet, dass daran etwas falsch ist. Um genau zu sein, in dem Manuskript steht, dass diese Ersatzbefriedigungen einen notwendigen Schritt in der Kette der menschlichen Evolution darstellen. Jetzt ist es an der Zeit, aufzuwachen und sich wieder unserer Urfrage zu stellen: Welche Kraft steht hinter dem Leben auf diesem Planeten? Weshalb sind wir wirklich hier?«

Ich sah ihn lange an. »Gehen Sie davon aus, dass das restliche Manuskript uns eine Antwort auf diese Frage geben wird?«, fragte ich dann.

Dobson legte den Kopf auf die Seite. »Ich denke, es wird sich lohnen, einen Blick hineinzuwerfen. Ich hoffe nur, dass niemand Gelegenheit haben wird, den Rest der Schrift zu zerstören, bevor wir es herausfinden.«

»Wie in aller Welt meint die peruanische Regierung, ein derartig wichtiges Manuskript unbemerkt zerstören zu können?«, fragte ich.

»Es würde nicht unbemerkt geschehen«, gab er zurück. »Die offizielle Darstellung geht so weit zu behaupten, dass ein derartiges Manuskript überhaupt nicht existiert.«

»Man sollte annehmen, dass sich die Wissenschaft unterdessen auf einen mittelgroßen Aufstand vorbereitet.«

Er blickte mich mit entschlossenem Gesichtsausdruck an. »Genau das haben wir auch vor. Deshalb kehre ich nach Peru zurück. Ich vertrete zehn prominente Wissenschaftler, die verlangen, dass das Originalmanuskript der Öffentlichkeit zugänglich gemacht wird. Ich habe einen Brief an die entsprechenden Köpfe in den zuständigen Departments der peruanischen Regierung geschrieben und sie von meiner Ankunft und davon, dass ich mit ihrer Unterstützung meiner Arbeit rechne, verständigt.«

»Verstehe. Ich frage mich nur, wie sie reagieren werden.«

»Vermutlich werden sie alles leugnen. Auf alle Fälle ist ein Anfang auf offizieller Ebene gemacht.«

Tief in Gedanken wandte er sich ab, und ich starrte wieder aus dem Fenster. Während ich auf die Erde hinabblickte, dämmerte mir, dass unser Flugzeug das Resultat von vier Jahrhunderten technischen Fortschritts war. Wir hatten eine Menge darüber gelernt, wie wir die Bodenschätze unserer Erde zu unseren Gunsten einsetzen konnten. Wie viele Menschen, wie viele Generationen waren nötig gewesen, um das Zubehör und das technische Verständnis zu schaffen, aufgrund dessen dieses Flugzeug hier existierte? Und wie viele Menschen hatten ihr gesamtes Leben mit der Konzentration auf einen winzigen Aspekt, einen Kleinstschritt in dieser Forschung verbracht, ohne je ihren Kopf von dieser Ersatzbeschäftigung zu erheben?

Mit einem Mal schien der von Dobson und mir debattierte Zeitabschnitt in meinem Bewusstsein aufzugehen. Mit aller Deutlichkeit tauchte das Jahrtausend vor mir auf, ganz als sei es Teil meiner eigenen Biografie geworden. Vor tausend Jahren hatten wir in einer Welt gelebt, in der Gott und die menschliche Spiritualität klar umrissen waren. Diese Welt war uns verloren gegangen oder besser gesagt, wir hatten entschieden, dass mehr hinter der Geschichte steckte. Dementsprechend hatten wir Expeditionen ausgesandt, die die Wahrheit entdecken und uns davon berichten sollten; und als das Warten auf ihre Kunde zu lange gedauert hatte, suchten wir nach Ersatzbeschäftigungen und richteten uns in der Welt ein. Wir beschlossen, es uns bequem zu machen. Und das war uns gelungen. Wir entdeckten die Schmelzbarkeit der Erze und dass sie in Form aller möglichen Gegenstände gegossen werden konnten. Wir fanden Energiequellen, zunächst Wasserdampf, dann Gas, Elektrizität und schließlich Kernkraft. Wir systematisierten die Landwirtschaft und erschufen die Massenproduktion, und mittlerweile herrschten wir über riesige, vor Gütern überquellende Warenhäuser und enorme Vertriebsnetze.

Angetrieben wurde all dies durch den Ruf des Fortschrittes, dem Wunsch des Einzelnen nach Sicherheit, während er auf das Eintreffen der Wahrheit wartete. Wir hatten beschlossen, für uns und unsere Kinder ein bequemeres und angenehmeres Leben zu schaffen; und in knapp vierhundert Jahren Ersatzbeschäftigung war es uns gelungen, eine Welt zu schaffen, in der alle nur erdenklichen Annehmlichkeiten und Erleichterungen des alltäglichen Lebens produziert werden konnten. Das Problem bestand nur darin, dass unser hochkonzentriertes und obsessives Bestreben, uns die Natur zum Untertan zu machen und unser Leben bequemer einzurichten, die natürlichen Systeme des Planeten vergiftet und an den

Rand des Zusammenbruchs gebracht hatte. Wir würden nicht so weitermachen können.

Dobson hatte recht. Die Zweite Erkenntnis schien das Einsetzen eines neuen Bewusstseins unvermeidbar werden zu lassen. Wir befanden uns im Begriff, den Höhepunkt unserer kulturellen Bestimmung zu erreichen. Wir hatten vollendet, was kollektiv beschlossen worden war und während dies geschah, hatten wir den Glauben an unsere Ersatzbefriedigungen verloren und waren in einer anderen Realität aufgewacht. Fast hatte ich es vor Augen, wie sich die Dynamik der Moderne zum Ende des Jahrtausends verlangsamte. Ein vierhundert Jahre alter Zwang war im Begriff, überwunden zu werden. Wir hatten die Grenzen der materiellen Sicherheit erreicht und schienen nun fest entschlossen, herauszufinden, weshalb wir danach gestrebt hatten.

Die Gesichter der Passagiere in meiner nächsten Nähe waren ein zu deutlicher Beweis für die Existenz dieser Ersatzbefriedigung, doch gelang es mir ebenfalls, kurze Momente eines tieferen Bewusstseins auszumachen. Wie vielen von ihnen, so fragte ich mich, war die Häufung der seltsamen Fügungen bereits aufgefallen?

Das Flugzeug neigte sich nach vorn und setzte zur Landung an, während die Stewardess unser baldiges Eintreffen in Lima ankündigte.

Ich gab Dobson den Namen meines Hotels und erkundigte mich nach seiner Adresse. Er schrieb sie mir auf und informierte mich darüber, dass wir nur wenige Meilen voneinander entfernt wohnten.

»Was sind Ihre Pläne?«, fragte ich.

»Darüber habe ich mir auch schon Gedanken gemacht«, gab er zurück. »Vermutlich werde ich zunächst einmal die amerikanische Botschaft aufsuchen und dort pro forma mitteilen, weshalb ich hier bin.«

»Gute Idee.«

»Danach möchte ich mit so vielen peruanischen Wissenschaftlern wie möglich sprechen. Die Fakultät in Lima hat mich bereits davon informiert, dass sie keinerlei Kenntnis von der Existenz des Manuskriptes hat, aber es gibt andere Wissenschaftler, die an unterschiedlichen Ausgrabungsorten arbeiten und bereit sind zu reden. Wie steht's mit Ihnen? Was sind Ihre Pläne?«

»Ich habe keine«, erwiderte ich. »Würde es Ihnen etwas ausmachen, wenn ich mich Ihnen anschließe?«

»Nicht im Mindesten. Genau das wollte ich Ihnen anbieten.«

Nachdem das Flugzeug gelandet war und wir unser Gepäck geholt hatten, verabredeten wir uns für später in Dobsons Hotel. Ich trat vor das Flughafengebäude und in der allmählich schwindenden Dämmerung rief ich ein Taxi. Die Luft war trocken, und es wehte ein starker Wind.

Während der Wagen sich in den Verkehr einfädelte, bemerkte ich, dass ein anderes Taxi direkt hinter uns ausscherte und dann ein Stück hinter uns zurückfiel. Trotz mehrerer Änderungen unserer Fahrtrichtung blieb es hinter uns, und es gelang mir, im Fond des Wagens einen einzelnen Fahrgast auszumachen. Mein Magen reagierte mit einem nervösen Schub. Ich bat den Fahrer, der glücklicherweise Englisch sprach, nicht direkt zum Hotel zu fahren, sondern eine Weile ziellos durch die Stadt zu kurven, damit ich einen ersten Eindruck bekäme. Ohne

Kommentar folgte er meiner Aufforderung. Der andere Wagen blieb hinter uns. Ich begann mich zu fragen, was hier eigentlich vorging.

Als wir mein Hotel erreichten, bat ich den Fahrer, im Wagen sitzen zu bleiben, dann öffnete ich die Tür auf meiner Seite und tat, als ob ich den Fahrer bezahlte. Der Wagen, der uns gefolgt war, fuhr in einiger Entfernung ebenfalls an den Straßenrand, der Mann darin stieg aus und ging langsam in Richtung Hoteleingang.

Ich sprang zurück in meinen Wagen und schloss die Tür, dann befahl ich dem Fahrer weiterzufahren. Als wir davonrasten, trat der Mann hinter uns auf die Straße und behielt uns im Auge, bis wir außer Sichtweite waren. Ich beobachtete das Gesicht meines Fahrers im Rückspiegel. Sein Gesichtsausdruck war angespannt und er ließ mich kaum aus den Augen. »Tut mir leid«, sagte ich. »Ich habe mich entschlossen, das Hotel zu wechseln.« Ich kämpfte mit einem Lächeln und nannte ihm dann den Namen von Dobsons Hotel – obwohl ich am liebsten zurück zum Flughafen gefahren und in den nächsten Flieger in die Staaten gestiegen wäre.

Einen halben Block vor unserem Ziel ließ ich den Fahrer anhalten. »Warten Sie hier«, sagte ich zu ihm. »Ich bin gleich zurück.«

Die Straße war voller Menschen, meistens Einheimische. Aber hier und dort tauchten auch einige Amerikaner und Europäer im Stadtbild auf. Irgendetwas am Anblick der Touristen wiegte mich in Sicherheit. Als ich ungefähr fünfzig Meter vor dem Hotel angekommen war, blieb ich stehen. Irgendetwas stimmte nicht. Während ich noch dort stand und mich umschaute, zerrissen plötzlich Gewehrschüsse die Luft, und gleich darauf erklangen Schreie. Die Menschenmenge vor mir warf sich zu Boden und gab den Blick auf den Bürgersteig frei. Mit vor panischer Angst wilden Augen kam Dobson auf mich zugerannt. Er wurde von einigen Gestalten verfolgt. Eine von ihnen schoss mit dem Gewehr in die Luft und befahl Dobson stehen zu bleiben.

Während Dobson auf mich zukam, versuchte er klar zu sehen und erkannte mich schließlich. »Lauf!«, schrie er. »Um Gottes willen, lauf!« Ich drehte mich um und rannte voller Angst in eine kleine Gasse. Ein ungefähr zwei Meter hoher Bretterzaun versperrte mir den Weg. Als ich ihn erreicht hatte, sprang ich so hoch ich konnte, erwischte den oberen Teil der Latten und warf mein rechtes Bein über den Zaun. Während ich mein linkes Bein nachzog und mich gerade auf die andere Seite fallen lassen wollte, warf ich noch einen Blick zurück in die kleine Gasse. Dobson rannte um sein Leben. Weitere Schüsse fielen. Er stolperte und fiel.

Ich rannte blindlings weiter, über Haufen von Gerümpel und Stöße von Pappe springend. Einen Augenblick lang meinte ich, Fußtritte hinter mir zu hören, ich traute mich jedoch nicht stehen zu bleiben und mich umzuschauen. Die Gasse vor mir führte in eine andere Straße, die ebenfalls voller Menschen war – scheinbar unberührt von den jüngsten Vorfällen. Als ich auf die Straße trat, wagte ich, mit klopfendem Herzen zurückzuschauen. Niemand. Zügig begab ich mich auf den Bürgersteig zu meiner Rechten und versuchte mit der Menge zu verschmelzen. Weshalb war Dobson gerannt?, fragte ich mich. Hatte man ihn ermordet?

»Einen Augenblick«, sagte jemand mit beinahe flüsternder Stimme hinter mir. Ich begann wieder zu laufen, doch wurde ich diesmal am Arm ergriffen und festgehalten. »Bitte, warten Sie einen Augenblick«, sagte die Stimme wieder. »Ich habe beobachtet, was passiert ist. Ich versuche Ihnen zu helfen.«

»Wer sind Sie?«

»Mein Name ist Wilson James«, sagte er. »Ich werde es Ihnen später erklären. Jetzt sollten wir erst einmal hier von der Straße verschwinden.«

Etwas in seiner Stimme und seinem Verhalten beruhigte mich ein wenig und ich beschloss, ihm zu folgen. Wir gingen die Straße hinauf und betraten dann ein Geschäft für Lederwaren. Er nickte dem Mann hinter dem Verkaufstresen zu und führte mich dann in ein muffiges Hinterzimmer. Er schloss die Tür und zog die Vorhänge zu.

Mein Begleiter war ungefähr sechzig, wirkte aber weitaus jünger, nicht zuletzt durch das Funkeln in seinen wachen Augen. Seine Haut war von dunklem Braun, sein Haar schwarz. Er wirkte, als sei er peruanischer Abstammung, doch sein Englisch klang beinahe amerikanisch. Er trug ein hellblaues Hemd und Jeans.

»Hier werden Sie für eine Weile sicher sein«, sagte er. »Weshalb hat man Sie verfolgt?«

Ich antwortete nicht.

»Sie haben von dem Manuskript gehört, nicht wahr?«, fragte er.

»Woher wissen Sie das?«

»Ich nehme an, Ihr Begleiter ist aus dem gleichen Grund hierher gekommen?«

»Stimmt. Sein Name ist Dobson. Woher wissen Sie, dass wir zusammengehören?«

»Mein Zimmer liegt genau über der Gasse. Als Sie verfolgt wurden, habe ich gerade aus dem Fenster geschaut.«

»Ist Dobson erschossen worden?«, fragte ich und merkte, dass ich Angst vor der Antwort hatte.

»Ich weiß nicht«, sagte er. »Ich konnte es nicht sehen. Aber als ich sicher war, dass es Ihnen gelungen war zu entkommen, bin ich die Hintertreppe runtergerannt, um Ihnen den Weg abzuschneiden. Ich dachte, vielleicht könnte ich Ihnen helfen.«

»Warum?«

Einen kurzen Augenblick sah er mich an, als wüsste er nicht genau, was er auf diese Frage antworten solle. Dann veränderte sich sein Gesichtsausdruck, er bekam etwas Warmherziges. »Sie werden es vielleicht nicht verstehen, aber als Sie unter meinem Fenster vorbeirannten, musste ich an einen alten Freund von mir denken. Er ist mittlerweile tot. Er starb, weil er der Ansicht war, die Menschheit solle von der Existenz dieses Manuskriptes erfahren. Als ich den Vorfall in der Gasse beobachtete, hielt ich es für meine Pflicht, Ihnen zu helfen.«

Er hatte recht. Ich verstand wirklich nicht, wovon er sprach. Aber ich konnte mich des Eindrucks nicht erwehren, dass es die absolute Wahrheit war. Ich wollte eben eine weitere Frage stellen, als er von Neuem anhob.

»Darüber können wir uns später unterhalten«, sagte er. »Wir sollten uns zunächst um einen etwas sichereren Platz kümmern.«

»Warten Sie, Wilson«, sagte ich. »Alles, was ich will, ist,

zurück in die Vereinigten Staaten zu fliegen. Wie stelle ich das am besten an?«

»Nenn mich Wil«, sagte er. »Den Flughafen würde ich eher meiden, zumindest im Moment. Wenn man noch hinter dir her ist, wird man dort ganz sicher nach dir Ausschau halten. Ein paar Freunde von mir leben draußen vor der Stadt. Die werden dir Unterschlupf gewähren. Um aus dem Land zu kommen, gibt es mehrere andere Möglichkeiten. Wenn es so viel ist, werde ich sie dir zeigen.«

Er öffnete die Tür des Hinterzimmers und sah sich im Geschäftsraum um, dann verließ er das Zimmer, trat auf die Straße hinaus und blickte sich um. Als er zurückkam, bedeutete er mir, ihm zu folgen. Wir gingen die Straße hinab zu einem blauen Jeep, auf den Wil gezeigt hatte. Als wir einstiegen, bemerkte ich, dass sich auf dem Rücksitz sorgfältig gepackt Lebensmittel, Zelte und Rucksäcke befanden, als habe er eine längere Reise geplant.

Schweigend fuhren wir dahin. Ich lehnte mich im Beifahrersitz zurück und versuchte einen klaren Gedanken zu fassen. Mein Magen schnürte sich vor Angst zusammen. Etwas Derartiges hatte ich nicht erwartet. Was, wenn man mich gefangen genommen und in ein peruanisches Gefängnis geworfen oder gleich umgebracht hätte? Ich musste dringend zu einer realistischeren Einschätzung meiner Situation gelangen. Ich besaß keine Kleidungsstücke, außer denen, die ich auf dem Leib trug, aber ich war im Besitz von Bargeld und einer Kreditkarte, und aus irgendeinem Grund vertraute ich Wil.

»Weshalb waren diese Leute hinter dir und – wie heißt er, Dobson? – her?«, fragte Wil plötzlich.

»Keine Ahnung«, gab ich zurück. »Ich habe Dobson

erst im Flugzeug kennengelernt. Er ist Geschichtswissenschaftler und kam nach Peru, um die offizielle Untersuchung eines Manuskripts vorzunehmen. Er ist der Vertreter einer ganzen Gruppe von Wissenschaftlern.«

Wil war überrascht. »Wusste die Regierung von seinem Kommen?«

»Ja, er hat bei einigen Regierungsbeauftragten um Unterstützung gebeten. Ich kann nicht fassen, dass man versucht hat, ihn zu verhaften; er hatte nicht einmal seine Kopie des Manuskriptes bei sich.«

»Er besitzt eine Kopie?«

»Nur von den ersten beiden Erkenntnissen.«

»Mir war nicht bewusst, dass in den USA Kopien existieren. Woher stammen sie?«

»Auf einer seiner früheren Reisen hat man ihm von einem bestimmten Priester erzählt, der wiederum Kenntnis von dem Manuskript gehabt haben soll. Den Mann selbst konnte Dobson nicht auftreiben, doch in seinem Haus stieß er auf die versteckten Kopien.«

Wils Gesichtsausdruck wurde traurig. »José«.

»Wer?«, fragte ich.

»Der Freund, von dem ich dir erzählte, derjenige, der gestorben ist. Er wollte dafür sorgen, dass so viel Menschen wie möglich von der Existenz der Schrift erfuhren.«

»Was ist mit ihm passiert?«

»Er wurde ermordet. Von wem, wissen wir nicht. Man hat seine Leiche meilenweit von seinem Haus entfernt im Wald gefunden. Doch ich bin mir fast sicher, dass es sich bei den Tätern um seine Feinde gehandelt haben muss.«

»Die Regierung?«

»Bestimmte Leute in Kirche und Regierung.«

»So weit würde die Kirche gehen?«

»Möglicherweise schon. Die Kirche ist gegen das Manuskript, gibt es aber nicht offen zu. Einige der Priester verstehen den Inhalt der Schrift und vertreten heimlich ihre Inhalte, doch sie müssen mit äußerster Vorsicht vorgehen. José erzählte jedem davon, der es hören wollte. Monate vor seinem Tod habe ich ihn bereits davor gewarnt, jedem Beliebigen eine Kopie auszuhändigen. Er sagte, er tue nur, was er tun müsse.«

»Wann wurde das Originalmanuskript eigentlich entdeckt?«, fragte ich.

»Vor drei Jahren hat man es zum ersten Mal übersetzt. Wann genau es entdeckt wurde, weiß man nicht. Das Original wurde seit Jahren unter den Indianern weitergegeben, bis José es in die Hände bekam. Er allein sorgte dafür, dass es übersetzt wurde. Nachdem die Kirche einmal herausgefunden hatte, um was es in der Schrift ging, tat sie alles, um ihre Verbreitung zu verhindern. Jetzt existieren nur noch Kopien. Wir nehmen an, dass das Original zerstört wurde.«

Wil war in Richtung Osten aus der Stadt gefahren, und wir befanden uns jetzt auf einer schmalen, zweispurigen Straße, die durch eine stark bewässerte Gegend führte. Wir passierten einige kleine Hüttensiedlungen und eine große Wiese, die von einem aufwendigen Zaun begrenzt wurde.

»Hat Dobson dir von den beiden Erkenntnissen berichtet?«, fragte Wil.

»Er hat mir von der Zweiten erzählt«, gab ich zurück. »Eine gute Freundin sprach über die Erste. Sie hat zu einem anderen Zeitpunkt auch mit einem Priester gesprochen, wahrscheinlich war es ebenfalls José.«

»Hast du die beiden Erkenntnisse verstanden?«, fragte Wil.

»Ich denke, ja.«

»Dann ist dir klar, dass zufällige Begegnungen oftmals eine tiefere Bedeutung haben?«

»Es scheint so«, sagte ich. »Die gesamte Reise ist bisher eine Aneinanderreihung von scheinbaren Zufällen gewesen.«

»So ergeben sich die Dinge, wenn man erst einmal erwacht und in Kontakt mit der Energie gekommen ist.«

»In Kontakt mit der Energie?«

Wil lächelte. »Das wird ganz vorn, im ersten Teil des Manuskriptes, erklärt.«

»Ich würde gern mehr darüber hören«, sagte ich.

»Später«, antwortete er und deutete durch ein Kopfnicken an, dass er vorhatte, in einen Kiesweg einzubiegen. Etwa vierzig Meter vor uns stand ein einfaches Haus aus Holz. Wir parkten unter einem großen Baum rechts neben dem Haus und stiegen aus.

»Mein Freund arbeitet für den Besitzer einer großen Plantage, dem sehr viel Land hier in der Gegend gehört«, sagte er. »Er stellt unter anderem auch dieses Haus zur Verfügung. Der Mann ist sehr einflussreich und ein geheimer Befürworter des Manuskriptes. Hier bist du einigermaßen sicher.«

Ein Licht auf der Veranda ging an, und ein untersetzter, gedrungener Mann, der wie ein Einheimischer wirkte, eilte mit breitem Lächeln heraus und begrüßte uns enthusiastisch in Spanisch. Als er den Jeep erreicht hatte, klopfte er Wil durch das offene Wagenfenster auf den Rücken und warf mir einen freundlichen Blick zu. Wil bat ihn, Englisch zu sprechen, dann stellte er uns vor.

»Mein Freund hier braucht ein wenig Hilfe«, sagte Wil zu dem Mann. »Er hat vor, in die Staaten zurückzukehren, aber wir müssen vorsichtig sein. Ich denke, ich werde ihn in deiner Obhut lassen.«

Der Mann sah Wil genau an. »Du bist dabei, Jagd auf die Neunte zu machen, stimmt's?«, fragte er.

»Ja«, sagte Wil und stieg aus dem Jeep.

Ich öffnete die Tür auf meiner Seite und ging um den Wagen herum. Wil und sein Freund schlenderten zum Haus hinüber und unterhielten sich außer Hörweite.

Als ich auf gleicher Höhe mit den beiden war, hörte ich, wie der Mann sagte: »Ich werde mit den Vorbereitungen beginnen.« Daraufhin ging er. Wil wandte sich an mich.

»Was meint er mit der Neunten?«, fragte ich.

»Ein bestimmter Teil des Manuskriptes ist niemals gefunden worden. Im Originaltext gibt es acht Erkenntnisse, doch es ist die Rede von einer weiteren, der Neunten. Viele haben bereits versucht, sie zu finden.«

»Weißt du, wo sie ist?«

»Nein, nicht genau.«

»Wie willst du sie dann finden?«

Wil lächelte. »Genauso wie José die vorherigen acht gefunden hat. So, wie du auf die ersten beiden und dann auf mich gestoßen bist. Wenn jemand in der Lage ist, den Kontakt herzustellen und genügend Energie aufzubringen, ereignen sich jene scheinbar zufälligen Begebenheiten in einem fort.«

»Ich möchte wissen, wie man an diesen Punkt gelangt«, sagte ich. »Um welche Erkenntnis handelt es sich dabei?«

Wil blickte mich prüfend an, als wolle er abschätzen,

wie viel mir zuzutrauen sei. »Die Fähigkeit, diesen Kontakt herzustellen, wird nicht nur in einer Erkenntnis beschrieben; es handelt sich um die Summe aus allen. Erinnerst du dich, wie in der Zweiten Erkenntnis beschrieben wird, dass Forscher in die Welt entsandt wurden, um mit wissenschaftlichen Mitteln den Sinn menschlichen Lebens auf diesem Planeten zu ergründen, jedoch nicht rechtzeitig wieder zurückkehrten?«

»Ja.«

»Nun, die verbleibende Erkenntnis präsentiert endlich die Antwort. Allerdings nicht allein vom Standpunkt der herkömmlichen Wissenschaft aus. Die Antwort, von der ich spreche, setzt sich aus vielen verschiedenen Bereichen der Forschung zusammen. Die Ergebnisse der Physik, Psychologie, der Mystik und der Religion werden auf der Basis der Wahrnehmung jener vermeintlichen Fügungen zu einer neuen Synthese geführt.

Wir erfahren, was diese Fügungen zu bedeuten haben und wie sie funktionieren, und während wir das tun, eignen wir uns eine völlig neuartige Sichtweise in Bezug auf unsere Existenz an, Erkenntnis für Erkenntnis.«

»Wenn das so ist, dann möchte ich den Inhalt jeder Erkenntnis erfahren«, sagte ich. »Kannst du mir sie nicht sagen, bevor du gehst?«

»So funktioniert es nicht. Jede einzelne will auf eine eigene Art entdeckt werden.«

»Wie bitte?«

»Es wird sich ergeben. Es würde dir nichts nützen, wenn ich dir sage, wie. Du hättest zwar die Information, aber dadurch noch nicht die Erkenntnis. Du musst sie im Laufe deines eigenen Lebens selbst entdecken.«

Wir sahen einander schweigend an. Wil lächelte. Mit ihm zu sprechen vermittelte mir das Gefühl einer unglaublichen Lebendigkeit.

»Weshalb machst du dich ausgerechnet jetzt auf die Suche nach der Neunten Erkenntnis?«, fragte ich.

»Es ist die richtige Zeit. Ich habe hier lange als Führer gearbeitet, ich kenne das Terrain und habe die anderen acht Erkenntnisse verstanden. Als ich an meinem Fenster stand und an José dachte, hatte ich bereits beschlossen, ein weiteres Mal nach Norden zu reisen. Die Neunte Erkenntnis ist irgendwo dort. Das weiß ich. Und jünger werde ich auch nicht. Außerdem habe ich eine Vision gehabt, in der ich die Erkenntnis nicht nur gefunden, sondern sogar erreicht habe, was sie forderte. Ich weiß jetzt, dass sie die wichtigste von allen ist. Sie stellt alle anderen in einen Zusammenhang und wird uns Auskunft über den wahren Sinn unserer Existenz geben.«

Er hielt unvermittelt inne und sah mich besorgt an. »Ich hätte mich eine halbe Stunde eher auf den Weg machen sollen, aber ich hatte das nagende Gefühl, etwas vergessen zu haben.« Wieder hielt er inne. »Genau in diesem Augenblick bist du auf der Bildfläche erschienen.«

Wir sahen uns eine ganze Weile an.

»Meinst du, ich sollte mit dir gehen?«, fragte ich.

»Was meinst du selbst dazu?«

»Ich weiß nicht«, sagte ich unsicher. Ich war verwirrt. Vor meinem inneren Auge begann die Geschichte meiner Reise nach Peru abzulaufen: die Begegnung mit Charlene, mit Dobson und jetzt mit Wil. Aus einer Art gelinder Neugier war ich nach Peru gereist, und jetzt war ich untergetaucht, ein unfreiwilliger Flüchtling, der nicht einmal wusste, wer seine Verfolger waren. Und das Seltsamste an dieser Situation bestand darin, dass ich weder Angst noch Schrecken empfand, sondern freudig erregt war. Ich hätte all meinen Verstand und meine Instinkte zusammennehmen sollen, einen Weg nach Hause zu finden, doch in Wirklichkeit wollte ich mit Wil gehen – einen Weg, der mich ohne den geringsten Zweifel tiefer in die Gefahr führen würde.

Während ich die verschiedenen Möglichkeiten in Betracht zog, merkte ich, dass ich in Wirklichkeit gar keine Wahl hatte. Das Auftauchen der Zweiten Erkenntnis hatte mir jeden Rückweg zu den alten Ersatzbeschäftigungen für immer versperrt. Wenn ich meinem Bewusstsein entsprechend handeln wollte, dann würde ich mich nach vorn bewegen müssen.

»Ich habe vor, die Nacht hier zu verbringen«, sagte Wil. »Du hast also mit deiner Entscheidung Zeit bis morgen früh.«

»Ich habe mich bereits entschieden«, sagte ich ihm. »Ich komme mit.«

Eine Frage der Energie

Im Morgengrauen standen wir auf und fuhren den ganzen Morgen ohne viele Worte gen Osten. Wil hatte nur erwähnt, dass wir direkt durch die Kette der Anden fahren würden, in eine Region, die er die Hohe Selva nannte und die aus waldbedeckten Hügeln und Plateaus bestand. Ansonsten hatte er fast nichts zu sagen.

Ich hatte ihm ein paar Fragen zu seinen Beweggründen und nach dem Ziel unserer Reise gestellt, doch er hatte mich höflich und bestimmt abgewiesen und angedeutet, dass er sich aufs Fahren konzentrieren wolle. Schließlich hatte auch ich aufgehört zu sprechen und mich ganz dem Anblick der Landschaft gewidmet. Der Ausblick von den Berghöhen war überwältigend.

Gegen Mittag, als wir die letzte der hohen Hügelketten erreicht hatten, hielten wir an einem Aussichtspunkt, um im Wagen ein paar belegte Brote zu essen und den Ausblick auf ein weites, karges Tal vor uns zu genießen. Auf der gegenüberliegenden Seite des Tales befanden sich die Ausläufer der Berge, die in einem saftigen Grün leuchteten. Während wir aßen, erwähnte Wil, dass wir die Nacht in der Viciente Lodge verbringen würden, einem Anwesen aus dem neunzehnten Jahrhundert, das einst der katholischen Kirche von Spanien gehört hatte. Jetzt gehörte es einem seiner Freunde und war zu einem Tagungszentrum umfunktioniert worden, in dem geschäftliche und wissenschaftliche Veranstaltungen abgehalten wurden.

Mit dieser spärlichen Information versehen, setzten wir unseren Weg schweigend fort. Eine Stunde später erreichten wir Viciente, durchfuhren ein großes Tor aus Stein und Eisen und landeten schließlich auf einem schmalen Schotterweg, der uns nach Nordosten führte. Ich stellte erneut ein paar bohrende Fragen über Viciente und weshalb wir hier Halt machten, doch wie schon zuvor wischte Wil meine Erkundigungen einfach zur Seite, mit dem einzigen Unterschied, dass er mir diesmal ausdrücklich empfahl, mich auf den schönen Ausblick zu konzentrieren.

Die Schönheit von Viciente berührte mich sofort. Wir waren umgeben von farbenprächtigen Weidegründen und Obstgärten, das Gras schien von sattem, tiefem Grün und außergewöhnlicher Gesundheit zu sein. Sogar am Fuß der riesigen Eichen, die sich etwa alle dreißig Meter aus dem Weideland erhoben, war es von seltsamer Dichte. Irgendetwas an diesen riesigen Bäumen zog mich immens an, doch ich vermochte vorerst nicht zu sagen, was es war.

Nach ungefähr einer Meile stieg die Straße leicht nach Osten an. Auf der Anhöhe stand ein riesiges, im spanischen Stil der zwanziger Jahre erbautes Gebäude aus unbehandeltem Holz und grauem Stein. Das Haus schien aus mindestens fünfzig Zimmern zu bestehen, und eine breite, eingefriedete Veranda nahm die gesamte Südseite des Gebäudes ein. Im Garten um das Haus standen noch riesigere Eichen, außerdem bestand er aus zahllosen mit exotischen Blumen bepflanzten Beeten und dazwischen angelegten Pfaden, die von strahlend schönen Blumen und Farnen gesäumt wurden. Unter den Bäumen und auf der Veranda befanden sich Gruppen von Leuten, die scheinbar unbefangen miteinander plauschten.

Nachdem wir ausgestiegen waren, blieb Wil einen Augenblick stehen und ließ die Aussicht auf sich wirken. Ein wenig weiter entfernt, auf der östlichen Seite der Herberge, fiel das Gelände sanft ab und ging dann in Weideland und Wälder über. Am Horizont schimmerte eine weitere Hügelkette in violettem Purpur.

»Ich denke, es ist besser, wenn ich mich um die Zimmer kümmere«, sagte Wil. »Weshalb siehst du dich in der Zwischenzeit nicht ein wenig um? Es wird dir gefallen.«

»Keine Frage!«, sagte ich.

Im Weggehen drehte er sich um und sah mich an. »Lass dir auf keinen Fall die Forschungsgärten entgehen. Wir sehen uns zum Abendessen.«

Aus irgendeinem Grund hatte Wil sich offenbar entschlossen, mich allein zurückzulassen, doch war mir egal, was sein Grund dafür sein mochte. Ich fühlte mich fabelhaft und war nicht im Mindesten um meine Sicherheit besorgt. Wil hatte mir schon erzählt, dass die Regierung sich von der beträchtlichen Menge harter Touristendollars, die Viciente ins Land brachte, beeindrucken ließ und den Ort verschonte, obwohl der Inhalt des Manuskriptes gerade hier häufig diskutiert wurde.

Einige riesige Bäume und ein sich nach Süden windender schmaler Pfad zogen mich derartig an, dass ich den Weg dorthin einschlug. Zwischen den Bäumen angekommen, sah ich, dass der schmale Pfad durch eine kleine eiserne Pforte und über einige Steinstufen hinab zu einer Wiese voller wild wachsender Blumen führte. Dahinter lag eine Art Obstgarten, ein schmaler Bach und noch mehr Wald. An der Pforte hielt ich einen Augenblick inne und atmete einige Male tief durch. Ich bewunderte die vollkommene Schönheit, die sich im Tal vor meinen Augen ausbreitete.

»Wirklich wunderschön, nicht wahr?«, fragte eine Stimme hinter meinem Rücken.

Ich drehte mich schnell herum. Eine Frau, Ende Dreißig, mit einem Rucksack auf dem Rücken, stand hinter mir.

»Wunderschön«, sagte ich. »Ich glaube, ich habe noch nie etwas so Schönes gesehen.«

Für eine Weile blickten wir beide auf das weite Land und die üppigen tropischen Pflanzen in den terrassenförmig angelegten Beeten, die uns auf beiden Seiten umgaben. »Wissen Sie zufällig, wo sich die Forschungsgärten hier befinden?«, fragte ich dann.

»Ich bin auf dem Weg dorthin«, sagte sie. »Kommen Sie mit.«

Nachdem wir uns einander vorgestellt hatten, gingen wir die Stufen auf dem ausgetretenen Pfad nach Süden hinab. Sie hieß Sarah Lorner, hatte sandfarbenes Haar und blaue Augen und hätte am besten mit dem Wort mädchenhaft beschrieben werden können – hätte sie nicht so ein ernsthaftes Verhalten an den Tag gelegt. Einige Minuten gingen wir schweigend nebeneinander her.

»Sind Sie zum ersten Mal hier?«, fragte sie.

»Ja«, antwortete ich. »Besonders viel weiß ich nicht über diesen Ort.«

»Abgesehen von einigen Unterbrechungen lebe ich jetzt seit fast einem Jahr hier und kann Ihnen das eine oder andere erzählen. Vor ungefähr zwanzig Jahren wurde dieser Ort ein beliebter Treffpunkt für Wissenschaftler aus aller Herren Länder. Die unterschiedlichsten wissenschaftlichen Gruppierungen hielten hier ihre Tagungen ab, vorwiegend Biologen und Physiker. Bis dann vor einigen Jahren …«

Sie zögerte einen Augenblick und sah mich an. »Haben Sie von dem Manuskript gehört, das hier in Peru entdeckt worden ist?«

»Ja, habe ich«, sagte ich. »Zumindest mit den ersten beiden Erkenntnissen bin ich vertraut.« Ich wollte ihr erzählen, wie sehr mich das Dokument faszinierte, doch ich hielt mich zurück, unsicher, ob ich ihr trauen konnte.

»Das habe ich mir gedacht«, sagte sie. »Ich hatte gleich den Eindruck, dass Sie hier sind, um Verbindung mit der Energie aufzunehmen.«

Wir überquerten eine hölzerne Brücke, die über den Bach führte.

»Was ist das für eine Energie?«, fragte ich.

Sie blieb stehen und lehnte sich gegen das Brückengeländer. »Haben Sie schon etwas von der Dritten Erkenntnis gehört?«

»Bisher nicht.«

»Sie beschreibt die Entwicklung eines neuen Verständnisses unserer materiellen Welt gegenüber und geht davon aus, dass der Mensch anfangen wird, eine bisher unsichtbare Form der Energie wahrzunehmen. Die Herberge hier ist zum Sammelplatz der Wissenschaftler geworden, die dieses Phänomen untersuchen und sich darüber austauschen.«

»Die Wissenschaftler glauben an die Existenz dieser Energie?«, fragte ich.

Sie schritt weiter über die Brücke. »Nur ein paar von ihnen«, sagte sie. »Und wir müssen uns deswegen einiges gefallen lassen.«

»Dann sind Sie ebenfalls Wissenschaftlerin?«

»Ich unterrichte Physik an einer kleinen Universität in Maine.«

»Weshalb bezweifeln die anderen Wissenschaftler Ihre Thesen?«

Einen Augenblick lang schwieg sie und dachte nach. »Um das zu verstehen, müssen Sie die Geschichte der Wissenschaft verstehen«, sagte sie und sah mich forschend an, um herauszufinden, ob ich an einer Vertiefung der Thematik interessiert sei. Ich gab ihr durch ein Kopfnicken zu verstehen, dass sie fortfahren solle.

»Vergegenwärtigen Sie sich für einen Moment den Inhalt der Zweiten Erkenntnis. Nach dem Scheitern des mittelalterlichen Weltbildes wurden wir in der westlichen Welt uns plötzlich bewusst, dass wir Teil eines völlig unbekannten Universums waren. Um die Natur dieses Universums zu verstehen, mussten wir irgendwie damit beginnen, Fakten von bloßem Aberglauben zu trennen. Wir Wissenschaftler legten uns in dieser Angelegenheit eine Haltung zu, die als wissenschaftlicher Skeptizismus bekannt wurde und stichfeste Beweise fordert für jede neue Behauptung darüber, wie die Welt funktioniert. Bevor wir bereit waren, an die Existenz von etwas zu glauben, mussten wir in der Lage sein, es zu betrachten und mit unseren Händen zu berühren. Jede Theorie, die physikalisch nicht beweisbar war, galt automatisch als widerlegt.«

»Dieses Vorgehen hat uns bei der Erkundung der offensichtlicheren Naturphänomene weiß Gott große

Dienste geleistet«, fuhr sie fort, »vor allem bei Objekten wie Steinen, Körpern und Bäumen, Gegenständen, die jeder wahrzunehmen imstande ist, egal wie skeptisch er auch sein mag. Bei dem Versuch zu erklären, weshalb unser Universum funktioniert, wie es funktioniert, benannten wir in aller Eile jeden Bestandteil der physikalischen Welt. Endlich gelangten wir zu dem Schluss, dass jeder in der Natur vorkommende Gegenstand einem Naturgesetz unterworfen ist und dass jedes Ereignis eine direkte und plausible physikalische Ursache hat.« Sie lächelte mich viel versprechend an. »Wie Sie sehen, unterscheiden Wissenschaftler sich in vielerlei Hinsicht nicht von anderen Zeitgenossen. Gemeinsam mit dem Rest der Menschheit hatten wir beschlossen, diese Welt zu meistern. Es ging darum, ein Verständnis vom Universum zu schaffen, das uns die Welt als einen sicheren und vor allem unserer Kontrolle unterliegenden Aufenthaltsort darstellte. Der Skeptizismus sorgte dafür, dass wir uns ausschließlich mit konkreten Problemen befassten, was uns unsere eigene Existenz ein bisschen weniger gefährlich erscheinen ließ.«

Von der Brücke aus waren wir dem verschlungenen Pfad über eine kleine Lichtung gefolgt und befanden uns jetzt in einem dicht bewaldeten Gebiet.

»Dank dieser Grundhaltung«, fuhr sie fort, »gelang es der Wissenschaft, systematisch jeden ungewissen oder esoterischen Aspekt aus unserem Leben zu verbannen. Wir folgten dem Modell Isaac Newtons und schlossen daraus, dass unser Universum, gleich einer riesigen Maschine, einem vorherbestimmbaren Gesetz folgt, und dies war lange Zeit das Einzige, was man dem Universum wirklich nachweisen konnte. Bei Ereignissen, die parallel zu anderen Ereignissen stattfanden, sah man keinen kausalen Zusammenhang, sie wurden als reine Zufälle abgetan.

Schließlich erschienen zwei bahnbrechende Untersuchungen, die uns wieder die Augen über das Geheimnis des Universums öffneten. In den vergangenen Jahren ist viel über die Revolution in der Physik geschrieben worden, doch die wesentlichen Änderungen resultieren aus der Entdeckung der Quantenphysik und den Forschungen Albert Einsteins.

Einsteins Lebenswerk bestand darin, zu beweisen, dass jenes Energiegebilde, das wir als feste Materie wahrnehmen, größtenteils aus leerem Raum plus einem Muster durchlaufender Energieströme besteht, uns Menschen eingeschlossen. Wenn wir darangehen, diese Energiemuster in immer kleineren Einheiten zu betrachten, so gelangen wir zu überaus seltsamen Feststellungen. Versuche haben nämlich ergeben, dass nach der Aufspaltung dieser kleinen Elementarteilchen, wie wir die kleinste Form dieser Energie nennen, die bloße Tatsache der Beobachtung ihres Verhaltens das Versuchsresultat und somit das Verhalten selbst beeinflusst – als seien die Elementarteilchen durch die Erwartungshaltung des Beobachters manipulierbar. Und das selbst, wenn die Teilchen dazu an Orten auftauchen müssen, an denen sie den uns bekannten Gesetzen des Universums zufolge eigentlich nicht auftauchen dürften: nämlich zwei zur gleichen Zeit an der gleichen Stelle oder in der linearen Zeit vor- und zurückreisend.«

Sie blieb erneut stehen und sah mich an. »Mit anderen Worten, es sieht aus, als bestehe der Urstoff des Universums, sein Kern, aus einer Form reiner Energie, die durch menschliche Intention und Erwartung formbar ist und zwar auf eine Weise, die unser altes Modell vom mechanischen Universum widerlegt – ganz als würden unsere Erwartungen dafür sorgen, dass unsere Energie sich in der Welt verteilt und andere energetische Systeme beeinflusst. Ich brauche nicht zu betonen, dass die Dritte Erkenntnis uns genau dies glauben machen will.«

Sie schüttelte den Kopf. »Unglücklicherweise nehmen die meisten Wissenschaftler diese Theorie nicht ernst. Sie verharren lieber im Skeptizismus und warten ab, ob wir unsere Behauptungen beweisen können.«

»Hey, Sarah, hier sind wir«, erklang eine entfernte Stimme. Zu unserer Rechten, etwa fünfzig Meter entfernt, sahen wir, wie jemand uns durch die Bäume zuwinkte.

Sarah sah mich an. »Ich muss mit diesen Leuten für eine Weile reden. Ich habe eine Übersetzung der Dritten Erkenntnis bei mir. Wenn Sie wollen, suchen Sie sich einen schönen Fleck und lesen darin, solange ich fort bin.«

»Nichts lieber als das«, sagte ich.

Sie zog die Kopien aus ihrem Rucksack, überreichte sie mir und ging davon.

Ich sah mich nach einem geeigneten Platz zum Sitzen um. Wo ich stand, war der Waldboden feucht und voller Unterholz, doch ein kleines Stück weiter östlich erhob sich ein weiterer Hügel. Auf der Suche nach einem trockenen Plätzchen machte ich mich auf den Weg dorthin

Auf dem Hügel angekommen, übermannte mich schiere Ehrfurcht. Wieder ein Ort von nahezu unbeschreiblicher Schönheit. Die knorrigen Eichenstämme standen in etwa zwanzig Meter Abstand voneinander, und das weitausladende Astwerk der Bäume hatte sich vollkommen ineinander verwoben, sodass sich eine Art Baldachin über meinem Kopf wölbte. Auf dem Waldboden wucherten tropische Gewächse mit breiten Blättern, die bis zu einem Meter fünfzig Höhe erreichten. Die Blätter waren ungefähr zwanzig Zentimeter breit. Diese Pflanzen vermischten sich mit altem Farn und weißblühendem Buschwerk. Ich suchte mir eine trockene Stelle, setzte mich und genoss den leicht modrigen Geruch der abgestorbenen Blätter und den Duft der Blüten.

So holte ich die Kopien hervor und begann mit der Lektüre der Übersetzung. In einer kurzen Einleitung wurde erklärt, dass die Dritte Erkenntnis ein verändertes Verständnis des physikalischen Universums bringen würde. Die Worte entsprachen ganz eindeutig Sarahs eben gegebener Zusammenfassung und sagten voraus, dass die Menschheit gegen Ende des zweiten Jahrtausends eine neue Form der Energie entdecken würde, welche die Grundlage alles Bestehenden darstellte und gleichzeitig von allem – und das schloss uns Menschen ein – ausging.

Ich ließ die Idee eine Weile wirken und stolperte dann über eine Stelle im Text, die mich ausgesprochen faszinierte. Das Manuskript behauptete dort, dass die Veränderung der menschlichen Wahrnehmung mit einer erhöhten Sensibilität gegenüber schönen Dingen beginnen würde. Während ich darüber nachdachte, lenkte mich das Geräusch sich nähernder Schritte ab. Ich erblickte Sarah im gleichen Moment, als sie zum Hügel aufsah und mich entdeckte.

»Ein großartiger Platz«, sagte sie, als sie mich erreicht hatte. »Haben Sie schon die Stelle über die Wahrnehmung der Schönheit gelesen?«

»Ja«, sagte ich. »Aber ich bin mir nicht sicher, was genau damit gemeint ist.«

»Weiter hinten in der Schrift wird es im Detail ausgeführt, aber ich werde mir Mühe geben, es kurz zusammenzufassen. Die Wahrnehmungsfähigkeit von Schönheit funktioniert als eine Art Barometer, das uns verrät, wie weit wir noch davon entfernt sind, die Energie wahrzunehmen. Das leuchtet ein, denn wer einmal die Energie erfahren hat, merkt, dass es sich dabei im Prinzip um das gleiche Kontinuum handelt wie die Schönheit.«

»Das klingt, als seien Sie in der Lage, sie zu sehen«, sagte ich.

Ohne auch nur den kleinsten Anflug von Unsicherheit sah sie mir in die Augen. »Ja, das tue ich. Doch zuerst entwickelte sich bei mir eine tiefere Empfindung für das Schöne.«

»Ist Schönheit nicht immer etwas Relatives?«

Sie schüttelte den Kopf. »Was wir für schön halten, mag unterschiedlich sein, aber das, was Schönheit auszeichnet, die Besonderheiten, die wir schönen Objekten zuordnen, sind identisch. Erscheint uns etwas als schön, so zeichnet es sich gewöhnlich durch verstärkte Präsenz, eine besondere Schärfe in der Form und sehr lebendige Farben aus, finden Sie nicht? Das Schöne hebt sich ab. Es strahlt. Im Vergleich zu weniger anziehenden Objekten erscheint es uns geradezu schillernd.«

Ich nickte.

»Schauen Sie sich den Ort hier an«, fuhr sie fort. »Ich weiß, dass Sie förmlich hingerissen sind, weil es allen Menschen so geht, die hierher kommen. Dieser Ort hat eine eigenartige Ausstrahlung. Farben und Formen erscheinen uns intensiver. Die darauffolgende Wahrnehmungsstufe lässt Sie ein Energiefeld über jedem Gegenstand erkennen.«

Ich musste ziemlich ratlos geschaut haben, denn sie lachte, bevor sie wieder ernst wurde. »Vielleicht sollten wir jetzt in die Gärten weitergehen. Sie liegen eine halbe Meile weiter südlich. Ich denke, Sie werden begeistert sein.« Ich dankte ihr für die Mühe, einem vollkommen Fremden das Manuskript zu erklären und mich durch Viciente zu führen. Sie zuckte bloß mit den Achseln.

»Sie scheinen aufgeschlossen gegenüber unseren Aktivitäten«, sagte sie. »Wir alle hier wissen, dass für uns sehr viel davon abhängt, in welchem Maß und wie wir uns an die Öffentlichkeit wenden. Um weiterforschen zu können, muss unsere Botschaft in die Vereinigten Staaten und den Rest der Welt dringen. Vonseiten der örtlichen Behörden sieht man uns offensichtlich nicht besonders gern.«

Hinter uns erklang plötzlich eine Stimme. »Entschuldigen Sie bitte!« Wir drehten uns um und sahen drei Männer, die sich eilig auf dem Pfad in unsere Richtung bewegten. Alle schienen weit über vierzig zu sein und trugen modische Kleidung.

»Kann uns einer von Ihnen sagen, wo sich hier die botanischen Anlagen befinden?«, erkundigte sich der Größte des Trios.

»Könnten Sie mir sagen, warum Sie das wissen wollen?«, gab Sarah die Frage zurück.

»Meine Kollegen und ich haben vom Besitzer dieses Anwesens die Erlaubnis erhalten, die Gärten zu inspizieren und mit jemandem über die so genannten Forschungen zu sprechen. Wir sind von der Staatlichen Universität von Peru.«

»Klingt, als wären Sie anderer Meinung, was unsere Ergebnisse angeht«, sagte Sarah mit einem Lächeln, offenbar bemüht, die Situation ein wenig aufzulockern.

»Davon können Sie getrost ausgehen«, erwiderte der Sprecher. »Wir halten es, gelinde gesagt, für grotesk zu behaupten, dass hier irgendeine mysteriöse Energie sichtbar geworden sei, die niemals zuvor zu sehen gewesen ist.«

»Haben Sie schon einmal versucht, sie zu sehen?«, fragte Sarah.

Der Mann beschloss, die Frage zu ignorieren, und wiederholte seine eigene. »Kann uns einer von Ihnen den Weg zu den Gärten erklären?«

»Selbstverständlich«, sagte Sarah. »Nach ungefähr hundert Metern macht dieser Pfad einen Bogen nach Westen. Folgen Sie ihm, und nach circa einer Meile stehen Sie direkt vor dem Garten.«

»Ich danke Ihnen«, sagte der hoch gewachsene Mann, während das Trio davoneilte.

»Sie haben sie in die falsche Richtung geschickt.«

»Nicht wirklich«, gab sie zurück. »Dort in der Gegend gibt es noch andere Gärten. Und die Leute dort sind auf die Fragen solcher Skeptiker besser vorbereitet als ich. Manchmal tauchen seltsame Leute hier auf, aber nicht nur Wissenschaftler, sondern auch Schaulustige, Leute, die nicht einmal eine dumpfe Ahnung davon haben, was hier vorgeht ... was wieder einmal das Hauptproblem des wissenschaftlichen Verständnisses erklärt.«

»Was meinen Sie damit?«

»Wie ich schon gesagt habe, passte der alte, skeptische

Blickwinkel hervorragend, solange es um die Erkundung der offensichtlicheren Phänomene des Universums ging, Bäume, Sonnenschein und Gewitter. Doch existiert ebenfalls eine Gruppe von weniger offensichtlichen Phänomenen, die nicht ohne Weiteres erforschbar sind, ja nicht einmal vorhanden zu sein scheinen – es sei denn, der Betrachter wäre bereit, seine Vorbehalte wenigstens für einen Augenblick zurückzustellen und zumindest zu versuchen, sich diesen Phänomenen hinzugeben, bevor er sich wieder seinen peinlich genauen Betrachtungen widmet.«

Wir traten aus dem Schatten der Bäume und vor meinen Augen lagen Dutzende von kultivierten Anbauflächen, jede einzelne nur mit einer einzigen Pflanzenart bebaut. Es handelte sich vor allem um Nutzpflanzen, von der Bananenstaude bis hin zum Spinatpflänzchen. An der Ostseite der Anbauflächen befand sich ein breiter Kiesweg, der parallel zu einer nach Norden verlaufenden öffentlichen Straße verlief. Drei Gewächshäuser aus Wellblech standen entlang des Pfades. Jeweils vier oder fünf Leute arbeiteten in der Nähe jedes der Gebäude.

»Da sind ein paar meiner Freunde«, sagte Sarah und zeigte auf das uns am nächsten stehende Treibhaus. »Kommen Sie, ich möchte sie Ihnen vorstellen.«

Sarah stellte mich drei Männern und einer Frau vor, die alle an den Forschungsarbeiten beteiligt waren. Die Männer unterhielten sich kurz mit mir und entschuldigten sich dann damit, dass sie zu ihrer Arbeit zurückkehren müssten. Die Frau, eine Biologin namens Marjorie, schien dagegen Zeit für uns zu haben.

Ich fing ihren Blick auf. »Über was genau forschen Sie hier?«, fragte ich.

Sie schien überrascht, lächelte jedoch und antwortete mir schließlich. »Wo soll ich anfangen?«, sagte sie. »Sind Sie mit dem Inhalt des Manuskriptes vertraut?«

»Mit den beiden ersten Abschnitten«, sagte ich. »Ich habe gerade mit der Dritten Erkenntnis angefangen.«

»Nun, all unsere Untersuchungen drehen sich um den Inhalt des Manuskriptes. Kommen Sie, ich werde es Ihnen zeigen.« Mit einer Handbewegung bedeutete sie mir, ihr zu folgen, und wir gingen um das Treibhaus herum, bis wir vor einem kleinen Feld mit Bohnen standen. Mir fiel auf, dass die Pflanzen von außergewöhnlicher Gesundheit waren und weder unter Insektenbefall noch toten Blättern zu leiden schienen. Die Stauden wuchsen in lockerer und hochwertiger Muttererde, und jede einzelne von ihnen verfügte über ein großzügig abgestecktes Revier, sodass die einzelnen Gewächse zwar nah beieinanderstanden, Stiele und Blätter der verschiedenen Pflanzen sich jedoch nicht berührten.

Sie deutete auf die uns am nächsten stehende Pflanze. »Wir haben versucht, diese Pflanzen als autonome Energiesysteme zu betrachten und jedes ihrer Bedürfnisse zu berücksichtigen – Erde, Düngestoffe, Feuchtigkeit, Licht. Dabei haben wir herausgefunden, dass das komplette Ökosystem, von dem jede Pflanze umgeben ist, in Wirklichkeit Teil eines lebenden Organismus darstellt. Der Gesundheitszustand jedes einzelnen Faktors beeinflusst das gesamte System.«

Sie zögerte und fuhr dann fort: »Der wesentliche Punkt besteht darin, dass wir begannen, erstaunliche Resultate zu erzielen, sobald wir anfingen, die energetischen Vorgänge, die jede der Pflanzen umgibt, bei ihrer Pflege zu berücksichtigen. Unsere Studienobjekte wurden zwar nicht größer, doch nach ernährungswissenschaftlichen Kriterien weitaus potenter.«

»Wie haben Sie das gemessen?«

»Die Pflanzen enthielten mehr Eiweiß sowie höhere Anteile an Kohlenhydraten, Vitaminen und Mineralien.«

Sie sah mich erwartungsvoll an. »Aber wissen Sie, was das Erstaunlichste ist? Wir haben herausgefunden, dass jene Pflanzen, denen die meiste Beachtung geschenkt wurde, auch zu den leistungsfähigsten zählten.«

»Was verstehen Sie unter Beachtung?«

»Den Boden jeden Tag ein bisschen aufzulockern, sich jeden Tag ein wenig um die Pflanzen zu kümmern, Sie wissen schon. Schließlich haben wir anhand einer Kontrollgruppe folgendes Experiment vorgenommen: Einige der Pflanzen erhielten besondere Aufmerksamkeit, andere wiederum nicht – unsere Annahme bestätigte sich. Daraufhin erweiterten wir unser Konzept und stellten jemanden dafür ab, den Pflanzen nicht nur Aufmerksamkeit zukommen zu lassen, sondern sie auch auf mentalem Wege damit zu beauftragen, stärker zu werden. Der Mitarbeiter verbrachte Zeit bei den Pflanzen und widmete seine gesamte Aufmerksamkeit und Sorgfalt ausschließlich ihrem Wohlergehen.«

»Wurden die Pflanzen dadurch stärker?«

»In ganz signifikantem Maße. Außerdem wuchsen sie schneller.«

»Das ist ja unglaublich!«

»Ja, ist es …« Ihre Stimme verlor sich, während sie zu einem etwa sechzigjährigen Mann sah, der auf uns zukam.

»Der Herr ist ein Mikro-Ernährungsforscher«, sagte sie so, dass er es nicht hören konnte. »Er kam vor einem Jahr zum ersten Mal hierher und hat sich sofort von seiner Universität in Washington beurlauben lassen. Sein Name ist Professor Hains. Er hat einige hervorragende Studien geleitet.«

Als er uns erreicht hatte, stellte sie uns vor. Er war ein kräftig gebauter Mann mit schwarzem Haar, das an den Schläfen bereits graue Strähnen zeigte. Auf das Drängen Marjories hin fasste er die Ergebnisse seiner Forschungen für mich zusammen. Er erklärte, dass er vorwiegend an den menschlichen Körperfunktionen, vor allem denen der inneren Organe, interessiert sei, welche er mittels hochsensibler Blutuntersuchungen analysierte und dabei insbesondere den Zusammenhang mit der Qualität der zugeführten Nahrung berücksichtigte.

Er erzählte mir, dass er besonders an den Ergebnissen einer Studie interessiert sei, welche beweise, dass die in Viciente gezüchteten Pflanzen nicht nur die Leistungsfähigkeit des menschlichen Körpers drastisch erhöhten, sondern dass diese Zunahme bei Weitem über den Grenzwerten dessen lag, was dem Verständnis menschlicher Physiologie nach von Nahrungsstoffen überhaupt an Resultaten erwartet werden durfte. Irgendetwas im Aufbau dieser Pflanzen verursachte eine Wirkung, für die es bisher keine Erklärung gebe.

Ich sah Marjorie an. »Dann ist die menschliche Zuwendung am Ende verantwortlich für eine starke Energiezufuhr bei demjenigen, der die Pflanze verzehrt? Handelt es sich hier um eine Art Rückzahlung vonseiten der Natur? Ist dies die Energie, von der im Manuskript die Rede ist?«

Marjorie sah den Professor an. Er lächelte halbherzig. »Das weiß ich leider noch nicht«, sagte er.

Ich fragte ihn nach zukünftigen Studien, und er erklärte, dass er vorhabe, einen ähnlichen Garten im Bundesstaat Washington anzulegen und dort Langzeitstudien vorzunehmen, um festzustellen, ob die Versuchspersonen langfristig wirklich über mehr Energie oder eine bessere Gesundheit verfügten. Während er sprach, bemerkte ich, dass ich in immer kürzer werdenden Abständen auf Marjorie blicken musste. Mit einem Mal wirkte sie beinahe unvorstellbar schön. Unter Jeans und T-Shirt konnte man einen schlank gewachsenen, schönen Körper erahnen. Ihre Augen und Haare waren von tiefem Braun, und das Haar fiel ihr in spitz zulaufenden kleinen Locken ins Gesicht.

Ich spürte eine immense körperliche Anziehungskraft. Genau in dem Moment, als diese Anziehung mir bewusst wurde, wandte sie sich mir zu, sah mir direkt in die Augen und trat einen Schritt zurück.

»Ich habe noch eine Verabredung«, sagte sie. »Vielleicht sehen wir uns später.« Sie sagte Hains auf Wiedersehen, lächelte mich verlegen an und ging am Treibhaus vorbei den Weg hinunter.

Nachdem ich mich einige Zeit mit dem Professor unterhalten hatte, wünschte ich ihm alles Gute und schlenderte zu Sarah zurück. Sie war immer noch mit einem der Forscher in ein scheinbar intensives Gespräch verwickelt, folgte mir aber mit ihren Blicken.

Als ich näher trat, lächelte der Mann, der neben ihr stand, ordnete seine Papiere auf der kleinen tragbaren Schreibunterlage und begab sich in das Innere des Treibhauses.

»Irgendwelche neuen Erkenntnisse?«, fragte Sarah.

»Ja«, sagte ich geistesabwesend, »es scheint, als gehen die Leute hier einigen sehr interessanten Fragen nach.«

Ich starrte auf den Boden vor mir, als sie fragte: »Wo ist Marjorie?«

Als ich aufsah, bemerkte ich ihren amüsierten Gesichtsausdruck.

»Sie hatte noch eine Verabredung.«

»Haben Sie sie vor den Kopf gestoßen?«, fragte sie und lächelte.

Ich lachte. »Ich schätze schon. Allerdings habe ich kein Wort zu ihr gesagt.«

»Das brauchen Sie auch nicht«, sagte sie. »Marjorie hat eine Veränderung in Ihrem Energiefeld bemerkt. Das war nicht weiter schwierig. Ich konnte es sogar von hier aus sehen.«

»Eine Veränderung in meinem was?«

»Dem Energiefeld, das Ihren Körper umgibt. Die meisten von uns haben gelernt, es zu sehen, zumindest unter bestimmten Lichtverhältnissen. Sobald jemand sexuelle Gedanken entwickelt, wirbelt das Energiefeld der Person in Richtung des Objekts seiner Begierde.«

Ihre Behauptung kam mir vollkommen wahnsinnig vor, doch noch bevor ich etwas sagen konnte, wurden wir von mehreren Leuten unterbrochen, die aus dem Treibhaus ins Freie traten.

»Zeit für die Energieprojektionen«, sagte Sarah. »Die sollten Sie sich nicht entgehen lassen.«

Wir folgten vier jungen Männern, bei denen es sich offenbar um Studenten handelte, zu einem kleinen Maisfeld. Als wir näher traten, bemerkte ich, dass das Feld in zwei etwa drei Quadratmeter große Bereiche unterteilt war. Der Mais in dem einen Bereich stand ungefähr sechzig Zentimeter hoch, der in dem anderen nicht einmal vierzig. Die vier Männer begaben sich zu dem Feld mit den größeren Pflanzen und setzten sich jeder an eine Ecke, ihre Gesichter den Pflanzen zugewandt. Wie auf Absprache richteten sie ihre Blicke auf die Pflanzen. Die späte Nachmittagssonne schien mir in den Rücken und tauchte das Feld in weiches, bernsteinfarbenes Licht, wobei die Wälder dahinter im Dunkeln blieben. Das Maisfeld und die Studenten hoben sich als Silhouetten gegen diesen fast schwarzen Hintergrund ab.

Sarah stand neben mir. »Perfekt«, sagte sie. »Schauen Sie! Können Sie es erkennen?«

»Was?«

»Sie projizieren ihre Energie auf die Pflanzen.« Angestrengt starrte ich auf die Szenerie, konnte aber nichts erkennen.

»Ich sehe nichts«, sagte ich.

»Dann hocken Sie sich hin«, sagte Sarah, »und konzentrieren Sie sich auf den Abstand zwischen den Leuten und den Pflanzen.«

Einen Augenblick lang meinte ich, ein kurzes Aufleuchten gesehen zu haben, doch hielt ich es für das Resultat eines zu hastig veränderten Blickwinkels oder für eine optische Täuschung. Ich versuchte es noch ein paarmal und gab schließlich auf.

»Ich schaffe es nicht«, sagte ich und erhob mich wieder.

Sarah klopfte mir wohlwollend auf die Schulter. »Machen Sie sich nichts daraus. Das erste Mal ist das schwierigste. Für gewöhnlich muss man eine Weile mit der Veränderung der Sehschärfe experimentieren.«

Einer der Meditationsteilnehmer sah zu uns herüber und legte seinen Zeigefinger auf die Lippen, deshalb gingen wir zurück in Richtung Treibhaus.

»Werden Sie lange in Viciente bleiben?«, fragte Sarah.

»Vermutlich nicht«, sagte ich. »Der Mann, mit dem ich unterwegs bin, ist auf der Suche nach dem letzten Teil des Manuskriptes.«

Überrascht sah sie mich an. »Ich war der Ansicht, es seien alle Teile gefunden worden. Obwohl ich wahrscheinlich die Letzte bin, die das beurteilen kann. Ich bin so beschäftigt mit dem Abschnitt, der im Zusammenhang mit meiner Arbeit steht, dass ich den Rest kaum zur Kenntnis genommen habe.«

Automatisch begann ich in den Taschen meiner Hose nach ihrer Übersetzung zu suchen. Mit einem Mal war ich mir nicht mehr sicher, wo ich sie gelassen hatte. Zusammengerollt fand sie sich schließlich in meiner Gesäßtasche.

»Sie sollten wissen«, sagte Sarah, »dass zwei Tageszeiten sich als besonders förderlich für die Wahrnehmung der Energiefelder erwiesen haben: die Dämmerung und der Sonnenaufgang. Wenn Sie wollen, treffen wir uns morgen früh zum Sonnenaufgang wieder, und Sie versuchen es noch einmal.«

Sie streckte ihre Hand nach den Manuskriptseiten aus. »Auf diese Weise«, fuhr sie fort, »kann ich Ihnen auch eine Kopie dieser Übersetzung anfertigen, die Sie behalten können.«

»Warum nicht«, sagte ich. »Ich muss mich allerdings

mit meinem Freund absprechen, um sicherzugehen, dass wir genügend Zeit haben.« Ich lächelte sie an. »Was verleitet Sie zu der Annahme, ich könnte das Zeug sehen?«

»Nennen wir es eine Ahnung.«

Wir einigten uns darauf, uns am nächsten Morgen um sechs Uhr auf der Spitze des Hügels zu treffen, und ich trat den Rückweg in Richtung Herberge allein an. Die Sonne war jetzt vollständig verschwunden, doch hing ein leichtes Leuchten noch in den grauen Wolken am Horizont und tauchte sie in alle nur denkbaren Abstufungen der Farbe Orange. Die Luft war kühl, doch es wehte kein Wind.

In der Herberge hatte sich eine lange Schlange vor der Essenausgabe des riesigen Speisesaales gebildet. Hungrig wie ich war, ging ich nach vorne, um zu sehen, was es gab. Wil und Professor Hains standen dort, in eine lockere Unterhaltung verwickelt.

»Nun«, fragte Wil, »wie war der Nachmittag?«

»Großartig«, sagte ich.

»Darf ich dir William Hains vorstellen?«

»Wir haben uns bereits kennengelernt«, sagte ich.

Der Professor nickte.

Ich erzählte von meiner frühmorgendlichen Verabredung am darauffolgenden Tag. Wil sah kein Problem, er selbst wollte noch mit ein paar Leuten reden und nicht vor neun Uhr aufbrechen.

Die Schlange bewegte sich nach vorn, und die Leute hinter mir ließen mir den Vortritt. Ich reihte mich hinter dem Professor ein.

»Nun, was halten Sie von unserem Treiben hier?«, fragte Hains.

»Ich weiß noch nicht«, sagte ich. »Ich lasse es fürs Erste nur auf mich wirken. Das ganze Konzept der Energiefelder ist für mich vollkommen neu.«

»Die Tatsache der Existenz der Felder ist für jeden von uns neu«, sagte er. »Interessant ist dabei vor allem, dass die Wissenschaft so lange nach dieser Energie gesucht hat: etwas, das aller Materie zugrunde liegt. Die Physik hat, insbesondere nach Einstein, versucht, eine übergreifende Feldtheorie zu entwickeln. Ich habe keine Ahnung, ob es sich bei unserer Entdeckung um genau diese handelt oder nicht, aber auf alle Fälle hat das Auftauchen des Manuskriptes für einige sehr interessante Recherchen gesorgt.«

»Was würde die Wissenschaft verlangen, damit Ihre Idee akzeptiert wird?«, fragte ich.

»Eine Möglichkeit, die Existenz der Energie messbar nachzuweisen«, sagte er. »Die Anwesenheit der Energie an sich stellt nichts wirklich Neues dar. Karatemeister sprechen schon seit langer Zeit von dem Vorhandensein einer Chi-Energie, die für scheinbar unglaubliche Aktionen wie das Zerbrechen von Ziegelsteinen mit der bloßen Hand verantwortlich ist, oder nehmen Sie die Tatsache, dass ein Einzelner es schaffen kann, unbeweglich an seinem Platz zu verharren, während vier Männer mit aller Kraft versuchen, ihn fortzuzerren. Wir alle haben erlebt, dass Athleten geradezu spektakuläre Bewegungen vollbringen, Drehungen, Wendungen, oder in der Luft verweilen, als hätten sie die Schwerkraft besiegt. Dies alles sind Resultate unseres Zugriffes auf die versteckte Energie.

Natürlich müssen noch viel mehr Leute die Energie mit eigenen Augen sehen, bevor ihr Vorhandensein wirklich akzeptiert werden wird.«

»Sind Sie je in diesen Genuss gekommen?«, fragte ich.

»Ich habe etwas gesehen«, sagte er. »Es hängt sehr davon ab, was für Nahrung ich zu mir nehme.«

»Wie das?«

»Nun, die meisten, die in der Lage sind, die Energiefelder zu sehen, ernähren sich vorwiegend vegetarisch. Und meistens essen sie ausschließlich ihre selbstangebauten Hochleistungspflanzen.«

Er zeigte auf die Essenausgabe. »Überzeugen Sie sich selbst. Gott sei Dank servieren sie auch Fisch und Geflügel für alle fleischsüchtigen Kerle wie mich. Wenn ich mich jedoch zwinge, meine Ernährung zu ändern, ja, dann bin ich in der Lage, etwas zu sehen.«

Ich fragte ihn, weshalb er seine Ernährung nicht längerfristig umstelle.

»Ich weiß nicht«, sagte er. »Alte Angewohnheiten sterben nicht so leicht.«

Die Schlange bewegte sich weiter, und ich bestellte ausschließlich Gemüse. Wir setzten uns zu anderen Gästen an einen der großen Tische und unterhielten uns eine Stunde über dieses und jenes. Dann gingen Wil und ich hinaus zum Jeep, um unser Gepäck zu holen.

»Hast du die Energiefelder schon gesehen?«, fragte ich.

Er lächelte und nickte. »Mein Zimmer ist im ersten Stock«, sagte er. »Deines ist im dritten. Nummer 306. Der Schlüssel liegt an der Rezeption.«

Mein Zimmer hatte kein Telefon, doch der Herbergsangestellte in der Eingangshalle versicherte mir, dass er Punkt fünf Uhr an meine Tür klopfen und mich wecken würde. Ich legte mich aufs Bett und dachte ein paar Minuten lang nach. Der heutige Nachmittag erschien mir jetzt als ungewöhnlich lang und ereignisreich, und mit einem Mal verstand ich, weshalb Wil sich in Schweigen gehüllt hatte. Er wollte, dass ich die Dritte Erkenntnis am eigenen Leibe erfuhr.

Am nächsten Morgen klopfte es an meine Tür. Ein Blick auf meine Armbanduhr verriet mir, dass es bereits fünf Uhr war. Als der Angestellte erneut klopfte, bedankte ich mich mit deutlich vernehmbarer Stimme, stand auf und sah aus dem kleinen Fenster. Einzig ein fahles Leuchten am östlichen Horizont zeugte davon, dass es Morgen war.

Ich begab mich ins Bad am Ende des Ganges und duschte, zog mich schnell an und ging hinunter. Der Speisesaal war bereits geöffnet, und ich war überrascht, wie viele der Gäste bereits auf den Beinen waren. Ich nahm nur ein wenig Obst zu mir und eilte nach draußen.

Lange Nebelschwaden zogen dicht über dem Boden dahin und breiteten sich über den Wiesen aus. Singvögel schienen sich gegenseitig zu rufen. Als ich die Herberge verließ, zeigte sich der oberste Rand der Sonne am Horizont. Ihre Farbe war von außergewöhnlicher Schönheit. Der Himmel lag tiefblau über dem pfirsichfarbenen Horizont.

Ich erschien fünfzehn Minuten zu früh auf dem vereinbarten Hügel, also ließ ich mich nieder und lehnte mich mit dem Rücken an einen der riesigen Baumstämme, fasziniert vom Geflecht der knorrigen Zweige über meinem Kopf. Innerhalb weniger Minuten hörte ich Schritte auf dem Pfad, und in der Erwartung, Sarah zu sehen, blickte ich auf. Stattdessen kam dort ein etwa fünfundvierzigjähriger Mann, den ich noch nie gesehen hatte. Er verließ den Pfad, und ohne mich wahrzunehmen, schritt er auf mich zu. Als er kaum mehr drei Meter entfernt war, erschrak er, und ich zuckte ebenfalls zusammen.

»Oh, hallo«, sagte er in starkem Brooklyn-Akzent. Er trug Jeans und Wanderstiefel und wirkte ausgesprochen fit und athletisch. Sein Haar war gelockt und bereits schütter.

Ich nickte ihm zu.

»Tut mir leid, Sie so erschreckt zu haben«, sagte er.

»Keine Ursache.«

Er stellte sich als Phil Stone vor, und ich erzählte ihm, wer ich war und dass ich auf eine Bekannte wartete.

»Sie sind sicher zu Forschungszwecken hier«, sagte ich.

»Nein, eigentlich weniger«, gab er zurück. »Ich arbeite im Auftrag der Universität von Südkalifornien. In der angrenzenden Provinz stellen wir Forschungen über das Verschwinden des Regenwaldes an, doch sobald sich auch nur die kleinste Chance bietet, steige ich in den Wagen und erhole mich hier. Ich liebe diesen außergewöhnlichen Wald hier. Er ist so ganz anders.«

Er sah sich um. »Ist Ihnen bekannt, dass einige der Bäume um uns herum beinahe fünfhundert Jahre alt sind? Es handelt sich um einen wirklich ursprünglichen Wald, eine äußerst seltene Angelegenheit. Jedes Element befindet sich in perfekter Harmonie mit seiner Umgebung: Die größeren Bäume filtern das Sonnenlicht und erlauben damit einer Unzahl tropischer Pflanzen unter ihnen zu gedeihen. Das Pflanzenleben im Regenwald ist ebenfalls sehr alt, doch ist er vollkommen anders strukturiert, im Wesentlichen ist er ein Dschungel. Hier sieht es eher aus wie in einem der alten Wälder in den gemäßigten Klimazonen der Vereinigten Staaten.«

»Dort habe ich nie etwas Derartiges gesehen«, sagte ich.

»Ja, ich weiß«, erwiderte er. »Es sind kaum noch welche vorhanden. Die meisten wurden von der Regierung zur Abholzung freigegeben, als ob ein Wald nur aus einem Haufen Bretter bestünde. Eine verfluchte Schande, einen Ort wie diesen zu vernichten. Sehen Sie nur die Energie!«

»Sie sind imstande, hier die Energie zu sehen?«

Er sah mich etwas genauer an, als sei er sich nicht sicher, wie weit er mit seinen Ausführungen gehen sollte.

»Ja, das kann ich«, meinte er schließlich.

»Nun, ich konnte es bisher noch nicht«, sagte ich. »Ich habe es gestern zum ersten Mal versucht, als man mit den Pflanzen im Garten meditierte.«

»Oh, am Anfang konnte ich auch keine so großen Felder sehen. Ich musste bei meinen Fingern anfangen.«

»Wie meinen Sie das?«

»Kommen Sie, gehen wir dort hinüber«, sagte er und zeigte auf einen Teil des Waldes, in dem die Bäume nicht ganz so verwachsen waren und der blaue Himmel zwischen den Kronen hindurchschimmerte. »Ich zeige es Ihnen.«

Dort angekommen, sagte er: »Lehnen Sie sich zurück, und führen Sie die Spitzen Ihrer Zeigefinger zusammen. Behalten Sie den blauen Himmel im Hintergrund. Jetzt entfernen Sie die Fingerspitzen voneinander, ungefähr einen Zentimeter, und schauen direkt auf den Abstand zwischen den Fingern. Was sehen Sie dort?«

»Ein Staubkorn auf meiner Netzhaut.«

»Vergessen Sie das«, sagte er. »Bewegen Sie die Finger

aufeinander zu und wieder weg, und fixieren Sie dabei den Brennpunkt Ihrer Augen.«

Während er sprach, bewegte ich meine Finger, unsicher darüber, was er mit dem Brennpunkt meiner Augen meinte. Schließlich starrte ich ungefähr auf den Abstand zwischen den beiden Fingern. Beide Spitzen waren jetzt leicht verschwommen, und plötzlich sah ich etwas wie dünne Rauchschwaden, die die beiden Fingerspitzen zu verbinden schienen.

»Gütiger Himmel«, sagte ich und beschrieb ihm, was ich sah.

»Das ist es! Das ist es!«, sagte er. »Jetzt experimentieren Sie ein wenig damit.«

Ich brachte alle vier Fingerspitzen zusammen, dann meine Handflächen und schließlich meine Unterarme. In jedem Fall war ich in der Lage, deutliche Energiestränge zu erkennen, die zwischen meinen Körperteilen verliefen. Ich ließ die Arme sinken und sah Phil an.

»Oh, wollen Sie meine sehen?«, fragte er. Er stand auf, trat ein paar Schritte zurück und brachte seinen Kopf und Oberkörper so in Stellung, dass sich seine Statur klar vom Himmel hinter ihm absetzte. Einige Minuten versuchte ich etwas zu erkennen, dann wurde meine Konzentration durch ein Geräusch unterbrochen. Ich drehte mich um und erkannte Sarah.

Phil trat einen Schritt vor und grinste über das ganze Gesicht. »Haben Sie etwa auf diese Person gewartet?«

Auch Sarah lächelte, während sie näherkam. »Hey, dich kenne ich doch«, sagte sie und zeigte auf Phil.

Sie umarmten sich herzlich, dann sah Sarah mich an. »Tut mir leid, dass ich zu spät gekommen bin. Aus irgendeinem Grund hat mein innerer Wecker nicht funktioniert. Doch jetzt weiß ich, warum. Ich wollte euch beiden Gelegenheit geben, euch kennenzulernen. Was habt ihr getrieben?«

»Er hat gerade gelernt, die Felder zwischen seinen Fingern zu sehen«, sagte Phil.

Sarah sah mich an. »Letztes Jahr haben Phil und ich an der gleichen Stelle gestanden und denselben Versuch unternommen.« Sie warf Phil einen Blick zu. »Stellen wir uns Rücken an Rücken. Vielleicht kann er dann die Energie sehen, die zwischen uns fließt.«

Rücken an Rücken stellten sie sich vor mir auf. Ich schlug ihnen vor, ein wenig näher zu kommen, und sie kamen an mich heran, bis der Abstand zwischen uns nur noch etwas über einen Meter betrug. Sie zeichneten sich scharf gegen den Himmel ab, der hinter ihnen immer noch seine dunkelblaue Färbung hatte. Zu meiner Überraschung war der Raum zwischen ihren Körpern um einiges heller, gelblich, mit einem Stich ins Rosafarbene.

»Er kann es sehen«, sagte Phil, der meinen Gesichtsausdruck deutete.

Sarah drehte sich um, ergriff Phil am Arm, und langsam bewegten die beiden sich von mir fort, bis ihre Körper ungefähr drei Meter entfernt waren. Beide Oberkörper waren von einem weiß-rosa Energiefeld umgeben.

»Okay«, sagte Sarah mit ernster Stimme. Sie war zu mir getreten und hockte sich neben mich. »Jetzt nehmen Sie den Ort hier in seiner ganzen Schönheit auf.«

Mit einem Mal war ich geradezu ergriffen von den Formen der Gegenstände um mich herum. Scheinbar war es mir möglich geworden, jeden einzelnen Eichenbaum in einem individuellen Licht zu betrachten, und das nicht nur bei Teilen der Bäume, sondern ihrer gesamten Erscheinung. Ich bewunderte die einzigartigen Formen und Zusammenstellungen, die sich aus der Anordnung der Äste ergaben. Mein Blick wanderte von einem Baum zum nächsten, dabei drehte ich mich wie ein kleines Kind. Dies erhöhte auf seltsame Weise noch die starke Präsenz der Eichen, als ob ich sie zum ersten Mal in meinem Leben sähe oder sie zumindest zum ersten Mal würdigte.

Plötzlich zogen die tropischen Pflanzen unter den riesigen Bäumen meine Aufmerksamkeit auf sich; wieder starrte ich fasziniert auf die einzigartige Form jeder einzelnen Pflanze. Ich bemerkte außerdem, dass sich jede Pflanze mit anderen zu verbinden und kleine Gemeinschaften zu bilden schien. So waren die riesigen Bananenstauden oft von kleinen Philodendren umgeben, unter denen sich wiederum am liebsten noch kleinere, farnähnliche Pflanzen aufzuhalten schienen. Während ich diese Mini-Biotope genau in Augenschein nahm, wurde ich erneut von der Vielfältigkeit und Einzigartigkeit der hier versammelten Pflanzenwelt ergriffen.

Nur einen halben Meter entfernt, erregte ein außergewöhnliches Blattwerk meine Aufmerksamkeit. Es handelte sich um einen besonders bunt geflammten Philodendron, eine Hauspflanze, die ich selbst des Öfteren besessen hatte. Von intensivem dunklem Grün, maßen seine Blätter wohl über einen Meter im Durchmesser. Die Pflanze schien außergewöhnlich gesund und vor Energie beinahe vibrierend.

»Ja, sehen Sie sich den mal genau an«, sagte Sarah.

Während ich dies tat, spielte ich mit der Einstellung

der Sehschärfe meiner Augen. Ich versuchte mich auf den Raum einige Zentimeter direkt neben der Pflanze zu konzentrieren, und allmählich begann ich kleine Lichtfelder wahrzunehmen, bis ich mit einer einzigen Fixierung meines Blickwinkels in der Lage war zu erkennen, dass die gesamte Pflanze von einer Aura weißen Lichts umhüllt war.

»Jetzt sehe ich etwas«, bemerkte ich.

»Dann schauen Sie sich um«, sagte Sarah.

Erschrocken trat ich einen Schritt zurück. Das weißliche Licht existierte um jede der mich umgebenden Pflanzen, deutlich erkennbar und doch von solcher Transparenz, dass die Farben und Formen der Pflanzen immer sichtbar blieben. Zunächst hatte ich die Pflanzen nur visuell erfasst, doch dann war mir ihre Einzigartigkeit und Ausstrahlung aufgefallen, bis irgendetwas die unberührte Schönheit ihrer Erscheinung so verstärkt hatte, dass ich imstande gewesen war, ihre Energiefelder wie eine Erweiterung ihrer Schönheit wahrzunehmen.

»Versuchen Sie einmal, dies hier zu sehen«, sagte Sarah und setzte sich zwischen mich und den Philodendron. Eine Wolke des weißen Lichts, welche ihren Körper umgab, sprang förmlich vorwärts und umhüllte den Philodendron. Der Durchmesser des Energiefeldes der Pflanze verbreiterte sich mit einem Schlag um über einen Meter.

»Verflucht noch mal«, rief ich erstaunt aus, was die beiden Freunde zum Lachen brachte. Wenig später lachte ich mit ihnen, wobei mir bewusst war, dass ich hier wie selbstverständlich Phänomene bewunderte, deren bloße Existenz ich noch vor wenigen Minuten angezweifelt hatte; und es machte mir nicht das Mindeste aus. Ich bemerkte außerdem, dass meine neuerworbene Fähigkeit, die Energiefelder wahrzunehmen, nicht zur Ausbildung eines surrealen Szenarios geführt hatte, sondern eher zu einer realistischeren Betrachtungsweise der Pflanzen. Und doch schien alles um mich herum verändert, wie in einem Film, in dem man die Aufnahmen eines Waldes koloriert hatte, um seine mystischen und zauberhaften Qualitäten besonders hervorzuheben. Die Pflanzen, das Laub und selbst der Himmel schienen jetzt leicht zu schimmern und legten die Vermutung nahe, dass hier Leben, ja vielleicht sogar ein Bewusstsein existierte, von dessen Existenz wir bisher keine Ahnung hatten. Jedenfalls würde es mir nie wieder möglich sein, einen Wald nur als Ansammlung einiger Bäume zu betrachten.

Ich warf einen Blick auf Phil. »Setz dich, und konzentriere deine Energie auf den Philodendron«, sagte ich. »Ich würde gern einmal sehen, ob es bei dir einen Unterschied macht.«

Phil schien perplex. »Ich kann das nicht«, sagte er. »Ich weiß auch nicht, warum.«

Ich sah Sarah an.

»Manche Leute können es und manche nicht«, sagte sie. »Wir wissen selbst nicht, womit das zusammenhängt. Marjorie testet ihre Studenten auf diese Fähigkeit, bevor sie sie aufnimmt. Einige der Psychologen meinen, es hänge mit den Charaktereigenschaften der betreffenden Person zusammen, doch weiß niemand etwas Genaues darüber.«

»Ich möchte es versuchen«, sagte ich.

»Okay, nur zu«, gab Sarah zurück.

Ich wandte mein Gesicht der Pflanze zu und ließ mich

vor ihr nieder. Sarah und Phil standen jetzt beide im rechten Winkel zu mir.

»Womit fange ich an?«

»Richten Sie Ihre Aufmerksamkeit vollends auf die Pflanze, etwa so, als wollten Sie sie mittels Ihrer Energie aufblasen«, sagte Sarah.

Ich sah die Pflanze an und stellte mir vor, wie in meinem Inneren ein Energiestrom anschwoll. Nach ein paar Minuten blickte ich wieder auf die beiden.

»Pech gehabt«, sagte Sarah trocken, »offensichtlich handelt es sich bei Ihnen nicht um einen der Auserwählten.«

Weiter unten auf dem Pfad erklangen plötzlich ärgerliche Stimmen und unterbrachen unsere Unterhaltung. Durch die Bäume sahen wir eine Gruppe von Männern vorbeigehen, die sich in harschem Tonfall unterhielten.

»Wer sind diese Leute?«, fragte Phil und sah dabei Sarah an.

»Ich weiß es nicht«, sagte sie. »Weitere Leute, die sich über unsere Arbeit aufregen, nehme ich an.«

Ich warf einen Blick in den uns umgebenden Wald. Es schien sich wieder um einen gewöhnlichen Wald zu handeln.

»Hey, die Energiefelder sind verschwunden!«

»Es gibt Sachen, die bringen einen direkt runter, stimmt's?«, bemerkte Sarah.

Phil lächelte und klopfte mir auf die Schulter. »Von jetzt an wirst du sie jederzeit sehen können. Solange du dir die Fähigkeit bewahrst, ihre Schönheit zu erkennen. Mit dem Rest ist es wie mit dem Radfahren.«

Mir fiel ein, dass ich eine Verabredung hatte. Die Sonne stand jetzt viel höher, und eine sanfte Morgenbrise bewegte die Bäume. Meine Armbanduhr zeigte 7.50 Uhr.

»Ich werde mich lieber auf den Weg machen«, sagte ich.

Sarah und Phil begleiteten mich. Während wir gingen, sah ich zurück auf den bewaldeten Hügel. »Wirklich ein selten schöner Ort«, sagte ich. »Zu schade, dass es in den Staaten nicht mehr davon gibt.«

»Wenn du einmal damit begonnen hast, die Energiefelder in anderen Gegenden wahrzunehmen«, sagte Phil, »dann wirst du feststellen, wie dynamisch der Wald hier wirklich ist. Schau dir diese Eichen an. In Peru sind sie sehr selten, doch hier in Viciente wachsen sie. Nutzwälder, besonders jene, in denen die Kultivierung von Hartholz zugunsten von schnell wachsenden Pinien aufgegeben wurde, verfügen nur über sehr spärliche Energiefelder. Und eine Stadt hat zum Beispiel ein gänzlich anderes Energiebild, sieht man von den Menschen einmal ab.«

Ich versuchte, mich auf die Pflanzen am Wegesrand zu konzentrieren, doch unterbrach der Vorgang des Gehens ständig meine Konzentration.

»Sind Sie sicher, dass ich die Felder wieder sehen werde?«, fragte ich.

»Absolut«, erwiderte Sarah. »Ich habe noch nie gehört, dass es jemandem nicht gelungen ist, diese Erfahrung zu wiederholen. Ein Augenheilkundler, der sich als Gast bei uns aufhielt, geriet vollkommen aus dem Häuschen, nachdem er gelernt hatte, die Felder zu sehen. Wie sich herausstellte, war sein Spezialgebiet die Erforschung von Sehabnormitäten, unter ihnen auch verschiedene Formen der Farbenblindheit. Er kam zu dem Schluss, dass manche Leute so genannte »faule« Rezeptoren in den Augen haben. Und er war in der Lage, diesen Leuten die Wahrnehmung nie zuvor gesehener oder erfahrener Farben zu ermöglichen. Seiner Schlussfolgerung nach geht es bei der Beobachtung der Energiefelder ebenfalls darum, stillliegende Rezeptoren zu erwecken, etwas, wozu theoretisch jeder in der Lage ist.«

»Ich wünschte, ich könnte in der Nähe eines Ortes wie diesem hier leben«, sagte ich.

»Wie wir alle«, gab Phil zurück und warf einen Blick an mir vorbei auf Sarah. »Ist Dr. Hains noch hier?«

»Ja«, sagte Sarah. »Anscheinend ist er nicht mehr imstande abzureisen.«

Phil sah mich an. »Er hat einige sehr interessante Recherchen in Hinblick auf die Leistungsfähigkeit dieser Energie angestellt.«

»Ich weiß«, sagte ich. »Ich habe gestern mit ihm gesprochen.«

»Das letzte Mal«, fuhr Phil fort, »erzählte er mir von einer Studie, in der er die körperlichen Auswirkungen untersuchen wollte, die sich aus dem Aufenthalt in der Nähe starker Energiefelder – wie diesem Wald hier – ergeben. Er hat vor, die gleichen Methoden zugrunde zu legen wie die zur Messung der Organleistung und ihrer Effizienz, um die Auswirkungen der Energie zu beweisen.«

»Ich bin mit dem Effekt bereits bestens vertraut«, sagte Sarah. »Ich brauche dieses Stück Land hier nur zu betreten und fühle mich bereits wohler. Alles Positive scheint verstärkt. Ich fühle mich stärker, ich kann klarer und schneller denken und die Erkenntnisse, die ich hier gewinne, und den Nutzen, den ich daraus für meine Arbeit als Physikerin ziehe, kann ich nur mit dem Wort erstaunlich bezeichnen.«

»Woran arbeiten Sie gerade?«, fragte ich.

»Erinnern Sie sich an die Experimente in der Teilchenphysik, in denen Bruchstücke von Atomen genau dort auftauchten, wo die Wissenschaftler sie haben wollten?«

»Ja.«

»Nun, ich habe versucht, diese Theorie mittels einiger eigener Versuche ein wenig auszudehnen. Nicht etwa, um die Probleme der Leute zu lösen, die an den subatomaren Partikeln arbeiten, sondern um meiner Frage von vorher nachzugehen: Bis zu welchem Grad reagiert das gesamte Universum – da es ja aus einer einheitlichen Energie besteht – auf unsere Erwartungen? Bis zu welchem Grad provozieren unsere Erwartungen die Dinge, die uns dann auch tatsächlich zustoßen?«

»Meinen Sie diese so genannten seltsamen Fügungen?«

»Genau. Denken Sie nur an die hervorstechenden Ereignisse Ihres Lebens. Newton hatte die Theorie, dass alles auf Zufall beruhte, dass der Einzelne zwar in der Lage ist, so etwas wie eine vernünftige Entscheidung zu treffen und gut vorbereitet zu sein, dass jeder Vorfall jedoch im Wesentlichen einer individuellen Kette von Kausalzusammenhängen unterliegt, unabhängig von der Haltung des Einzelnen.

Den jüngsten Entdeckungen der modernen Physik zufolge können wir uns somit zu Recht fragen, ob das Universum nicht dynamischer ist, als wir meinen. Möglicherweise funktioniert es auf der Basis vorbestimmter Mechanismen, reagiert aber ebenfalls auf die Projektion mentaler Energie von menschlicher Seite. Weshalb nicht?

Wenn wir Pflanzen dazu bringen können, schneller zu wachsen, sind wir vielleicht auch in der Lage, das schnellere Eintreffen von Ereignissen herbeizuführen – oder ihr Eintreffen zu verzögern.«

»Ist davon im Manuskript die Rede?«

Sarah lächelte mich an. »Natürlich, daraus beziehen wir ja unsere Ideen.« Während des Gehens begann sie in ihrem Rucksack herumzusuchen und zog schließlich einen Ordner hervor.

»Hier, Ihre Kopie«, sagte sie.

Ich warf einen kurzen Blick auf den Ordner und steckte ihn in meine Tasche. Wir überquerten die Brücke, und ich blieb dort einen Moment lang stehen, um die Farben und Formen der Pflanzen um mich herum zu betrachten. Ich spielte kurz mit der Sehschärfe meiner Augen und erkannte schlagartig die Energiefelder um mich herum. Sarah und Phil waren von weiten gelblich grünen Feldern umgeben, wobei Sarahs Feld dazu tendierte, ins Rosa zu wechseln.

Plötzlich blieben die beiden wie auf Kommando stehen und blickten forschend auf den Pfad vor uns. Dort eilte ein Mann den Pfad herauf und bewegte sich direkt auf uns zu. Ein unbestimmtes Angstgefühl breitete sich in meinem Magen aus, doch war ich entschlossen, die Energiefelder im Auge zu behalten. Als er näher kam, erkannte ich ihn; es handelte sich um einen der drei Wissenschaftler von der Universität von Peru, die uns am Vortag nach dem Weg gefragt hatten. Um seinen Körper entdeckte ich einen rötlichen Schein.

Bei uns angekommen, wandte er sich unvermittelt an Sarah und sagte im Tonfall tiefster Herablassung: »Sie sind doch Wissenschaftlerin, oder nicht?«

»Stimmt«, gab Sarah zurück.

»Wie können Sie dann einen derartigen Humbug tolerieren? Ich habe mir die Gärten angeschaut und kann nicht fassen, wie schlampig hier gearbeitet wird. Ihre Leute haben nicht einen einzigen Beweis geführt. Es gibt zigtausend Gründe, weshalb bestimmte Pflanzen größer als andere werden.«

»Es ist leider nicht möglich, für alles auf der Welt Beweise zu führen, Sir. Wir bemühen uns hier eher um eine etwas allgemein verständlichere Form der Darstellung.«

Ich merkte, wie der Ärger in Sarahs Stimme wuchs.

»Zu behaupten, dass hier eine erstmals sichtbare Energie existiere, die auf der chemischen Zusammensetzung lebendiger Organismen beruht – das ist einfach nur absurd. Sie haben keinerlei Beweise.«

»Beweise sind genau das, wonach wir suchen.«

»Wie können Sie es wagen, die Existenz von etwas zu verkünden, ohne einen Beweis dafür zu haben!«

Mittlerweile klangen beide Stimmen ärgerlich, doch hörte ich kaum hin. Meine ungeteilte Aufmerksamkeit galt jetzt den dynamischen Veränderungen der beiden Energiefelder. Phil und ich waren zu Beginn der Debatte ein paar Schritte zurückgetreten, und Sarah und der hoch gewachsene Mann standen sich nun von Angesicht zu Angesicht gegenüber, zwischen sich ungefähr einen Meter Distanz. Die Energiefelder der beiden schienen dichter und unruhiger geworden zu sein, als würden sie einer inneren Vibration folgen. Mit dem Fortschreiten der Unterhaltung begannen die Felder sich zu vermischen. Hatte einer der beiden ein triftiges Argument, reagierte sein Feld darauf mit einem vakuumähnlichen Sog, der das Feld des anderen zu vereinnahmen schien. Antwortete die andere Person, floss die Energie zurück zu ihrem Eigentümer. In der Dynamik der Energiefelder schien ein Streit dadurch entschieden zu werden, dass man Teile des gegnerischen Energiefeldes an sich band und absorbierte.

»Davon ganz abgesehen«, sagte Sarah zu dem Mann, »haben wir die Erscheinungen, deren Existenz wir hier erforschen, bereits beobachtet.«

Der Mann warf Sarah einen verächtlichen Blick zu. »Wenn Sie das behaupten, sind Sie nicht nur verrückt, sondern auch inkompetent«, sagte er und ging davon.

»Und Sie sind ein Dinosaurier«, rief Sarah ihm hinterher, was Phil und mich zum Lachen brachte. Sarah blieb angespannt.

»Diese Typen können mich wirklich zum Wahnsinn treiben«, sagte sie, während wir unseren Weg den Pfad hinab fortsetzten.

»Vergiss es«, sagte Phil. »Ab und an tauchen sie nun mal einfach auf.«

»Aber weshalb so viele?«, fragte Sarah. »Und warum gerade jetzt?«

Vor der Herberge angekommen, sah ich Wil vor dem Jeep stehen. Die Türen des Wagens waren offen, und auf der Motorhaube hatte er seine Sachen ausgebreitet. Er sah mich sofort und winkte mich bereits von weitem heran.

»Sieht ganz so aus, als müsste ich jede Minute abreisen«, sagte ich.

Meine Bemerkung unterbrach ein etwa zehnminütiges Schweigen, das bei meinem Versuch eingesetzt hatte zu erklären, was während des Streites mit Sarahs Energie geschehen war. Ganz offensichtlich hatte ich nicht die richtigen Worte gefunden, denn meine Erläuterungen hatten nur verständnislose Blicke erzeugt und dafür gesorgt, dass jeder von uns für eine Weile seinen eigenen Gedanken nachhing.

»Es war nett, Sie kennengelernt zu haben«, sagte Sarah und bot mir zum Abschied ihre Hand.

Phil blickte auf den Jeep. »Ist das Wil James?«, fragte er. »Bist du mit ihm unterwegs?«

»Ja«, sagte ich. »Wieso?«

»Nur so. Ich habe ihn schon ein paar Mal gesehen. Er kennt den Besitzer der Herberge und war einer der Ersten, die die Forschungen hier förderten.«

»Komm mit, ich stelle ihn dir vor.«

»Nein, ich muss gehen«, sagte er. »Aber ich werde dich noch häufiger sehen. Du wirst es kaum schaffen, dich hier fern zu halten.«

»Nein, ganz sicher nicht«, gab ich zurück.

Sarah musste ebenfalls gehen und unterbrach uns mit dem Hinweis, dass ich über die Herberge mit ihr in Kontakt treten könne. Ich hielt die beiden noch eine Weile auf, indem ich mich für ihre Lektionen bedankte.

Sarahs Gesichtsausdruck wurde mit einem Male ernst. »Das Wahrnehmen der Energie, die Fähigkeit, unsere materielle Welt mit neuen Augen zu betrachten, verbreitet sich wie eine Infektion. Wir wissen nicht, weshalb, doch sobald jemand in Kontakt mit Leuten gerät, die in der Lage sind, die Energie zu sehen, beginnen sie gewöhnlich ebenfalls damit. Behalten Sie Ihr Wissen also nicht für sich.«

Ich nickte und eilte zum Jeep, wo Wil mich mit einem Lächeln begrüßte.

»Fertig zur Abreise?«, fragte ich.

»Fast«, sagte er. »Wie war dein Morgen?«

»Interessant«, erwiderte ich. »Ich habe eine Menge zu erzählen.«

»Heb's dir für später auf«, sagte er. »Wir sollten sehen, dass wir hier wegkommen. Es sieht nicht allzu gut aus.«

Ich trat näher an ihn heran. »Was ist passiert?«, fragte ich.

»Ich erklär's dir später. Hol deine Sachen.«

Ich betrat die Herberge und packte die wenigen Dinge, die ich in meinem Zimmer zurückgelassen hatte. Wil hatte mir gesagt, dass die Übernachtung auf Kosten des Hauses gehen würde, also übergab ich lediglich den Schlüssel an der Rezeption und ging hinaus zum Jeep.

Wil steckte mit dem Kopf unter der Motorhaube und prüfte irgendetwas an der Maschine. Als ich am Auto angekommen war, schlug er die Haube zu.

»Okay«, sagte er. »Fahren wir los.«

Wir verließen den Parkplatz und fuhren die Einfahrt hinab zur Hauptstraße. Mit uns verließen mehrere andere Wagen das Gelände.

»Was ist los?«, fragte ich Wil.

»Eine Gruppe Regierungsbeamter sowie ein paar Wissenschaftler haben sich über die Leute beschwert, die mit diesem Zentrum zusammenarbeiten. Zwar behaupten sie nicht, dass hier illegale Dinge ablaufen, aber dass einige unerwünschte und nicht anerkannte Wissenschaftler hier arbeiten. Die Beamten hierzulande sind imstande, eine Menge Ärger zu machen, was mit einiger Sicherheit den geschäftlichen Ruin der Herberge zur Folge haben wird.«

Ich blickte ihn verständnislos an, und er fuhr fort:

»Dazu musst du wissen, dass für gewöhnlich mehrere Gruppen gleichzeitig in der Herberge Unterkunft finden. Die wenigsten haben etwas mit den Forschungen am Manuskript zu tun. Die meisten arbeiten auf ihrem eigenen wissenschaftlichen Gebiet und kommen nur wegen der schönen Landschaft. Sollten die Offiziellen ein gar zu unangenehmes Klima verbreiten, werden sie ausbleiben, und die Herberge macht kein Geschäft mehr.«

»Ich dachte, den offiziellen Stellen sei das Geld der Touristen in Viciente hoch willkommen.«

»Dachte ich auch. Irgendetwas an der Existenz des Manuskriptes scheint sie nervös zu machen. Hat jemand unten in den Gärten mitbekommen, was vorgefallen ist?«

»Nein, eigentlich nicht«, sagte ich. »Sie haben sich nur gefragt, weshalb mit einem Mal so viele ärgerliche Leute aufkreuzen.«

Auf diese Bemerkung hin verfiel Wil in Schweigen. Wir fuhren durch das Tor des Anwesens und wandten uns nach Südosten. Nach etwa einer Meile nahmen wir eine Straße, die nach Osten, direkt auf die in der Ferne vor uns liegenden Berge zuführte.

»Wir kommen noch einmal an den Gärten vorbei«, sagte Wil nach einer Weile.

Vor uns lagen die Versuchsfelder und das erste der drei Treibhäuser. Als wir daran entlangfuhren, öffnete sich die Tür des Treibhauses, und mein Blick traf den der Person, die gerade heraustrat. Es war Marjorie. Sie lächelte und erwiderte meinen Blick, bis wir außer Sichtweite waren.

»Wer war das?«, fragte Wil.

»Eine Frau, die ich gestern kennengelernt habe«, antwortete ich.

Er nickte und wechselte dann das Thema. »Hast du Zeit gehabt, einen Blick auf die Dritte Erkenntnis zu werfen?«

»Jemand hat mir eine Kopie gegeben.«

Wil antwortete nicht und schien seinen eigenen Gedanken nachzuhängen, so zog ich die Übersetzung hervor und las an der Stelle weiter, an der ich aufgehört hatte. Die Dritte Erkenntnis beschäftigte sich mit der wahren Beschaffenheit der Schönheit und beschrieb die Fähigkeit ihrer Wahrnehmung als den Weg, durch den die Menschheit schließlich lernen würde, Energiefelder wahrzunehmen. War dies einmal geschehen, würde sich unser Verständnis von einem rein materiellen Universum schnellstens transformieren.

Zum Beispiel würden wir anfangen, mehr und mehr die Nahrung zu uns zu nehmen, die aktive Energie enthielt, und uns würde auffallen, dass gewisse Örtlichkeiten mehr Energie abstrahlten als andere, dass die stärkste Energie von alten Naturschauplätzen, im besonderen alten Wäldern, ausging. Ich war gerade dabei, die letzten Seiten zu lesen, als Wil mich unvermittelt unterbrach.

»Erzähl mal, was du in den Gärten erlebt hast«, sagte er.

So gut ich es vermochte, beschrieb ich ihm die Ereignisse der letzten zwei Tage und die Menschen, die ich in der Zeit kennengelernt hatte. Als ich ihm von meiner Begegnung mit Marjorie berichtete, sah er mich an und lächelte.

»Wie viel hast du ihnen über die anderen Erkenntnisse und ihre Bedeutung für die Arbeit in den Gärten erzählt?«, fragte er.

»Ich habe sie mit keinem Wort erwähnt«, gab ich zurück. »Zuerst habe ich ihnen nicht getraut, und später merkte ich, dass sie mehr von der ganzen Sache wussten als ich.«

»Wenn du ehrlich gewesen wärst, hättest du ihnen eine Menge wichtiger Informationen geben können.«

»Was für Informationen?«

Er sah mich liebevoll an. »Das kannst nur du wissen.«

Ich war sprachlos und starrte deshalb auf die Landschaft. Sie wurde jetzt zunehmend hügeliger und der Boden immer steiniger. Große Granitfelsen erhoben sich über der Straße.

»Was machst du aus der Tatsache, dass du Marjorie zum Abschied noch einmal in den Gärten gesehen hast?«, fragte Wil.

Ich wollte es gerade dem reinen Zufall zuschreiben, überlegte es mir aber in letzter Sekunde anders. »Ich weiß es nicht. Was meinst du?«

»Ich denke, dass es keine Zufälle gibt. Für mich bedeutet es, dass ihr beide noch etwas miteinander zu klären habt und etwas zwischen euch unausgesprochen geblieben ist.«

Der Gedanke hatte etwas Reizvolles, verstörte mich aber gleichzeitig. Mein gesamtes Leben lang hatte man mir Unnahbarkeit zum Vorwurf gemacht, dass ich zwar Fragen stellte, aber keine Meinung kundtat und keine Stellung bezog. Weshalb, fragte ich mich, tauchte dieses Thema jetzt wieder auf?

Ich bemerkte, wie meine Stimmung sich veränderte. War ich in Viciente abenteuerlustig und selbstbewusst gewesen, so überkam mich nun ein Gefühl starker Depression und tiefer Unruhe.

»Jetzt hast du mich deprimiert«, sagte ich.

Er lachte laut auf. »Das liegt nicht an mir, sondern daran, dass du Viciente verlassen hast. Die Energie dort macht dich high wie einen Drachen. Weshalb, glaubst du, hängen diese Wissenschaftler seit Jahren ausgerechnet dort herum? Sie haben allerdings keine Ahnung, weshalb es ihnen dort so sehr gefällt.« Er sah mir direkt in die Augen. »Aber wir haben das, stimmt's?«

Er blickte kurz auf die Straße vor uns und dann wieder auf mich, sein Gesicht war voller Anteilnahme. »Wenn du einen derartig kraftvollen Ort verlässt, musst du deine eigene Energie hochreißen.«

Ich blickte verwirrt drein, und er lächelte mich ermunternd an. Danach fielen wir beide in Schweigen, bis er nach ungefähr einer Meile wieder anhob: »Erzähl mir noch mehr aus den Gärten.«

Ich fuhr mit meiner Geschichte fort. Als ich ihm beschrieb, wie ich die Energiefelder mit eigenen Augen gesehen hatte, wirkte er zutiefst erstaunt, sagte aber kein Wort.

»Kannst du die Felder auch sehen?«, fragte ich.

Er warf mir einen knappen Blick zu. »Ja«, sagte er. »Sprich weiter.«

Ohne weitere Unterbrechung erzählte ich die Geschichte, bis ich zu Sarahs Streit mit dem peruanischen Wissenschaftler kam und wie sich die Dynamik der Energiefelder der beiden im Verlauf der Auseinandersetzung verändert hatte.

»Was haben Sarah und Phil dazu gesagt?«, fragte er.

»Nichts«, sagte ich. »Sie schienen nicht zu verstehen, wovon ich sprach.«

»Das kann ich mir nicht vorstellen«, sagte Wil. »Sie

sind nur so beschäftigt mit der Dritten Erkenntnis, dass sie noch nicht vorausschauen. Der Kampf der Menschen um Energie ist Teil des Inhaltes der Vierten Erkenntnis.«

»Kampf um die Energie?«

Er lächelte nur und deutete mit einer Kopfbewegung auf die Übersetzung, die ich immer noch in den Händen hielt.

Ich las weiter, wo ich stehen geblieben war. Der Text wies auf die Vierte Erkenntnis hin und behauptete, dass der Mensch eines Tages in der Lage sein würde zu erkennen, dass das Universum einzig aus Energie bestand, einer Energie, die uns am Leben erhielt und imstande war, auf unsere Bedürfnisse zu reagieren. Der Mensch würde allerdings ebenfalls erkennen müssen, dass er von der Hauptquelle dieser Energie abgeschnitten war, sich selbst abgeschnitten hatte, und als Resultat davon schwächlich, unsicher und handlungsunfähig geworden war.

Im Angesicht dieses Defizites hatte der Mensch versucht, seine persönliche Energie auf die einzige Weise zu erhöhen, die ihm bekannt war, indem er sie auf psychologische Weise von anderen stahl – ein uneingestandener permanenter Kampf, der die Ursache für alle menschlichen Konflikte auf der Welt darstellte.

Der Kampf um Macht

Ein Schlagloch in der mit Schotter bedeckten Straße ließ den Jeep halb versinken und riss mich aus dem Schlaf. Ein Blick auf die Armbanduhr verriet mir, dass es drei Uhr nachmittags war. Während ich mich streckte und versuchte, meine Sinne vollständig zu sammeln, spürte ich einen scharfen Schmerz in meinem Kreuz.

Bis hierher war die Fahrt ziemlich strapaziös gewesen. Nachdem wir Viciente verlassen hatten, waren wir den ganzen Tag in verschiedene Richtungen gefahren, als ob Wil nach etwas suchte, das er beim besten Willen nicht finden konnte. Die Nacht hatten wir in einer kleinen Herberge auf harten, unförmigen Matratzen verbracht, und ich hatte kaum ein Auge zugetan. Jetzt, nach einem zweiten Tag ununterbrochener Fahrt, war ich drauf und dran, mich lautstark zu beschweren.

Ich warf einen Blick auf Wil. Er konzentrierte sich auf die Straße und schien derartig mit dem Lenken des Fahrzeuges beschäftigt, dass ich entschied, ihn nicht zu stören. Er schien immer noch in jener ernsthaften Gemütsstimmung wie einige Stunden zuvor, als er den Jeep kurzerhand an den Straßenrand gelenkt und beschlossen hatte, er müsse mit mir reden.

»Erinnerst du dich, wie ich dir sagte, dass die Erkenntnisse eine nach der anderen entdeckt werden müssten?«

»Ja.«

»Glaubst du daran, dass sie sich alle irgendwann zu erkennen geben?«

»Nun, bisher haben sie es jedenfalls getan«, sagte ich in scherzhaftem Ton.

Wil blickte mich mit ernster Miene an. »Die Dritte Erkenntnis zu finden war einfach. Dazu brauchten wir nur Viciente zu besuchen. Die anderen zu finden könnte allerdings um vieles schwieriger werden.«

Er hielt einen Augenblick inne. »Meiner Ansicht nach sollten wir nach Süden in einen kleinen Ort namens Cula in der Nähe von Quilabamba fahren. Dort oben ist ein Urwald, den du unbedingt sehen solltest. Es ist allerdings wirklich wichtig, dass du aufmerksam bist. Fügungen ereignen sich ohne Unterlass, aber du musst sie auch wahrnehmen. Verstehst du das?«

Ich versicherte ihm, dass ich ihn verstanden hatte und mich in Zukunft daran halten wollte. Danach war das Gespräch verebbt und ich war in einen tiefen Schlaf gefallen – einen Schlaf, den ich jetzt bereute, weil er meinen ganzen Rücken verzogen hatte. Wieder streckte ich mich. Wil sah mich an.

»Wo sind wir?«, fragte ich.

»Wieder hoch in den Anden«, sagte er.

Aus der hügeligen Landschaft waren Passstraßen und ferne Täler geworden. Die Vegetation war spärlicher, die Bäume waren kleinwüchsiger und windzerzaust. Tief einatmend merkte ich, dass die Luft jetzt dünner und kühler war.

»Zieh dir lieber die Jacke über«, sagte Wil und zog eine braune gefütterte Baumwolljacke aus einer Tasche. »Heute Nachmittag wird es hier oben kühl werden.«

Die Straße vor uns beschrieb eine Kurve, und dahinter lag eine kleine Kreuzung. Auf der einen Seite, neben einem kleinen Geschäft aus weißem Holz und einer Tankstelle, parkte ein Wagen mit offener Motorhaube. Werkzeug lag auf einem Stück Tuch, das jemand über den Kotflügel gelegt hatte. Im Vorbeifahren sahen wir, wie ein blonder Mann mit rundem Gesicht hervortrat, der uns einen kurzen Blick zuwarf. Er trug eine Brille mit dunklem Gestell.

Ich sah mir den Mann genau an, und meine Erinnerung versetzte mich fünf Jahre zurück.

»Ich weiß, dass er es nicht ist«, sagte ich zu Wil, »aber der Typ da sah aus wie ein alter Freund und Arbeitskollege, den ich seit Jahren nicht mehr gesehen habe.«

Ich bemerkte, wie Wil mich musterte.

»Ich habe dir doch gesagt, dass du die Augen offen halten sollst«, sagte er. »Fahren wir zurück und schauen nach, ob der Mann Hilfe braucht. Wie ein Einheimischer sah er jedenfalls nicht aus.«

Wir fanden einen Platz, an dem der Seitenstreifen breit genug war, um den Wagen zu wenden. Als wir vor dem Geschäft hielten, war der Mann mit seinem Motor beschäftigt. Wil fuhr den Wagen neben die Tanksäule und lehnte sich aus dem Fenster.

»Schwierigkeiten?«, fragte er.

Der Mann schob seine Brille zurück auf die Nase, eine Angewohnheit, die er mit meinem alten Freund teilte.

»Ja«, sagte er. »Die Wasserpumpe hat den Geist aufgegeben.« Der Mann war etwas über vierzig und von beinahe zierlicher Statur. Sein Englisch war unbeholfen und hatte einen französischen Einschlag.

Ohne zu zögern, stieg Wil aus dem Wagen und stellte

uns einander vor. Mit einem vertrauten Lächeln streckte der Mann mir seine Hand entgegen. Sein Name war Chris Reneau.

»Das klingt französisch«, sagte ich.

»Stimmt«, sagte er. »Aber ich unterrichte Psychologie in Brasilien. Ich bin in Peru, um nach Informationen über ein archäologisches Schriftstück zu suchen, das vor kurzem gefunden wurde, ein Manuskript.«

Ich zögerte einen Augenblick, unsicher, wieweit ich ihm trauen durfte.

»Wir beide sind aus dem gleichen Grund hier«, sagte ich schließlich.

Interessiert sah er mich an. »Was wissen Sie darüber?«, fragte er. »Haben Sie bereits Kopien eingesehen?«

Noch bevor ich antworten konnte, trat Wil aus dem kleinen Gebäude. Hinter ihm schlug die Fliegentür mit lautem Krach zu. »Wir haben großes Glück«, sagte er zu mir. »Der Besitzer lässt uns unser Zelt hier aufschlagen, und es gibt ein warmes Essen. Wir sollten die Nacht über hierbleiben.« Er wandte sich um und blickte Reneau erwartungsvoll an. »Falls es Ihnen nichts ausmacht, diesen Platz mit uns zu teilen.«

»Nein, nein«, sagte er. »Ich bin froh über die Gesellschaft. Vor morgen kann die Pumpe nicht geliefert werden.«

Während er und Wil sich in einem Gespräch über Wasserpumpen und die Zuverlässigkeit von Reneaus Geländewagen ergingen, lehnte ich mich mit dem Rücken an den Jeep, ließ mir die Sonne ins Gesicht strahlen und badete in den Erinnerungen an meinen alten Freund, den Reneau mir wieder ins Gedächtnis gerufen hatte. Mein

Freund war, wie anscheinend Reneau auch, ein offener und neugieriger Mensch gewesen, der unter die Kategorie Leseratten fiel. Fast hätte ich mich an einige seiner Lieblingstheorien erinnert, doch hatte die Zeit einen Schleier vor meine Erinnerung gezogen.

»Schaffen wir unsere Sachen zum Zeltplatz«, schlug Wil vor und klopfte mir auf den Rücken.

»Okay«, sagte ich geistesabwesend.

Er öffnete die Heckklappe, zog ein Zelt und Schlafsäcke heraus und legte alles in meine Arme. Er selbst nahm eine Tasche mit Kleidung. Reneau schloss seinen Wagen ab, und gemeinsam gingen wir an dem Geschäft vorbei ein paar Stufen hinab. Hinter dem Gebäude fiel das Gelände steil in die Tiefe, und wir tasteten uns einen schmalen Gehweg entlang nach unten. Nach etwa zwanzig oder dreißig Metern hörten wir Wasser rauschen, und noch ein Stückchen weiter sahen wir einen Bach, der von den Felsen hinabstürzte. Die Luft war kühler hier, und der starke Geruch frischer Minze drang an meine Nase.

Direkt vor uns wurde der Boden eben, und das Wasser lief in ein rundes Becken mit ungefähr acht Metern Durchmesser. Irgendjemand hatte das Unterholz gerodet und einen Feuerplatz aus Steinen angelegt. An einen der umstehenden Bäume hatte man Brennholz geschichtet.

»Ausgezeichnet«, sagte Wil und begann damit, sein großes Viermannzelt aufzubauen. Reneau breitete sein kleineres direkt neben Wil aus.

»Sind Sie und Wil Wissenschaftler?«, fragte Reneau mich schließlich. Wil hatte das Zelt schon aufgebaut und war losgegangen, um sich nach dem Abendessen zu erkundigen.

»Wilson ist ein Führer«, sagte ich. »Ich lasse mich im Augenblick eigentlich eher treiben.«

Reneau warf mir einen verwunderten Blick zu.

Ich lächelte ihn an. »Hatten Sie schon Gelegenheit, Teile des Manuskriptes einzusehen?«

»Ich habe die Erste und die Zweite Erkenntnis gelesen«, sagte er und trat näher. »Und wenn Sie mich fragen, dann wird alles eintreten, was das Manuskript voraussagt. Die Perspektive der Menschheit verändert sich. Am deutlichsten ist dies am Beispiel der Psychologie zu sehen.«

»Was meinen Sie damit?«

Er holte tief Luft. »Mein Aufgabengebiet ist die Erforschung zwischenmenschlicher Gewalt. Wir haben immer gewusst, dass hinter dieser Gewalt das Bestreben steht, den anderen Menschen zu kontrollieren und zu beherrschen. Doch erst vor Kurzem haben wir damit begonnen, dieses Phänomen von innen, vom Standpunkt des individuellen Bewusstseins her zu erforschen. Wir haben uns gefragt, was bei einem Menschen geschieht, wenn er den Wunsch verspürt, einen anderen zu kontrollieren, und stellten folgendes fest: Wenn zwei Individuen in einem Gespräch aufeinandertreffen, also eine ganz alltägliche Situation, dann gibt es zwei mögliche Resultate. Abhängig davon, was sich während der Interaktion ereignet, fühlt sich einer der beiden Gesprächsteilnehmer nach der Unterhaltung stärker und einer schwächer.«

Ich sah ihn verblüfft an, und er schien etwas verlegen, sich gleich so ausführlich zu dem Thema ausgelassen zu haben. Ich bat ihn jedoch, fortzufahren.

»Deshalb neigen Menschen dazu, eine manipulative Grundhaltung einzunehmen. Egal wie die Situation gelagert ist oder worum es geht. Immer sind wir darauf vorbereitet, alle notwendigen Register zu ziehen, um als Sieger aus einer Situation hervorzugehen und unter allen Umständen die Oberhand zu behalten, um nicht die Kontrolle zu verlieren. Gelingt es, unseren Standpunkt durchzusetzen, fühlen wir uns bestärkt, gelingt es nicht, meinen wir, an Kraft zu verlieren.

Mit anderen Worten, wir versuchen nicht nur uns gegenseitig zu kontrollieren und auszutricksen, um ein bestimmtes Ziel zu erreichen, sondern auch, weil wir in der Kontrolle über andere einen Energieschub erhalten. Das ist der Grund für die Existenz vieler scheinbar irrationaler Probleme in der Welt – auf individuellem wie nationalem Niveau.

In meinem Berufsfeld drängt dieses Verhalten mehr und mehr ins öffentliche Bewusstsein. Uns wird bewusst, wie sehr wir uns gegenseitig manipulieren, und aus dieser Erkenntnis erfolgt eine – längst überfällige – neue Bewertung unserer Motivationen. Wir suchen nach anderen Möglichkeiten der Interaktion. Meiner Ansicht nach ist diese Umbewertung Teil der neuen Weltsicht, von der auch im Manuskript die Rede ist.«

Unser Gespräch wurde von Wils Rückkehr unterbrochen. »Es gibt gleich Essen«, sagte er.

Hungrig machten wir uns auf den Weg und begaben uns in das untere Geschoss des Gebäudes, in dem die Familie lebte. Durch das Wohnzimmer begaben wir uns zur Essecke. Auf dem Tisch standen Fleischeintopf, Gemüse und Salat.

»Setzen Sie sich doch, setzen Sie sich doch«, wiederholte der Eigentümer auf Englisch, zog Stühle hervor und schwirrte dienstbeflissen durch den Raum. Im Hintergrund standen eine ältere Frau, bei der es sich offenbar um seine Ehefrau handelte, und ein etwa fünfzehnjähriges Mädchen.

Als wir uns setzten, wischte Wil mit dem Ellbogen aus Versehen seine Gabel vom Tisch. Laut klappernd fiel sie auf den Boden. Der Mann warf seiner Frau einen ärgerlichen Blick zu, und diese blaffte das Mädchen an, weil es nicht sofort nach einer neuen lief. Das Mädchen eilte ins Nebenzimmer und kam mit einer Gabel in der Hand wieder heraus, die sie vorsichtig Wil überreichte. Ihr Rücken war gebeugt, und ihre Hand zitterte ein wenig. Mein Blick fiel quer über den Tisch und blieb an Reneau hängen.

»Guten Appetit«, sagte der Mann und reichte mir eine Schale mit Essen. Während des Essens sprachen Reneau und Wil in beiläufigem Ton über akademische Belange, die Herausforderungen des Lehramtes und Schwierigkeiten bei der wissenschaftlichen Publikation. Der Besitzer des Geschäftes hatte den Raum verlassen, seine Frau jedoch verharrte diensteifrig im Türrahmen.

Als sie und ihre Tochter zum Nachtisch Kuchen servierten, stieß das Mädchen mein Glas um, sodass der ganze Tisch vor mir unter Wasser stand. Zornig eilte die ältere Frau herbei, schrie das Mädchen auf Spanisch an und schubste sie zur Seite.

»Es tut mir wirklich leid«, sagte sie, während sie das Wasser aufwischte. »Dieses Kind ist so furchtbar ungeschickt.«

In diesem Moment explodierte das Mädchen förmlich. Sie warf den restlichen Kuchen nach der Frau, verfehlte jedoch, und so landeten Kuchenreste zusammen mit Porzellanscherben mitten auf unserem Tisch. In diesem Moment betrat der Besitzer wieder den Raum.

Der alte Mann begann zu schreien, und das Mädchen rannte aus dem Zimmer.

»Es tut mir leid«, sagte er und eilte zu unserem Tisch.

»Kein Problem«, erwiderte ich. »Seien Sie ein wenig nachsichtiger mit dem Mädchen.«

Wil hatte sich mit der Rechnung in der Hand bereits erhoben, und eilig verließen wir den Raum. Reneau hatte die ganze Zeit über nichts gesagt, doch als wir jetzt die Stufen zu unserem Lager hinabgingen, meldete er sich zu Wort.

»Haben Sie das Mädchen gesehen?«, fragte er und sah mich dabei an. »Ein klassisches Beispiel psychischer Gewaltanwendung. Wir sehen genau, wozu die menschlichen Kontrollversuche im Extremfall führen. Der Alte und die Frau kontrollieren jeden Aspekt im Leben dieses Mädchens. Haben Sie bemerkt, wie nervös und eingeschüchtert die Kleine war?«

»Ja«, sagte ich. »Doch sie schien die Nase gründlich voll zu haben.«

»Genau! Ihre Eltern haben nicht für einen Augenblick von ihr abgelassen. Und von ihrer Warte aus gibt es keine andere Möglichkeit, als darauf mit Gewalt zu antworten. Nur so kann sie ein Minimum an Kontrolle über sich selbst bewahren. Wenn sie erwachsen ist, wird sie aufgrund ihrer traumatischen Erfahrungen leider denken, dass sie andere Menschen auf die gleiche Weise kontrollieren und dominieren muss – besonders wenn sie sich in der Gesellschaft von Schwächeren und vor allem Kindern befindet.

Mit großer Wahrscheinlichkeit sind ihre Eltern ebenso traumatisiert worden. Sie dominieren ihre Tochter, weil sie ihrerseits von ihren Eltern dominiert wurden. Auf diese Weise wird psychische Gewalt von einer Generation zur nächsten weitergegeben.«

Mit einem Mal hielt Reneau inne. »Ich habe meinen Schlafsack im Wagen vergessen«, sagte er. »Ich bin gleich wieder da.«

Ich nickte und ging weiter zum Lagerplatz.

»Du und Reneau, ihr habt euch eine Menge zu sagen«, bemerkte Wil.

»In der Tat«, sagte ich.

Er lächelte. »Um genau zu sein, hat Reneau bisher meistens geredet. Du hörst zu und antwortest auf direkt an dich gerichtete Fragen, aber besonders viel anzubieten hast du nicht.«

»Mich interessiert, was er zu sagen hat«, verteidigte ich mich.

Wil ignorierte die Veränderung in meiner Stimme. »Hast du gesehen, wie sich die Energie innerhalb der Familie bewegte? Der Mann und die Frau absorbierten die Energie ihres Kindes, bis es fast tot war.«

»Ich habe gar nicht auf den Fluss der Energie geachtet«, sagte ich.

»Glaubst du nicht, dass Reneau ihn ebenfalls gern sehen würde? Wie interpretierst du die Tatsache eurer Begegnung?«

»Ich weiß nicht.«

»Denkst du nicht, dass etwas dahinterstecken könnte? Wir fahren die Straße entlang, und du siehst jemanden, der einem alten Freund von dir ähnelt. Als ihr euch kennenlernt, stellt sich heraus, dass er ebenfalls auf der Suche nach dem Manuskript ist. Klingt in meinen Ohren nicht gerade nach Zufall, oder?«

»Nein.«

»Möglicherweise habt ihr euch kennengelernt, damit du einige Informationen gewinnen konntest, die deinen Aufenthalt hier im Lande verlängern. Und vielleicht hast du ebenfalls ein paar Informationen für ihn.«

»Ja, vielleicht hast du recht. Was soll ich ihm deiner Ansicht nach sagen?«

Wieder blickte Wil mich mit der für ihn so charakteristischen Wärme an. »Die Wahrheit«, sagte er.

Noch bevor ich etwas darauf erwidern konnte, kam Reneau den Pfad hinabgesprungen.

»Ich habe eine Taschenlampe mitgebracht, vielleicht können wir sie später brauchen«, sagte er.

Zum ersten Mal wurde ich mir der Dämmerung bewusst und blickte nach Westen. Die Sonne war bereits untergegangen, doch der Himmel war noch in ein leuchtendhelles, rötliches Gelb getaucht, vereinzelte Wolken waren von tiefem Rot. Für einen Moment meinte ich, ein weißliches Feld um die Pflanzen im Vordergrund zu erkennen, doch der Eindruck verflüchtigte sich schnell.

»Ein wunderschöner Sonnenuntergang«, sagte ich und bemerkte erst jetzt, dass Wil in seinem Zelt verschwunden war und Reneau seinen Schlafsack aus der Hülle zog.

»Ja, wunderschön«, sagte Reneau abwesend, ohne aufzuschauen.

Ich trat zu ihm.

Er sah kurz auf. »Ich habe vergessen, Sie zu fragen, welche der Erkenntnisse Sie kennen.«

»Vom Inhalt der beiden ersten weiß ich nur aus Erzählungen«, erwiderte ich. »Aber wir kommen gerade aus Viciente bei Satipo, wo wir zwei Tage in der Herberge verbracht haben. Eine der Forscherinnen dort vermachte mir eine Kopie der Dritten Erkenntnis. Ich halte sie für absolut erstaunlich.«

Seine Augen leuchteten. »Haben Sie diese Kopie bei sich?«

»Ja. Möchten Sie einen Blick hineinwerfen?«

Er griff sofort zu und verschwand in seinem Zelt, um zu lesen. Ich fand ein paar Streichhölzer und alte Zeitungen und entfachte ein Feuer. Als es hell und lodernd brannte, kam Wil aus seinem Zelt gekrabbelt.

»Wo steckt Reneau?«, fragte er.

»Er liest die Übersetzung, die Sarah mir gegeben hat«, sagte ich.

Wil setzte sich zu mir auf einen abgehobelten Baumstamm, den jemand in die Nähe des Feuerplatzes gerollt hatte.

Die Dunkelheit hatte schließlich das letzte Licht verdrängt, und abgesehen von den Umrissen des Zeltes zu unserer Linken, den schwachen Lichtern der Tankstelle und einem gedämpften Glühen aus Reneaus Zelt war nichts mehr zu sehen. Im Unterholz wurde es plötzlich lebendig und es drangen Geräusche zu mir vor, die ich noch nie gehört hatte.

Nach ungefähr dreißig Minuten kam Reneau mit der Taschenlampe in der Hand aus seinem Zelt. Er gesellte sich zu uns und setzte sich links neben mich. Wil gähnte vor Müdigkeit.

»Diese Erkenntnis hier ist wirklich außerordentlich«,

sagte er. »Hat schon jemand diese Energiefelder zu Gesicht bekommen?«

Zusammenfassend berichtete ich ihm von meinen Erlebnissen, bis hin zu dem Punkt, an dem es mir gelungen war, die Felder mit eigenen Augen wahrzunehmen.

Eine Minute lang saß er schweigend da. »Man stellt dort allen Ernstes Experimente an, in denen menschliche Energie auf Pflanzen projiziert wird? Und das Wachstum der Pflanzen wird davon positiv beeinflusst?«

»Ebenso der Nährstoffgehalt der Pflanzen«, sagte ich.

»Doch der wichtigste Punkt ist ein ganz anderer«, sagte er, fast wie zu sich selbst. »Das gesamte Universum besteht aus dieser Energie und möglicherweise sind wir in der Lage, nicht nur Pflanzen, sondern auch andere Dinge zu erreichen, wenn wir lernen, mit unserer eigenen Energie umzugehen und sie richtig einzusetzen.« Eine Minute lang schwieg er wieder. »Ich frage mich, inwieweit wir in der Lage sein werden, andere Menschen mit unserer Energie zu berühren.«

Wil sah mich an und lächelte.

»Ich war Zeuge eines Streits zwischen zwei Leuten und ihre jeweiligen Energien verhielten sich mehr als merkwürdig«, sagte ich.

Reneau schob seine Brille wieder auf die Nase. »Können Sie das genauer beschreiben?«

An dieser Stelle erhob Wil sich. »Ich glaube, für mich wird es Zeit, schlafen zu gehen«, sagte er. »Es war ein langer Tag.«

Wir wünschten ihm gute Nacht, und Wil verschwand in seinem Zelt. Danach beschrieb ich, so gut ich konnte, was Sarah und der andere Wissenschaftler zueinander gesagt hatten und berichtete ausführlich über das Verhalten der Energiefelder.

»Warten Sie mal einen Augenblick«, sagte Reneau aufgeregt. »Sie wollen gesehen haben, wie diese Energiefelder einander anzogen und versuchten, sich gegenseitig zu vereinnahmen?«

»Genau«, sagte ich.

Einige Sekunden lang dachte er nach. »Das muss gründlich analysiert werden: Zwei Menschen, die sich darüber streiten, wer den korrekten Eindruck einer Situation wiedergibt, wer recht hat – jeder versucht den anderen auf seinem Feld zu schlagen, ja sie gehen sogar so weit, sich die Kompetenz abzusprechen und sich zu beschimpfen ...«

Plötzlich sah er auf. »Ja, das ergibt einen Sinn!«

»Was meinen Sie damit?«, fragte ich.

»Wenn wir in der Lage sind, die Bewegungen der Energie systematisch zu beobachten, können wir vielleicht analysieren, was Menschen davon haben, wenn sie in Konkurrenz zueinander treten, miteinander streiten und einander wehtun. Sobald wir Kontrolle über einen anderen Menschen ausüben, eignen wir uns dessen Energie an. Wir tanken uns auf Kosten des anderen auf und werden dadurch motiviert. Ich muss unbedingt lernen, diese Energiefelder zu sehen. Wo steht diese Viciente-Herberge? Wie finde ich dorthin?«

Ich gab ihm eine allgemeine Wegbeschreibung, verwies ihn wegen genauerer Angaben jedoch an Wil.

»Ja, ich werde ihn morgen fragen«, sagte er entschlossen. »Jetzt sollte ich schlafen gehen. Morgen früh will ich so bald wie möglich los.«

Er sagte gute Nacht, verschwand in seinem Zelt und überließ mich dem Knistern des Feuers und den Geräuschen der Nacht.

Als ich erwachte, war Wil schon auf den Beinen. Der Geruch von warmer Buchweizengrütze hing in der Luft, und ich schlüpfte aus meinem Schlafsack und blickte durch die Klappe nach draußen. Wil hielt eine Pfanne über das Feuer. Reneau war nirgendwo zu sehen, sein Zelt war abgebaut.

»Wo steckt Reneau?«, fragte ich, kletterte ebenfalls aus dem Zelt und ging hinüber zum Feuer.

»Er hat bereits gepackt«, sagte Wil. »Er ist oben an der Straße und arbeitet an seinem Wagen, damit er fahren kann, sobald seine Ersatzteile eintreffen.«

Wil überreichte mir eine Schale warmer Grütze, und wir ließen uns auf dem Stamm nieder, um zu essen.

»Habt ihr beiden noch lange geredet?«, fragte Wil.

»Nur kurz«, sagte ich. »Ich habe ihm alles gesagt, was ich wusste.«

Just in dem Moment hörten wir Schritte auf dem Pfad, und Reneau kam herabgeeilt.

»Ich bin abfahrbereit«, sagte er. »Ich wollte mich verabschieden.«

Nach einer kurzen Unterhaltung ging Reneau die Stufen wieder hinauf und fuhr davon. Wil und ich badeten und rasierten uns abwechselnd im Badezimmer des Tankstellenbesitzers, dann packten wir unsere Sachen, füllten Benzin in den Wagen und fuhren nach Norden davon.

»Wie weit ist Cula von hier entfernt?«, fragte ich.

»Mit ein bisschen Glück sollten wir vor Einbruch der

Nacht dort sein. Was hast du von Reneau gelernt?«, fügte er hinzu.

»Ich weiß es nicht«, sagte ich.

»Wie war Reneaus Einschätzung des Vorgefallenen?«

»Er meinte, dass wir Menschen unbewusst dazu neigen, einander zu kontrollieren und zu dominieren, um die Energie des anderen an uns zu binden. Die Energie des anderen bestärkt uns und verschafft uns Hochgefühle.«

Wil blickte vor sich auf die Straße. Er sah aus, als wäre ihm mit einem Mal etwas eingefallen.

»Weshalb fragst du?«, wollte ich wissen. »Spricht die Vierte Erkenntnis von diesem Kampf um Energie?«

Er sah mich an. »Nicht ganz. Du hast zwar den Energiefluss zwischen Menschen beobachtet, aber ich denke nicht, dass du weißt, wie es ist, wenn es dir selbst passiert.«

»Dann sag du mir doch, wie es sich anfühlt!«, sagte ich, seines Spieles jetzt langsam müde werdend. »Mir wirfst du vor, nicht gesprächig zu sein, aber dir muss man auch die kleinste Information aus der Nase ziehen. Seit Tagen versuche ich, mehr über deine Erfahrungen mit dem Manuskript herauszufinden, und jedes Mal wimmelst du mich ab.«

Er lachte und warf mir dann ein knappes Lächeln zu. »Wir haben eine Abmachung, erinnerst du dich? Ich habe gute Gründe, dir nicht alles zu verraten. Eine von den Erkenntnissen befasst sich mit der Frage, wie Ereignisse aus der eigenen Vergangenheit zu interpretieren sind. Ein Prozess, in dessen Verlauf du herausfindest, wer du bist und was deine Aufgabe auf diesem Planeten ist. Ich möchte abwarten, bis wir auf diese Erkenntnis stoßen, bevor ich anfange, meinen persönlichen Hintergrund mit dir zu diskutieren, okay?«

Ich bemerkte seinen abenteuerlustigen Tonfall und musste lächeln. »Ja, ich glaube schon.«

Den verbleibenden Rest des Morgens fuhren wir schweigend dahin. Es war ein sonniger, klarer Tag mit blauem Himmel. Mit zunehmender Höhe zogen gelegentlich Wolken über unseren Weg und hinterließen auf der Windschutzscheibe einen feuchten Film. Gegen Mittag hielten wir an einem Aussichtspunkt, der einen spektakulären Blick auf die Berge und die Täler im Osten freigab.

»Bist du hungrig?«, fragte Wil.

Ich nickte, und er zog zwei sorgfältig verpackte Sandwiches aus einem Beutel auf dem Rücksitz. Nachdem er mir eines davon gegeben hatte, fragte er: »Was sagst du zu dieser Aussicht?«

»Sie ist wunderschön.«

Er lächelte leicht und sah mich an, als würde er mein Energiefeld beobachten.

»Was treibst du da?«, fragte ich.

»Ich schaue«, sagte er. »Berghöhen sind besondere Orte, die demjenigen, der sie erklimmt, besondere Energien verleihen können. Mir scheint, als hättest du eine besondere Leidenschaft für Berggipfel.«

Ich erzählte Wil vom Tal meines Großvaters und dem Bergkamm, von dem aus man den See überblicken konnte, und wie mich die Szenerie an dem Tag, als Charlene eintraf, erfrischt und ermuntert hatte.

»Möglicherweise war dein Aufwachsen in jener Gegend eine Vorbereitung auf eine Aufgabe im Hier und Jetzt«, sagte er.

Ich wollte ihn gerade weiter nach der Energie der Berge

befragen, als er hinzufügte: »Befindet sich auf dem Berg ein Urwald, so wird die Energie sogar noch verstärkt.«

»Befindet sich der Urwald, den wir suchen, auf einem Berg?«, fragte ich.

»Sieh selbst«, sagte er. »Du kannst ihn von hier aus sehen.«

Er zeigte mit der Hand gen Osten. In einiger Entfernung sah ich, wie zwei Bergrücken mehrere Meilen lang parallel nebeneinander herliefen, bevor sie zusammenstießen und in einer V-förmigen Konstellation endeten. In dem Tal zwischen den beiden Bergrücken lag etwas, das aussah wie eine kleine Stadt, und an dem Punkt, wo die beiden Kämme direkt zusammenstießen, erhob sich ein steiler Berg zu einem felsigen Plateau. Der Gipfel des Berges schien etwas höher zu liegen als der Kamm, auf dem wir uns befanden, und die Gegend wirkte grüner und von üppigerer Vegetation als unser jetziger Aufenthaltsort.

»Ein Ort wie Viciente, jedoch kraftvoller und noch beeindruckender«, sagte Wil.

»Inwiefern beeindruckend?«

»Dort ist eine der anderen Erkenntnisse zu finden.«

»Wie das?«, fragte ich.

Er startete den Jeep und lenkte ihn wieder auf die Straße. »Ich wette, dass du das selbst herausfinden wirst«, sagte er.

Weder er noch ich redete während der nächsten Stunde viel, und schließlich versank ich in tiefen Schlaf. Später rüttelte Wil an meinem Arm.

»Wach auf«, sagte er. »Gleich sind wir in Cula.«

Ich setzte mich aufrecht. In einem Tal vor uns lag eine

kleine Stadt, die auf beiden Seiten von Bergketten eingeschlossen war. Die Bäume auf den Bergen schienen mindestens ebenso groß wie die in Viciente und waren von einem geradezu spektakulären Grün.

»Bevor wir in die Stadt fahren, möchte ich dir etwas erzählen«, sagte er. »Trotz der Energie des Waldes ist diese Stadt weitaus weniger zivilisiert als andere Gegenden in Peru. Sie ist bekannt dafür, dass hier Informationen über das Manuskript existieren, doch das letzte Mal, als ich hierher kam, lungerten hier nur gierige Geldmacher herum, die keine Beziehung zu der Energie hatten und auch die Erkenntnisse nicht verstanden. Sie sind einzig hinter dem Geld oder der wissenschaftlichen Anerkennung her, die sie aus der Entdeckung der Neunten Erkenntnis gewinnen würden.«

Ich betrachtete den kleinen Ort, der im Wesentlichen aus vier oder fünf Straßen und etwa ebenso vielen Querstraßen bestand. Die beiden Hauptstraßen wurden von größeren Holzgebäuden gesäumt, bei den anderen Straßen handelte es sich eher um kleine Gassen mit niedrigen Hütten. An den Kreuzungen verteilt standen ungefähr ein Dutzend Fahrzeuge, alle mit Vierradantrieb.

»Was wollen die ganzen Leute hier?«, fragte ich Wil.

Er lächelte übermütig. »Dies ist einer der letzten Orte, an dem wir uns mit Benzin und Verpflegung eindecken können, bevor wir in den Bergen verschwinden werden.«

Er startete den Jeep und fuhr langsam auf die Stadt zu, wo er vor einem der größeren Gebäude hielt. Ich verstand die Aufschrift des spanischen Schildes vor dem Haus nicht, nahm aber an, dass es sich entweder um einen Laden für Lebensmittel oder Eisenwaren handeln musste.

»Warte einen Augenblick hier«, sagte er. »Ich besorge nur ein paar Sachen.«

Ich nickte, und Wil verschwand im Inneren des Ladens. Ich sah, wie ein Geländewagen auf der gegenüberliegenden Straßenseite hielt und mehrere Leute ausstiegen. Darunter war eine Frau in Arbeiterjacke. Zu meinem größten Erstaunen handelte es sich um Marjorie. In Begleitung eines jungen Mannes um die Zwanzig überquerte sie die Straße und ging direkt vor mir entlang.

Ich öffnete meine Tür und stieg aus. »Marjorie«, rief ich.

Sie blieb stehen und sah sich um, dann entdeckte sie mich und lächelte. »Hallo«, sagte sie. Sie war gerade im Begriff, einen Schritt auf mich zu zu machen, als der junge Mann sie am Arm zurückhielt.

»Robert hat uns davor gewarnt, mit Leuten zu reden«, sagte er in sehr ruhigem Ton, als wolle er vermeiden, dass ich seine Worte verstand.

»Ist schon gut«, sagte sie. »Ich kenne ihn. Geh du schon vor.«

Er nahm mich kritisch unter die Lupe, dann zog er sich zurück und verschwand ebenfalls im Geschäft. Stotternd und unbeholfen versuchte ich zu erklären, was zwischen uns in den Gärten passiert war. Sie lachte und erzählte, dass Sarah ihr bereits alles erklärt hatte. Sie wollte noch etwas sagen, doch da trat Wil mit einem Arm voller Ausrüstungsgegenstände aus dem Laden auf die Straße.

Ich stellte die beiden einander vor, und wir redeten ein paar Minuten, während Wil die Sachen im Heck des Jeeps verstaute.

»Ich habe eine Idee«, sagte er. »Warum gehen wir nicht

über die Straße und essen dort gemeinsam einen Happen?«

Ich blickte in die angegebene Richtung und sah etwas, was einem kleinen Café ähnelte. »Klingt gut«, sagte ich.

»Ich weiß nicht«, zögerte Marjorie. »Ich muss gleich weiter, meine Leute werden nicht warten wollen.«

»Wohin fahrt ihr?«

»Ein paar Meilen zurück nach Westen. Ich will eine Gruppe besuchen, die sich mit der Erforschung des Manuskriptes befasst.«

»Wir könnten dich nach dem Abendessen dort absetzen«, meinte Wil.

»Ja, ich schätze, das müsste sich einrichten lassen.«

Wil sah mich an. »Ich habe noch eine Kleinigkeit vergessen. Geht ihr beiden schon vor und bestellt, ich komme in ein paar Minuten nach.«

Marjorie und ich warteten, bis einige Wagen uns passiert hatten, bevor wir die Straße überquerten. Wil ging die Straße nach Süden hinunter. Plötzlich kam der junge Mann, mit dem Marjorie angekommen war, wieder aus dem Geschäft und stellte uns erneut zur Rede.

»Was machst du da?«, fragte er und hielt sie am Arm.

»Er ist ein Freund von mir«, gab sie zurück. »Wir werden etwas essen, und er setzt mich später bei euch ab.«

»Du weißt, dass du hier oben niemandem vertrauen kannst. Robert würde das überhaupt nicht gefallen.«

»Ist schon in Ordnung«, sagte sie.

»Ich möchte, dass du augenblicklich mit mir kommst!«

Ich ergriff seinen Arm und entfernte ihn von Marjories Ärmel. »Du hast gehört, was sie gesagt hat«, sagte ich. Er trat einen Schritt zurück und sah mich an. Mit einem

Mal wirkte er äußerst zaghaft. Er drehte sich um und ging wieder zurück in das Geschäft.

»Gehen wir«, sagte ich.

Wir überquerten die Straße und betraten das kleine Restaurant. Der Speisesaal bestand nur aus acht Tischen, und in der Luft hing ein undurchdringliches Gemisch aus heißem Fett und Rauch. Zu unserer Linken entdeckte ich einen freien Tisch, und als wir den Raum durchquerten, sahen einige der anderen Gäste für einen Moment zu uns auf, um sich kurz darauf wieder ihren eigenen Angelegenheiten zuzuwenden.

Die Bedienung sprach nur Spanisch, doch Marjorie beherrschte die Sprache fließend und bestellte für uns beide. Danach sah sie mich herzlich an.

Ich grinste. »Wer war der Typ von vorhin?«

»Kenny«, sagte sie. »Ich weiß auch nicht, was mit ihm los ist. Jedenfalls danke für deine Hilfe.«

Sie sah mir direkt in die Augen, und ihre Bemerkung sorgte dafür, dass ich mich mit einem Mal glänzend fühlte. »Wie bist du auf diese Gruppe gestoßen?«, fragte ich.

»Robert Jensen ist ein Archäologe. Er gründete diese Gruppe, um den Inhalt des Manuskriptes zu erforschen und die Neunte Erkenntnis zu finden. Vor ein paar Wochen tauchte er zum ersten Mal in Viciente auf und dann wieder vor einigen Tagen … Ich …«

»Was?«, fragte ich.

»In Viciente hatte ich eine Beziehung, die ich gern beendet hätte, und zur gleichen Zeit traf ich auf Robert, ein charmanter Kerl mit einer überaus interessanten Arbeit. Er überzeugte mich davon, dass meine Forschungen in den Gärten durch die Neunte Erkenntnis profitieren würden und dass er drauf und dran war, die Erkenntnis zu enthüllen. Er meinte, die Suche nach der Neunten würde das aufregendste Abenteuer seines bisherigen Lebens werden, und als er mir für einige Monate einen Platz in seinem Team anbot, entschied ich mich, das Angebot anzunehmen …« Sie zögerte wieder und blickte auf den Tisch vor sich. Das Thema schien ihr unangenehm, deshalb beschloss ich, sie nach etwas anderem zu fragen.

»Wie viele der Erkenntnisse hast du bereits gelesen?«

»Nur die eine in Viciente. Robert ist noch im Besitz einiger anderer, allerdings ist er der Meinung, dass die Leute sich von ihren traditionellen Vorstellungen lösen müssen, bevor sie in der Lage sind, die Erkenntnisse auch zu verstehen. Er findet, die Leute sollten die Hauptaussagen lieber aus seinem Munde empfangen.«

Ich musste etwas düster dreingeschaut haben, denn sie fügte hinzu: »Das gefällt dir wohl nicht.«

»Klingt verdächtig.«

Sie sah mich mit intensivem Blick an. »Ich habe mich auch darüber gewundert. Vielleicht kannst du mit ihm reden, wenn ihr mich absetzt, und mir dann sagen, was du für einen Eindruck von ihm hast.«

Die Bedienung kam an unseren Tisch und servierte unser Essen, kurz darauf trat Wil durch die Tür. Eilig bewegte er sich auf unseren Tisch zu.

»Ich muss ungefähr eine Meile nördlich von hier ein paar Leute treffen«, sagte er. »Ich werde in circa zwei Stunden wieder zurück sein. Nimm den Jeep und bring Marjorie zurück. Ich werde mit jemand anderem fahren.« Er warf mir ein Lächeln zu. »Wir können uns hier wieder treffen.«

Einen Augenblick überlegte ich, ob ich ihm von Robert Jensen erzählen sollte, doch ich entschied mich dagegen.

»Okay«, sagte ich nur.

Er sah Marjorie an. »War nett, dich kennengelernt zu haben. Ich wünschte, ich hätte ein bisschen mehr Zeit, um hier mit euch zu plaudern.«

Sie sah ihn beinahe schüchtern an. »Vielleicht ein anderes Mal.«

Er nickte, gab mir die Schlüssel und ging.

Marjorie aß eine Weile schweigend, dann sagte sie: »Er scheint ein Mann mit einer Mission zu sein. Wie hast du ihn kennengelernt?«

Ich erzählte ihr in allen Einzelheiten von meiner Ankunft in Peru, und sie erwies sich als ausgesprochen aufmerksame Zuhörerin. So aufmerksam, dass ich plötzlich merkte, wie ich meine ganze Geschichte mit all ihren dramatischen Wendungen und Episoden mühelos, doch einsichtsvoll und voller Authentizität ineinanderflocht. Sie lauschte gebannt und verschlang jedes Wort.

»Große Güte«, sagte sie einmal zwischendurch, »bist du in Gefahr?«

»Nein, so weit von der Hauptstadt entfernt wohl nicht.«

Sie sah mich weiterhin erwartungsvoll an, und so umriss ich, während wir aßen, kurz die Ereignisse in Viciente bis zu dem Punkt, an dem Sarah und ich in den Gärten angekommen waren.

»Da habe ich dich zum ersten Mal getroffen«, sagte ich, »und du bist weggerannt.«

»Oh, ganz so war es nicht«, sagte sie. »Ich hatte keine Ahnung, wer du bist, und als ich deine Gefühle sah, hielt ich es für besser zu gehen.«

»Nun, ich entschuldige mich hiermit«, sagte ich belustigt, »dafür, dass meine Energie aus dem Ruder gelaufen ist.«

Sie sah auf ihre Armbanduhr. »Ich glaube, ich muss zurück. Die werden sich schon fragen, wo ich bleibe.«

Ich ließ genügend Geld für die Rechnung auf dem Tisch zurück, und wir gingen hinaus zu Wils Jeep. Die Nacht war so kühl, dass wir unseren Atem sehen konnten. Nachdem wir eingestiegen waren, sagte sie: »Fahr auf dieser Straße zurück nach Norden. Ich sage dir dann, wo du abbiegen sollst.«

Ich nickte, wendete den Wagen auf der Straße und fuhr in die angegebene Richtung.

»Was weißt du über die Farm, zu der wir unterwegs sind?«, fragte ich.

»Meines Wissens hat Robert sie gemietet. Seine Gruppe benutzt sie anscheinend seit geraumer Zeit zum Studium des Manuskriptes. Seitdem ich hier bin, sind alle mit den Vorbereitungen und Wartungsarbeiten für die Reise beschäftigt. Einige der Männer dort sind mehr als nur raue Burschen.«

»Wieso hat er dich eingeladen?«, fragte ich.

»Er sagte, dass er jemanden brauche, der ihm bei der Interpretation der Erkenntnisse helfen könne, wenn er sie erst einmal gefunden habe. Seit wir hier sind, hat er allerdings nur über Ausrüstungsgegenstände und Reisevorbereitungen gesprochen.«

»Wo genau will er hin?«

»Ich weiß nicht«, erwiderte sie. »Wenn ich ihn danach frage, antwortet er nie.«

Nachdem ich ungefähr eine Meile gefahren war, zeigte sie auf einen schmalen, steinigen Feldweg, der zu unserer

Linken von der Straße abging. Er zog sich einen Hügel hinauf und lief dann in ein flaches Tal aus. Dort lag ein Farmhaus aus rohen Holzplanken. Dahinter standen einige Scheunen und Toilettenhäuschen. Aus einem Gehege glotzten uns drei Lamas entgegen.

Als der Wagen zum Stehen kam, näherten sich einige Leute und starrten uns ausdruckslos und ohne ein Zeichen der Begrüßung an. Mir fiel ein gasgetriebener Elektrogenerator auf, der an der Seite des Haupthauses brummte. Dann flog die Tür auf und ein großer dunkelhaariger Mann mit ausgeprägten, schmalen Gesichtszügen kam auf uns zu.

»Das ist Robert«, sagte Marjorie.

»Gut«, sagte ich, immer noch stark und zuversichtlich.

Als Jensen bei uns angekommen war, stiegen wir gerade aus. Er sah Marjorie an.

»Ich habe mir Sorgen um dich gemacht«, sagte er. »Man hat mir gesagt, dass du einen Freund getroffen hättest.«

Ich stellte mich vor, und er begrüßte mich mit einem festen Händedruck.

»Ich bin Robert Jensen«, sagte er. »Ich bin froh, dass euch nichts passiert ist. Kommt rein.«

Im Inneren des Hauses waren mehrere Leute mit dem Herrichten von Ausrüstungsgegenständen beschäftigt. Jemand trug ein Zelt und Campingzeug in den hinteren Teil, und durch das Esszimmer hindurch sah ich, wie zwei peruanische Frauen damit beschäftigt waren, Essen einzupacken. Jensen setzte sich auf einen der Sessel im Wohnzimmer und bot auch uns einen Platz an.

»Weshalb sagten Sie, Sie seien froh, dass uns nichts passiert ist?«, fragte ich.

Er beugte sich vor und fragte in ernstem Tonfall: »Wie lange halten Sie sich schon hier in der Gegend auf?«

»Erst seit heute Nachmittag.«

»Dann können Sie nicht wissen, wie gefährlich es hier ist. Menschen verschwinden. Haben Sie von dem Manuskript und der verschollenen Neunten Erkenntnis gehört?«

»Ja. Um genau zu sein …«

»Dann müssen Sie auch darüber informiert sein, was hier vorgeht«, unterbrach er mich. »Die Suche nach der letzten Erkenntnis ist zu einer hässlichen Angelegenheit geworden. Mittlerweile sind einige gefährliche Leute mit im Spiel.«

»Wer?«, fragte ich.

»Leute, denen der archäologische Wert dieser Entdeckung völlig gleichgültig ist. Leute, die die Erkenntnis ausschließlich für ihre eigenen Zwecke ausschlachten wollen.«

Ein riesiger Mann mit Bart und Bauch unterbrach die Unterhaltung und zeigte Jensen eine Liste. Für kurze Zeit unterhielten sie sich in Spanisch.

Dann wandte Jensen sich wieder mir zu. »Sind Sie etwa auch hier, um die verschollene Erkenntnis zu finden?«, fragte er. »Haben Sie auch nur die geringste Idee, worauf Sie sich da einlassen?«

Ich fühlte mich unbeholfen und hatte plötzlich Schwierigkeiten, mich verständlich zu machen. »Nun … Im Wesentlichen möchte ich mehr über das gesamte Manuskript erfahren. Ich habe noch nicht allzu viel davon gesehen.«

Er setzte sich aufrecht und sagte dann: »Sind Sie sich

im Klaren darüber, dass es sich bei dem Manuskript um staatliches Eigentum handelt und dass jede unlizenzierte Kopie ein Verstoß gegen das Gesetz ist?«

»Ja, aber einige Wissenschaftler sind dagegen. Sie meinen, die Regierung verhindere neue …«

»Denken Sie nicht, dass das Land Peru das Recht hat, über seine eigenen archäologischen Schätze zu verfügen? Ist die Regierung über Ihren Aufenthalt hier im Lande informiert?«

Ich wusste nicht, was ich sagen sollte – die Unruhe in meiner Magengegend schwoll wieder an.

»Verstehen Sie mich nicht falsch«, sagte er lächelnd. »Ich bin auf Ihrer Seite. Sollten Sie irgendeine Form der akademischen Zuwendung aus dem Ausland haben, lassen Sie es mich bitte wissen. Ich habe allerdings den Eindruck, dass Sie hier mehr oder wenig ziellos herumstreichen.«

»Ja, so ungefähr könnte man es nennen«, sagte ich.

Ich bemerkte, dass sich Marjories Aufmerksamkeit von mir zu Jensen verlagert hatte. »Was sollte er deiner Meinung nach tun?«, fragte sie.

Jensen stand auf und lächelte. »Möglicherweise ergibt sich bei uns eine Gelegenheit für jemanden wie Sie. Wir brauchen noch Leute. Die Gegend, in die wir fahren wollen, ist, so glaube ich zumindest, relativ sicher. Und sollte etwas dazwischenkommen, so gibt es unterwegs genügend Möglichkeiten für Sie, nach Hause zu fliegen.«

Er sah mich scharf an. »Sie müssten sich aber bereit erklären, in jeder Phase des Unternehmens meinen Anordnungen zu folgen.«

Ich warf einen Blick auf Marjorie. Unverwandt blickte

sie auf Jensen. Ich war verwirrt. Vielleicht, so dachte ich, sollte ich Jensens Angebot annehmen. Wenn er gute Verbindungen zur Regierung hatte, könnte er sich als meine einzige Möglichkeit erweisen, auf legitimem Weg wieder in die Staaten zu gelangen. Vielleicht hatte ich mich selbst zum Narren gehalten. Möglicherweise hatte Jensen recht, und ich hatte meinen Kopf bereits viel zu weit aus dem Fenster gestreckt.

»Ich finde, du solltest dir Roberts Vorschlag ernsthaft überlegen«, sagte Marjorie. »Dort draußen kann es für einen Einzelnen sehr hart werden.«

Obwohl ich wusste, dass sie recht hatte, vertraute ich weiter auf Wil. Ich wollte dieser Tatsache Ausdruck geben, fand aber nicht die richtigen Worte. Ich war nicht mehr in der Lage, klar zu denken.

Plötzlich betrat der riesige Mann wieder den Raum und sah aus dem Fenster. Jensen sprang auf und sah ebenfalls hinaus, dann wandte er sich Marjorie zu und sagte in beiläufigem Ton: »Da draußen ist jemand. Bitte, sag Kenny, dass er kommen soll.«

Sie nickte und ging. Ich sah durch das Fenster, wie die Lichter eines Geländewagens näher kamen. Der Wagen parkte direkt vor dem Zaun, ungefähr fünfzehn Meter von uns entfernt.

Jensen öffnete die Haustür und während er das tat, hörte ich, wie draußen mein Name erwähnt wurde.

»Wer ist das?«, fragte ich.

Jensen warf mir einen scharfen Blick zu. »Seien Sie ganz ruhig«, sagte er. Er und der Riese gingen hinaus und zogen die Tür hinter sich zu. Durch das Fenster erkannte ich die Silhouette eines einzelnen Menschen im Scheinwerferlicht. Mein erster Impuls bestand darin, im Haus zu bleiben. Jensens Einschätzung meiner Situation hatte mich mit unguten Vorahnungen zurückgelassen. Doch irgendetwas an der Person, die dort draußen am Geländewagen stand, kam mir bekannt vor. Ich öffnete die Tür und ging hinaus. Sobald Jensen mich sah, drehte er sich in Windeseile um und kam mir entgegen.

»Was machen Sie denn? Gehen Sie sofort zurück.«

Über den Lärm des Generators hinweg hörte ich wieder, wie jemand meinen Namen nannte.

»Gehen Sie sofort zurück!«, sagte Jensen. »Es könnte sich um eine Falle handeln.« Er stand direkt vor mir und blockierte die Sicht auf das Fahrzeug. »Gehen Sie sofort wieder rein!«

Mittlerweile war ich vollkommen verwirrt, hatte fast panische Angst und schien vollkommen unfähig, eine eigene Entscheidung zu treffen. Dann trat die Figur hinter den Schweinwerfern näher, und über Jensens Schulter hinweg konnte ich ihre Umrisse erkennen. Jemand sagte: »... komm her, ich muss mit dir reden!« Als die Figur noch näher trat, klärte sich mein Kopf, und ich merkte, dass Wil vor mir stand. Ich eilte an Jensen vorbei und auf ihn zu.

»Was ist denn los mit dir?«, fragte Wil hastig. »Wir müssen sehen, dass wir hier wegkommen.«

»Was wird aus Marjorie?«, fragte ich.

»Wir können im Augenblick nichts machen«, sagte Wil. »Lass uns gehen.«

Wir waren fast bei dem Wagen angekommen, als Jensen hinter uns herrief. »Bleiben Sie lieber hier. Sie werden es nicht schaffen.«

Ich warf einen Blick zurück.

Wil blieb stehen, sah mich an und überließ es mir, zu bleiben oder mit ihm zu gehen.

»Gehen wir«, sagte ich.

Wir passierten den Wagen, in dem Wil gekommen war, und ich bemerkte, dass zwei weitere Männer auf dem Vordersitz saßen. Bei Wils Jeep angekommen, bat er mich um die Schlüssel, und wir fuhren los. Der Wagen mit seinen Freunden folgte uns.

Wil musterte mich. »Jensen sagte, dass du dich entschlossen hättest, bei ihm in der Gruppe zu bleiben. Was war los?«

»Woher kennst du seinen Namen?«, stammelte ich.

»Ich habe eben alles über den Kerl gehört«, antwortete Wil. »Er arbeitet für die peruanische Regierung. Er ist ein waschechter Archäologe und im Austausch für die Exklusivauswertung des Manuskriptes fest entschlossen, die ganze Angelegenheit strengstens geheim zu halten – nur dass er jetzt offensichtlich beschlossen hat, sich selbst auf die Suche nach der letzten Erkenntnis zu machen. Anscheinend hat er vor, seinen Teil des Abkommens zu verletzen. Man munkelt, dass er bald aufbrechen wird, um die Neunte zu suchen.

Als ich hörte, dass Marjorie sich in seiner Gesellschaft befindet, hielt ich es für besser, selber nachzusehen. Was hat er zu dir gesagt?«

»Er sagte, dass ich in Gefahr sei und mich ihm anschließen solle, weil er mir dabei behilflich sein könne, das Land zu verlassen, wenn ich wollte.«

Wil schüttelte den Kopf. »Er hatte dich ganz schön an der Kandare.«

»Was willst du damit sagen?«

»Du hättest dein Energiefeld sehen sollen. Er hatte es fast vollständig absorbiert.«

»Ich verstehe immer noch nicht.«

»Denk an Sarahs Streit mit dem Wissenschaftler in Viciente … Wenn einer von den beiden als Gewinner hervorgegangen wäre, indem er den anderen überzeugt hätte, dann wäre auch sichtbar geworden, wie die Energie des Verlierers in der des Gewinners aufgeht. Der Verlierer fühlt sich dann ausgelutscht, schwächlich, irgendwie verwirrt – so wie das Mädchen in der peruanischen Familie«, lächelte er. »Und jetzt auch du.«

»Du hast gesehen, wie das mit mir passierte?«

»Ja«, erwiderte er. »Und es fiel dir extrem schwer, seine Kontrolle über dich zu durchbrechen und dich abzuwenden. Einen Augenblick dachte ich, du würdest es nicht schaffen.«

»Jesus«, sagte ich. »Der Kerl muss wirklich bösartig sein.«

»Nicht wirklich«, sagte er. »Er ist sich seines Handelns vermutlich nur halb bewusst. Er meint, das Recht zu haben, die Situation zu kontrollieren, und ohne Zweifel hat er in der Vergangenheit ein paar erfolgreiche Kontrollstrategien für sich entwickelt. Zunächst gibt er sich als dein Freund aus, dann findet er einen Fehler in deinem Verhalten – in deinem Fall bestand er darin, dass du dich leichtsinnigerweise in Gefahr begeben hast. Jedenfalls untergräbt er auf subtile Weise das Vertrauen in deinen eigenen Pfad, bis du anfängst, dich mit ihm zu identifizieren. Sobald das geschieht, bist du ihm auf den Leim gegangen.«

Wil sah mir direkt in die Augen. »Das ist nur eine von vielen Methoden, die Leute benutzen, um andere um ihre Energie zu betrügen. In der Sechsten Erkenntnis wirst du mehr über die anderen Methoden erfahren.«

Ich hörte nicht zu; ich dachte an Marjorie. Mir gefiel der Gedanke nicht, sie dort zurückzulassen.

»Sollten wir nicht versuchen, Marjorie zu holen?«, fragte ich.

»Ich denke nicht, dass sie sich in unmittelbarer Gefahr befindet. Wir können morgen vor der Abfahrt zurückkommen und versuchen, mit ihr zu reden.«

Einige Minuten fuhren wir schweigend dahin, dann fragte Wil: »Verstehst du, was ich damit meinte, dass Jensen nicht weiß, was er tut? Er unterscheidet sich darin kein bisschen von den meisten anderen Menschen. Er handelt in einer Weise, die ausschließlich darauf ausgerichtet ist, ihn zu bestärken.«

»Nein, ich glaube, ich habe es nicht verstanden.«

Wil sah aus, als denke er nach. »All dies liegt immer noch im Unbewussten der Menschen. Wir fühlen uns schwächlich und merken, dass es uns besser geht, wenn wir andere kontrollieren. Was wir nicht wahrnehmen, ist die Schwächung der anderen Person, die unsere eigene Stärkung zur Folge hat. Wir stehlen den anderen ihre Energie. Die meisten Menschen sind ständig auf Jagd nach der Energie anderer Leute.«

Er blinzelte mir zu. »Obwohl es gelegentlich vorkommt, dass wir jemanden treffen, der uns, zumindest für eine Weile, seine Energie freiwillig zur Verfügung stellt.«

»Worauf willst du hinaus?«

»Denk an dich und Marjorie, in dem kleinen Restaurant in der Stadt, gerade als ich hereinkam.«

»Okay.«

»Ich weiß nicht, worüber ihr gesprochen habt, aber ganz offensichtlich strömte ihre Energie geradezu in deine Richtung. Das konnte ich ganz deutlich sehen. Wie hast du dich zu dem Zeitpunkt gefühlt?«

»Gut«, sagte ich. »Um genau zu sein, schienen mir meine Erfahrungen und die daraus resultierenden Konzepte in dem Moment kristallklar. Und ich hatte keinerlei Schwierigkeiten, dem auch Ausdruck zu verleihen. Doch was soll das bedeuten?«

Er lächelte. »Gelegentlich erhalten wir von jemandem den Auftrag, seine Situation mitzubestimmen, damit erhalten wir auch seine Energie, so wie Marjorie dir die ihre überlassen hat. Dann fühlen wir uns gestärkt, doch wie du siehst, hält die Wirkung dieses Geschenkes gewöhnlich nicht allzu lange an. Die meisten Menschen – und da schließe ich Marjorie mit ein – sind nicht stark genug, um dauernd Energie abzugeben. Deshalb verwandeln sich die meisten Beziehungen nach einer Weile in Machtkämpfe. Menschen neigen dazu, ihre Energien zu verflechten und dann darüber zu streiten, wer die Energie kontrolliert. Der Verlierer zahlt jedes Mal den Preis.«

Er hielt abrupt inne und sah mich an. »Hast du die Vierte Erkenntnis verstanden? Überleg mal, was dir in den letzten Tagen alles passiert ist. Du hast gesehen, wie die Energie sich zwischen zwei Leuten bewegt, und dich gefragt, was das bedeutet. Dann sind wir auf Reneau gestoßen, der dir erzählte, dass die Psychologen bereits nach einem Grund dafür suchen, weshalb wir permanent bemüht sind, einander zu kontrollieren.

Das alles wurde dir noch einmal am Beispiel der peruanischen Familie vorgeführt. Du hast deutlich sehen können, wie das Dominieren eines anderen den Dominierenden mächtig und wissend erscheinen lässt, aber gleichzeitig dem Dominierten sämtliche Energien raubt. Es spielt keine Rolle, ob wir uns einreden, dass wir es zum Wohl des anderen tun oder für unsere Kinder. Der Schaden bleibt der gleiche.

Als nächstes bist du Jensen über den Weg gelaufen und hast selbst einen guten Geschmack davon bekommen, wie es ist, psychisch dominiert zu werden und deinen Willen abzugeben. Du hast weder die Energie noch die Geistesgegenwart gehabt, eine intellektuelle Debatte gegen ihn zu führen. Deine gesamte geistige Kraft war an Jensen übergegangen. Unglücklicherweise findet diese Form psychischer Gewaltanwendung dauernd statt und wird oft auch von eigentlich wohlmeinenden Leuten angewandt.«

Ich nickte nur. Wil hatte meine eigene Erfahrung genauestens auf den Punkt gebracht.

»Versuch einmal die Vierte Erkenntnis zu verinnerlichen«, fuhr Wil fort. »Achte darauf, wie sie zu dem passt, was du bereits weißt. Die Dritte Erkenntnis hat dir gezeigt, dass die physikalische Welt in Wirklichkeit ein System unerschöpflicher Energie ist. Und jetzt beweist dir die Vierte, dass die Menschheit seit Langem um die einzige Form der Energie kämpft, für die sie offen ist: jene, die zwischen uns Menschen fließt. Dieser Kampf ist die Ursache jedes menschlichen Konflikts auf allen Ebenen, vom geringfügigen Familienstreit zum Gewerkschaftskonflikt bis hin zum Krieg der Nationen. Zugrunde liegt immer ein tiefes Gefühl der Unsicherheit und der Schwäche, das durch den Diebstahl fremder Energie aufgehoben werden soll.«

»Augenblick mal«, protestierte ich. »Einige der Kriege mussten geführt werden. Sie waren gerecht.«

»Natürlich«, gab Wil zurück. »Aber der einzige Grund, weshalb Konflikte nicht sofort auf eine andere Art beigelegt werden können, besteht darin, dass eine der Parteien, gewöhnlich aus energetischen Gründen, auf einer irrationalen Position beharrt.«

Wil schien sich an etwas zu erinnern. Er langte in seinen Rucksack und holte ein paar zusammengeheftete Papierblätter hervor.

»Fast hätte ich es vergessen!«, sagte er. »Ich habe eine Kopie der Vierten Erkenntnis gefunden.«

Ohne ein weiteres Wort übergab er mir die Kopie und sah geradeaus aus dem Fenster auf die vor uns liegende Straße.

Ich nahm die kleine Taschenlampe, die Wil auf dem Armaturenbrett aufzubewahren pflegte und verbrachte die nächsten zwanzig Minuten damit, das dünne Dokument durchzulesen. Die Kernaussage der Vierten Erkenntnis bestand darin, dass die Welt zwischenmenschlicher Beziehungen ein gewaltiger Wettkampf um Energie und damit Macht war.

Hatten die Menschen die Ursache für diesen Kampf einmal erkannt, würden sie augenblicklich damit beginnen, diesen Konflikt zu überwinden. Wir würden aufhören, weiter um menschliche Energie zu kämpfen … weil wir endlich in der Lage sein würden, unsere Energie aus einer anderen Quelle zu beziehen.

Ich blickte Wil an. »Worin besteht diese andere Quelle?«, fragte ich.

Er lächelte, sagte aber kein Wort.

Die Botschaft der Mystiker

Am nächsten Morgen wurde ich von Wils Geräuschen geweckt. Wir hatten die Nacht im Haus seiner Freunde verbracht, und Wil saß auf dem Rand eines Stellbettes und zog sich eilig an. Draußen war es noch dunkel.

»Packen wir«, flüsterte er.

Wir sammelten unsere Kleider ein und gingen ein paarmal zum Jeep, um all die von Wil angeschafften Ausrüstungsgegenstände zu verstauen. Das Stadtzentrum lag nur wenige hundert Meter entfernt, doch die Dunkelheit verschluckte die spärliche Beleuchtung fast völlig. Die Dämmerung kündigte sich bisher nur durch einen hellen Streifen am östlichen Himmel an und abgesehen von ein paar Vögeln, die den herannahenden Morgen besangen, war kein Geräusch zu hören.

Nachdem wir die letzten Reisevorbereitungen getroffen hatten, blieb ich im Jeep sitzen, während Wil kurz mit seinem Freund sprach, der verschlafen auf der Veranda stand. Plötzlich hörten wir Lärm von der Kreuzung. Wir sahen, wie die Lichter von drei Geländewagen im Stadtzentrum auftauchten und die Wagen dort hielten.

»Das könnte Jensen sein«, sagte Wil. »Gehen wir rüber und schauen nach, was sie vorhaben, aber vorsichtig.«

Wir liefen durch einige kleine Straßen und schließlich durch eine Gasse, die etwa hundert Meter vom Standort der Wagen entfernt auf die Hauptstraße traf. Zwei der Wagen wurden mit Benzin gefüllt, der andere parkte vor dem Geschäft. Daneben standen vier oder fünf Leute. Ich sah, wie Marjorie das Geschäft verließ und etwas in einem der Wagen ablegte, dann schlenderte sie in unsere Richtung und sah sich die Auslagen der dortigen Geschäfte an.

»Geh zu ihr und frage sie, ob sie lieber mit uns kommen will«, flüsterte Wil. »Ich werde hier auf dich warten.«

Ich schlich mich um die Ecke, und als ich auf sie zuging, packte mich der Schrecken. Direkt hinter ihr, vor einem der Geschäfte, standen Jensens Männer mit automatischen Gewehren, die mir zuvor nicht aufgefallen waren. Einige Augenblicke später erschrak ich noch mehr. In der gegenüberliegenden Straße kauerten ebenfalls bewaffnete Soldaten und näherten sich langsam Jensen und seiner Gruppe.

In dem Moment, in dem Marjorie mich erblickte, sahen Jensens Männer die Soldaten und begannen sich zu verteilen. Eine Salve Maschinengewehrfeuer zerriss die Stille. Mit vor Angst weit aufgerissenen Augen sah Marjorie mich an. Ich sprintete vor, riss sie an mich und verschwand mit ihr in der nächsten Gasse. Zwischen ärgerlichen in Spanisch gerufenen Sprachfetzen erklangen weitere Schüsse. Wir stolperten über einen Haufen leerer Kartons, und während wir fielen, berührten sich beinahe unsere Gesichter.

»Weg hier!«, sagte ich und sprang auf die Beine. Sie taumelte und zog mich mit hinab, durch eine Kopfbewegung auf das andere Ende der kleinen Gasse deutend. Dort versteckten sich zwei Bewaffnete mit dem Rücken zu uns und beobachteten die nächste Straße. Mitten in unseren Bewegungen erstarrten wir, bis die Männer sich endlich in Bewegung setzten und in der bewaldeten Gegend hinter der Stadt verschwanden.

Ich wusste, dass wir zum Haus von Wils Freund zurückkehren mussten, um an den Jeep zu gelangen und war mir sicher, dass Wil ebenfalls dort auftauchen würde. Vorsichtig krochen wir in die nächste Straße. Zu unserer Rechten erklangen zornige Schreie und Gewehrfeuer, aber es war niemand zu sehen. Links von uns ebenfalls nicht – auch kein Zeichen von Wil. Ich war mir jetzt sicher, dass er vor uns losgelaufen war.

»Versuchen wir es durch den Wald«, sagte ich zu Marjorie, die mittlerweile hellwach und zu allem entschlossen wirkte. »Dann halten wir uns links, in der Nähe des Waldrandes. Dort steht auch der Jeep.«

»Okay«, sagte sie.

Eilig überquerten wir die Straße und näherten uns dem Haus bis auf etwa dreißig Meter. Der Jeep stand immer noch dort, doch es bewegte sich nichts. Gerade als wir die letzte Straße, die uns von dem Haus trennte, überqueren wollten, bog ein Militärfahrzeug um die Ecke zu unserer Linken und näherte sich langsam der Siedlung. Zur gleichen Zeit rannte Wil über den Hof, startete den Jeep und raste in die entgegengesetzte Richtung davon. Das Militärfahrzeug folgte ihm.

»Verflucht!«, rief ich aus.

»Was machen wir jetzt?«, fragte Marjorie. Die Panik war zurückgekehrt.

In den Straßen hinter uns wurde weitergeschossen, doch dieses Mal klangen die Schüsse näher. Vor uns verdichtete sich der Wald und zog sich den Bergkamm hinauf. Aus sämtlichen Himmelsrichtungen schienen Militärfahrzeuge auf die Kreuzungen zu strömen, und zahlreiche Soldaten waren offenbar damit beschäftigt, Haus für Haus zu durchsuchen. Unter uns, am Fuß des Kammes, hörte ich gedämpftes Gemurmel.

Wir rannten weiter den Berg hinauf. Es blieb uns keine andere Wahl.

Den ganzen Morgen folgten wir dem Verlauf des Bergrückens und rasteten nur, wenn ein Fahrzeug links auf dem parallel zu uns verlaufenden Gebirgsrücken auftauchte. Der größte Teil des Verkehrs bestand aus den stahlgrauen Militärjeeps, die wir schon zuvor gesehen hatten, doch gelegentlich tauchte auch ein Zivilfahrzeug auf. Ironischerweise bot die Straße gleichzeitig unseren einzigen Anhaltspunkt und Ort der Zuflucht vor der uns umgebenden Wildnis.

Vor uns liefen die beiden Bergrücken zusammen und fielen zunehmend steiler ab. Zerklüftete Felsvorsprünge hingen weit über das Tal hinaus. Plötzlich sahen wir, wie von Norden ein Jeep näherkam und mit hoher Geschwindigkeit in einer sich ins Tal hinabwindenden Seitenstraße verschwand. »Der sah aus wie Wils«, sagte ich und versuchte auszumachen, wo der Wagen abgeblieben war.

»Klettern wir hinab«, sagte Marjorie.

»Einen Augenblick noch. Was, wenn es sich um eine Falle handelt? Wenn sie ihn gefangen genommen haben und jetzt den Jeep benutzen, um uns anzulocken?«

Ihr Gesichtsausdruck veränderte sich. Mit einem Mal sah sie hoffnungslos drein.

»Du bleibst hier«, sagte ich. »Ich werde hinuntergehen,

und du behältst mich im Auge. Wenn alles in Ordnung ist, gebe ich dir ein Zeichen, und du folgst mir.«

Widerstrebend willigte sie ein, und ich machte mich auf den steilen Weg den Berg hinab zu der Stelle, an der der Jeep geparkt hatte. Durch das Laub konnte ich vage erkennen, dass jemand dabei war, den Wagen zu verlassen. Um wen es sich handelte, konnte ich nicht sehen. Ich benutzte Büsche und kleinere Bäume als Stützen, manövrierte mich an den überstehenden Felsvorsprüngen entlang und rutschte manchmal in der fetten Erde ein Stück den Berg hinab.

Schließlich stand der Wagen ungefähr hundert Meter vor mir, auf dem gegenüberliegenden Hang. Den Fahrer, der sich gegen das Heck des Wagens lehnte, konnte ich immer noch nicht erkennen. Ich bewegte mich etwas nach rechts, um besser sehen zu können. Tatsächlich war es Wil. Ich lief weiter nach rechts und merkte, wie ich abrutschte. In letzter Sekunde gelang es mir, mich an einem Baumstamm festzuhalten und mich wieder hochzuziehen. Mein Magen drehte sich vor Angst beinahe um: Vor mir fiel der Berg mindestens zehn Meter tief ab. Mit knapper Not war ich dem Tod entgangen.

Mich an den Baum klammernd, versuchte ich Wils Aufmerksamkeit auf mich zu ziehen. Er beobachtete den Bergrücken über meinem Kopf, dann senkte sich sein Blick etwas, und er sah mir direkt in die Augen. Er zuckte zusammen und bewegte sich durch das Gebüsch in meine Richtung. Ich deutete auf den steilen Abhang vor mir.

Er begutachtete den Boden des Tales und rief dann zu mir hinauf: »Es gibt an dieser Stelle keinen Weg. Du musst noch weiter nach unten klettern und es dort versuchen.«

Ich nickte und wollte gerade Marjorie ein Zeichen geben, als ich hörte, wie sich in der Ferne ein Fahrzeug näherte. Wil sprang in seinen Jeep und jagte zurück auf die Hauptstraße. Ich eilte den Berg hinauf. Durch das Laub sah ich, wie Marjorie auf mich zukam.

Mit einem Mal erklangen hinter ihr laute Rufe in Spanisch, und ich hörte das Geräusch rennender Leute. Marjorie versteckte sich hinter einem Felsvorsprung. Ich änderte meine Richtung und lief, so leise ich konnte, nach links. Im Rennen versuchte ich Marjorie durch die Bäume im Auge zu behalten. Und gerade als sie wieder in meinem Blickfeld auftauchte, schrie sie laut auf, weil zwei Soldaten ihre Arme ergriffen hatten und sie zwangen, stehen zu bleiben.

Geduckt lief ich weiter den Hang hinauf – ihren panischen Gesichtsausdruck ständig vor Augen. Auf der Spitze des Bergkammes angekommen, wandte ich mich wieder nach Norden. Mein Herz raste vor Angst und einem Schrecken, der mir zutiefst in die Glieder gefahren war.

Nachdem ich mehr als eine Meile gerannt war, hielt ich an und lauschte. Hinter mir waren jetzt weder Bewegungen noch Worte zu vernehmen. Flach auf dem Rücken liegend, versuchte ich mich zu entspannen und einen klaren Gedanken zu fassen, doch der grässliche Anblick von Marjories Gefangennahme überwältigte mich immer wieder. Weshalb in aller Welt hatte ich sie auf dem Bergrücken zurückgelassen? Was sollte ich jetzt tun?

Ich setzte mich auf und atmete tief durch, dann starrte

ich auf die Straße, die auf dem gegenüberliegenden Bergkamm entlanglief. Während meiner Flucht hatte ich dort keinen einzigen Wagen bemerkt. Wieder lauschte ich intensiv: nichts außer den üblichen Geräuschen des Waldes. Allmählich begann ich mich ein wenig zu beruhigen. Schließlich war Marjorie lediglich gefangen genommen worden. Abgesehen von ihrer Flucht vor dem Gewehrfeuer hatte sie sich nichts zuschulden kommen lassen. Vermutlich würde sie in Verwahrung bleiben, bis man ihre Identität als ordentliche Wissenschaftlerin geklärt hatte.

Wieder machte ich mich auf den Weg nach Norden. Mein Rücken hatte zu schmerzen begonnen. Ich fühlte mich dreckig und müde und ein nagendes Hungergefühl machte sich in meinem Magen breit. Zwei Stunden lief ich so, ohne nachzudenken und ohne jemandem zu begegnen.

Dann vernahm ich vom Hang zu meiner Rechten die Geräusche eines rennenden Menschen. Ich verharrte auf der Stelle und lauschte, doch jetzt war es still. Die Bäume waren an diesem Ort größer, schützten den Boden vor der Sonne und sorgten dafür, dass nur spärliches Unterholz wuchs. Ich konnte fünfzig oder sechzig Meter weit schauen. Nichts bewegte sich. Ich passierte einen größeren Felsen zu meiner Rechten und ließ ihn zusammen mit einer Gruppe von Bäumen zurück, immer darauf bedacht, so wenig Lärm wie möglich zu machen. Vor mir lagen drei weitere Felsbrocken, und ich schlich an zwei von ihnen vorbei. Noch immer rührte sich nichts. Ich ging um den dritten Felsen herum. Hinter mir knackten Zweige. Langsam drehte ich mich um.

Direkt neben dem Felsen stand der bärtige Mann, den

ich auf Jensens Farm getroffen hatte. Er schien panische Angst zu haben, seine Augen hatten einen wilden Ausdruck, und seine Arme zitterten, während er mit einem automatischen Gewehr auf meinen Magen zielte. Scheinbar hatte er Schwierigkeiten, sich an mich zu erinnern.

»Warten Sie«, stammelte ich. »Ich kenne Jensen.«

Er nahm mich genauer in Augenschein und senkte den Lauf seiner Waffe. Dann hörten wir beide, wie sich hinter uns jemand bewegte. Der Bärtige rannte an mir vorbei nach Norden, in der einen Hand immer noch sein Gewehr haltend. Instinktiv folgte ich ihm. Beide liefen wir, so schnell wir konnten, Ästen und Felsstücken aus dem Weg springend und gelegentlich nach hinten schauend.

Nach ein paar hundert Metern stolperte er, und ich überholte ihn. Zwischen zwei Felsen musste ich haltmachen und eine kurze Rast einlegen. Ich versicherte mich, dass mir niemand gefolgt war. In ungefähr fünfzig Meter Entfernung sah ich, wie ein einzelner Soldat sein Gewehr auf den großen Mann richtete, während dieser versuchte, auf die Beine zu kommen. Noch bevor ich einen Warnruf ausstoßen konnte, feuerte der Soldat. Die Brust des Mannes explodierte, als mehrere Kugeln durch den Rücken in seinen Körper eintraten. Für einen Moment erfüllte das Echo der Gewehrschüsse die Luft.

Einen Augenblick lang stand er bewegungslos mit glasigen Augen, dann neigte sich sein Körper nach vorn und fiel um. Blindlings rannte ich nach Norden, immer darauf achtend, dass sich zwischen mir und dem Soldaten Bäume befanden. Der Bergrücken wurde zusehends zerklüfteter und steiniger und stieg immer steiler an.

Vor Erschöpfung und nackter Angst am ganzen Körper zitternd kämpfte ich mich zwischen den Felsen den Berg hinauf. Einmal stürzte ich und wagte einen Blick zurück: Der Soldat hatte sich der Leiche genähert. Gerade noch rechtzeitig verschwand ich hinter einem Felsen; mir schien, als habe der Soldat genau in meine Richtung geschaut. Ich hielt mich dicht am Boden und kroch an einigen anderen Felsen vorbei. Dann fiel der Kamm etwas ab, sodass der Blick des Soldaten blockiert war. Ich sprang wieder auf die Beine und bewegte mich, so schnell ich konnte, zwischen den Felsen und Bäumen hindurch. Mein Verstand war wie eingefroren. Das Einzige, woran ich noch zu denken vermochte, war haltlose Flucht. Obwohl ich mich nicht traute, einen Blick zurückzuwerfen, war ich mir sicher, den Soldaten hinter mir zu hören.

Vor mir stieg der Kamm scheinbar unaufhörlich an, und mit allmählich versiegender Kraft kämpfte ich gegen die Steigung. Weiter oben war der Boden eben und dicht bewachsen mit Bäumen und üppigem Unterholz. Dahinter erhob sich eine solide Felswand, die ich vorsichtig unter Zuhilfenahme jeder sich bietenden Hand- und Fußstütze erklomm. Auf dem Gipfel angekommen, taumelte ich ein wenig, und bei dem Anblick, der mich dort erwartete, fiel mir das Herz in die Hose. Ein etwa dreißig Meter tiefer Abgrund blockierte meinen Weg; weiter ging es beim besten Willen nicht.

Ich war am Ende, verdammt zu sterben. Das Geräusch fallender Steine hinter mir verriet mir das rasche Näherkommen des Soldaten. Erschöpft sank ich auf die Knie, mich mit einem letzten Seufzer in mein Schicksal fügend, gab ich den Kampf auf. Bald, so war ich mir sicher, würden mich die Kugeln treffen. Und interessanterweise schien die Aussicht auf den Tod nach all dem Terror eine beinahe willkommene Erlösung. Während ich dort oben saß und wartete, blitzten Bilder von friedlichen Sonntagen und der naiven Vorstellung von Gott aus der Zeit meiner Kindheit auf. Wie würde der Tod aussehen? Ich versuchte mich für die bevorstehende Erfahrung zu öffnen.

Nach einer langen Wartezeit, während der mir jedes Zeitgefühl verloren ging, bemerkte ich schließlich, dass nichts passiert war. Ich sah mich um und erkannte, dass ich mich auf dem höchsten Gipfel des Berges befand. Andere Bergkämme und Klippen lagen unter mir und ich hatte einen fantastischen Ausblick in alle Himmelsrichtungen.

Plötzlich stach mir eine Bewegung ins Auge. Dort, ganz weit unten, schlenderte der Soldat gelassen in die entgegengesetzte Richtung den Südhang hinab, das Gewehr von Jensens Gefolgsmann über die Schulter geschwungen.

Sein Anblick wärmte mein Herz und erfüllte mich mit Wogen stillen Gelächters. Es war geschafft! Ich wandte mich um, setzte mich in den Schneidersitz und genoss meine Euphorie. Am liebsten wäre ich für immer dort oben geblieben. Die Sonne schien, der Himmel war blau, und beides verlieh dem Tag etwas Brillantes.

Während ich dort saß, überwältigte mich die Nähe der Berge oder besser gesagt, das Gefühl ihrer unmittelbaren Nähe. Das Gleiche traf auf ein paar weiße Wolken zu, die weit über meinem Kopf dahinzogen. Ich hatte das Gefühl, sie mühelos mit der ausgestreckten Hand berühren zu können.

Als ich meinen Arm gen Himmel streckte, bemerkte ich, dass mein Körpergefühl sich verändert hatte. Mit geradezu unvorstellbarer Leichtigkeit war es mir möglich gewesen, meinen Arm in die Höhe zu strecken, und mein Rücken, der Nacken und mein Kopf hielten sich ebenso mühelos in einer perfekten Geraden. Als ich mich ohne Zuhilfenahme der Arme erhob und mich streckte, durchströmte mich ein Gefühl vollkommener Leichtigkeit.

Ein Blick auf die entfernten Berge ließ mich den gerade untergehenden Mond erkennen. Er war zu einem Viertel voll und hing über dem Horizont wie eine umgestülpte Schüssel. Ich verstand sofort, weshalb er diese Form hatte. Die Sonne, Millionen von Meilen über meinem Kopf, schien lediglich auf die Spitze des untergehenden Mondes. Ich sah den exakten Verlauf der Sonnenlinie auf der Oberfläche des Mondes, und diese Tatsache ließ mein Bewusstsein noch weiter hinauswandern.

Ich stellte mir vor, wie der Mond am Horizont bereits untergegangen war und hatte die genaue Form vor Augen, in der die Menschen weiter westlich ihn sehen würden. Dann stellte ich mir vor, wie er aussehen würde, wenn er sich direkt unter mir, auf der anderen Seite des Planeten, befände. Er würde den Menschen dort als Vollmond erscheinen, da die Sonne über mir an der Erde vorbeischien und den Mond direkt bestrahlte.

Diese Vorstellung ließ mir einen Schauer über die Haut laufen; und mein Rücken schien sich noch weiter zu strecken, als ich merkte oder, besser gesagt, erfuhr, dass der gleiche Raum, der gewöhnlich über meinem Kopf existierte, auch unter meinen Füßen auf der anderen Seite des Globus bestand. Zum ersten Mal in meinem Leben begriff ich die Rundform der Erde nicht als intellektuelles Konzept, sondern erfuhr sie sinnlich als deutlich spürbare Empfindung.

Auf einer bestimmten Ebene erregte mich dieses Bewusstsein, auf einer anderen erschien es mir vollkommen normal und natürlich. Dann wollte ich mich nur noch der Empfindung der Bindungslosigkeit, des Schwebens in einem nach allen Seiten offenen Raum hingeben. Anstatt mich mit meinen Beinen von der Erde abstoßen zu müssen, um die Schwerkraft zu überwinden, hatte ich jetzt den Eindruck, von einem inneren Schwung angehoben zu werden, als sei ich ein Ballon, gerade mit so viel Helium gefüllt, um über dem Boden zu schweben und ihn mit meinen Füßen zu berühren. Mir war, als befände ich mich in perfekter körperlicher Verfassung, wie nach einem Jahr intensiven Trainings – nur weitaus koordinierter und körperlich leichter.

Ich nahm auf einem der Felsen Platz, und wieder schien alles um mich herum von einer merkwürdigen Nähe: die Felsnase, auf der ich saß, die gewaltigen Bäume am Hang unter mir und die anderen Berge am Horizont. Während ich zusah, wie die Zweige sich sanft in der Brise bewegten, war ich seltsamerweise in der Lage, auch körperlich etwas dabei zu empfinden – als handele es sich bei den Zweigen um Haare auf meinem eigenen Körper.

Alles um mich herum schien ein Teil meiner selbst zu sein. Während ich auf dem Gipfel saß und auf die Landschaft zu meinen Seiten blickte, meinte ich immer schon gewusst zu haben, dass mein Körper lediglich den Kopf eines weitaus größeren Körpers bildete, einer, der aus alldem bestand, was ich imstande war zu sehen. Ich erfuhr das gesamte Universum, wie es durch meine Augen auf sich selbst sah.

Dieses Empfinden löste etwas in meiner Erinnerung aus. Meine Gedanken rasten in die Zeit meiner Ankunft in Peru zurück, vorbei an meiner Kindheit und meiner Geburt. Ich realisierte, dass mein jetziges Leben nicht mit meiner Empfängnis oder meiner Geburt auf diesem Planeten begonnen hatte. Es hatte viel früher begonnen, mit der Entstehung meines wirklichen Körpers, des Universums selbst.

Die Evolutionswissenschaften hatten mich immer gelangweilt, doch als meine Gedanken jetzt in der Zeit zurückrasten, kam alles, was ich zu dem Thema je gelesen hatte, wieder an die Oberfläche, unter anderem einige Unterhaltungen, die ich mit meinem Freund, der Reneau so ähnlich sah, geführt hatte. Jetzt erinnerte ich mich, was sein Interessengebiet gewesen war: Evolution.

Mein gesamtes Wissen schien mit meinen Erinnerungen zu verschmelzen. Mit einem Mal war es mir möglich, mich zu erinnern, was passiert war, und ich war in der Lage, die Schöpfung in einem neuen Licht zu sehen.

Ich sah zu, wie die erste Materie ins All explodierte, und mir wurde klar, dass nichts an der Materie von Dauer sein konnte, ganz wie die Dritte Erkenntnis es beschrieben hatte. Materie war demnach nur eine Form der Energie, die auf einer bestimmten Frequenz vibrierte und dies zu Beginn der Schöpfung in ihrer primitivsten Form getan hatte: als Hydrogen. Aus mehr bestand unser Universum nicht, nur Hydrogen, einfacher Wasserstoff.

Ich war jetzt in der Lage zu verfolgen, wie die Wasserstoffatome sich gegenseitig anzogen, als sei es das Grundprinzip, der unbändige Drang dieser Energie, sich in einer komplexeren Form zu manifestieren. Und als einige Gruppen dieser Atome eine ausreichende Dichte erreicht hatten, begannen sie sich zu erhitzen und zu verbrennen, sie wurden zu Sternen, und innerhalb dieses Verbrennungsprozesses fusionierten die Atome und erreichten gemeinsam die nächsthöhere Stufe der Schwingung, ein Element, das uns als Helium bekannt ist.

Während ich zusah, wie die ersten Sterne älter wurden und schließlich selbst dafür sorgten, dass sie im All explodierten und den verbliebenen Wasserstoff und das neu entstandene Helium ins Universum spuckten, begann der ganze Vorgang von Neuem. Helium und Wasserstoff zogen sich gegenseitig an, bis die dabei entstehende Hitze groß genug war, um neue Sterne entstehen zu lassen und aus dem verschmolzenen Helium das Element Lithium geschaffen wurde, ein Element, dessen Atome wiederum auf einer höheren Stufe vibrierten.

Und so fort ... Jede nachfolgende Generation von Sternen schuf Materie, die zuvor nicht existiert hatte, bis sich ein breites Spektrum von Materie – die grundlegenden chemischen Elemente – gebildet und überall verteilt hatte. Materie war aus Wasserstoff entstanden, der simpelsten Form vibrierender Energie, und schließlich zu Kohlenstoff geworden, welcher wiederum auf einer extrem hohen Frequenz vibrierte. Damit war die Bühne frei für den nächsten Schritt der Evolution.

Während sich unsere Sonne bildete, spalteten sich Ansammlungen von Materie in die Umlaufbahn ab, und eine dieser Ansammlungen, die Erde, enthielt jedes der neu geschaffenen Elemente, inklusive Kohlenstoff. Und während die Erde sich abkühlte, wanderten Gase, die in der geschmolzenen Masse eingeschlossen worden waren, an die Oberfläche und erzeugten Wasserdampf, bis die große Regenzeit anbrach und sich Ozeane auf der kargen, krustigen Oberfläche bildeten. Als der größte Teil der Erdoberfläche schließlich von Wasser bedeckt war, war der Dunst verschwunden, und eine hell brennende Sonne badete die neue Welt in Licht und Wärme.

In den flachen Becken und Bassins, beeinflusst durch die gigantischen Unwetter, die den Planeten periodisch heimsuchten, erreichte die Materie noch höhere Schwingungen als Kohlenstoff und manifestierte sich auf noch komplexere Weise: Die Aminosäuren waren entstanden. Doch zum ersten Mal waren die Schwingungen nicht in sich stabil. Die neue Materie war konstant darauf angewiesen, andere Materie zu absorbieren, um die eigene Schwingung aufrechterhalten zu können. Sie brauchte Nahrung. Leben, ein neuer Vorstoß der Evolution, war entstanden.

Anfänglich beschränkt auf eine Existenz im Wasser, spaltete das Leben sich in zwei unterschiedliche Formen. Die eine, die wir als Pflanzen kennen, ernährte sich von anorganischer Materie und verwandelte diese Elemente in Nahrung, indem sie Kohlendioxid aus der frühen Atmosphäre zog. Als Nebenprodukt gaben diese Pflanzen zum ersten Mal Sauerstoff in die Welt ab. Das pflanzliche Leben verbreitete sich schnell in den Ozeanen und schließlich auch auf dem Land.

Die andere Form – wir nennen sie Tiere – absorbierte ausschließlich organisches Leben, um ihre Schwingung aufrechtzuerhalten. Ich konnte sehen, wie Tiere die

Ozeane im Zeitalter der Fische bevölkerten und wie sie sich, als die Pflanzen genügend Sauerstoff in die Atmosphäre abgegeben hatten, auf den Weg ans Land machten.

Ich sah, wie die Amphibien – halb Fisch, halb neue Lebewesen – zum ersten Mal das Wasser verließen und Lungen benutzten, um die neue Luft zu atmen. Dann machte die Materie einen weiteren Sprung zu den Reptilien, die die Erde zur Zeit der Dinosaurier bevölkerten. Danach tauchten die warmblütigen Säuger auf und bedeckten ihrerseits die Erdoberfläche, und mir wurde deutlich, dass jede neue Spezies das Leben repräsentierte – Materie, wie sie sich zur nächsthöheren Schwingungsform vervollkommnete. Dann endete die Entwicklung. Auf ihrem Höhepunkt stand die Menschheit.

Die Menschheit. Hier endete die Vision. In einem einzigen Aufblitzen hatte ich die gesamte Evolutionsgeschichte gesehen, die Geschichte der Entstehung von Materie und wie sie sich, als sei sie Teil eines höheren Planes, zu einer fortgeschritteneren Form weiterentwickelt hatte, um schließlich genau jene Bedingungen zu schaffen, die menschliches Leben möglich gemacht hatte … das Leben jedes einzelnen von uns.

Während ich dort auf dem Berg saß, verstand ich, dass die Evolution sich noch weiter in unserem Leben fortsetzte. Auf irgendeine Weise war die Weiterentwicklung des Menschen mit dem bewussten Erleben bestimmter Fügungen verbunden. Irgendetwas an diesen Fügungen sorgte dafür, dass wir in unserem Leben voranschritten und eine höhere Form der Schwingung erzeugten, welche wiederum die Evolution vorantrieb. Obwohl ich mir

Mühe gab, war es mir nicht möglich, diesen Zusammenhang vollends zu verstehen.

Eine lange Zeit saß ich auf dem steil abfallenden Berg, erfüllt von einer tiefen inneren Ruhe und dem seltenen Gefühl der Vollkommenheit. Dann wurde mir mit einem Schlag bewusst, dass die Sonne im Westen bereits dabei war unterzugehen. Außerdem bemerkte ich im Nordwesten, in ungefähr einer Meile Entfernung, etwas, das aussah wie eine Ansiedlung. Ich meinte die Formen von Hausdächern zu erkennen. Die Straße auf dem westlichen Bergrücken schien sich direkt dorthin zu schlängeln.

Ich erhob mich und begann mit dem Abstieg. Laut lachte ich auf. Immer noch fühlte ich mich mit der Landschaft verbunden und hatte den Eindruck, auf meinem eigenen Körper spazieren zu gehen, mehr noch, ich kam mir vor, als ob ich Teile meines eigenen Körpers erkunden würde. Dieses Gefühl versetzte mich in zusätzliche Hochstimmung.

Ich bahnte mir den Weg über die Felsvorsprünge und durch die Bäume. Die Nachmittagssonne warf bereits lange Schatten auf den Waldboden. Auf halbem Weg nach unten kam ich durch ein Gebiet mit besonders dichtem Baumwuchs, und als ich dort eintrat, veränderte sich etwas in meinem Körper; ich fühlte mich jetzt beinahe vollkommen schwerelos, und es fiel mir noch leichter, die Bewegungen meines Körpers zu koordinieren. Ich blieb stehen und sah mir die Bäume und das Unterholz genau an. Um jede Pflanze flackerten kleine weiße Lichter, und sie schienen allesamt von einem rosafarbenen Schimmer umgeben.

Ich setzte meinen Weg fort, bis ich an einen blassblau

schimmernden Strom gelangte, der meine innere Ruhe noch verstärkte und mich sogar ein wenig benommen machte. Schließlich durchquerte ich die Talsohle und kletterte auf den nächsten Kamm, bis ich an der Straße angekommen war. Auf dem Schotterbelag ging ich in aller Ruhe neben der Straße entlang nach Norden.

Vor mir verschwand hinter einer Biegung ein Mann in Priesterkutte. Sein Anblick versetzte mich in freudige Erregung. Vollkommen furchtlos verfiel ich in einen Dauerlauf, mit dem Ziel, ihn anzusprechen. Ich wusste, dass mir das Richtige einfallen würde, wenn ich ihn einmal erreicht hatte. Ich befand mich vollkommen im Hier und Jetzt. Zu meiner Überraschung war der Mann verschwunden, als ich die Biegung erreicht hatte. Zu meiner Rechten bog eine weitere Straße ins Tal ab, doch auch dort war niemand zu sehen. Ich rannte ein Stück auf der Hauptstraße entlang – wieder sah ich niemanden. Ich überlegte, ob ich zurückgehen und doch die Straße ins Tal nehmen sollte. Allerdings wusste ich, dass die Stadt vor mir lag, und so setzte ich meinen Weg fort. Trotzdem musste ich noch einige Male an die andere Straße denken.

Etwa hundert Meter vor mir, direkt hinter einer weiteren Kurve, hörte ich das laute Dröhnen von Motoren, und durch die Bäume sah ich, wie eine Reihe von Militärfahrzeugen mit hoher Geschwindigkeit näherkamen. Einen Augenblick dachte ich daran, einfach stehen zu bleiben und ihnen entgegenzusehen, doch dann fiel mir der Terror der Schießerei auf dem Bergkamm wieder ein.

Ich hatte gerade noch Zeit, mich neben der Straße in den Dreck zu werfen und dort ruhig liegen zu bleiben. Zehn Jeeps rasten an mir vorbei. Die Stelle, an der ich lag, war vollkommen ungeschützt, sodass ich nur beten konnte, niemand möge in meine Richtung schauen. Im Abstand von fünf Metern fuhren die Wagen an mir vorbei. Ich roch ihre Abgase und konnte die Gesichter der einzelnen Soldaten erkennen.

Zum Glück bemerkte mich niemand, und als sie alle vorbei waren, kroch ich hinter einen großen Baum. Meine Hände zitterten, und mein Empfinden von Frieden und mit meiner Umgebung eins zu sein, war nun vollkommen zerstört. Stattdessen machte sich die altbekannte Angst wieder in meinem Magen breit. Nach einer Weile traute ich mich schließlich wieder auf die Straße. Der Klang weiterer Fahrzeuge ließ mich jedoch bald wieder den Hang hinunterhasten, und kurz darauf fuhren zwei Jeeps mit hoher Geschwindigkeit vorbei. Mir war grauenhaft übel.

Von da an hielt ich mich von der Straße fern und bewegte mich vorsichtig in die Richtung, aus der ich gekommen war. Ich gelangte an die Straße, die ich vorher gesehen hatte, und horchte auf mögliche Geräusche oder herannahende Fahrzeuge, dann entschloss ich mich, den Weg durch den angrenzenden Wald zu nehmen und ihn dann durch das Tal fortzusetzen. Mein Körper fühlte sich wieder schwer an. Was, so fragte ich mich, hatte ich nur getan? Weshalb war ich auf der Straße herumgelaufen? Ich musste den Verstand verloren haben; durch den Schock der Schießerei musste meine Urteilsfähigkeit gelitten haben und ich in einen euphorischen Zustand der Unzurechnungsfähigkeit geraten sein. Wach auf, Mann, sagte ich zu mir selbst. Du musst aufpassen. Hier gibt es Leute, die dich für den kleinsten Fehler erschießen werden.

Mitten in der Bewegung erstarrte ich. Ungefähr dreißig

Meter vor mir saß der Priester unter einem großen Baum, der von zahlreichen Felsen umgeben war. Noch während ich ihn anstarrte, öffnete er seine Augen und blickte mich an. Ich zuckte zusammen, doch er lächelte nur und winkte mich heran.

Vorsichtig bewegte ich mich auf ihn zu. Er war ein dünner, hoch gewachsener Mann in den Fünfzigern und blieb regungslos sitzen. Sein Haar war kurz geschnitten und von der gleichen dunkelbraunen Farbe wie seine Augen.

»Du siehst aus, als könntest du Hilfe gebrauchen«, sagte er in akzentfreiem Englisch.

»Wer sind Sie?«, fragte ich.

»Pater Sanchez ist mein Name. Und du?«

Ich erklärte ihm, wer ich war und woher ich kam, dann ließ ich mich schwindelig zuerst auf eines meiner Knie und dann auf mein Hinterteil fallen.

»Du warst in Cula dabei, stimmt's?«, fragte er.

»Was wissen Sie davon?«, fragte ich vorsichtig, unsicher, ob ich ihm trauen konnte.

»Ich weiß, dass jemand in der Regierung sehr verärgert ist«, sagte er. »Man möchte nicht, dass das Manuskript veröffentlicht wird.«

»Warum nicht?«

Er stand auf und sah mich an. »Weshalb kommst du nicht mit? Unsere Mission liegt nur eine halbe Meile entfernt. Bei uns bist du sicher.«

Ich kämpfte mich auf die Füße und erkannte, dass ich kaum eine andere Wahl hatte. Ich nickte zustimmend. Bedächtig und vorsichtig führte er mich die Straße hinab. Er schien beim Sprechen jedes Wort auf die Goldwaage zu legen.

»Sind die Soldaten dir noch auf den Fersen?«, fragte er irgendwann.

»Ich weiß es nicht«, gab ich zurück.

Einige Minuten schwieg er und fragte dann: »Bist du auf der Suche nach dem Manuskript?«

»Nicht mehr«, sagte ich. »Jetzt will ich nur noch meinen Kopf retten und nach Hause.«

Er nickte verständnisvoll, und ich merkte, wie ich ihm allmählich vertraute. Etwas in seiner Rücksichtnahme und der Wärme, die von ihm ausging, schien mein Inneres zu berühren. Er erinnerte mich an Wil. Bald erreichten wir seine Mission, die im Wesentlichen aus einer Ansammlung kleiner Häuser bestand, die sich um einen Platz gruppierten, und einer kleinen Kirche. Die ganze Anlage und ihr Standort waren von seltener Schönheit. Als wir näherkamen, sagte er zu einigen der ebenfalls in Kutten gekleideten Männer etwas in Spanisch und sie eilten davon. Ich versuchte zu erkennen, wohin sie gingen, merkte jedoch, wie mich mit einem Mal starke Müdigkeit übermannte. Der Priester führte mich in eines der Häuser.

Es bestand aus einem kleinen Wohnraum und zwei Schlafzimmern. Im Kamin brannte ein Feuer. Kurz nachdem wir eingetreten waren, erschien ein weiterer Priester mit einem Tablett, auf dem sich Suppe und Brot befanden. Erschöpft aß ich, während Sanchez mir auf seinem Stuhl Gesellschaft leistete. Dann gab ich seinem Drängen nach, streckte mich auf einem der Betten aus und fiel in einen tiefen Schlaf.

Als ich auf den Innenhof hinaustrat, fiel mir als Erstes auf, in welch makellosem Zustand man die Anlage hielt.

Ihre Kieswege waren von sorgfältig arrangierten Büschen und Hecken gesäumt, und jedes der Gewächse schien sich ungehindert entfalten zu können, nicht ein einziges war gestutzt worden.

Ich streckte mich und fühlte das gestärkte Hemd, das ich angezogen hatte, auf meiner Haut. Es war aus grober Baumwolle gewebt und schabte an meinem Hals. Doch immerhin war es sauber und frisch gebügelt. Kurz zuvor war ich erwacht, als zwei Priester heißes Wasser in die Wanne laufen ließen und mir frische Kleidung brachten. Nach dem Bad hatte ich mich angezogen und war in den anderen Raum gegangen, wo ich warmes Gebäck und getrocknete Früchte auf einem Tisch vorgefunden hatte. Im Beisein der Priester hatte ich beides mit wahrem Wolfshunger verschlungen. Nach meinem Mahl waren die Priester gegangen, und ich war hinaus auf den Innenhof getreten.

Ich setzte mich auf eine der Bänke, die dem Hof zugewandt waren. Die Sonne stieg gerade über die Baumkronen und wärmte mein Gesicht.

»Wie hast du geschlafen?«, fragte eine Stimme hinter mir. Ich wandte mich um und sah Pater Sanchez, wie er aufrecht hinter mir stand und auf mich herablächelte.

»Ausgezeichnet«, erwiderte ich.

»Stört es dich, wenn ich mich eine Weile zu dir setze?«

»Im Gegenteil.«

Mehrere Minuten lang sagte keiner von uns beiden ein Wort, bis ich deswegen ein leichtes Unbehagen verspürte. Ein paarmal hatte ich in seine Richtung geschaut und etwas sagen wollen, doch er hatte sein Gesicht der Sonne zugewandt, den Kopf leicht geneigt und mit den Augen blinzelnd.

Schließlich ergriff er das Wort. »Einen schönen Platz hast du hier gefunden.« Offenbar bezog er sich auf die Bank zu eben jener Tageszeit.

»Hören Sie, ich brauche Ihren Rat«, sagte ich. »Wie komme ich am sichersten zurück in die Vereinigten Staaten?«

Er sah mich mit ernster Miene an. »Das weiß ich nicht. Es hängt davon ab, für wie gefährlich die Regierung dich hält. Erzähl mir, was in Cula passiert ist.«

Ich erzählte ihm alles, angefangen von meinem ersten Kontakt mit dem Manuskript. Die Euphorie, die ich auf dem Berggipfel empfunden hatte, erschien mir jetzt abstrus und prätentiös, deshalb erwähnte ich sie nur kurz. Doch sofort begann Sanchez sich eingehender danach zu erkundigen.

»Was hast du gemacht, nachdem der Soldat dich übersehen hat und verschwunden war?«, fragte er.

»Ein paar Stunden lang habe ich dort oben gesessen. Und vermutlich habe ich mich noch nie in meinem Leben so erleichtert gefühlt.«

»Was hast du außerdem noch gefühlt?«, fragte er.

Ich wand mich innerlich ein wenig und entschied dann, es mit einer Beschreibung zu versuchen. »Es ist nicht einfach zu erklären«, sagte ich. »Ich fühlte mich auf sehr euphorische Weise mit allen Dingen verbunden, ein Gefühl vollkommener Sicherheit und starken Vertrauens. Meine Müdigkeit war plötzlich wie weggeblasen.«

Er lächelte. »Du hattest ein mystisches Erlebnis. Viele Leute, die den Wald in der Nähe des Gipfels besucht haben, berichten davon.«

Ich nickte zögernd.

Er drehte sich so, dass er mich direkt ansah. »Das sind Erfahrungen, wie sie von den Mystikern jeder Religion beschrieben werden. Hast du jemals etwas über derartige Erfahrungen gelesen?«

»Vor einigen Jahren«, sagte ich.

»Aber bis gestern handelte es sich nur um ein intellektuelles Konzept?«

»Das könnte man so sagen.«

Ein junger Pater trat auf uns zu, nickte und flüsterte Sanchez etwas ins Ohr. Sanchez nickte, und der junge Pater drehte sich um und ging wieder. Der ältere Priester beobachtete jeden Schritt des jungen Mannes. Er durchquerte den Innenhof und begab sich in eine parkähnliche Anlage, etwa dreißig Meter entfernt. Zum ersten Mal bemerkte ich, dass auch diese Anlage von extremer Reinlichkeit und voller unterschiedlichster Pflanzen war. Der junge Pater schritt mehrere Orte in der Anlage ab und zögerte bei jedem, als ob er nach etwas suche. An einem bestimmten Punkt angelangt, setzte er sich. Von da an schien er sich auf eine Übung zu konzentrieren.

Sanchez lächelte, als gefalle ihm der Anblick, dann wandte er seine Aufmerksamkeit wieder mir zu.

»Ich denke, dass es für dich im Augenblick eher gefährlich ist, zu versuchen, in dein Land zurückzukehren«, sagte er. »Doch ich werde versuchen, herauszufinden, wie die Lage ist und ob jemand etwas von deinen Freunden gehört hat.« Er stand auf und sah mir direkt ins Gesicht. »Ich habe jetzt einige Pflichten zu erledigen. Sei versichert, dass ich dir in jeder erdenklichen Weise behilflich sein werde. Ich hoffe, dass du für den Augenblick gut untergebracht bist. Entspanne dich, und versuche wieder zu Kräften zu kommen.«

Ich nickte.

Er griff in seine Tasche, zog einige Papiere hervor und überreichte sie mir. »Dies ist die Fünfte Erkenntnis. Sie beschäftigt sich mit Erlebnissen wie dem deinigen. Ich könnte mir vorstellen, dass sie dich interessiert.«

Zögernd nahm ich, noch während er sprach, die Papiere in Empfang. »Wie weit reicht dein Verständnis der letzten Erkenntnis, die du gelesen hast?«, fragte er.

Ich zögerte. Im Augenblick hatte ich kein großes Interesse an Manuskripten oder Erkenntnissen. Doch schließlich sagte ich: »Die Menschheit steckt in einem Wettbewerb um menschliche Energie. Wenn es uns gelingt, andere von unserem Standpunkt zu überzeugen, identifizieren sie sich mit uns, was ihre Energie auf uns überträgt. Als Folge davon fühlen wir uns bestärkt.«

Er lächelte. »Das Problem besteht also darin, dass jeder versucht, die Energie des anderen zu kontrollieren und zu manipulieren, weil er selbst meint, zu wenig davon zu besitzen?«

»Ganz genau.«

»Es existiert allerdings eine Lösung des Konfliktes – eine neue Form der Energie?«

»Das behauptet jedenfalls die letzte Erkenntnis.«

Er nickte und ging mit bedächtigen Schritten hinüber in die Kirche.

Eine Weile lehnte ich mich mit den Ellbogen auf den Knien nach vorn und gab mir Mühe, nicht auf die Übersetzung zu schauen. Irgendetwas in mir sträubte sich immer noch. Die Ereignisse der letzten beiden Tage hatten meinen Enthusiasmus beträchtlich gedämpft, und ich wollte meine Energie lieber darauf verwenden, darüber nachzudenken, wie ich auf dem schnellsten Weg wieder in die Vereinigten Staaten zurückkehren konnte. Dann sah ich, wie der junge Pater in der Anlage sich erhob und langsam zu einem anderen Fleck schritt, der ungefähr sechs Meter vom vorigen entfernt war. Er wandte sich wieder in meine Richtung und ließ sich dort nieder.

Irgendetwas an ihm faszinierte mich, und ich fragte mich, was genau er dort wohl tun mochte. Schließlich dämmerte mir, dass es möglicherweise mit etwas zu tun hatte, was im Manuskript Erwähnung fand. Ich blickte auf die erste Seite vor mir und begann zu lesen.

Das Manuskript beschrieb ein neues Verständnis von etwas, das bisher als mystisches Bewusstsein bekannt gewesen war. Während der letzten Jahrzehnte des zwanzigsten Jahrhunderts, so wurde behauptet, würde dieses Bewusstsein als etwas tatsächlich Erwerbbares begriffen werden, etwas, was in den esoterischen Praktiken der meisten Religionen übrigens schon durchaus vorhanden war. Für die Masse würde dieses Bewusstsein ein intellektuelles Konzept bleiben, über dessen Existenz man endlos reden und debattieren konnte. Doch für eine wachsende Anzahl von Menschen würde das Einsetzen des Bewusstseins zu einer nachvollziehbaren Erfahrung werden, da jene Individuen im Laufe ihres Lebens Gelegenheit hatten, einen kurzen Blick auf diesen Zustand zu werfen. Das Manuskript behauptete, dass die Erfahrung dieses Zustandes der Schlüssel zur Beendigung des menschlichen Konfliktes auf der ganzen Welt darstellte, da die Energie plötzlich aus einer anderen Quelle fließen würde –

einer Quelle, die wir mit der Zeit anzuzapfen lernen würden.

Ich unterbrach meine Lektüre und blickte wieder auf den jungen Pater. Seine Augen waren jetzt weit geöffnet, und er schien mich direkt anzusehen. Ich nickte ihm zu, obwohl ich nicht einmal seine Gesichtszüge klar erkennen konnte. Zu meiner Überraschung nickte er zurück und lächelte schwach. Dann erhob er sich und schritt auf das Haus zu meiner Linken zu. Während ich beobachtete, wie er durch den Innenhof auf die Siedlung zuging, vermied er es sorgfältig, mir in die Augen zu schauen.

Hinter mir hörte ich Schritte und sah, wie Sanchez die Kirche verließ. Er lächelte, während er auf mich zukam.

»Das hat nicht sehr lange gedauert«, sagte er. »Soll ich dich noch ein wenig in der Mission herumführen?«

»Gern«, sagte ich. »Erzählen Sie mir doch, was es mit diesen Plätzen auf sich hat.« Ich zeigte mit dem Finger auf den Fleck, wo der junge Pater sich kurz zuvor niedergelassen hatte.

»Komm mit«, sagte er.

Während wir über den Innenhof schlenderten, erzählte Sanchez, dass die Mission über vierhundert Jahre alt sei und von einem außergewöhnlichen spanischen Missionar gegründet worden war, der die Ansicht vertreten hatte, die Indianer seien besser durch die Kraft des Herzens als die des Schwertes zu überzeugen. Sein Ansatz hatte funktioniert, und dank seines Erfolges und der Abgeschiedenheit der Mission hatte man den Priester unbehelligt seinen Kurs verfolgen lassen.

»Wir halten uns an seine Tradition, die Wahrheit im Inneren zu suchen«, sagte Sanchez.

Die Sitzanlage war ebenfalls makellos gepflegt. Ungefähr einen halben Hektar dichten Waldes hatte man vom Unterholz befreit und durch Büsche und blühende Pflanzen ersetzt, die sich an den mit weichen Flusssteinen gepflasterten Gehwegen entlangzogen. Wie schon im Innenhof hatte man die Pflanzen auch hier in ihrem artgerechten Abstand belassen, sodass ihre charakteristischen Formen deutlich hervortraten.

»Wo möchtest du sitzen?«, fragte Sanchez.

Ich sah mich nach den Möglichkeiten um. Vor uns befanden sich mehrere angelegte Plätze, von denen jeder in sich geschlossen wirkte. Bei allen handelte es sich um von wunderschönen Pflanzen, Felsen und verschiedenartigen größeren Bäumen eingeschlossene Freiräume. Einer davon, der zu unserer Linken lag und an dem sich der junge Pater zuletzt aufgehalten hatte, war von besonders vielen Felsen umgeben. »Wie wäre es hier?«

Er nickte, und wir ließen uns nieder. Mehrere Minuten atmete Sanchez tief ein und aus, dann sah er mich an.

»Erzähl mir noch mehr von deinem Erlebnis auf dem Berggipfel«, sagte er.

Ich merkte, wie ich mich innerlich dagegen sträubte. »Ich weiß nicht, was ich noch darüber sagen soll. Es war nicht von Dauer.«

Der Priester sah mich mit strengem Blick an. »Nur weil etwas endet, wenn du Angst bekommst, ist es doch nicht unwichtig, oder? Vielleicht gelingt es dir, an die Erfahrung anzuschließen.«

»Vielleicht«, sagte ich. »Aber es ist nicht ganz einfach, kosmische Gefühle zu empfinden, wenn ein paar Leute währenddessen versuchen, einen umzubringen.«

Er lachte und sah mich mitfühlend an.

»Sind Sie hier in der Mission mit dem Studium des Manuskriptes befasst?«, fragte ich.

»Ja«, sagte er. »Wir bringen anderen bei, wie sie in den Genuss der Erfahrung gelangen können, die du auf dem Berg hattest. Du hättest doch sicher nichts dagegen, wieder ein wenig von dieser Energie zu spüren, oder?«

Die Stimme eines Priesters aus dem Innenhof unterbrach uns. Er rief nach Sanchez. Der entschuldigte sich, begab sich in den Innenhof und sprach mit dem Priester, der ihn gerufen hatte. Ich lehnte mich zurück und betrachtete die Pflanzen und die Felsen, dabei spielte ich mit meiner Augeneinstellung. Um den Busch, der mir am nächsten stand, erkannte ich mit Mühe einen Lichtkreis, doch bei den Felsen verlief das gleiche Bemühen ergebnislos. Ich konnte keine Veränderung erkennen.

Dann bemerkte ich, dass Sanchez wieder auf dem Weg zu mir war.

»Ich muss dich eine Weile verlassen«, sagte er. »Ich muss zu einem Treffen in die Stadt und kann vielleicht ein paar Informationen über den Verbleib deiner Freunde beschaffen oder zumindest herausfinden, wie gefährlich eine Reise für dich wäre.«

»Gut«, sagte ich. »Werden Sie bis zum Abend zurück sein?«

»Ich schätze nicht«, erwiderte er. »Es wird wohl eher morgen früh werden.«

Ich muss verunsichert gewirkt haben, denn er trat näher und legte seine Hand auf meine Schulter. »Sorge dich nicht. Hier bist du sicher. Fühl dich ganz wie zu Hause, schau dich um. Du kannst mit jedem der Priester reden, doch sei dir bewusst, dass einige empfänglicher sind als andere – je nachdem, wie weit sie in ihrer eigenen Entwicklung fortgeschritten sind.«

Ich nickte.

Er lächelte und ging hinter die Kirche, wo er in einen alten Wagen stieg, den ich bis dahin noch nicht bemerkt hatte. Nach mehreren Versuchen gelang es ihm, den Wagen zu starten und er fuhr hinter der Kirche entlang auf die Straße, die zurück auf den Bergkamm führte.

Ich blieb mehrere Stunden an meinem Platz sitzen, zufrieden damit, meine Gedanken ordnen zu dürfen, und fragte mich, wie es Marjorie gehen mochte und ob Wil entkommen war. Mehrere Male drang das Bild des ermordeten Mannes in mein Bewusstsein, doch ich verdrängte die Erinnerung und versuchte meine Nerven zu behalten.

Gegen Mittag bemerkte ich, wie mehrere Priester begannen, in der Mitte des Innenhofes Schüsseln mit Lebensmitteln auf einen Tisch zu stellen. Als sie fertig waren, traten ungefähr ein Dutzend weiterer Priester dazu, von denen jeder seinen eigenen Teller füllte und ungezwungen auf einer der umstehenden Bänke Platz nahm. Die meisten lächelten einander zu, doch hörte ich niemanden sprechen. Einer von ihnen zeigte zuerst auf mich und dann auf das Essen auf dem Tisch.

Ich nickte, begab mich in den Innenhof und füllte mir einen Teller mit Bohnen und Mais. Jeder der anwesenden Priester schien sich meiner Gegenwart zwar bewusst, doch wechselte keiner ein Wort mit mir. Ich machte mehrere Bemerkungen über das Essen, doch wurden diese nur durch freundliches Lächeln und ebensolche Gesten erwidert. Als ich es mit direktem Augenkontakt versuchte, senkten die Priester ihre Blicke. So setzte ich mich allein auf eine der Bänke und begann zu essen. Das Gemüse und die Bohnen waren ungesalzen, jedoch mit Kräutern gewürzt. Als die Mittagszeit vorüber war, stapelten die Priester ihre Teller auf dem Tisch, und ein anderer Pater trat aus der Kirche und begann hastig damit, sich einen Teller mit Essen herzurichten. Als er fertig war, sah er sich nach einem Sitzplatz um, und unsere Blicke trafen sich. Er lächelte, und ich erkannte ihn als den Priester, der mir früher am Tag von seinem Platz aus zugenickt hatte. Ich erwiderte sein Lächeln, er kam zu mir und sprach mich in gebrochenem Englisch an.

»Kann ich mit auf Ihrer Bank sitzen?«, fragte er.

»Nur zu«, antwortete ich.

Er setzte sich und begann sorgfältig mit der Aufnahme seines Essens, wobei er jeden Bissen unzählige Male kaute und mich dabei gelegentlich anlächelte. Er war von untersetztem und drahtigem Wuchs, seine Haare waren kohlschwarz und seine Augen von einem hellen Braun.

»Schmeckt Ihnen das Essen?«, fragte er.

Ich hielt meinen Teller auf dem Schoß. Einige Happen Mais waren noch übrig.

»O ja«, sagte ich und nahm einen Bissen. Wieder bemerkte ich, wie langsam und andächtig er kaute, und ich versuchte es ihm gleichzutun, dann fiel mir auf, dass alle Priester so gegessen hatten wie er.

»Wird das Gemüse hier in der Mission angebaut?«, fragte ich. Er zögerte, bevor er antwortete, und schluckte langsam.

»Ja, das Essen ist sehr wichtig.«

»Meditieren Sie mit den Pflanzen?«

Er sah mich überrascht an. »Haben Sie das Manuskript gelesen?«

»Ja, die ersten vier Erkenntnisse.«

»Haben Sie jemals selbst Nahrung angebaut?«

»O nein. Ich höre gerade zum ersten Mal von all diesen Dingen.«

»Sind Sie in der Lage, Energiefelder zu sehen?«

»Ja, manchmal schon.«

Eine Weile saßen wir schweigend, während er langsam kleinere Bissen zu sich nahm.

»Essen ist der erste Schritt zur Energiegewinnung«, sagte er.

Ich nickte.

»Doch um in der Lage zu sein, die Energie im Essen aufzunehmen, muss das Essen richtig geschätzt, äh …«

Anscheinend suchte er nach dem treffenden Wort in der englischen Sprache. »… ausgekostet werden«, sagte er schließlich. »Der Geschmack ist das Wichtige, Sie müssen schmecken können. Deshalb beten wir vor dem Essen. Nicht nur aus Dank, sondern um den Vorgang des Essens selbst zu einer heiligen Angelegenheit zu machen, damit die Energie des Essens von unserem Körper aufgenommen werden kann.«

Er nahm mich genau in Augenschein, als wolle er feststellen, ob ich ihm folgen konnte.

Ich nickte, ohne etwas zu sagen. Er sah nachdenklich drein.

Was er mir zu sagen versuchte, so vermutete ich, war, dass die bewusste Nahrungsaufnahme als wahrer Sinn hinter dem Ritual religiöser Dankbarkeit stand und dass dadurch eine effektivere Aufnahme der in der Nahrung enthaltenen Energie erfolgte.

»Doch die Essensaufnahme ist nur der erste Schritt«, sagte er. »Nachdem die persönliche Energie einmal erhöht worden ist, wird man sensibler für die Energie in allen anderen Dingen ... und dann lernt man diese Energie ohne Nahrung aufzunehmen.«

Ich nickte bestätigend.

»Jeder Gegenstand um uns herum«, fuhr er fort, »hat Energie in sich. Doch handelt es sich jedes Mal um eine andere Energie. Deshalb erhöhen bestimmte Orte den Energiehaushalt mehr als andere. Es hängt davon ab, auf welche Weise der eigene Zustand mit der bestehenden Energie zu verbinden ist.«

»War es das, was Sie vorhin gemacht haben?«, fragte ich. »Sie haben Ihren Energiehaushalt erhöht?«

Er sah zufrieden drein. »Ja.«

»Wie genau machen Sie das?«

»Das Wichtigste dabei ist Offenheit, der Wille, sich zu verbinden und einen wahren Sinn für das Schöne zu entwickeln, ganz wie bei der Sichtung der Energiefelder. Der nächste Schritt führt dahin, dass man tatsächlich das Gefühl hat, sich selber aufzuladen.«

»Ich weiß nicht, ob ich Ihnen folgen kann.«

Ob meiner Beschränktheit legte er die Stirn in Falten. »Wollen Sie noch einmal an den Meditationsort zurückgehen? Dort könnte ich Ihnen zeigen, was ich meine.«

»Sicher«, sagte ich. »Warum nicht?«

Ich folgte ihm durch den Innenhof zu den Sitzplätzen. Als wir dort ankamen, blieb er kurz stehen und sah sich um, als suche er die Gegend nach etwas ganz Bestimmtem ab.

»Da drüben«, sagte er schließlich und zeigte auf einen Fleck, nahe dem dicht bewachsenen Waldstück.

Wir folgten dem Pfad, der sich durch die Bäume und Büsche zog. Er wählte eine Stelle vor einem der riesigen Bäume, der aus einem Felsen hervorwuchs, sodass der riesige Stamm wirkte, als habe er sich auf dem Stein niedergelassen. Die Wurzeln des Baumes schlängelten und wanden sich durch die Felsen, bevor sie endlich den Waldboden erreichten. Blühendes Buschwerk stand in einem Halbkreis vor dem Baum und ich bemerkte einen schwachen Duft, der von den gelben Blüten ausging. Der dichte Wald bildete eine grüne Wand im Hintergrund.

Der Priester wies mich an, auf einer winzigen Lichtung zwischen den Büschen Platz zu nehmen; mein Gesicht war auf den knorrigen Baum gerichtet. Er setzte sich neben mich.

»Gefällt Ihnen der Baum?«

»Ja.«

»Dann, äh …, fühlen Sie es …«

Wieder schien er nicht das geeignete Wort zu finden. Einen Augenblick lang dachte er nach und fragte dann: »Pater Sanchez erzählte, dass Sie auf dem Bergkamm ein Erlebnis hatten; können Sie sich an das Gefühl dabei erinnern?«

»Ich fühlte mich leicht und geborgen und meiner Umgebung verbunden.«

»In welcher Weise verbunden?«

»Das ist schwer zu beschreiben«, sagte ich. »Als sei die ganze Landschaft um mich herum zu einem Teil meiner selbst geworden.«

»Aber wie würden Sie das Gefühl beschreiben?«

Ich dachte einen Augenblick nach. Wie sollte ich das Gefühl beschreiben? Dann dämmerte es mir.

»Liebe«, sagte ich. »Man könnte sagen, dass ich Liebe für alles empfunden habe, was mich umgab.«

»Ja«, sagte er. »Genau das ist es. Versuchen Sie, dieses Gefühl für den Baum hier zu entwickeln.«

»Einen Moment«, protestierte ich. »Liebe passiert einfach, ich kann mich nicht dazu zwingen, etwas zu lieben.«

»Das brauchen Sie nicht«, sagte er. »Lassen Sie die Liebe einfach zu. Dazu müssen Sie Ihre Gedanken allerdings so bündeln, dass Sie sich an das Gefühl der Liebe erinnern, und versuchen es erneut zu empfinden.«

Ich betrachtete den Baum und versuchte, mich an meine Gefühle auf dem Bergkamm zu erinnern. Allmählich begann ich die Form und die Ausstrahlung des Baumes zu bewundern. Dieses Gefühl wuchs, bis ich tatsächlich so etwas wie Liebe empfand. Es entsprach exakt dem, was ich als Kind für meine Mutter empfunden hatte und als Jugendlicher für ein bestimmtes Mädchen – eine Form unschuldiger Liebe. Obwohl ich auf den Baum geschaut hatte, blieb diese Liebe als eine Art emotionaler Hintergrund. Meine Liebe schien immer umfassender zu werden.

Der Priester entfernte sich behutsam und beobachtete mich angestrengt.

»Gut«, sagte er. »Sie akzeptieren den Zugang der Energie.«

Ich bemerkte, dass sein Blick ein wenig unscharf war.

»Woran merken Sie das?«, fragte ich.

»Ich kann sehen, dass Ihr Energiefeld zunimmt.«

Ich schloss die Augen und versuchte Zugang zu den

intensiven Gefühlen zu bekommen, die ich auf dem Bergkamm empfunden hatte, doch gelang es mir nicht, die Erfahrung zu wiederholen. Die Gefühle waren zwar in gewisser Weise vergleichbar, doch traten sie in einer viel schwächeren Form auf. Der Fehlschlag frustrierte mich.

»Was ist passiert?«, fragte er. »Ihre Energie lässt nach.«

»Ich weiß nicht«, sagte ich. »Ich bin nicht in der Lage, die Empfindungen in der gleichen Intensität zu erfahren.«

Er betrachtete mich zunächst amüsiert, dann mit zunehmender Ungeduld.

»Was Sie auf dem Bergkamm erlebt haben, war ein Geschenk, ein Durchbruch, ein Blick auf einen neuen Weg. Sie müssen nun lernen, diesen Zustand in kleinen Schritten selbständig herbeizuführen.«

Er entfernte sich noch ein wenig und sah mich wieder an. »Strengen Sie sich ein wenig an.«

Ich schloss die Augen und versuchte Zugang zu einem tieferen Gefühl zu bekommen. Schließlich wurde ich von der Emotion überrollt. Es gelang mir, sie zu halten und ihre Intensität in kleinen Schritten zu steigern. Ich konzentrierte mich dabei völlig auf den Baum.

»Das ist sehr gut«, sagte er plötzlich. »Sie bekommen Energie und geben sie an den Baum weiter.«

Ich sah ihn verständnislos an. »Ich gebe sie an den Baum weiter?«

»In dem Augenblick, in dem Sie die Einzigartigkeit und die Schönheit der Dinge erkennen«, erklärte er, »wird Ihnen Energie zugeführt. Sobald Sie auf die Ebene gelangen, auf der Sie Liebe empfinden, sind Sie auch in der Lage, diese Liebe aus eigenem Antrieb zurückzusenden.«

Lange Zeit verbrachte ich in der Gesellschaft des Baumes. Je mehr ich mich auf den Baum konzentrierte, je mehr ich seine Form und Farbe bewunderte, desto mehr Liebe erfüllte mich. Es war ein ausgesprochen ungewöhnliches Erlebnis. Ich stellte mir vor, wie meine Liebe überquoll und sich auf den Baum übertrug, doch war ich außerstande, den Vorgang zu beobachten. Ohne den Baum aus den Augen zu lassen, bemerkte ich, wie der Priester aufstand und sich auf den Weg machte.

»Wie genau sieht es aus, wenn ich dem Baum Energie gebe?«, fragte ich.

Detailliert beschrieb er seine Wahrnehmung, und ich erkannte dasselbe Phänomen, dessen Zeuge ich geworden war, als Sarah Energie auf den Philodendron in Viciente projiziert hatte. Obwohl Sarah damals Energie übertragen hatte, war sie sich offenbar nicht im Klaren darüber gewesen, dass der Zustand der Liebe für eine erfolgreiche Projektion vonnöten war. Sie musste sich in einem Zustand selbstverständlicher Liebe befunden haben.

Der Priester entfernte sich in Richtung Innenhof und damit aus meiner Sichtweite. Ich blieb bis zum Einbruch der Dunkelheit an meiner Stelle sitzen.

Die beiden Priester nickten höflich, als ich das Haus betrat. Ein loderndes Feuer hielt die kühle Abendluft fern, und der vordere Raum wurde durch mehrere Öllampen erhellt. Der Geruch einer Gemüse- oder Kartoffelsuppe hing in der Luft. Auf dem Tisch befanden sich eine Schüssel aus Steingut, mehrere Löffel und ein Teller mit vier Scheiben Brot.

Einer der Priester machte kehrt und verließ das Haus, ohne mich angesehen zu haben, und der andere hielt seinen Blick gesenkt und deutete mit dem Kopf auf einen großen gusseisernen Topf, der auf einem Herd am Kamin stand. Unter seinem Deckel schaute der Griff einer Kelle hervor. Kaum hatte ich den Topf gesehen, fragte der zweite Priester: »Benötigen Sie sonst noch etwas?«

»Ich denke nicht«, sagte ich. »Vielen Dank.«

Er nickte und verließ ebenfalls das Haus, mich mir selbst überlassend. Ich hob den Deckel vom Topf – Kartoffelsuppe. Sie roch nahrhaft und köstlich. Ich schöpfte mehrere Kellen voll in die Schüssel und setzte mich an den Tisch, dann zog ich jenen Teil des Manuskriptes, den Sanchez mir gegeben hatte, hervor und legte ihn mit dem Vorsatz, ihn zu lesen, neben mich. Die Suppe schmeckte allerdings so gut, dass ich mich voll und ganz dem Essen widmete. Nachdem ich gegessen hatte, stellte ich das Geschirr in ein großes Becken und starrte wie hypnotisiert auf das Feuer, bis es heruntergebrannt war und die Flammen nur noch spärlich flackerten. Dann löschte ich das Licht und ging zu Bett.

Am nächsten Morgen erwachte ich bei Tagesanbruch und fühlte mich vollkommen erfrischt. Vor dem Fenster rollte der Morgennebel durch den Innenhof. Ich legte Holz nach und fächerte Luft in den Kamin, bis die Scheite über den Kohlen Feuer gefangen hatten. Gerade wollte ich in der Küche nach etwas Essbarem schauen, als ich Sanchez' Geländewagen kommen hörte.

Ich trat hinaus und sah, wie er mit einem Rucksack in der einen und mehreren Paketen in der anderen Hand hinter der Kirche hervorkam.

»Ich bringe einige Neuigkeiten«, sagte er und forderte mich mit einer Handbewegung auf, ihm ins Innere des Hauses zu folgen.

Einige andere Priester tauchten mit heißen Maisküchlein, Grütze und getrockneten Früchten auf. Sanchez begrüßte die Männer, dann setzte er sich mit mir an den Tisch, während die Priester davoneilten.

»Ich habe an einem Treffen einiger Priester aus dem südlichen Konzil teilgenommen«, begann er. »Wir haben uns getroffen, um das Manuskript zu besprechen. Auf der Tagesordnung stand die Aggressionspolitik der Regierung. Es war das erste Mal, dass sich eine Gruppe von Priestern zur Unterstützung dieses Dokumentes in der Öffentlichkeit getroffen hat. Die Runde war gerade eröffnet, als ein Gesandter der Regierung an die Tür klopfte und um Zugang bat.«

Er schwieg, während er sich Essen auftat, und begann damit, einige Bissen gründlich zu zerkauen. »Der Abgesandte«, so fuhr er dann fort, »versicherte uns, dass die einzige Absicht der Regierung darin bestehe, das Manuskript vor dem Zugriff und der Ausbeutung Außenstehender zu schützen. Er informierte uns, dass alle Kopien im Besitz peruanischer Staatsbürger einer Lizenzierung bedürfen. Er gab vor, unsere Besorgnis zu verstehen, bat uns aber darum, dem Gesetz Folge zu leisten und unsere Kopien abzugeben. Er versprach, dass uns von Regierungsseite umgehend Kopien zur Verfügung gestellt werden würden.«

»Haben Sie den Anweisungen Folge geleistet?«, fragte ich.

»Selbstverständlich nicht.«

Für eine Weile waren wir beide mit dem Essen beschäftigt. Auch ich versuchte nun gründlichst zu kauen, um den Geschmack der Speisen auszukosten.

»Wir haben ihn wegen des Zusammenstoßes in Cula befragt«, fuhr er fort, »und er sagte, dass es sich dabei um eine isolierte, aber notwendige Aktion gegen einen Mann namens Jensen gehandelt hätte. In seiner Gesellschaft befanden sich angeblich mehrere bewaffnete Agenten aus dem Ausland. Jensen habe vorgehabt, das Manuskript zu finden und außer Landes zu schaffen, deshalb sei der Regierung keine andere Wahl geblieben, als ihn festzunehmen. Von deinen Freunden hat er kein Wort gesagt.«

»Haben Sie dem Gesandten geglaubt?«

»Nein. Nachdem er gegangen war, setzten wir unser Treffen fort. Wir kamen überein, eine Politik des stillen Widerstandes zu betreiben, und werden weiterhin Kopien anfertigen, die mit der gebotenen Vorsicht verteilt werden sollen.«

»Werden die Oberhäupter Ihrer Kirche das gestatten?«, fragte ich.

»Das wissen wir nicht«, sagte Sanchez. »Die Kirchenältesten haben das Manuskript bisher zwar abgelehnt, sich aber nicht darum gekümmert, wer von uns darin involviert ist. Unsere Hauptbedenken gelten einem Kardinal, der weiter nördlich von hier lebt; sein Name ist Kardinal Sebastian. Er hat sich bisher am deutlichsten gegen den Inhalt des Manuskriptes ausgesprochen und ist sehr einflussreich. Wenn es ihm gelingen sollte, die Führung des Landes davon zu überzeugen, stärkere Maßnahmen gegen die Verbreitung des Manuskriptes zu ergreifen, werden wir vor einer sehr interessanten Entscheidung stehen.«

»Weshalb ist er so vehement gegen das Manuskript?«

»Er hat Angst.«

»Wovor?«

»Ich habe lange nicht mit ihm gesprochen, und das Manuskript haben wir bei unseren Unterhaltungen immer ausgespart, aber ich weiß, dass er die Ansicht vertritt, die Aufgabe des Menschen bestehe darin, ohne spirituelles Wissen seine Aufgabe im Kosmos zu verrichten – als Motivation muss ihm der reine Glauben genügen. Er fürchtet außerdem, das Manuskript könne den Status quo und die Befugnisse der weltlichen und geistlichen Autorität untergraben.«

»Wie soll ein Manuskript das schaffen?«

Er lächelte und neigte leicht den Kopf. »Die Wahrheit ist's, die euch befreien wird.«

Ich sah ihn an und versuchte zu verstehen, was er meinte, während ich die letzten Bissen Frucht und Brot von meinem Teller aß. Er nahm noch einige kleine Happen zu sich und rutschte dann mit seinem Stuhl zurück.

»Du kommst mir um einiges stärker vor«, sagte er. »Hast du mit jemandem aus der Mission gesprochen?«

»Ja«, sagte ich. »Ich habe von einem der Priester gelernt, wie man in Verbindung mit der Energie tritt. Ich ... weiß seinen Namen nicht, aber er saß zwischen den Bäumen, als wir uns gestern Morgen im Innenhof unterhalten haben. Als ich später mit ihm sprach, brachte er mir bei, wie man Energie absorbiert und wieder zurückprojiziert.«

»Er heißt John«, sagte Sanchez und bedeutete mir mit einer Kopfbewegung, in meiner Erzählung fortzufahren.

»Es war eine absolut erstaunliche Erfahrung«, sagte ich. »Durch reine Erinnerung an bereits empfundene Liebe war es mir möglich, mich zu öffnen. Den ganzen Tag habe ich in diesem Zustand zugebracht. Zwar erreichte ich nicht den Zustand, den ich auf dem Berg hatte, doch war ich nahe dran.«

Mit einem Mal wirkte Sanchez sehr ernst. »Die Rolle der Liebe hat lange Zeit für grundlegende Missverständnisse gesorgt. Wir sollten sie nicht praktizieren, um gut zu sein oder die Welt aus einem abstrakten moralischen Verantwortungsgefühl heraus zu einem besseren Platz zu machen beziehungsweise unser hedonistisches Treiben aufzugeben. Die Verbindung mit der Energie erzeugt Erregung, Euphorie und schließlich Liebe. Ausreichend Energie zu generieren, um den Zustand der Liebe aufrechtzuerhalten, würde der Welt bestimmt nicht schaden, doch in erster Linie hilft es dem Einzelnen. Dieses ist die hedonistischste Tat, die wir vollbringen können.«

Ich stimmte ihm zu und bemerkte, dass er mit seinem Stuhl einen weiteren halben Meter von mir abgerückt war und mich durchdringend ansah.

»Nun, wie sieht mein Energiefeld aus?«, fragte ich.

»Es ist viel größer geworden«, sagte er. »Du musst dich sehr wohl fühlen.«

»Tue ich.«

»Gut. Darum geht es hier bei unserer Arbeit.«

»Erzählen Sie mehr davon«, sagte ich.

»Wir bilden Priester aus, um sie hinauf in die Berge zu schicken und dort mit den Indianern arbeiten zu lassen. Das ist ein einsames Leben, und die Priester müssen über außergewöhnliche Kräfte verfügen. Jeder der Männer hier ist vor seiner Aufnahme einer sorgfältigen Prüfung unterzogen worden, und sie alle haben eines gemein: Jeder von ihnen hat ein Erlebnis gehabt, das er mystisch nennt.

Ich studiere derartige Erlebnisse seit vielen Jahren und bin der Ansicht, dass jemand, der bereits eine mystische Erfahrung hatte, es einfacher haben wird, zu diesem Zustand zurückzufinden und die eigene Energie zu erhöhen. Andere können es ebenfalls schaffen, doch es dauert länger. Eine starke Erinnerung an die Erfahrung erleichtert, wie du sicher gemerkt hast, den erneuten Zugang zu dem Zustand. Danach baut die Intensität sich langsam wieder ab.«

»Wie sieht das Energiefeld einer Person aus, die sich in diesem Zustand befindet?«

»Es dehnt sich aus und verändert kaum merklich seine Farbe.«

»Welche Farbe?«

»Gewöhnlich wechselt sie von stumpfem Weiß ins Grüne oder Bläuliche. Das Wichtigste ist jedoch, dass das Feld sich ausdehnt. Während deiner mystischen Erfahrung auf dem Bergkamm verbreitete sich deine Energie im ganzen Universum. Durch deine Verbindung konntest du Energie aus der Gesamtheit des Universums beziehen, als Folge davon stieg dein Energievolumen so stark an, dass es deine ganze Umgebung erfüllte. Erinnerst du dich, wie sich das anfühlte?«

»Ja«, sagte ich. »Ich hatte das Gefühl, das gesamte Universum sei mein Körper und ich lediglich der Kopf oder, um genauer zu sein, seine Augen.«

»Ja«, sagte er, »in diesem Moment gab es keinen Unterschied zwischen deinem Energiefeld und dem des Universums. Das Universum war dein Körper.«

»Währenddessen hatte ich einige seltsame Erinnerungen«, sagte ich. »Mir schien, als erinnere ich mich daran, wie mein größerer Körper, mein Universum, sich entwickelt hatte. Ich war Zeuge, wie die ersten Sterne sich aus simplen Wasserstoffatomen bildeten, und sah dann, wie komplexere Materie sich um die nachfolgenden Generationen dieser Sonnen heranbildete. Nur sah ich keine Materie. Ich erkannte Materie als simple Schwingungen der Energie, die sich fortwährend zu komplexeren, höheren Formen veränderte. Dann begann das Leben … und entwickelte sich bis zu einem Punkt, an dem der Mensch auftauchte …«

Ich hörte unvermittelt auf zu sprechen, und er merkte, dass meine Stimmung sich verändert hatte.

»Stimmt etwas nicht?«

»An dem Punkt hörte meine Erinnerung an den Evolutionsvorgang auf«, erklärte ich. »Ich hatte zwar den Eindruck, dass die Geschichte weiterging, konnte sie aber nicht fassen.«

»Die Geschichte geht tatsächlich weiter«, sagte er. »Die Menschheit ist der Träger der universellen Evolution und bringt sie auf ein immer höheres energetisches Niveau.«

»Wie?«, fragte ich.

Er lächelte, antwortete aber nicht. »Darüber wollen wir später sprechen. Ich muss mich jetzt wirklich um einige Dinge kümmern. Ich werde dich in ungefähr einer Stunde wieder sehen.«

Ich nickte. Er nahm einen Apfel vom Tisch und verließ das Haus. Ich schlenderte hinter ihm her und erinnerte mich dann an die Kopie der Fünften Erkenntnis im Schlafzimmer und ging zurück, um sie zu holen. Früher am Tag hatte ich an den Wald gedacht, in dem Sanchez gesessen hatte, als ich ihm zum ersten Mal begegnet war.

Selbst durch meine Müdigkeit und meine Panik hindurch hatte ich den Ort als außergewöhnlich schön empfunden, und so ging ich auf der Straße nach Westen, bis ich genau an der Stelle angekommen war und ließ mich dort nieder.

Mit dem Rücken gegen den Baum gelehnt, ließ ich meine Gedanken kommen und gehen und verbrachte einige Minuten damit, mich umzuschauen. Es war ein heller und windiger Morgen und ich sah zu, wie der Wind die Zweige über meinem Kopf bewegte. Die Luft erfrischte mich, und ich atmete mehrere Male tief durch. Während einer Windflaute holte ich das Manuskript hervor und wollte weiterlesen, doch noch bevor ich die Stelle gefunden hatte, an der ich stehen geblieben war, hörte ich das Motorengeräusch eines Geländewagens.

Ich legte mich flach neben den Baum und versuchte zu orten, aus welcher Richtung der Wagen sich näherte. Das Geräusch schien aus Richtung der Mission zu kommen. Während es näherkam, sah ich, dass es sich um Sanchez' alten Wagen handelte. Er selbst saß hinter dem Steuer.

»Ich habe mir schon gedacht, dass du hier bist«, sagte er, als er neben mir zum Stehen kam. »Steig ein. Wir müssen fahren.«

»Was ist los?«, fragte ich und stieg auf den Beifahrersitz.

Er fuhr Richtung Hauptstraße. »Zufällig hat einer meiner Priester unten im Dorf eine Unterhaltung aufgeschnappt. Einige Regierungsbeauftragte sind dort und haben sich nach mir und der Mission erkundigt.«

»Was können die wollen?«

Er blickte mich zuversichtlich an. »Ich weiß es nicht. Sagen wir, ich bin mir nicht mehr ganz so sicher, dass man uns in Frieden lassen wird. Zur Vorsicht sollten wir in die Berge fahren. Einer meiner Priester lebt in der Nähe von Machu Picchu. Sein Name ist Pater Carl. In seinem Haus sind wir sicher, bis wir wissen, woher der Wind weht.« Er lächelte. »Abgesehen davon möchte ich sowieso, dass du Machu Picchu kennenlernst.«

Mit einem Mal schoss mir der Verdacht durch den Kopf, dass er eingewilligt haben könnte, mich auszuliefern. Ich beschloss, Vorsicht walten zu lassen und wachsam zu bleiben, bis ich herausgefunden hatte, was wirklich los war.

»Hast du die Übersetzung gelesen?«, fragte er.

»Den überwiegenden Teil«, sagte ich.

»Du hattest Fragen wegen der menschlichen Evolution. Hast du den betreffenden Teil gelesen?«

»Nein.«

Er blickte von der Straße auf und sah mir fest in die Augen. Ich tat, als bemerke ich es nicht.

»Stimmt etwas nicht?«, fragte er.

»Schon gut«, sagte ich. »Wie lange dauert die Fahrt nach Machu Picchu?«

»Ungefähr vier Stunden.«

Ich hätte am liebsten geschwiegen und Sanchez die Unterhaltung überlassen, in der Hoffnung, er würde sich verraten, war jedoch nicht in der Lage, meine Neugier in Bezug auf die Evolutionsgeschichte zu unterdrücken.

»Wie treiben die Menschen die Evolution voran?«, fragte ich.

Er warf mir einen schnellen Blick zu. »Was denkst du denn?«

»Ich weiß nicht«, sagte ich. »Oben auf der Bergspitze

dachte ich, es hätte mit den Fügungen zu tun, von denen in der Ersten Erkenntnis die Rede ist.«

»Richtig«, sagte er. »Das passt zu den anderen Erkenntnissen, stimmt's?«

Ich war verwirrt. Fast hätte ich verstanden, was er meinte, doch eine Kleinigkeit schien mir auch jetzt wieder entgangen zu sein. Ich schwieg.

»Denk daran, in welcher Reihenfolge die Erkenntnisse in Erscheinung treten«, sagte er. »Die Erste taucht auf, sobald wir beginnen, die Fügungen um uns herum ernst zu nehmen. Sie sorgen dafür, dass wir die Existenz von etwas Spirituellem wahrnehmen, etwas, das all unserem Streben zugrunde liegt.

Die Zweite Erkenntnis führt unser Bewusstsein als etwas Reales ein. Wir sind in der Lage zu erkennen, dass unsere Beschäftigung mit materiellen Überlebensfragen, damit, wie wir unsere Position im Universum sichern, den Hauptteil unseres Lebens bestimmt und dass unsere Offenheit eine Art Erwachen darstellt, etwas, das uns erlauben wird, die Dinge zu sehen, wie sie wirklich sind.

Die Dritte Erkenntnis liefert einen neuen Blick auf das Leben an sich. Sie definiert das physikalische Universum als pure Energie, eine Energie, die irgendwie darauf reagiert, wie wir denken.

Und die Vierte entlarvt unsere allzu menschliche Tendenz, Energie von anderen zu stehlen, indem wir versuchen, sie zu kontrollieren und ihre Gedanken zu manipulieren, ein Verbrechen, dessen wir uns schuldig machen, weil wir uns so oft energielos und abgeschnitten fühlen. Dieser Mangel an Energie lässt sich selbstverständlich beheben, sobald wir mit einer höheren Energie in Kontakt treten. Das Universum ist in der Lage, uns mit allen notwendigen Dingen zu versorgen, sobald wir uns nur dafür öffnen. Das ist die Enthüllung der Fünften Erkenntnis.

In deinem Fall«, fuhr er fort, »hat eine mystische Erfahrung dir für einen Augenblick erlaubt, das Potential dieser Energie für den Menschen zu erkennen, ungefähr so, als würdest du vor allen anderen in die Zukunft schauen. Es gelingt uns nicht, diesen Zustand für längere Zeit zu manifestieren. Sobald wir mit jemandem sprechen, der innerhalb der Grenzen des normalen Bewusstseins operiert oder versuchen, in einer Welt zu leben, in der immer noch Konflikte bestehen, fliegen wir aus dem fortgeschrittenen Stadium und fallen zurück auf die Stufe unseres alten Selbst.

Und dann«, fuhr er fort, »geht es darum, das einmal Gesehene Schritt für Schritt in Richtung eines ultimativen Bewusstseins zu entwickeln. Um das zu schaffen, müssen wir lernen, uns bewusst mit Energie aufzuladen, denn nur diese Energie erzeugt die Fügungen und diese helfen uns dabei, unser neues Bewusstsein auf eine dauerhafte Basis zu stellen.

Denk einmal darüber nach: Wenn sich in unserem Leben ein besonderer Glücksfall ereignet, etwas, das unser Leben vorwärtstreibt, dann verwirklichen wir uns gewissermaßen und bekommen dabei ein Gefühl dafür, in welche Richtung uns das Schicksal führt. An diesem Punkt hat sich die Energie, die für das Auftauchen der Fügung verantwortlich ist, in uns gefestigt. Sicher, wir werden den Kontakt wieder verlieren, weil wir es unterwegs mit der Angst zu tun bekommen, doch dieser neu erreichte Energielevel wird von nun an unsere neue Grenze darstellen, zu der wir immer wieder einen einfacheren Zugang finden. Wir sind zu einem neuen Menschen geworden und existieren auf einer höheren energetischen Ebene, einer Ebene höherer Schwingungen.

Ist dir der Vorgang klar geworden? Wir tanken uns auf, wachsen, tanken und wachsen erneut. So treiben wir Menschen die Evolution des Universums zu immer höheren Schwingungen.«

Einen Augenblick hielt er inne, dann schien ihm noch etwas einzufallen. »Diese Evolution setzte sich bisher unerkannt durch die Geschichte des Menschen fort. Sie erklärt, weshalb sich Zivilisationen weiterentwickeln und weshalb Menschen größer geworden sind und länger leben. Jetzt beginnen wir damit, diesen Prozess bewusst durchzuführen. Dies ist auch die Botschaft des Manuskriptes. Darum geht es in unserem Bestreben um ein weltweites höheres spirituelles Bewusstsein.«

Vollkommen fasziniert von seinen Ausführungen, hing ich an Sanchez' Lippen. »Alles, was wir zu tun haben, ist, uns mit Energie aufzuladen, wie ich es von John gelernt habe, und dann werden sich diese Fügungen in immer regelmäßigeren Abständen ereignen?«

»Im Prinzip ja, aber ganz so einfach ist es nicht. Bevor wir in der Lage sein werden, uns auf Dauer mit der Energie zu verbinden, gibt es eine letzte Hürde, die wir nehmen müssen. Davon handelt die Sechste Erkenntnis.«

»Wie lautet die?«

Er schaute mir fest in die Augen. »Jeder muss seine eigene Art und Weise, andere zu kontrollieren, erkennen. Vergiss dabei nicht, dass die Menschen laut der Vierten Erkenntnis meistens einen Mangel an Energie fühlen und nach einem Weg suchen, den Energiefluss zwischen sich und ihrem Gegenüber zu kontrollieren. Die Fünfte zeigt uns, dass eine alternative Energiequelle existiert und es uns unmöglich ist, mit ihr in Verbindung zu bleiben, bis wir unsere persönliche Form der Kontrollausübung über andere erkannt und hinter uns gelassen haben – denn wenn wir in diese alte Gewohnheit zurückfallen, verlieren wir den Kontakt mit der Energie.

Diese alten Gewohnheiten aufzugeben ist nicht einfach, denn gerade zu Beginn sind sie uns selten bewusst. Die Lösung liegt darin, uns zu vergegenwärtigen, welche Kontrollmechanismen wir in der Kindheit ausübten, um Aufmerksamkeit zu gewinnen, um die Energie in unsere Richtung zu lenken, denn genau an dem Punkt hängen wir fest. Dieses Muster wiederholen wir wieder und wieder. Ich nenne es unser unterbewusstes Kontroll-Drama.

Drama deshalb, weil es sich um eine einzige, nur allzu bekannte Szene handelt, für die wir, wie für einen Film, in unserer Jugend das Drehbuch geschrieben haben. Diese Szene wiederholen wir in unserem Alltag wieder und wieder, meistens ohne uns dessen bewusst zu sein. Wir merken nur, dass uns die immer gleichen Dinge zustoßen. Das Problem besteht darin, dass durch die andauernde Wiederholung einer Szene kein Platz mehr für die ganz anderen Abenteuer in unserem, übrigens ausgesprochen realen Film besteht. In dem Moment, wo wir beginnen, unser Drama zu wiederholen, um an Energie zu kommen, halten wir den Film unseres Lebens an.

Sanchez bremste den Wagen ab und steuerte ihn vorsichtig durch einige tiefe Furchen in der Straße. Ich merkte, dass ich frustriert war. Mir war nicht klar geworden, wie das Kontroll-Drama funktionierte. Fast hätte ich meinen Gefühlen gegenüber Sanchez Ausdruck verliehen, doch hielt mich irgendetwas davon ab. Ich merkte, dass ich ihm gegenüber immer noch fremd war und keinerlei Lust verspürte, mich ihm zu offenbaren.

»Hast du das verstanden?«, fragte er.

»Ich weiß nicht«, sagte ich knapp. »Ich weiß nicht, ob ich so ein Kontroll-Drama habe.«

Er sah mich mit tiefer Anteilnahme an und lachte laut heraus. »Ach, wirklich nicht?«, fragte er. »Weshalb spielst du dann dauernd den Unnahbaren?«

Die Klärung der Vergangenheit

Vor uns verengte sich die Straße und beschrieb eine scharfe Kurve um den nackten Fels. Der Wagen holperte über einige riesige Steine und bewegte sich dann langsam um die Biegung. Unter uns erhoben sich in massivem Grau die Anden und schoben ihre Gipfel durch schneeweiße Wolkenbänke.

Ich warf einen Blick auf Sanchez. Angespannt hatte er sich über das Lenkrad gelehnt. Fast den ganzen Tag waren wir steil gegen den Berg angefahren und hatten uns durch schmale Passagen zwischen herabgefallenen Felsstücken hindurchmanövriert. Eigentlich hatte ich vorgehabt, das Gespräch über Kontroll-Dramen ein wenig zu vertiefen, doch schien die Zeit dafür denkbar unpassend. Sanchez schien jedes Quäntchen seiner Energie zu benötigen, um den Wagen zu lenken, und davon abgesehen wusste ich auch nicht genau, was ich fragen wollte. Ich hatte den Rest der Fünften Erkenntnis gelesen und war dort auf die gleichen Punkte gestoßen, die Sanchez zuvor angesprochen hatte. Der Gedanke, meine Kontrollmechanismen loszuwerden, war zwar verlockend, besonders wenn es mir helfen würde, meine eigene Entwicklung zu beschleunigen, doch hatte ich bisher immer noch nicht verstanden, wie ein Kontroll-Drama funktionierte.

»Woran denkst du?«, fragte Sanchez.

»Ich habe gerade die Fünfte Erkenntnis zu Ende gelesen und dabei an die Dramen denken müssen. Sie sind also der Ansicht, mein Drama habe etwas mit meiner Unnahbarkeit zu tun?«

Er antwortete nicht. Stattdessen starrte er vor sich auf die Straße. Dreißig Meter vor uns versperrte ein großer Geländewagen den Weg. Ein Mann und eine Frau standen auf einem Felsen, ungefähr fünfzehn Meter von ihrem Wagen entfernt. Sie sahen uns kommen und erwiderten unsere Blicke.

Sanchez brachte den Wagen zum Stehen und musterte die beiden kurz, dann lächelte er. »Die Frau kenne ich«, sagte er. »Ihr Name ist Julia. Sie ist in Ordnung. Steigen wir aus und sprechen mit den Leuten.«

Der Mann und die Frau hatten beide dunkle Haut und Haare und schienen peruanischer Abstammung zu sein. Die Frau war älter, um die Fünfzig, der Mann sah aus wie dreißig. Während wir unseren Wagen verließen, kam die Frau auf uns zu.

»Pater Sanchez!«, sagte sie im Gehen.

»Wie geht es dir, Julia?«, antwortete Sanchez. Die beiden umarmten sich, dann stellte Sanchez mir Julia vor, und sie machte uns mit ihrem Reisegefährten, Rolando, bekannt.

Ohne ein weiteres Wort wandten Julia und Sanchez sich ab und gingen zu der Stelle, wo eben noch Julia mit Rolando gestanden hatte. Rolando sah mich mit intensivem Blick an, und einem inneren Antrieb folgend, wandte ich mich ab und folgte den beiden anderen. Rolando kam hinter mir her und sah mich immer noch an, als wolle er etwas von mir. Obgleich sein Haar und seine Züge ihn jugendlich erscheinen ließen, hatte er ein mir unangenehmes rötliches Gesicht. Aus irgendeinem Grund wurde ich in seiner Gegenwart unruhig.

Auf unserem Weg zum Abgrund machte er mehrmals Anstalten, das Wort an mich zu richten, doch ich vermied jedes Mal den Blickkontakt und beschleunigte meine Schritte. Er schwieg. Als wir den Abgrund erreicht hatten, setzte ich mich so auf einen schmalen Felsvorsprung, dass er sich nicht neben mich setzen konnte. Etwa zehn Meter über mir befanden sich Julia und Sanchez und saßen gemeinsam auf einem großen Felsen.

Rolando setzte sich so nah wie nur möglich zu mir. Obwohl sein permanentes Starren mich langsam störte, erregte er gleichzeitig meine Neugier.

Er bemerkte, dass ich ihn ansah, und fragte: »Sind Sie wegen des Manuskriptes hier?«

Ich ließ mir Zeit mit der Antwort. »Ich habe davon gehört.«

Er wirkte perplex. »Haben Sie es schon gesehen?«

»Teile davon«, sagte ich. »Haben Sie etwas damit zu tun?«

»Ich habe großes Interesse daran«, sagte er, »allerdings habe ich noch keine Kopie gesehen.« Schweigen folgte.

»Kommen Sie aus den Vereinigten Staaten?«, fragte er dann.

Die Frage störte mich, und ich beschloss, sie nicht zu beantworten.

»Steht das Manuskript in irgendeinem Bezug zu den Ruinen von Machu Picchu?«, fragte ich stattdessen.

»Nicht dass ich wüsste«, erwiderte er. »Außer vielleicht, dass es ungefähr zur Bauzeit von Machu Picchu geschrieben wurde.«

Daraufhin schwieg ich wieder und versuchte den unglaublichen Ausblick auf die Anden zu genießen. Wenn ich nur lange genug schweigen würde, so dachte ich, würde er früher oder später enthüllen, was er und Julia hier trieben und was sie wirklich mit dem Manuskript zu tun hatten. Zwanzig Minuten saßen wir so dort, ohne ein Wort zu sagen. Schließlich stand Rolando auf und entfernte sich. Er ging hinauf zu den beiden anderen, die sich immer noch unterhielten.

Ich wusste nicht, wohin ich gehen sollte. Ich nahm an, dass Julia und Sanchez sich ungestört aussprechen wollten, und so blieb ich für die Dauer von weiteren dreißig Minuten an meinem Platz sitzen, starrte auf die Berggipfel und versuchte, die Unterhaltung, die über mir stattfand, zu ignorieren. Keiner der drei beachtete mich auch nur im Mindesten und so beschloss ich, mich ihnen anzuschließen. Doch noch bevor ich aufstehen konnte, erhoben sie sich und gingen zu Julias Wagen. Durch die Felsen schnitt ich ihnen den Weg ab.

»Die beiden müssen los«, bemerkte Sanchez, als ich näher trat.

»Tut mir leid, dass wir keine Gelegenheit hatten, miteinander zu sprechen«, sagte Julia. »Ich hoffe, wir werden uns wieder sehen.« Sie betrachtete mich mit der gleichen menschlichen Wärme, die Sanchez mir gegenüber so oft an den Tag gelegt hatte. Als ich nickte, legte sie ihren Kopf ein wenig schief und fügte hinzu: »Um genau zu sein, habe ich ganz stark das Gefühl, dass wir uns schon sehr bald wieder sehen werden.«

Während wir den felsigen Pfad hinabstiegen, hatte ich das Bedürfnis, ihr zu antworten, doch fiel mir nichts ein.

An ihrem Wagen angekommen, nickte sie nur leicht mit dem Kopf und sagte dann schnell auf Wiedersehen. Beide stiegen ein und fuhren nach Norden davon, in die gleiche Richtung, aus der Sanchez und ich gekommen waren. Die ganze Begegnung hatte mich ziemlich verwirrt.

Als wir wieder im Auto saßen, fragte Sanchez:

»Hat Rolando dir die Neuigkeiten von Wil erzählt?«

»Nein!«, sagte ich. »Hat er ihn etwa getroffen?«

Sanchez wirkte verdutzt. »Natürlich, sie sind ihm in einem kleinen Dorf, etwa vierzig Meilen östlich von hier, begegnet.«

»Hat Wil irgendetwas von mir gesagt?«

»Julia erwähnte nur, dass er von eurer Trennung gesprochen hat. Wil hat sich jedoch hauptsächlich mit Rolando unterhalten. Hast du ihm denn nicht gesagt, wer du bist?«

»Nein. Ich wusste nicht, ob ich ihm trauen kann.«

Vollkommen fassungslos starrte Sanchez mich an. »Ich habe dir doch gesagt, dass du mit ihnen reden kannst. Julia kenne ich seit Jahren. Sie hat ein Geschäft in Lima, und seit der Entdeckung des Manuskriptes ist sie auf der Suche nach der Neunten Erkenntnis. Unter keinen Umständen würde sie mit jemandem reisen, der nicht absolut vertrauenswürdig ist. Es bestand keinerlei Gefahr. Du hast es verpasst, an wichtige Informationen zu kommen.«

Er sah mich mit ernstem Gesicht an. »Dies ist ein perfektes Beispiel dafür, wie Kontroll-Dramen sich in den Weg einer Person stellen«, sagte er. »Du hast dich unnahbar verhalten und damit den Eintritt einer wichtigen Fügung verhindert.«

Ich ging in die Defensive. »Schon gut«, sagte er, »jeder

spielt das eine oder andere Drama. Wenigstens hast du jetzt begriffen, wie deines funktioniert.«

»Ich habe es nicht verstanden!«, sagte ich. »Was genau mache ich denn?«

»Deine Art, Leute und Situationen zu kontrollieren«, erklärte er, »um Energie in deine Richtung zu lenken, besteht darin, ein Drama in deinem Kopf zu entwickeln, ein Drama, in dessen Verlauf du dich zurückziehst und versuchst, geheimnisvoll und verschlossen zu wirken. Du redest dir selbst ein, du seist vorsichtig, hoffst aber in Wirklichkeit, dass sich eine andere Person in dein Drama ziehen lässt, indem sie versucht herauszufinden, was eigentlich mit dir los ist. Geht tatsächlich jemand auf dich ein, bleibst du vage und zwingst ihn, nachzugraben und regelrecht um deine wirklichen Gefühle zu kämpfen.

Wenn sich jemand so intensiv mit dir beschäftigt, erhältst du seine volle Aufmerksamkeit und Energie. Je länger du jemanden für dich und dein angebliches Geheimnis interessieren kannst, desto mehr Energie erhältst du. Unglücklicherweise entwickelt sich dein Leben sehr langsam, wenn du unnahbar spielst, da du das gleiche Szenario wieder und wieder abspulst. Hättest du es geschafft, dich Rolando gegenüber zu öffnen, hätte der Film deines Lebens vielleicht eine bedeutungsvolle Wendung erfahren.«

Ich spürte, wie die Sache mich langsam deprimierte. Das Gleiche hatte Wil mir mit anderen Worten zu verstehen gegeben, als ich mich weigerte, Informationen an Reneau weiterzugeben. Es stimmte. Ich neigte tatsächlich dazu, meine wahren Gedanken zu vertuschen. Während wir der Straße höher in die Berge folgten, starrte ich aus dem Fenster, während Sanchez seine volle Aufmerksamkeit auf die tödlichen Abgründe richtete. Als die Straße ein wenig gerader verlief, sah er mich an und sagte: »Der erste Schritt für jeden von uns besteht darin, sich das eigene Kontroll-Drama zu Bewusstsein zu bringen. Nichts kann sich entwickeln oder fortschreiten, bevor wir uns nicht selbst anschauen und erkennen, was genau wir tun, um die Energie zu manipulieren. Du hast soeben mit dieser Erkenntnis begonnen.«

»Worin besteht der nächste Schritt?«

»In die eigene Vergangenheit zurückzugehen, zurück zu den Anfängen des Familienlebens, wo sich derartige Gewohnheiten ausgebildet haben. Die Anfänge zu sehen heißt auch, unsere Kontrollmechanismen verstehen zu lernen. Erinnere dich, dass die meisten unserer Familienmitglieder selbst Kontroll-Dramen entwickelt haben, um die Energie von uns Kindern abzuziehen. Deshalb haben wir überhaupt damit begonnen, Kontroll-Dramen zu entwickeln. Es war unsere einzige Chance, Energie zurückzugewinnen, und alle unsere Dramen stehen grundsätzlich in Bezug zu den Familienmitgliedern. Gelingt es uns jedoch, die energetische Dynamik unserer jeweiligen Familie zu erkennen, können wir hinter diese Kontrollstrategien schauen und einen Blick auf die wirklichen Abläufe werfen.«

»Worin bestehen die wirklichen Abläufe?«

»Wir müssen lernen, unsere Erfahrungen in der Familie von einem evolutionsbezogenen, einem spirituellen Standpunkt aus zu betrachten, und dadurch erkennen, wer wir wirklich sind. Gelingt das, fällt auch das Kontroll-Drama von uns ab und unser Leben setzt sich in Bewegung.«

»Also, womit soll ich anfangen?«

»Zunächst damit zu verstehen, wie du dein eigenes Drama geschrieben hast. Erzähle mir von deinem Vater.«

»Ein guter und fähiger Mann mit viel Humor, obwohl er allerdings ...« Ich zögerte, da ich nicht undankbar gegenüber meinem Vater wirken wollte.

»Allerdings was?«, fragte Sanchez.

»Er war immer überaus kritisch. Nie habe ich ihm etwas recht machen können.«

»Auf welche Weise hat er dich kritisiert?«, fragte Sanchez.

Vor meinem inneren Auge entstand das Bild meines Vaters als junger und starker Mann. »Er stellte Fragen und hatte dann an meinen Antworten immer etwas auszusetzen.«

»Was passierte dabei mit deiner Energie?«

»Ich fühlte mich energielos und versuchte, ihm nichts mehr zu erzählen.«

»Du meinst, du wurdest so unverbindlich und nichts sagend, dass du zwar seine Aufmerksamkeit auf dich ziehen, aber nicht mehr von ihm kritisiert werden konntest. Er hat dich verhört und du hast deine Unnahbarkeit entwickelt, um ihm aus dem Weg zu gehen.«

»Ja, ich denke schon. Aber wieso verhört?«

»Der ›Vernehmungsbeamte‹ ist eine typische Ausprägung des Dramas. Menschen bedienen sich des Verhörs, um Energie auf sich zu ziehen, indem sie spezifische Fragen stellen und so in die Welt des anderen eindringen, um dort Fehler zu finden. Gelingt es ihnen, beginnen sie damit, jene Fehler zu kritisieren. Wenn diese Taktik Erfolg hat, so wird der Kritisierte in das Drama des Vernehmungsbeamten integriert. In Gegenwart des Vernehmungsbeamten werden sie plötzlich befangen und beginnen darauf zu achten, was dieser tut und denkt, um seine Aufmerksamkeit nicht zu erregen. Diese psychische Abwehr liefert dem anderen die gewünschte Energie.

Denk daran zurück, wie es war, wenn solche Figuren in deinem Leben auftauchten. Hast du dazu tendiert, dein Verhalten zu verändern, um nicht kritisiert zu werden? Der Vernehmungsbeamte zieht dich von deinem eigenen Pfad und betrügt dich um Energie, nur weil du dich danach beurteilst, was er denken könnte.«

Ich konnte mich genauestens an dieses Gefühl erinnern, und augenblicklich fiel mir Jensen ein.

»Dann war mein Vater also ein Vernehmungsbeamter?«, fragte ich.

»Es klingt ganz so.«

Für einen Augenblick verlor ich mich in Gedanken an das Drama meiner Mutter. Wenn mein Vater ein Vernehmungsbeamter war, was war dann meine Mutter?

Sanchez fragte mich, woran ich dachte.

»Ich habe mich gerade gefragt, was das Kontroll-Drama meiner Mutter gewesen ist«, sagte ich. »Wie viel verschiedene Dramen gibt es denn?«

»Ich werde dir die im Manuskript aufgeführten Klassifikationen aufzählen«, sagte Sanchez. »Jeder Mensch bemüht sich um Energie, entweder aggressiv, das heißt, er zwingt Leute mit direkter Gewalt, ihre Energie an ihn abzugeben, oder passiv, indem jemand mit dem Mitleid oder der Neugierde anderer Menschen spielt, um auf diese Weise Aufmerksamkeit zu erregen. Bedroht dich zum Beispiel jemand körperlich oder verbal, so bist du aus Angst davor, dass dir etwas Schreckliches widerfahren könnte, gezwungen, ihm deine Beachtung zu schenken und damit auch deine Energie. Der dich Bedrohende zieht dich in das aggressivste aller Dramen, ein Typus, der in der Sechsten Erkenntnis als Einschüchterer bezeichnet wird.

Zählt dir jemand all die grässlichen Dinge auf, die ihm, möglicherweise auch noch deinetwegen, zugestoßen sind, und erklärt, dass sich diese Schreckenserlebnisse fortsetzen werden, wenn du dich weigerst, ihm zu helfen, so versucht jemand auf der passivsten aller Ebenen Kontrolle zu erlangen. Das Manuskript nennt dies das Drama des armen Ich. Denk einen Augenblick darüber nach, bevor du antwortest. Warst du jemals mit Menschen zusammen, die dir ein Gefühl der Schuld vermittelt haben, obwohl es eigentlich keinerlei Grund dafür gab?«

»Ja.«

»Das lag daran, dass du dich ins Drama des armen Ich hast ziehen lassen. Alles, was diese Leute sagen und tun, soll dir signalisieren, dass du nicht genug für die betreffende Person bist. Deshalb reicht dir ihre bloße Gegenwart, um dich schuldig zu fühlen.«

Ich nickte.

»Auf diese Weise lässt sich jedes Drama untersuchen«, fuhr er fort, »abhängig davon, wo es auf der Skala von aggressiv bis passiv angesiedelt ist. Hat der Betreffende versteckte Aggressionen und untergräbt, um an deine Energie zu gelangen, deine Welt, indem er Fehler darin findet, wie dein Vater, so handelt es sich bei der Person um einen Vernehmungsbeamten. Weniger passiv als das Drama des armen Ich ist deine eigene Unnahbarkeit. In ihrer Abstufung lauten die Typen: Einschüchterer, Vernehmungsbeamter, Unnahbarer und armes Ich. Leuchtet dir das ein?«

»Ich denke, schon. Meinen Sie, dass jeder unter einen dieser Typen einzuordnen ist?«

»Ich bin davon überzeugt. Manche benutzen allerdings mehrere Dramen, wenn die Situation es rechtfertigt, doch die meisten unterliegen einem einzigen dominanten Kontroll-Drama, das ständig wiederholt wird, da es sich vorher in der Familie bewährt hat.«

Allmählich dämmerte es mir. Ich sah Sanchez an. »Jetzt fällt's mir ein. Meine Mutter war ebenfalls ein Vernehmungsbeamter.«

»Dann hast du eine zweifache Dosis abbekommen«, sagte Sanchez. »Kein Wunder, dass du so unnahbar geworden bist. Aber zumindest haben sie dich nicht eingeschüchtert, und du hast nie um deine Sicherheit bangen müssen.«

»Was wäre dann passiert?«

»Du wärst im Drama des armen Ich hängen geblieben. Ist dir jetzt klar, wie die Sache funktioniert? Wenn dich als Kind jemand mit der Androhung körperlicher Gewalt um deine Energie bringen will, dann reicht Unnahbarkeit als Gegenwehr nicht mehr aus. Durch gespielte Schüchternheit bekommst du deine Energie nicht zurück – man kümmert sich dann einen Dreck darum, was in dir vorgeht. Der Druck von außen ist zu groß. Also bist du gezwungen, dich passiver zu verhalten und ins Drama des armen Ich zu flüchten, du appellierst an die Gnade der betreffenden Person und flößt ihr Schuld für ihre Untaten ein.

Wenn das nicht funktioniert, musst du als Kind einfach durchhalten, bis du groß genug bist, um zu explodieren und gegen die Gewalt zu kämpfen. Aggression steht dann gegen Aggression.« Er hielt einen Moment inne. »Wie das Kind in der peruanischen Familie, von dem du mir erzählt hast.

Ein Mensch versucht alles, um in seiner Familie an Energie zu gelangen. Jedes Mittel ist ihm recht. Und ist er einmal erfolgreich, wird diese Strategie zum dominierenden Mittel, um den Energiezufluss aller anderen zu kontrollieren und somit zu einem ständig wiederholten Drama.«

»Den Einschüchterer verstehe ich«, sagte ich, »aber wie entwickelt sich der Vernehmungsbeamte?«

»Was würdest du tun, wenn du als kleines Kind entweder ignoriert würdest oder deine Eltern nicht daheim wären, weil sie zum Beispiel ihrer Karriere nachgehen?«

»Ich weiß nicht.«

»Unnahbar spielen würde dir keine Aufmerksamkeit einbringen; es würde niemandem auffallen. Denkst du nicht, du müsstest anfangen, so lange zu bohren und zu schnüffeln, bis du einen Fehler bei diesen unnahbaren Leuten findest, um sie damit zu zwingen, dir etwas von ihrer Aufmerksamkeit und damit ihrer Energie zu geben? Genau das ist es, was ein Vernehmungsbeamter tut.«

Ich begann, den Inhalt der Erkenntnis zu verstehen. »Unnahbare Leute schaffen Vernehmungsbeamte!«

»Genau das.«

»Und umgekehrt! Der Einschüchterer provoziert das Drama des armen Ich oder, falls das nicht zum Erfolg führt, einen weiteren Einschüchterer!«

»Exakt. Auf diese Weise setzen Kontroll-Dramen sich fort. Behalte aber im Auge, dass wir durchaus dazu neigen, diese Dramen in anderen zu erkennen, während wir uns selbst in diesen Belangen für unfehlbar halten. Jeder von uns muss diese Illusion aufgeben, bevor wir uns weiterbewegen können. Die meisten von uns hängen, zumindest einen Teil ihrer Zeit, in einem Drama fest, und unsere Aufgabe besteht darin, einen Schritt davon zurückzutreten und uns selbst lange genug zuzuschauen, um herauszubekommen, worin genau das Drama besteht.«

Ich schwieg einen Augenblick. Dann sah ich Sanchez wieder an und fragte: »Was geschieht, wenn wir unser Drama erkannt haben?«

Er verlangsamte die Fahrt, um mir in die Augen zu sehen. »Dann erst steht es uns wirklich frei, eine Rolle in einem anderen Stück zu spielen und nicht immer nur den gleichen Akt, den uns unser Unterbewusstsein vorschreibt. Wie ich schon sagte, können wir uns dann um die höhere Bedeutung unseres Lebens kümmern und möglicherweise einen spirituellen Grund dafür finden, warum wir in eine bestimmte Familie geboren wurden. Wir können uns endlich darüber klar werden, wer wir wirklich sind.«

»Jetzt sind wir gleich da«, sagte Sanchez. Die Straße stieg zwischen zwei Berggipfeln hindurch unvermindert an. Als wir an einer riesigen Felsenformation zu unserer Rechten vorbeifuhren, erblickte ich direkt vor uns ein kleines Haus. Dahinter befand sich eine weitere geradezu majestätische Felsspitze.

»Sein Wagen ist nicht hier«, sagte Sanchez.

Wir parkten und näherten uns dem Haus. Sanchez öffnete die Tür und ging hinein, während ich draußen wartete. Ich atmete mehrere Male tief durch. Die Luft war kühl und ausgesprochen dünn. Der stark bewölkte Himmel über mir war von einem dunklen Grau. Es sah aus, als würde es jeden Moment anfangen zu regnen.

Sanchez kam wieder an die Tür. »Niemand da. Er muss bei den Ruinen sein.«

»Wie gelangen wir dorthin?«

Sanchez wirkte mit einem Mal erschöpft. »Sie befinden sich dort oben, ungefähr eine halbe Meile von hier«, sagte er und überreichte mir die Schlüssel für den Wagen. »Folge einfach der Straße. Hinter dem nächsten Bergrücken siehst du die Ruinen vor dir liegen. Nimm den Wagen. Ich werde hierbleiben und meditieren.«

Ich fuhr in ein kleines Tal und dann, in Erwartung der spektakulären Aussicht, auf den nächsten Bergkamm zu. Ich wurde nicht enttäuscht. Ich warf einen Blick auf die volle Pracht der Ruinen von Machu Picchu: eine Tempelanlage aus massivem, sorgsam bearbeitetem und tonnenschwerem Gestein, das man hier auf dem Berg zu einer riesigen Anlage gefügt hatte. Selbst in diesem durch Wolken getrübten Licht war die Schönheit des Ortes überwältigend.

Ich stoppte den Wagen und verbrachte zehn oder fünfzehn Minuten damit, die Energie des Ortes aufzusaugen. Zwischen den Ruinen bewegten sich mehrere Gruppen von Menschen. Ich erkannte einen Mann mit Priesterkragen, der aus der Ruine eines Gebäudes kam und in Richtung eines nahebei geparkten Wagens ging. Wegen der großen Entfernung und weil der Mann eine Lederjacke anstatt der Priesterkutte trug, war ich mir nicht sicher, ob es sich um Pater Carl handelte.

Ich startete den Wagen und beschloss, näher hinzufahren. Sobald der Mann das Geräusch meines Wagens hörte, sah er auf und lächelte, offenbar erkannte er den Wagen. Als er mich sah, kam er mit interessiertem Blick auf mich zu. Er war untersetzt, hatte braunes Haar, tiefblaue Augen und rundliche Gesichtszüge und schien ungefähr dreißig Jahre alt zu sein. »Ich bin mit Pater Sanchez gekommen«, sagte ich und stieg aus dem Wagen. »Er ist oben in Ihrem Haus.«

Er streckte mir die Hand entgegen. »Ich bin Pater Carl.«

Ich sah an ihm vorbei auf die Ruinen. Die Steinarbeiten waren bei näherer Betrachtung noch eindrucksvoller.

»Sind Sie zum ersten Mal hier oben?«, fragte er.

»Ja«, antwortete ich. »Seit Jahren habe ich von diesem Ort gehört, doch er übertrifft all meine Erwartungen.«

»Er ist eines der kraftvollsten Energiezentren in der Welt«, sagte er.

Ich nahm ihn genauer in Augenschein. Ganz eindeutig sprach er von der gleichen Energie wie das Manuskript. Ich nickte bestätigend und sagte dann: »Im Augenblick bin ich damit beschäftigt, ganz bewusst Energie zu sammeln und mein Kontroll-Drama in den Griff zu bekommen.« Ich fühlte mich dabei ein wenig prätentiös, doch schien mir in seiner Anwesenheit Ehrlichkeit angebracht.

»Allzu unnahbar scheinen Sie nicht zu sein«, sagte er.

Ich war verblüfft. »Woher wissen Sie, dass genau das mein Drama ist?«, fragte ich.

»Ich habe einen Riecher dafür entwickelt. Deshalb bin ich hier.«

»Sie helfen Menschen dabei, ihre Kontrollmechanismen zu erkennen?«

»Ja, und ihr wahres Ich.« Seine Augen glänzten vor Offenheit. Er sprach sehr direkt, ohne auch nur die geringste Andeutung von Verlegenheit darüber, dass er sich einem Fremden offenbarte.

Ich schwieg.

»Verstehen Sie die ersten fünf Erkenntnisse?«

»Ich habe sie fast alle gelesen«, sagte ich, »und mit einigen Leuten darüber gesprochen.«

Kaum hatte ich das gesagt, bemerkte ich, dass diese Aussage nicht sehr konkret war. »Ich glaube, ich verstehe den Inhalt der ersten fünf«, fügte ich hinzu. »Nummer sechs bereitet mir noch einige Schwierigkeiten.«

Er nickte. »Die meisten Leute, mit denen ich spreche, haben von der Existenz des Manuskriptes noch nicht einmal gehört. Sie kommen hier hoch und sind von der Energie wie verzaubert. Sie allein sorgt dafür, dass sie damit beginnen, ihr bisheriges Leben zu überdenken.«

»Wie stoßen Sie auf diese Leute?«

Er sah mich viel sagend an. »Es scheint eher, als stießen sie auf mich.«

»Sie sagten, dass Sie ihnen dabei behilflich seien, ihr wahres Ich zu finden – wie das?«

Er holte tief Luft. »Es gibt nur einen einzigen Weg. Jeder von uns muss in seine Kindheit und zu den Ereignissen in seiner Familie zurückkehren und sich darüber klar werden, was dort geschehen ist. Sind wir uns einmal unseres Kontroll-Dramas bewusst, können wir uns um die höhere Wahrheit unserer Familien kümmern, die sozusagen als Silberstreifen hinter unseren energetischen Konflikten liegt. Haben wir diese Wahrheit einmal gefunden, kann sie unser ganzes Leben mit Energie erfüllen, denn die Wahrheit verrät uns, wer wir sind, auf welchem Weg wir gehen und was wir tun.«

»Das hat Sanchez mir auch erzählt«, sagte ich. »Ich möchte mehr darüber wissen, wie man zu dieser Wahrheit gelangt.«

Er zog den Reißverschluss seiner Jacke hoch, um sich gegen die plötzlich hereinbrechende Kälte des späten Nachmittags zu schützen. »Ich hoffe, wir werden später Zeit haben, darüber zu reden«, sagte er. »Jetzt würde ich gern Pater Sanchez begrüßen.«

Ich ließ meinen Blick über die Ruinen schweifen. »Sehen Sie sich um, solange Sie Lust haben. Wir treffen uns später oben bei mir am Haus«, fügte er hinzu.

Die nächsten neunzig Minuten verbrachte ich zwischen den uralten Ruinen. An bestimmten Stellen verweilte ich länger; sie schienen mehr Energie abzugeben als andere. Fasziniert fragte ich mich, welche Kultur diese Tempel errichtet haben mochte. Wie hatten sie die Steine hier heraufbekommen und in derartiger Feinarbeit aufeinandergetürmt? Es schien mir nicht menschenmöglich.

Als mein Interesse an den Ruinen nachzulassen begann, wandte ich mich wieder meiner eigenen Situation zu. Obwohl sich daran eigentlich nichts geändert hatte, empfand ich jetzt deutlich weniger Angst als zuvor. Sanchez' Selbstsicherheit hatte auf mich abgefärbt. Es war dumm von mir gewesen, an seiner Integrität zu zweifeln. Pater Carl mochte ich ebenfalls bereits.

Als es dunkel wurde, ging ich zum Wagen und fuhr zurück zum Haus. Als ich näher kam, sah ich, dass im Inneren des Hauses zwei Männer nahe beieinanderstanden. Als ich eintrat, hörte ich Gelächter. Die beiden waren in der Küche mit der Zubereitung des Abendessens beschäftigt. Pater Carl hieß mich willkommen und geleitete mich zu einem Sessel. Faul ließ ich mich vor dem großen Feuer im Kamin nieder und sah mich um.

Ich befand mich in einem großen, mit breiten Bohlen vertäfelten Zimmer, dessen Wände leicht fleckig schienen. Ich sah zwei weitere Zimmer, offenbar Schlafzimmer, die durch einen schmalen Flur miteinander verbunden waren. Das Haus wurde durch schwache Glühbirnen erhellt, und in der Ferne meinte ich das Summen eines Generators wahrzunehmen.

Als die Essensvorbereitungen beendet waren, wurde ich an einen Tisch aus rauem Holz gebeten. Sanchez sprach ein kurzes Gebet, und während wir aßen, fuhren die beiden Männer in ihrer Unterhaltung fort.

Danach saßen wir gemeinsam vor dem Feuer.

»Pater Carl hat mit Wil gesprochen«, sagte Sanchez.

»Wann?«, fragte ich voller Freude.

»Wil ist vor einigen Tagen hier durchgekommen«, sagte Pater Carl. »Ich habe ihn vor einem Jahr das erste Mal getroffen und er brachte mir einige wertvolle Informationen. Er wusste, wer hinter der Aktion der Regierung gegen das Manuskript steckt.«

»Wer ist es?«, fragte ich.

»Kardinal Sebastian«, warf Sanchez ein.

»Was hat er vor?«

»Offenbar benutzt er seinen Einfluss bei der Regierung,

um den Druck des Militärs zu verstärken. Er hat es immer vorgezogen, seine Interessen in aller Verschwiegenheit durch die Regierung vertreten zu lassen, anstatt eine Auseinandersetzung mit seiner Kirche zu riskieren. Jetzt verstärkt er seine Bemühungen. Unglücklicherweise sieht es fast so aus, als könne er diesmal Erfolg haben.«

»Was meinen Sie damit?«

»Abgesehen von einigen Priestern des Nördlichen Konzils und einigen wenigen anderen, wie Julia und Wil, besitzt kaum noch jemand eine Kopie des Manuskriptes.«

»Was ist mit den Wissenschaftlern in Viciente?«, fragte ich.

Beide Männer schwiegen einen Augenblick, dann sagte Pater Carl: »Wil hat mir erzählt, dass die Regierung die Herberge geschlossen hat. Alle Wissenschaftler wurden inhaftiert und ihre Forschungsergebnisse konfisziert.«

»Und die wissenschaftliche Gemeinde lässt sich das gefallen?«, fragte ich.

»Was hat sie schon für eine Wahl?«, erwiderte Sanchez. »Zu allem Überfluss wurde ihre Arbeit von einem Großteil der Wissenschaftler ohnehin nicht akzeptiert. Anscheinend versucht die Regierung jetzt nachzuweisen, dass es sich bei den Leuten um Gesetzesbrecher handelt.«

»Ich kann nicht glauben, dass die Regierung damit durchkommt.«

»Offenbar ist es schon geschehen«, sagte Pater Carl. »Ich habe ein paar Telefonanrufe gemacht, und jeder, mit dem ich sprach, berichtete das Gleiche. Es gelingt der Regierung, in aller Ruhe immer härter durchzugreifen.«

»Was werden Ihrer Meinung nach die nächsten Schritte sein?«, fragte ich sie beide.

Pater Carl zuckte mit der Schulter, und Pater Sanchez

sagte: »Ich weiß es nicht. Vielleicht wird es davon abhängen, was Wil findet.«

»Wieso?«, fragte ich.

»Es scheint, als sei er kurz davor, den fehlenden Teil des Manuskriptes zu finden. Sollte ihm das gelingen, dann können wir vielleicht das Interesse der Weltöffentlichkeit so weit auf uns lenken, dass irgendjemand interveniert.«

»Wohin wollte Wil?«, fragte ich Pater Carl.

»Er wusste es noch nicht genau, doch sagte er, dass seine Intuition ihn weiter nach Norden, in die Nähe von Guatemala, ziehe.«

»Seine Intuition?«

»Ja, das werden Sie verstehen, sobald Sie sich über Ihre eigene Identität im Klaren sind und zur Siebten Erkenntnis gelangen.«

Mir fiel wieder auf, wie gelassen die beiden waren. »Wie können Sie im Angesicht dieser Entwicklungen so seelenruhig bleiben?«, fragte ich. »Was, wenn die Armee hier auftaucht und uns alle verhaftet?«

Geduldig sahen sie mich an, dann ergriff Pater Sanchez das Wort. »Du darfst Ruhe nicht mit Gleichgültigkeit verwechseln. Unsere friedliche Haltung ist ein Zeichen für unsere Verbindung mit der Energie. Wir bleiben mit ihr verbunden, weil dies, egal unter welchen Umständen, unsere beste Alternative ist. Das verstehst du doch, oder?«

»Ja«, sagte ich, »natürlich. Ich schätze, ich habe selbst Schwierigkeiten, in Verbindung mit der Energie zu bleiben.«

Die beiden Männer lächelten.

»Das wird einfacher werden, sobald Ihnen klar ist, wer Sie sind«, sagte Pater Carl.

Pater Sanchez erhob sich und verließ uns, um sich um den Abwasch zu kümmern.

Ich sah Pater Carl an. »Schießen Sie los«, sagte ich. »Wo fange ich an, wenn ich wissen will, wer ich bin?«

»Pater Sanchez sagte mir, dass Sie das Kontroll-Drama Ihrer Eltern bereits verstanden haben.«

»Stimmt. Bei beiden handelte es sich um Vernehmungsbeamte, was zur Ausbildung meiner Unnahbarkeit führte.«

»So weit, so gut. Jetzt müssen Sie versuchen, hinter die Kulissen des Wettstreites um Energie, der in Ihrer Familie stattfand, zu gelangen, und nach dem wirklichen Grund für Ihre Anwesenheit in Ihrer Familie suchen.«

Ich blickte ihn verständnislos an.

»Um auf die eigene spirituelle Identität zu stoßen, ist es notwendig, das eigene Leben wie ein lange Geschichte zu betrachten und eine höhere Bedeutung darin zu finden. Fangen Sie an, indem Sie sich fragen, weshalb Sie ausgerechnet in Ihre Familie geboren wurden. Was könnte der Grund dafür gewesen sein?«

»Ich weiß es nicht«, sagte ich.

»Ihr Vater war ein Vernehmungsbeamter. Was sonst noch?«

»Sie meinen, wofür er stand?«

»Ja.«

Ich dachte einen Augenblick lang nach. »Mein Vater war überzeugt davon, dass man das Leben in vollen Zügen genießen und, bei aller Integrität, das Beste daraus machen müsse.«

»Ist ihm das gelungen?«

»In gewisser Weise schon, doch jedes Mal, wenn er gerade dabei war, das Leben besonders zu genießen, schien er auf eine Pechsträhne zu stoßen.«

Die Augen Pater Carls verengten sich, während er nachdachte. »Er meinte, der Sinn des Lebens bestehe darin, Spaß und Freude zu haben, doch schaffte er es nie ganz, diesem Vorsatz gerecht zu werden?«

»Ja.«

»Haben Sie schon einmal darüber nachgedacht, warum das so war?«

»Eigentlich nicht. Ich dachte immer, er habe Pech.«

»Vielleicht hatte er nur keine Möglichkeit gefunden, sich durchzusetzen?«

»Vielleicht nicht.«

»Wie steht's mit Ihrer Mutter?«

»Sie lebt nicht mehr.«

»Können Sie sagen, was ihr Lebensinhalt war?«

»Ihr Leben bestand im Wesentlichen aus der Mitgliedschaft in der Kirche. Sie stand für die Grundsätze der christlichen Kirche.«

»Wie genau sah das aus?«

»Sie glaubte daran, der Gemeinde zu dienen und den Geboten Gottes zu folgen.«

»Ist sie den Geboten gefolgt?«

»Aufs Wort, jedenfalls soweit die Kirche es zuließ.«

»Hat sie Ihren Vater ebenfalls davon überzeugen können?« Ich lachte. »Nicht wirklich. Meine Mutter wollte, dass er jede Woche zum Gottesdienst ging und sich im Programm der Gemeinde engagierte. Doch wie ich schon sagte, er war ein freier Geist.«

»Worin bestand also Ihre Position innerhalb dieser Konstellation?«

Ich sah ihn an. »Darüber habe ich noch nie nachgedacht.«

»Wollten sich nicht beide mit Ihnen verbünden? Lag der Grund für die Verhöre nicht darin, dass jeder überprüfen wollte, ob Sie auf der Seite des einen oder des anderen standen? Wollten nicht beide, dass Sie ihren jeweiligen Standpunkt für den besten hielten?«

»Ja, da haben Sie recht.«

»Wie reagierten Sie darauf?«

»Ich versuchte, mich um einen festen Standpunkt zu drücken, so glaube ich zumindest.«

»Beide prüften, ob Sie ihren Ansprüchen genügten, und da Sie sich außerstande sahen, es beiden recht zu machen, kam es zur Entwicklung Ihrer Unnahbarkeit.«

»Das klingt ganz plausibel«, sagte ich.

»Was wurde aus Ihrer Mutter?«, fragte er.

»Sie bekam die parkinsonsche Krankheit und starb nach langem Leiden.«

»Ist sie ihrem Glauben treu geblieben?«

»Absolut«, sagte ich. »Die ganze Zeit.«

»Und was für eine Bedeutung hatte das für Sie?«

»Wie?«

»Sie suchen nach der Bedeutung, die ihr Leben für Sie einnahm, den Grund dafür, weshalb Sie als ihr Sohn geboren wurden, was Sie von ihr lernen konnten. Jeder Mensch, ob er sich dessen bewusst ist oder nicht, beweist mit seinem eigenen Leben, was er selbst für ein würdiges Lebensmodell hält. Sie müssen versuchen herauszufinden, was Sie von ihr gelernt haben und gleichzeitig überlegen, was an ihrem Leben verbesserungsbedürftig war. Was Sie persönlich am Leben Ihrer Mutter verändert hätten, ist Teil dessen, woran Sie selbst arbeiten.«

»Weshalb nur ein Teil?«

»Weil die Verbesserung des Lebens Ihres Vaters der andere Teil ist.«

Ich war immer noch verwirrt.

Er legte seine Hand auf meine Schulter. »Es ist nicht so, dass wir bloß physische Kreationen unserer Eltern sind; wir sind zugleich auch geistige Schöpfungen. Sie wurden als Sohn dieser beiden Menschen geboren, und deren Lebensgeschichten haben einen unbestreitbaren Einfluss darauf, was aus Ihnen wird. Um Ihr wahres Selbst zu entdecken, müssen Sie sich darüber klar werden, dass dieses ursprünglich in einer Position zwischen den Wahrheiten Ihrer Eltern begonnen hat. Der Grund für Ihre Geburt innerhalb dieses Familienzusammenhanges besteht in der Entwicklung einer höheren Sicht darauf, was Ihre Eltern repräsentierten. Ihr Weg besteht in der Entdeckung einer Wahrheit, die in der Synthese des Glaubens dieser beiden Menschen liegt.«

Ich nickte.

»Wie würden Sie also in Worte fassen, was Ihre Eltern Ihnen beigebracht haben?«

»Ich bin mir nicht sicher«, sagte ich.

»Was denken Sie darüber?«

»Mein Vater war der Ansicht, der Sinn seines Lebens bestehe in der Maximierung seiner Lebensfreude, seiner Freude daran, wer er war, und das hat er bis zum Ende nicht aufgegeben. Meine Mutter glaubte eher daran, sich opfern und ihre Zeit dem Dienst am Nächsten widmen zu müssen, dabei hat sie sich oft bis zur Selbstaufgabe zurückgenommen. Das war es ihrer Ansicht nach, was die Heilige Schrift von ihr verlangte.«

»Welchen Standpunkt wählten Sie für sich, den Ihrer Mutter oder den Ihres Vaters?«

»Weder noch. Ich meine, ganz so einfach ist das Leben nicht.«

Er lachte. »Sie werden schon wieder unkonkret.«

»Ich glaube, ich weiß es einfach nicht.«

»Und wenn Sie die Wahl zwischen beiden Möglichkeiten hätten?«

Ich zögerte und versuchte einen klaren und ehrlichen Gedanken zu fassen, dann dämmerte es mir.

»Sie hatten beide recht«, sagte ich. »Und unrecht.«

Seine Augen strahlten. »Wie das?«

»Ich bin mir nicht ganz sicher, aber ich denke, ein erfülltes Leben müsste die beiden Standpunkte in sich vereinen.«

»Ihre Lebensfrage besteht im Wie«, sagte Pater Carl. »Wie lebt man ein Leben, das beides vereint? Von Ihrer Mutter haben Sie das Bewusstsein darüber, dass Leben Spiritualität ist. Von Ihrem Vater wissen Sie, dass es um Selbstverwirklichung, Spaß und Abenteuer geht.«

»Die Aufgabe meines Lebens besteht also darin«, unterbrach ich ihn, »diese beiden Ansätze irgendwie zu verbinden?«

»Ja, für Sie scheint Spiritualität die vordringliche Frage zu sein. Ihr gesamtes Leben wird sich darum drehen, eine Form zu finden, die es Ihnen erlaubt, sich zu verwirklichen. Dieses eine Problem konnten Ihre Eltern nicht lösen, das haben sie Ihnen als Vermächtnis, als evolutionäre Frage, als wesentliche Aufgabe Ihres Lebens hinterlassen.«

Der Gedanke stürzte mich in tiefstes Grübeln. Pater Carl sagte noch etwas, doch war ich nicht in der Lage, mich darauf zu konzentrieren. Das schwächer werdende Feuer hatte eine beruhigende Wirkung auf mich, und jetzt erst merkte ich, wie müde ich war.

Pater Carl setzte sich aufrecht und sagte: »Ich denke, Sie haben für heute kaum noch Energie. Doch eines will ich Ihnen noch mit auf den Weg ins Bett geben. Sie können jetzt einschlafen und niemals wieder daran denken, was wir eben besprochen haben. Sie können direkt in Ihr altes Drama zurückkehren oder Sie können morgen aufwachen und etwas mit diesem neuen Ansatz beginnen. Sollten Sie sich dafür entscheiden, so sind Sie bereit, den nächsten Schritt in diesem Prozess zu gehen und alles, was Ihnen seit Ihrer Geburt zugestoßen ist, einer genauen Betrachtung zu unterziehen. Betrachten Sie Ihr Leben als eine lange Geschichte, die sich von der Geburt bis zum Tod erstreckt, und Ihnen wird auffallen, dass Sie die ganze Zeit an ein und derselben Fragestellung gearbeitet haben. Sie werden verstehen, weshalb Sie hierher nach Peru kamen und was Ihr nächster Schritt sein wird.«

Ich nickte und sah ihn mir genauer an. Seine Augen strahlten warm und liebevoll, und sein Gesicht trug den gleichen Ausdruck, den ich so oft bei Wil und Sanchez gesehen hatte.

»Gute Nacht«, sagte Pater Carl, ging in sein Schlafzimmer und schloss die Tür. Ich rollte meinen Schlafsack auf dem Boden aus und fiel augenblicklich in tiefen Schlaf.

Als ich erwachte, dachte ich sofort an Wil. Ich musste Pater Carl fragen, was er noch über Wils Pläne wusste.

Während ich in meinem Schlafsack auf dem Boden lag und nachdachte, trat Pater Carl leise in den Raum und begann damit, Feuerholz aufzulegen.

Ich zog den Reißverschluss auf. Durch das Geräusch wurde er auf mich aufmerksam und sah mich an.

»Guten Morgen«, sagte er. »Wie haben Sie geschlafen?«

»Ganz gut«, erwiderte ich, während ich aufstand.

Er legte frische Späne auf die Kohlen und dann größere Holzscheite.

»Hat Wil erwähnt, was er vorhat?«, fragte ich.

Pater Carl sah mir direkt ins Gesicht. »Er wollte zum Haus eines Freundes gehen und dort auf das Eintreffen einiger Informationen über die Neunte Erkenntnis warten.«

»Hat er sonst noch etwas gesagt?«, fragte ich.

»Wil sagte, dass Kardinal Sebastian selbst die letzte Erkenntnis finden will und auch kurz davor steht. Wil denkt, dass derjenige, der im Besitz der letzten Erkenntnis ist, entscheidet, ob das Manuskript jemals eine weitere Verbreitung und ein größeres Verständnis erfahren wird.«

»Wieso?«

»Ich bin mir selbst nicht ganz im Klaren darüber. Wil war einer der Ersten, die mit dem Sammeln und der Lektüre der Erkenntnisse begonnen haben. Möglicherweise versteht er sie besser als jeder andere. Ich glaube, er ist der Ansicht, dass alle anderen Erkenntnisse durch die letzte klarer und verständlicher werden.«

»Glauben Sie, dass er recht hat?«, fragte ich.

»Ich weiß es nicht«, gab er zurück. »Ich verstehe davon nicht so viel wie er. Ich weiß nur, worin meine Aufgabe besteht.«

»Und das wäre?«

Einen Augenblick schwieg er. »Wie ich schon gesagt habe, besteht meine persönliche Aufgabe darin, Menschen bei der Enthüllung ihrer wahren Identität behilflich zu sein. Das ist mir nach der Lektüre des Manuskriptes klar geworden. Die Sechste Erkenntnis ist sozusagen meine Erkenntnis. Ich helfe anderen, diese Erkenntnis zu verstehen. Und es gelingt mir, weil ich selbst durch diesen Prozess gegangen bin.«

»Was war Ihr Kontroll-Drama?«, fragte ich.

Er sah mich amüsiert an. »Ich war ein Vernehmungsbeamter. Mein Vater war ein armes Ich und meine Mutter unnahbar. Sie haben mich beinahe vollständig ignoriert. Die einzige Möglichkeit, ihre Aufmerksamkeit zu erregen, lag darin, sie im Alltag zu belauern und ihnen dann die eigenen Fehler vor Augen zu führen.«

»Und wann haben Sie Ihr Drama überwunden?«

»Vor ungefähr achtzehn Monaten, als ich Pater Sanchez getroffen habe und wir mit dem Studium des Manuskriptes begannen. Nachdem ich mir meine Eltern genau angesehen hatte, merkte ich, worauf mich meine Erfahrung mit ihnen vorbereitet hatte. Dazu müssen Sie verstehen, dass mein Vater für Leistung stand. Er war ein zielorientierter Mann, verplante seine Zeit auf die Minute und bewertete sich selbst danach, wie viel er schaffte. Meine Mutter war dagegen sehr intuitiv, mit einem starken Hang ins Mystische. Sie glaubte, jeder von uns erhalte spirituelle Führung, und daran, dass es im Leben darum ginge, dieser Führung zu folgen.«

»Was hat Ihr Vater davon gehalten?«

»Er hat gedacht, sie sei verrückt.«

Ich lächelte, sagte aber kein Wort.

»Erkennen Sie, wo mein Platz in der ganzen Angelegenheit war?«, fragte Pater Carl.

Ich schüttelte den Kopf. Ganz klar war es mir nicht.

»Mein Vater vermittelte mir, es gehe im Leben darum, sich etwas Wichtiges vorzunehmen und das dann auch durchzusetzen. Zur gleichen Zeit ließ meine Mutter mich wissen, dass es im Leben um die innere Richtung gehe, eine Art intuitiven Wegweiser. Ich merkte, dass mein Leben eine Synthese aus diesen beiden Standpunkten bildete, und versuchte herauszubekommen, wie wir innerlich auf jene Mission vorbereitet werden, die nur wir zu erfüllen imstande sind. Wohl wissend, dass es für mich sehr wichtig war, diese Mission zu erfüllen, wenn ich jemals ein glückliches oder erfülltes Leben führen wollte.«

Ich nickte.

»Und daran können Sie wahrscheinlich erkennen, weshalb mich die Sechste Erkenntnis so begeisterte. Sobald ich sie gelesen hatte, wusste ich, dass meine Aufgabe darin bestehen würde, den Menschen Klarheit zu verschaffen, damit sie einen Begriff von ihrer Bestimmung bekommen würden.«

»Wissen Sie, wie Wil auf seinen Pfad gestoßen ist?«

»Ja, ein paar Sachen hat er mir erzählt. Wils Problem lag ebenfalls in der Unnahbarkeit. Genau wie bei Ihnen waren beide Eltern Vernehmungsbeamte und jeder ein eiserner Verfechter einer Philosophie, die Wil übernehmen sollte. Wils Vater war ein deutscher Romanautor, der der festen Überzeugung war, der ultimative Sinn der Menschheit bestehe in ihrer Vervollkommnung. Sein Vater vertrat nur rein humanitäre Prinzipien, die jedoch von den Nazis zur Legitimierung ihrer menschenverachtenden Rassenideologie benutzt wurden.

Der Missbrauch seiner Ideale zerstörte den alten Mann und ließ ihn mit seiner Frau und Wil nach Südafrika auswandern. Seine Frau war eine Peruanerin, die in Amerika aufgewachsen und dort auch zur Schule gegangen war. Sie war ebenfalls Schriftstellerin, jedoch basierten ihre philosophischen Ansichten im Wesentlichen auf östlichen Lehren. Sie vertrat den Standpunkt, dass das Ziel des Lebens die innere Erleuchtung sei, ein höheres Bewusstsein, das sich durch einen inneren Frieden und die Loslösung von weltlichen Dingen zu erkennen gab. Ihrer Auffassung nach ging es im Leben nicht um Perfektion, sondern darum, das Bedürfnis nach der Perfektionierung irgendwelcher Dinge, um etwas zu erreichen, aufzugeben … Verstehen Sie Wils Ausgangssituation?«

Ich schüttelte den Kopf.

»Er befand sich in einer ausgesprochen schwierigen Position. Die Philosophie seines Vaters war fest im westlichen Glauben an Fortschritt und Perfektion verankert, während seine Mutter daran glaubte, im Leben gehe es einzig und allein darum, inneren Frieden zu erreichen.

Diese beiden Menschen bereiteten Wil auf seine Aufgabe vor, die darin besteht, die Hauptideen westlicher und östlicher Kultur zu vereinen, obwohl Wil anfänglich natürlich keinerlei Ahnung davon hatte. So wurde aus ihm zunächst ein dem Fortschritt verschriebener Ingenieur und dann ein einfacher Führer, der seinen Frieden darin suchte, Menschen an die schönen und bewegenden Orte dieses Landes zu bringen.

Erst die Suche nach dem Manuskript ließ das Bewusstsein über seine Problematik erwachen, denn es befasst sich direkt mit der Hauptproblematik seines Lebens. Die Erkenntnisse legen dar, dass es in der Tat möglich ist, die Schulen des Westens und des Ostens zu einer höheren Wahrheit zu verschmelzen. Sie zeigen uns, dass der Westen mit seiner Behauptung, im Leben gehe es um Fortschritt, recht hat, weil es tatsächlich darum geht, zu einer höheren Stufe fortzuschreiten. Trotzdem liegt auch der Osten richtig, wenn er die Betonung auf die Einschränkung der Kontrolle durch das Ego legt. Durch Logik allein werden wir nicht weiterkommen. Wir werden ein vollständigeres Bewusstsein erwerben müssen, eine innere Verbindung zu Gott. Nur dann wird unsere Evolution hin zu etwas Besserem auch durch einen höheren Teil unseres Selbst gesteuert werden.

Als Wil die Erkenntnisse entdeckte, kam sein gesamtes Leben in Fluss. Er traf auf José, den Priester, der das Manuskript als Erster gefunden hat und es auch übersetzen ließ. Kurz darauf traf er den Besitzer von Viciente und half, die Forschungsarbeiten dort in Gang zu bringen. Und ungefähr um die gleiche Zeit traf er Julia, die eigentlich Geschäftsfrau war, aber ebenfalls Touren in die Urwälder organisierte.

Von allen Leuten dort empfand er Julia gegenüber die größte Zuneigung. Weil ähnliche Fragestellungen ihr Leben bestimmten, verstanden sie sich auf Anhieb. Julia hatte einen Vater, der viel von spirituellen Ideen sprach, allerdings auf kapriziöse und nicht wirklich ernst zu nehmende Weise. Ihre Mutter dagegen war eine rhetorisch geschulte Hochschullehrerin, für die nur der klare Verstand zählte. Also verlangte Julia nach Wissen über Spiritualität, bestand aber darauf, dass es verständlich und präzise formuliert wurde.

Wil suchte die Erklärung für die menschliche Spiritualität in der Synthese zwischen Ost und West, und Julia wollte, dass diese Erklärung vor allem klar und verständlich war. Dinge, über die das Manuskript Auskunft gab.«

»Das Frühstück ist fertig«, rief Sanchez aus der Küche.

Überrascht drehte ich mich um. Ich hatte nicht bemerkt, dass Sanchez bereits aufgestanden war. Ohne das Gespräch weiter fortzusetzen, erhob sich Pater Carl und leistete Sanchez bei seinem Mahl aus Früchten und Hirsebrei Gesellschaft. Danach bat mich Pater Carl, ihn zu den Ruinen zu begleiten. Erfreut willigte ich ein. Pater Sanchez jedoch lehnte höflich ab und erklärte, dass er stattdessen ins Tal fahren müsse, um dort einige Telefonate zu erledigen.

Der Himmel war von kristallener Klarheit, und die Sonne schien über den Berggipfeln. Wir legten ein ziemliches Tempo vor.

»Glauben Sie, dass es möglich wäre, mit Wil in Verbindung zu treten?«, fragte ich.

»Nein«, erwiderte er. »Er hat mir nicht gesagt, um wen es sich bei seinen Freunden handelt. Die einzige Möglichkeit wäre, nach Iquitos zu fahren, eine Grenzstadt im Norden, und das könnte im Augenblick sehr gefährlich werden.«

»Wieso gerade Iquitos?«

»Er deutete an, dass ihn die Suche dorthin führen würde. Dort in der Nähe sind viele Ruinen, und nicht weit davon entfernt hat Kardinal Sebastian seine Mission.«

»Glauben Sie, es wird Wil gelingen, die letzte Erkenntnis zu finden?«

»Ich weiß es nicht.«

Einige Minuten gingen wir schweigend dahin, dann fragte Pater Carl: »Haben Sie sich entschieden, welchen Weg Sie persönlich einschlagen werden? Pater Sanchez erwähnte, dass Sie ursprünglich unbedingt zurück in die Staaten wollten, in letzter Zeit jedoch mehr Interesse an der Erforschung der Erkenntnisse gezeigt hätten. Wie denken Sie jetzt darüber?«

»Ich bin mir nicht sicher«, sagte ich. »Doch aus irgendeinem Grund möchte ich die Suche fortsetzen.«

»Wenn ich richtig gehört habe, ist direkt neben Ihnen ein Mann erschossen worden.«

»Das stimmt.«

»Und Sie wollen trotzdem bleiben?«

»Nein«, sagte ich. »Ich will nach Hause, mich in Sicherheit bringen, aber trotzdem bin ich hier.«

»Weshalb?«, fragte er.

Ich prüfte seinen Gesichtsausdruck. »Ich weiß es nicht. Wissen Sie's?«

»Erinnern Sie sich, wo wir gestern Abend stehen geblieben waren?« Ich erinnerte mich genau. »Wir waren auf die Aufgabe gestoßen, die meine Eltern mir vermacht haben: eine Form der Spiritualität zu finden, die es mir gestattet, mich selbst zu verwirklichen. Wenn ich mir genau anschaue, wie mein Leben sich bisher entwickelt hat, würde diese Aufgabe mein Leben in die rechte Perspektive rücken und meine Gegenwart klären.«

Er lächelte geheimnisvoll. »Ja, dem Manuskript zufolge wird sie das.«

»Wie soll das geschehen?«

»Jeder von uns muss sich die Schlüsselsituationen seines Lebens vor Augen halten und sie im Licht unserer evolutionären Aufgabenstellung neu interpretieren lernen.«

Verwirrt schüttelte ich den Kopf.

»Versuchen Sie, sich die Abfolge von Interessengebieten, wichtigen Freunden und Fügungen, die Ihr bisheriges Leben bestimmt haben, in Erinnerung zu rufen. Finden Sie nicht, dass dort ein roter Faden erkennbar wird?«

Ich dachte an mein Leben seit der Kindheit, konnte aber kein durchgehendes Muster oder einen roten Faden entdecken.

»Was haben Sie als Kind gemacht?«, fragte er.

»Weiß ich nicht. Ich war ein normales Kind, schätze ich. Ich habe viel gelesen.«

»Was haben Sie gelesen?«

»Unheimliche Geschichten, Science-Fiction, Geistergeschichten, derartiges Zeug.«

»Was kam danach?«

Ich dachte an die Wirkung, die mein Großvater auf mich gehabt hatte, und erzählte Pater Carl von dem See und den Bergen.

Vielsagend nickte er mit dem Kopf. »Was geschah, als Sie erwachsen wurden?«

»Ich ging fort, um zu studieren. Zu dieser Zeit starb mein Großvater.«

»Was haben Sie studiert?«

»Soziologie.«

»Warum?«

»Ich begegnete einem Professor, den ich sehr mochte. Sein Wissen über die menschliche Natur interessierte mich, also entschied ich mich, bei ihm zu studieren.«

»Was geschah dann?«

»Ich graduierte und stieg in das Berufsleben ein.«

»Hat Ihnen die Arbeit Spaß gemacht?«

»Ja, für eine lange Zeit schon.«

»Dann haben sich die Dinge verändert?«

»Ich hatte das Gefühl, unvollständige Arbeit zu leisten. Ich arbeitete mit emotional gestörten Jugendlichen und bildete mir ein zu wissen, wie ich ihre Vergangenheit erhellen und ihnen helfen könnte, ihr schematisches, selbstzerfleischendes Verhalten zu überwinden, bis ich schließlich merkte, dass etwas an meiner Herangehensweise nicht stimmen konnte.«

»Und was dann?«

»Ich kündigte.«

»Und?«

»Dann rief eine alte Freundin an und erzählte mir von dem Manuskript.«

»Und daraufhin haben Sie sich entschieden, nach Peru zu kommen?«

»Ja.«

»Wie bewerten Sie Ihre Erfahrung hier?«

»Ich denke, ich habe den Verstand verloren«, sagte ich. »Ich denke, ich setze hier mein Leben aufs Spiel.«

»Hat sich Ihre Lebenserfahrung qualitativ verändert?«

»Ich verstehe nicht, was Sie damit meinen.«

»Als Pater Sanchez mir erzählte, was Ihnen seit Ihrer Ankunft in Peru alles passiert ist, war ich erstaunt über die Kette von Umständen, die Sie mit den verschiedenen

Erkenntnissen des Manuskriptes in Verbindung brachten – immer dann, wenn Sie Rat brauchten.«

»Was hat das Ihrer Meinung nach zu bedeuten?«, fragte ich.

Er blieb stehen und sah mich an. »Es bedeutet, dass Sie bereit sind. Genau wie der Rest von uns hier. Sie sind an einen Punkt gelangt, von dem an Sie das Manuskript brauchen, um Ihre eigene Entwicklung fortsetzen zu können.

Denken Sie daran, wie sich die Ereignisse Ihres Lebens in dieses Muster fügen. Von Anfang an haben Sie sich für geheimnisvolle Themen interessiert, und dieses Interesse führte schließlich zum Studium der menschlichen Natur. Weshalb sonst sind Sie auf jenen Professor gestoßen? Er verkörperte gewissermaßen Ihre Interessen und brachte Sie dazu, einen Blick auf das große Mysterium an sich zu werfen: die Situation des Menschen auf diesem Planeten, die Frage nach der Bedeutung des Lebens. Auf einer anderen Ebene wussten Sie bereits, dass der Sinn des Lebens mit der Überwindung überkommener Verhaltensmuster zu tun hat, ohne die unser Leben niemals voranschreiten würde. Deshalb haben Sie mit den Jugendlichen gearbeitet.

Wie Sie jetzt wahrscheinlich verstehen, bedurfte es all dieser Einsichten, da Ihrer Arbeit mit den Jugendlichen etwas fehlte. Damit sich emotional gestörte Kinder entwickeln können, müssen sie, wie wir alle, genügend Energie erhalten, um ihrerseits ihre Kontroll-Dramen zu erkennen; sie müssen das durchspielen, um selbst einen spirituellen Prozess durchlaufen zu können, jenen Prozess, den Sie unbedingt verstehen wollten.

Betrachten Sie einmal den höheren Sinn dieser Begebenheiten. Alles, was Sie in der Vergangenheit zum Fortschritt anleitete, all diese kleinen Stufen des Wachstums, waren lediglich eine Vorbereitung auf Peru, auf die Entdeckung der Erkenntnisse. Ihr ganzes Leben haben Sie mit der Suche nach einer erfüllenden Spiritualität verbracht, und jene Energie, die Ihr Großvater versuchte Ihnen zu zeigen, machte Ihnen schließlich so viel Mut, dass Sie hier nach Peru kamen. Sie sind hier, weil sich hier der Schlüssel zu Ihrer Weiterentwicklung befindet. Ihr ganzes Leben war nur ein langer vorbereitender Weg, der Sie direkt auf diesen Augenblick hingeführt hat.«

Er lächelte. »Sollte es Ihnen gelingen, diese Sichtweise zu verinnerlichen, haben Sie damit erreicht, was im Manuskript ein klares Bewusstsein über den eigenen spirituellen Pfad genannt wird. Nach den Worten der Schrift müssen wir alle unsere Vergangenheit klären, egal, wie viel Zeit wir dazu benötigen. Die meisten haben ein Kontroll-Drama zu überwinden; gelingt es ihnen, sind sie in der Lage, die höhere Bedeutung ihrer Geburt, weshalb sie als Kinder ihrer Eltern geboren wurden, zu verstehen und ebenso, welche Wendungen und Wirrungen ihres Lebens sie auf ihre Aufgabe vorbereitet haben. Wir alle haben einen spirituellen Zweck zu erfüllen, eine Mission, die wir verfolgen, ohne uns dessen je völlig bewusst zu sein. Wenn es uns gelingt, ein volles Bewusstsein darüber zu entwickeln, hebt unser Leben buchstäblich ab.

Sie haben Ihre Aufgabe gefunden. Jetzt liegt es an Ihnen, voranzuschreiten und den Fügungen zu vertrauen, die Ihnen von nun an einen immer klarer werdenden Begriff davon verschaffen werden, wie Sie Ihre Mission auszuführen haben und was Sie hier zu tun haben. Seit

Ihrer Ankunft in Peru fahren Sie auf der Energie von Wil und Pater Sanchez mit. Jetzt ist es an der Zeit zu lernen, wie man selbst vorankommt ... mit vollem Bewusstsein.«

Er wollte noch etwas sagen, doch wurden wir beide durch das Geräusch von Pater Sanchez' Geländewagen unterbrochen, der sich uns mit hoher Geschwindigkeit näherte. Sanchez hielt neben uns und kurbelte das Fenster herunter.

»Stimmt etwas nicht?«, fragte Pater Carl.

»Ich muss sofort packen und zur Mission zurück«, sagte Sanchez. »Regierungstruppen sind eingetroffen ... und mit ihnen Kardinal Sebastian.«

Wir sprangen beide in den Wagen und Sanchez fuhr zurück zu Pater Carls Haus, während er uns erzählte, dass die Truppen in der Mission gewesen waren, um die Kopien des Manuskriptes zu beschlagnahmen und die Mission möglicherweise zu schließen.

Am Haus angekommen, begann Pater Sanchez sofort damit, seine Sachen zu packen. Ich stand unentschlossen dort und wusste nicht, was ich tun sollte. Während ich Sanchez beim Packen zusah, kam Pater Carl auf ihn zu und sagte: »Ich denke, es ist besser, wenn ich mit dir gehe.«

Sanchez drehte sich um. »Bist du sicher?«

»Ja, ich glaube, das ist das Beste für mich.«

»Zu welchem Zweck?«

»Ich weiß es noch nicht.«

Einen Augenblick lang starrte Sanchez ihn an, dann fuhr er mit dem Packen fort. »Wenn du es für das Beste hältst.«

Ich stand an den Türrahmen gelehnt. »Was soll ich tun?«, fragte ich.

Beide sahen mich an.

»Das liegt ganz bei Ihnen«, sagte Pater Carl.

Ich starrte in den Raum.

»Die Entscheidung liegt bei dir«, sagte auch Sanchez.

Ich konnte nicht fassen, wie gleichgültig es ihnen war, was aus mir würde. Ihnen zu folgen hieß eine Gefangennahme durch die peruanischen Truppen zu riskieren. Doch was sollte ich hier oben allein anfangen?

»Sehen Sie«, sagte ich, »ich weiß wirklich nicht, was ich tun soll. Sie müssen mir helfen. Kann ich nicht irgendwo anders unterkommen?«

Die beiden Männer sahen sich an.

»Nicht dass ich wüsste«, sagte Pater Carl.

Ich sah sie an und Angst breitete sich in meinem Magen aus.

Pater Carl lächelte mich an und sagte dann: »Bleiben Sie bei Ihrem inneren Zentrum. Vergessen Sie nicht, wer Sie sind.«

Sanchez ging zu einer Tasche und zog einen schmalen Ordner heraus. »Dies ist eine Kopie der Sechsten Erkenntnis«, sagte er. »Vielleicht wird sie dir bei deiner Entscheidung helfen.«

Beide Männer wandten sich wieder ihren Reisevorbereitungen zu, und ich ging vor die Tür, wo ich mich auf einen großen Felsbrocken setzte und das Manuskript aufschlug. Es gab ziemlich genau wieder, was Pater Sanchez und Pater Carl gesagt hatten. Um unsere individuellen, in der Kindheit erworbenen Kontrollmechanismen zu verstehen, mussten wir Licht in unsere Vergangenheit bringen. Waren wir einmal in der Lage, unsere alten Angewohnheiten zu überwinden und zu verarbeiten, würden wir auf unser höheres Selbst und unsere evolutionäre Identität stoßen.

In weniger als dreißig Minuten hatte ich den ganzen Text gelesen und als ich fertig war, kam Pater Carl ums Haus, sah mich und ging auf mich zu.

»Fertig?«, fragte er. Seine Art war so warmherzig und freundlich wie immer.

»Ja.«

»Macht es Ihnen etwas aus, wenn ich mich einen Augenblick zu Ihnen setze?«

»Nein, ganz im Gegenteil.«

Er setzte sich zu meiner Rechten. Nach einer kurzen Zeit des Schweigens fragte er: »Verstehen Sie jetzt, dass Ihr Hiersein mit der Entdeckung Ihres Lebensweges zu tun hat?«

»Ich schätze, schon – aber was nun?«

»Jetzt müssen Sie es aus vollem Herzen glauben.«

»Wie soll das gehen, wenn in meinem Herzen die Angst sitzt?«

»Sie müssen sich klarmachen, was hier auf dem Spiel steht. Die Wahrheit, nach der Sie suchen, ist so wichtig und bedeutend wie die Evolution des Universums selbst, denn sie erlaubt es der Evolution voranzukommen.

Sehen Sie es denn nicht selbst? Pater Sanchez hat mir von Ihrer Evolutionsvision auf der Berghöhe berichtet. Sie sahen, wie sich Materie vom einfachen Wasserstoffatom zur Menschheit entwickelte. Sie haben sich gefragt, welche Rolle die Menschheit bei dieser Entwicklung spielte. Jetzt haben Sie die Antwort: Menschen werden in einen historischen Zusammenhang geboren und stoßen dort auf etwas, wofür sie einstehen. Gemeinsam mit einem anderen Menschen, der ebenfalls für etwas steht, bilden sie eine Union, eine Einheit.

Kinder, die in diese Union geboren werden, verbinden diese beiden Standpunkte, indem sie nach einer übergeordneten Synthese aus beiden Positionen suchen, eine Suche, die im Wesentlichen von Fügungen gesteuert wird. Sicher haben Sie der Fünften Erkenntnis entnommen, dass wir jedes Mal, wenn wir uns mit Energie auftanken und eine Fügung unser Leben vorantreibt, der einmal erreichte Energiestatus in uns etabliert wird, sodass wir von da an auf einer höheren Ebene energetischer Schwingung existieren und auf diese Weise die Evolution weitertragen.

Das Besondere an unserer Generation besteht darin, dass wir zum ersten Mal bereit sind, diesen Prozess bewusst zu beschleunigen. Egal auf wie viel Furcht Sie dabei stoßen werden, letztlich haben Sie keine Wahl. Wer einmal verstanden hat, worum es bei der menschlichen Lebensform geht, kann dieses Wissen unmöglich wieder auslöschen. Wenn Sie versuchen, etwas Anderes mit Ihrem Leben anzufangen, werden Sie immer das Gefühl haben, dass Ihnen etwas fehlt.«

»Aber was soll ich jetzt, in diesem Augenblick, machen?«

»Ich weiß nicht. Nur Sie können das beurteilen. Ich würde trotzdem vorschlagen, dass Sie erst einmal ein wenig Energie sammeln.«

Pater Sanchez tauchte hinter der Ecke des Hauses auf und gesellte sich zu uns, sorgfältig darauf bedacht, jeden Augenkontakt und jedes Geräusch zu vermeiden, um uns nicht zu unterbrechen. Ich versuchte, meine Energie zu zentrieren und mich auf die das Haus umgebenden Felsspitzen zu konzentrieren. Ich atmete tief durch und mir wurde bewusst, dass ich, seitdem ich das Haus verlassen hatte, vollends von meinen Sorgen absorbiert worden war – als habe ich eine Tunnelvision. Ich hatte meine Wahrnehmung völlig von der Schönheit der majestätischen Berge abgeschnitten.

Während ich meine Umgebung betrachtete, versuchte ich mich bewusst auf ihre Schönheit zu konzentrieren. Wieder erlebte ich das mir mittlerweile so vertraute Gefühl der Verbundenheit. Mit einem Mal schien alles stärker hervorzutreten und ein wenig zu leuchten. Ich fühlte mich leichter, mein Körper schien entspannt und erfrischt.

Ich warf einen Blick auf Pater Sanchez und dann auf Pater Carl. Sie sahen mich gespannt an, und ich wusste, dass sie mein Energiefeld beobachteten.

»Wie sehe ich aus?«, fragte ich.

»Als ob du dich besser fühlst«, sagte Sanchez. »Bleib hier und tanke so viel Energie wie irgend möglich. Wir haben noch zwanzig Minuten mit dem Packen zu tun.«

Er lächelte ironisch. »Danach«, fuhr er fort, »kannst du loslegen.«

Der Energiefluss tritt ein

Die beiden Priester gingen zurück ins Innere des Hauses, während ich mich noch einige Zeit mit der Schönheit der Berge beschäftigte und mit dem Versuch, mehr Energie zu gewinnen. Doch bald verlor ich meine Konzentration, und meine Gedanken wanderten zu Wil und zu Spekulationen darüber, wie es ihm ergangen war und wo er sein mochte. Stand er kurz davor, die Neunte Erkenntnis zu finden?

Ich stellte mir vor, wie er, von den Militärs verfolgt, mit der Neunten Erkenntnis in der Hand durch den Dschungel lief. Ich dachte daran, wie Kardinal Sebastian die Jagd auf ihn plante. Doch mein Tagtraum ließ zur gleichen Zeit keinen Zweifel daran, dass der Kardinal trotz seiner Autorität im Unrecht war und er die Wirkung des Manuskriptes auf Menschen falsch einschätzte. Ich war der Ansicht, dass die geeignete Person in der Lage sein würde, ihn von einer neuen Sicht der Dinge zu überzeugen, würde es nur gelingen, jenen Teil der Schrift ausfindig zu machen, durch den er sich derartig bedroht fühlte.

Während ich diesem Gedanken nachhing, tauchte Marjorie vor meinem geistigen Auge auf. Wo mochte sie jetzt sein? Ich stellte mir vor, wie es sein würde, sie wieder zu sehen. Unter welchen Umständen dieses Ereignis wohl eintreten würde? Wenn überhaupt …

Das Geräusch der zuschlagenden Haustür brachte mich zurück in die Gegenwart. Wieder fühlte ich mich schwach und nervös. Sanchez schritt um das Haus herum und kam auf mich zu. Seine Schritte waren flink und bestimmt.

Er ließ sich neben mir nieder. »Hast du entschieden, was du tun wirst?«

Ich schüttelte den Kopf.

»Sehr kraftvoll wirkst du nicht gerade«, sagte er.

»Ich fühle mich nicht sehr kraftvoll.«

»Vielleicht liegt es daran, dass du deine Energie nicht systematisch aufbaust.«

»Was meinen Sie damit?«

»Ich kann dir nur anbieten, dir meine Methode der Energiegewinnung zu erklären. Vielleicht hilft sie dir dabei, deinen eigenen Prozess der Energiebeschaffung zu finden.«

Mit einer Bewegung meines Kopfes bedeutete ich ihm fortzufahren.

»Zuallererst«, sagte er, »konzentriere ich mich auf meine Umgebung, genau wie du auch. Dann versuche ich, mir in Erinnerung zu rufen, wie die Dinge ausschauen, wenn ich energiegeladen bin: ihre einzigartigen Formen, die Schönheit jeder Pflanze und die Art und Weise, wie ihre Farben ein wenig leuchtender und heller zu werden scheinen. Kannst du mir soweit folgen?«

»Ja, genau das versuche ich auch.«

»Daraufhin bemühe ich mich«, so fuhr er fort, »das Gefühl der Verbundenheit neu zu erlangen, das Gefühl, dass alles, mag es auch noch so weit entfernt sein, letztlich in meiner Reichweite liegt und ich mich damit verbinden kann. Dieses Bewusstsein atme ich in mich hinein.«

»Hineinatmen?«

»Hat Pater John dir das nicht erklärt?«

»Nein.«

Einen Augenblick lang schien Sanchez verwirrt. »Vielleicht hatte er vor, dir später davon zu berichten. Er gibt sich oftmals etwas sonderbar. Dann geht er einfach davon und überlässt den Schüler seinen eigenen Gedanken über das Gesagte. Gewöhnlich taucht er dann zur rechten Zeit wieder auf, um seinen Anweisungen noch etwas hinzuzufügen. Ich nehme an, dass er das vorhatte, wir aber zu schnell aufgebrochen sind.«

»Ich würde gern hören, was damit gemeint ist«, sagte ich.

»Erinnerst du dich an das Gefühl der Leichtigkeit auf der Bergspitze?«, fragte er.

»Ja«, sagte ich.

»Um diese Leichtigkeit wiederzugewinnen, versuche ich die Energie, mit der ich mich gerade verbunden habe, einzuatmen.«

Bis hierhin war ich Sanchez gefolgt. Allein die Tatsache, dass ich ihm bei seiner Darstellung zuhören durfte, erhöhte meine Verbundenheit mit der Umgebung. Alles um mich herum hatte an Eindringlichkeit und Schönheit gewonnen. Selbst die Felsen schienen einen weißlichen Glanz abzustrahlen, und Sanchez' Energiefeld war groß und bläulich.

Er atmete jetzt tief und konzentriert ein und hielt jeden Atemzug fünf Sekunden an, bevor er wieder ausatmete.

»In dem Augenblick, in dem wir uns vorstellen, dass jeder Atemzug uns Energie zuführt und wie einen Ballon anfüllt, tanken wir uns tatsächlich mit Energie auf, fühlen uns unbeschwerter und leichter.«

Wenige Atemzüge später fühlte ich mich tatsächlich seiner Schilderung entsprechend.

»Habe ich die Energie eingeatmet«, fuhr Sanchez fort, »so überprüfe ich, wie es mit meinen Gefühlen aussieht. Wie schon gesagt, besteht darin mein eigentlicher Maßstab für den Grad meiner Verbundenheit.«

»Sprechen Sie hier wieder von Liebe?«

»So ist es. Wie schon in der Mission besprochen, handelt es sich dabei nicht um ein intellektuelles Konzept von Liebe oder gar einen moralischen Imperativ, sondern vielmehr um ein unterschwelliges Gefühl, das sich äußert, sobald jemand mit der durch das Universum erhältlichen Energie in Verbindung steht, wobei es sich selbstverständlich um die Energie Gottes handelt.«

Mit leicht unscharfem Blick starrte Pater Sanchez mich an. »Da«, sagte er, »du bist angekommen. Genau diesen Energielevel brauchst du. Ich habe dir diesmal zwar noch ein wenig geholfen, doch im Großen und Ganzen solltest du jetzt durchaus in der Lage sein, dich selbst zu versorgen.«

»Inwiefern haben Sie mir geholfen?«

Pater Sanchez schüttelte den Kopf. »Mach dir deswegen jetzt keine Gedanken. In der Achten Erkenntnis wirst du mehr darüber erfahren.«

Pater Carl trat hinter dem Haus hervor und sah uns beide an, als gefalle ihm, was er sehe. Im Näherkommen nahm er mich genauer in Augenschein. »Haben Sie sich entschieden?«

Die Frage irritierte mich, und ich hatte gegen den daraus resultierenden Energieverlust zu kämpfen.

»Nicht wieder in das Unnahbarkeitsdrama verfallen«,

sagte Pater Carl. »In diesem Fall müssen Sie einen festen Standpunkt beziehen. Was werden Ihrer Ansicht nach die nächsten Schritte sein?«

»Ich habe nicht die leiseste Idee«, sagte ich. »Darin liegt ja das Problem.«

»Sind Sie sicher? Sobald man mit der Energie verbunden ist, haben Gedanken oftmals andere Erscheinungsformen.«

Ich sah ihn verwirrt an.

»Die Worte, die Sie gewöhnlich in Ihren Kopf zwingen, um Ereignisse mit Hilfe der Logik zu kontrollieren, versiegen, sobald Sie Ihr Kontroll-Drama aufgegeben haben. Während Sie sich mit Energie auftanken, manifestieren sich Gedanken einer anderen, höheren Qualität in Ihrem Bewusstsein. Hierbei handelt es sich um Ihre Intuitionen. Sie mögen fremdartig erscheinen und halten sich meistens im Hinterkopf auf, doch ab und an erscheinen sie in Form eines Tagtraumes oder einer Mini-Vision. Sie kommen auf direktem Wege, um Sie anzuleiten.«

Ich verstand immer noch nicht.

»Erzählen Sie uns, was genau Sie gedacht haben, als wir Sie vorhin allein ließen«, sagte Pater Carl.

»Ich weiß nicht, ob ich mich an alles erinnere«, sagte ich.

»Versuchen Sie's doch!«

Ich versuchte, mich zu konzentrieren. »Ich habe an Wil gedacht, schätze ich, mich gefragt, ob er wohl kurz davorsteht, die Neunte Erkenntnis zu finden, und an Kardinal Sebastians Kreuzzug gegen das Manuskript.«

»Was noch?«

»Ich fragte mich, was wohl mit Marjorie passiert sein

mag. Aber ich verstehe nicht ganz, wie mir das alles helfen kann, eine Entscheidung zu finden.«

»Ich erkläre es dir«, sagte Pater Sanchez. »In dem Augenblick, in dem du ausreichend Energie gesammelt hast, bist du bereit, in einen bewussten Entwicklungsprozess zu treten, die Energie fließen zu lassen und damit zuzulassen, dass Fügungen in dein Leben treten, die dich vorwärtstreiben. Der Eintritt in diesen Prozess erfolgt auf eine ganz besondere Weise. Nachdem du genügend Energie aufgebaut hast, rufst du dir deine grundlegende Lebensproblematik ins Gedächtnis – sozusagen das Erbe deiner Eltern –, denn diese Problematik liefert den übergreifenden Zusammenhang für deine Entwicklung. Danach konzentrierst du dich auf deinen ureigenen Weg, indem du erkennst, was augenblicklich an kleineren Aufgaben in deinem Leben anliegt. Diese Aufgaben führen immer zu deiner großen Aufgabe und definieren gleichzeitig den Punkt, an dem du dich augenblicklich auf deiner lebenslangen Suche befindest.

Ist dir erst einmal klar, welche Aufgaben im Moment anliegen, erhältst du eine intuitive Ahnung davon, was zu tun ist und wohin du gehen sollst, was dein nächster Schritt sein wird. Immer. Nur dann nicht, wenn du an die falschen Aufgaben denkst.

Du musst verstehen, dass es im Leben nicht um Antworten geht. Es geht darum, die aktuellen Fragen zu erkennen. Hast du die richtige Frage erkannt, folgt immer auch die Antwort.

Sobald du ahnst, was als Nächstes passieren wird, heißt es ausgesprochen aufmerksam und wach zu werden. Früher oder später werden scheinbare Zufälle auftauchen, die dafür sorgen, dass du dich tatsächlich in die Richtung bewegst, die deine Intuition dir vorgegeben hat. Kannst du mir folgen?«

»Ich denke, ja.«

»Meinst du, die Gedanken an Wil, den Kardinal und Marjorie seien nicht wichtig? Überlege dir, weshalb sie gerade jetzt und unter diesen Lebensumständen auftauchen. Du weißt, dass du deinem Familienhintergrund nach dafür prädestiniert bist, eine spirituelle Lebensform zu finden, die gleichzeitig ein innerlich erfüllendes Abenteuer für dich darstellt, oder nicht?«

»Ja.«

»In deiner Jugend hast du begonnen, dich für mysteriöse Vorgänge zu interessieren, du hast Soziologie studiert und mit Menschen gearbeitet, obwohl du dir über den Sinn deiner ganzen Handlungen noch nicht im Klaren warst. Als du erwacht bist, hast du von der Existenz des Manuskriptes gehört, bist nach Peru gekommen und hast dir eine Erkenntnis nach der anderen angeeignet, und jede von ihnen hat dich etwas über die Spiritualität gelehrt, die du suchst. Jetzt, wo du klar siehst, hast du die Chance, deine Entwicklung mit vollem Bewusstsein voranzutreiben, indem du darangehst, deine vordringlichen Fragen zu erkennen, und darauf Acht gibst, wie sich die Antworten bemerkbar machen.«

Ich sah ihn nur an.

»Worin bestehen deine vordringlichen Fragen?«, fragte er.

»Ich schätze, ich will den Inhalt der restlichen Erkenntnisse erfahren«, sagte ich. »Ganz besonders will ich wissen, ob es Wil gelungen ist, die Neunte Erkenntnis zu finden.

Ich will wissen, was mit Marjorie geschehen ist. Und ich will mehr über den Kardinal erfahren.«

»Und was hat dir deine Intuition in diesen Fragen geraten?«

»Ich weiß es nicht. Ich dachte an ein Wiedersehen mit Marjorie und daran, wie Wil von Truppen verfolgt wurde. Was soll das bedeuten?«

»Wo genau ist Wil verfolgt worden?«

»Im Dschungel.«

»Vielleicht ist das ein Hinweis darauf, was du tun sollst. Iquitos liegt im Dschungel. Wie steht es mit Marjorie?«

»Ich sah vor mir, wie ich sie wiedertraf.«

»Und Kardinal Sebastian?«

»Ich habe mir gesagt, dass er dem Manuskript nur deshalb ablehnend gegenübersteht, weil er es missversteht, und dass man seine Meinung ändern könnte, sobald man herausbekommt, was genau am Inhalt des Manuskriptes ihm Angst bereitet.«

Die beiden Männer sahen mich völlig erstaunt an.

»Was bedeutet das?«, fragte ich.

Pater Carl antwortete mit einer weiteren Frage. »Was denken Sie, könnte es bedeuten?«

Zum ersten Mal seit meinem Aufenthalt auf dem Bergkamm fühlte ich mich wieder energiegeladen und voller Selbstvertrauen. Ich sah die beiden an und sagte: »Ich schätze, das heißt, ich soll mich Richtung Dschungel auf den Weg machen und herausfinden, was der Kirche an dem Manuskript nicht gefällt.«

Pater Carl lächelte. »Exakt! Sie können meinen Wagen nehmen.« Ich nickte, und gemeinsam begaben wir uns zur Vorderseite des Hauses, wo die Wagen geparkt standen. Meine Sachen, inklusive eines Vorrates von Essen und Wasser, hatten sie bereits in Pater Carls Wagen verstaut. Der Wagen von Sanchez war ebenfalls bepackt.

»Ich wollte dir noch eines sagen«, begann Sanchez. »Vergiss nicht, unterwegs so oft wie möglich zu halten und dich mit der Energie zu verbinden. Versuche erfüllt und voller Liebe zu bleiben. Hast du diesen Zustand einmal erreicht, kann nichts und niemand dir mehr Energie abziehen, als du imstande bist zu ersetzen. Um genau zu sein, schafft die Energie, die du abgibst, eine Art Strömung, die dafür sorgt, dass du ebenso viel Energie wieder aufnimmst. Du brauchst keine Angst zu haben, leer zu laufen. Doch musst du dir dieses Vorganges die ganze Zeit bewusst bleiben, sonst funktioniert er nicht. Das gilt in verstärktem Maße, wenn du es mit anderen Menschen zu tun hast.«

Er hielt einen Moment inne. Wie auf Absprache trat Pater Carl näher. »Bis auf zwei haben Sie jetzt alle der Erkenntnisse gelesen. Ihnen fehlen noch die Siebte und die Achte. Die Siebte handelt von der bewussten Entwicklung Ihrer Identität und beschreibt eine Technik, mit deren Hilfe Sie sich für jede Fügung und Antwort, die das Universum für Sie bereithält, öffnen können.«

Er überreichte mir einen dünnen Ordner. »Dies ist die Siebte. Sie ist sehr kurz und allgemein gehalten, doch sie beschäftigt sich damit, dass bestimmte Gegenstände sich auf uns zubewegen, ebenso wie bestimmte Gedanken uns als Wegweiser dienen können. Die Achte werden Sie selber finden, sobald die Zeit dafür gekommen ist. Sie erklärt, wie wir denen, die uns Antworten bringen, helfen können. Darüber hinaus beschreibt sie eine vollkommen neue Ethik im Umgang mit Menschen, die jedermanns ungehinderte persönliche Entwicklung gewährleistet.«

»Weshalb kann ich die Achte Erkenntnis nicht jetzt schon haben?«, fragte ich.

Pater Carl lächelte und legte mir die Hand auf die Schulter. »Weil wir der Ansicht sind, dass dies nicht der richtige Zeitpunkt dafür ist. Auch wir müssen unseren Intuitionen folgen. Sobald Sie die richtige Frage stellen, werden Sie die Achte Erkenntnis erhalten.«

Ich sagte ihm, dass ich verstehe; dann umarmten mich die beiden Priester zum Abschied und wünschten mir alles Gute. Pater Carl betonte, dass wir uns bald wieder sehen würden und ich die Antworten, derentwegen ich gekommen war, auch finden würde.

Wir waren gerade dabei, in unsere Wagen zu steigen, als Sanchez sich mir unvermittelt zuwandte. »Meine Intuition rät mir, dir noch etwas mitzuteilen. Später wirst du es besser verstehen lernen: Lass dich durch deine Wahrnehmung des Schönen und Schillernden leiten. Menschen und Orte, die Antworten für dich bereithalten, werden dir leuchtender und attraktiver erscheinen.«

Ich nickte und kletterte in den Wagen von Pater Carl, dann folgte ich ihnen mehrere Meilen die holperige Straße hinunter, bis wir an eine Weggabelung kamen. Sanchez winkte aus dem Rückfenster, als er und Pater Carl den Weg nach Osten einschlugen. Einen Augenblick lang sah ich ihnen nach, dann schlug ich den Weg nach Norden, in Richtung des Amazonasbeckens, ein.

Ungeduld flammte in mir auf. Nachdem ich drei Stunden lang gut vorangekommen war, saß ich nun an einer

Kreuzung fest, unfähig, mich zwischen zwei Routen zu entscheiden.

Die eine lag zu meiner Linken. Der Karte nach zu urteilen, führte sie ungefähr hundert Meilen an den Bergen entlang und beschrieb dann einen scharfen Knick nach Osten, Richtung Iquitos. Die Strecke zu meiner Rechten dagegen führte direkt nach Osten und verlief durch den Dschungel, um dann ebenfalls an meinem Bestimmungsort zu enden.

Ich konzentrierte mich auf die Szenerie. Der Weg durch den Dschungel führte durch eine Gruppe riesiger Bäume. Einige monumentale Felsvorsprünge ragten zwischen ihnen aus der Erde. Die meisten schienen von großen tropischen Büschen umgeben. Die Strecke durch die Berge dagegen kam mir relativ unbewachsen vor. In dieser Richtung stand nur ein einziger Baum, der Rest der Landschaft war felsig und hatte wenig Flora zu bieten.

Wieder sah ich nach rechts, bemüht, einen Zustand der Liebe herbeizuführen. Die Bäume und Büsche leuchteten in tiefem Grün. Ich wandte meinen Blick nach links und versuchte denselben Vorgang wirken zu lassen. Augenblicklich bemerkte ich ein blühendes Fleckchen am Wegesrand. Die Halme waren fahl und fleckig, doch zusammen mit den weißen Blüten ergab sich ein einmaliges Muster. Ich fragte mich, weshalb ich die Blüten nicht schon vorher wahrgenommen hatte. Sie schienen jetzt beinahe zu glühen. Ich erweiterte meinen Blickwinkel, um die gesamte Szenerie in dieser Richtung erfassen zu können. Die kleinen Felsen und die braunen Schotterflecken schienen jetzt außerordentlich farbenprächtig und klar. Ein Hauch von Bernsteinfarbe, von Violett und sogar dunklem Rot lag über der gesamten Landschaft.

Ich blickte wieder auf die Bäume und Büsche zu meiner Rechten. Obwohl sie ohne Zweifel schön waren, verblichen sie im Vergleich zu der Landschaft links von mir. Doch wie konnte das sein? Ursprünglich war mir die Straße zu meiner Rechten viel attraktiver erschienen. Ein weiterer Blick nach links und meine Intuition verstärkte sich. Wieder verblüffte mich die Vielfalt der Formen und Farben.

Das gab den Ausschlag. Ich startete den Wagen und fuhr, voll und ganz von der Richtigkeit meiner Entscheidung überzeugt, nach links. Die Straße erwies sich als unwegsam, voller Steine und Wurzelwerk, und während ich voranholperte, fühlte ich, wie mein Körper immer leichter zu werden schien. Mein Gewicht lagerte auf den Hinterbacken, mein Rücken und mein Nacken bildeten eine gerade Linie. Meine Arme hielten das Lenkrad, ohne sich darauf zu stützen.

Zwei Stunden fuhr ich so ohne Zwischenfälle, knabberte an dem Essen, das Pater Carl mir in einen Korb gestellt hatte, und begegnete keiner Menschenseele. Die Straße schlängelte sich einen kleinen Hügel nach dem anderen hinauf und auf der anderen Seite wieder hinab. Oben, auf einem der Ausläufer des Gebirges angekommen, bemerkte ich zwei Wagen älteren Baujahres, die zu meiner Rechten geparkt hatten. Zwischen einigen Bäumen hatte man sie, weit entfernt von der eigentlichen Straße, abgestellt. Da ich keine Menschen sah, nahm ich an, dass es sich um Schrottautos handeln musste. Vor mir beschrieb die Straße einen scharfen Bogen nach links und schlängelte sich dann in ein weites Tal. Von meinem Beobachtungsposten aus war ich in der Lage, mehrere Meilen weit zu sehen.

Ich bremste scharf. Auf halbem Weg durch das Tal standen drei oder vier Militärfahrzeuge, die sich auf beiden Seiten der Straße verteilt hatten. Zwischen den Lastwagen hielt sich eine kleine Gruppe Soldaten auf. Ein Schauer lief mir über den Rücken. Es handelte sich um eine Straßensperre. Ich ließ den Wagen ein Stück rückwärts rollen und parkte hinter zwei großen Felsen, dann stieg ich aus und ging zurück zu meinem Aussichtspunkt, um die Vorgänge im Tal zu beobachten. Eines der Fahrzeuge fuhr in die entgegengesetzte Richtung davon.

Plötzlich hörte ich ein Geräusch hinter mir. Ich schnellte herum. Es war Phil, der Ökologe, den ich in Viciente getroffen hatte.

Wir waren beide gleich erschrocken. »Was machst du hier?«, fragte er, während er auf mich zueilte.

»Ich versuche nach Iquitos durchzukommen«, sagte ich.

An seinem Gesicht konnte ich sehen, wie unruhig er war. »Wir auch, doch die Regierung spielt wegen dieses Manuskriptes verrückt. Wir versuchen gerade zu entscheiden, ob wir es riskieren sollen, die Straßensperre zu passieren. Wir sind zu viert.« Er machte eine Kopfbewegung nach links. Durch die Bäume hindurch konnte ich einige Männer erkennen.

»Weshalb willst du nach Iquitos?«, fragte er.

»Ich versuche Wil zu finden. Wir sind in Cula getrennt worden. Aber ich habe gehört, dass er möglicherweise auf dem Weg nach Iquitos ist, um dort den Rest des Manuskriptes zu finden.«

In seiner Stimme schwang jetzt die nackte Angst mit.

»Das sollte er unter keinen Umständen versuchen! Das Militär hat den Besitz der Kopien ausdrücklich verboten. Hast du nicht gehört, was in Viciente geschehen ist?«

»Nicht alles. Was weißt du darüber?«

»Ich war auch nicht dort, aber meines Wissens hat die Regierung jeden verhaften lassen, der im Besitz einer Kopie war. Alle Gäste wurden festgehalten und verhört. Dale und die anderen Wissenschaftler hat man verschleppt. Kein Mensch weiß, was aus ihnen geworden ist.«

»Hast du eine Erklärung dafür, weshalb die Regierung sich derartig an dem Manuskript stört?«, fragte ich.

»Nein, doch als ich hörte, wie unsicher die Situation ist, beschloss ich, nach Iquitos zu fahren, meine Unterlagen zu holen und das Land zu verlassen.«

Ich erzählte ihm in Einzelheiten, was mir und Wil zugestoßen war, nachdem wir Viciente verlassen hatten, und ging besonders auf die Schießerei in den Bergen ein.

»Teufel noch mal«, sagte er. »Und du treibst dich immer noch hier herum?«

Seine Äußerung brachte mein Selbstvertrauen ins Wanken. »Wenn wir nichts unternehmen, wird die Regierung das Manuskript vernichten. Die Welt wird kein Wort davon erfahren, und ich halte die Erkenntnisse für absolut wichtig.«

»Wichtig genug, um dafür zu sterben?«, fragte er.

Motorengeräusche unterbrachen unsere Unterhaltung. Die Lastwagen bewegten sich durch das Tal direkt auf uns zu.

»Oh, Scheiße!«, sagte er. »Da kommen sie.«

Noch bevor wir etwas unternehmen konnten, hörten wir Motorengeräusche auch aus der anderen Richtung.

»Wir sind umstellt!«, rief Phil. Er stand kurz vor einem Panikanfall.

Ich rannte zum Wagen und stopfte das Essen in meinen Rucksack. Ich griff nach den Ordnern mit den Übersetzungen und verstaute sie ebenfalls darin, dann überlegte ich mir, dass sie unter dem Fahrersitz besser aufgehoben wären.

Die Motorengeräusche wurden lauter, und ich rannte über die Straße, in die gleiche Richtung, in die auch Phil verschwunden war. Ich sah, wie er und die anderen sich hinter einer Felsgruppe unten am Abhang versteckt hatten. Ich versteckte mich mit ihnen, innig hoffend, dass die Militärfahrzeuge einfach weiterfahren würden. Mein Wagen war von der Straße aus nicht zu sehen. Vielleicht, so dachte ich, würden sie die anderen Wagen ebenfalls für Schrottautos halten.

Die Fahrzeuge aus dem Süden trafen zuerst ein, und zu unserem Grausen hielten sie direkt neben den Wagen.

»Keine Bewegung! Polizei!«, rief eine Stimme. Wir erstarrten, als sich uns mehrere Soldaten von hinten näherten. Sie waren allesamt schwer bewaffnet und mehr als vorsichtig. Nachdem sie uns gründlich durchsucht hatten, nahmen sie uns alle Gegenstände bis auf die Kleidung ab und zwangen uns, zurück auf die Straße zu gehen. Dort waren Dutzende von Soldaten bereits mit der Durchsuchung unserer Wagen beschäftigt. Phil und seine Gefährten wurden verhaftet und in einen der Militärlastwagen geführt, der sich eilig entfernte. Als er an mir vorbeifuhr, konnte ich einen kurzen Blick auf Phil werfen. Er war kreidebleich und sah aus wie ein Geist.

Ich wurde zu Fuß in die entgegengesetzte Richtung geführt. Man befahl mir, mich auf dem Kamm des Hügels niederzulassen. Neben mir standen mehrere Soldaten, jeder mit einer automatischen Waffe über der Schulter. Schließlich trat einer der Offiziere auf mich zu und warf mir die Ordner aus meinem Wagen vor die Füße. Auf das Deckblatt der zuoberst liegenden Erkenntnis warf er die Schlüssel zu Pater Carls Geländewagen.

»Handelt es sich hierbei um deine Kopien?«, fragte er.

Ich blickte ihn an, ohne zu antworten.

»Diese Schlüssel sind in deinem Besitz gefunden worden«, sagte er. »Die Kopien waren in dem dazugehörigen Wagen. Ich frage noch einmal, gehören diese Ordner dir?«

»Ich werde nichts sagen, bevor ich nicht mit einem Anwalt gesprochen habe«, stammelte ich. Die Bemerkung veranlasste den Offizier zu einem sarkastischen Lächeln. Er sagte etwas Unverständliches zu den anderen Offizieren und entfernte sich dann. Die Soldaten dirigierten mich zu einem der Jeeps, und ich musste auf dem Vordersitz neben dem Fahrer Platz nehmen. Zwei weitere Soldaten saßen mit schussbereiten Waffen auf dem Rücksitz. Hinter uns bestiegen weitere Soldaten einen zweiten Lastwagen. Nach kurzer Wartezeit setzten sich beide Vehikel durch das Tal nach Norden in Bewegung.

Beunruhigende Gedanken machten sich in meinem Kopf breit. Wohin brachte man mich? Weshalb hatte ich es so weit kommen lassen? So viel war die Anleitung durch die Priester also wert gewesen; keinen halben Tag hatte die Energie vorgehalten. Früher am Tag, an der Kreuzung, war ich mir so sicher gewesen, dass ich die richtige Straße gewählt hatte. Diese Strecke war die attraktivere der beiden; dessen war ich mir immer noch sicher. Wo also hatte ich einen Fehler gemacht?

Ich atmete tief durch und versuchte mich zu entspannen, dabei fragte ich mich, was wohl als Nächstes passieren würde. Ich hatte vor, mich unwissend zu stellen und mich als verwirrten, harmlosen Touristen auszugeben, der sich mit den falschen Leuten eingelassen hatte und jetzt nur noch nach Hause wollte.

Ich legte die Hände in meinen Schoß und bemerkte, dass sie leicht zitterten. Einer der Soldaten bot mir von hinten Wasser aus einer Feldflasche an, und ich nahm an, obwohl ich mich außerstande sah zu trinken. Der Soldat war jung, und als ich ihm die Flasche zurückgab, lächelte er mich ohne ein Zeichen der Bösartigkeit an. Das Bild von Phils panischem Gesichtsausdruck schoss mir durch den Kopf. Was hatte man mit ihm vor?

Dann dachte ich, dass die Begegnung mit Phil vielleicht eine der Fügungen gewesen war. Was hatte sie zu bedeuten? Was wäre der Inhalt des Gespräches gewesen, hätte man uns nicht unterbrochen? Bisher hatte ich die Wichtigkeit des Manuskriptes betont, während er von den auf mich lauernden Gefahren sprach und mich drängte, das Land zu verlassen, bevor ich gefangen genommen würde. Unglücklicherweise hatte seine Warnung mich zu spät erreicht.

So fuhren wir mehrere Stunden dahin, ohne ein Wort zu wechseln. Die Gegend wurde zunehmend flacher und die Luft erwärmte sich. Irgendwann hatte der junge Soldat mir eine geöffnete Dose mit Feldnahrung gereicht, Rind mit Kartoffeln; doch brachte ich keinen Bissen herunter. Nachdem die Sonne untergegangen war, legte sich in kürzester Zeit Dunkelheit über das Land.

Meine Gedanken waren förmlich versiegt. Ich starrte in die Lichtkegel auf der Straße und schaukelte durch die Nacht, bis ich in einen unruhigen Schlaf fiel und träumte, dass ich mich auf der Flucht befand. Verzweifelt suchte ich zwischen Hunderten von riesigen Feuern Schutz vor einem unbekannten Feind, in der Gewissheit, dass ich irgendwo einen geheimen Schlüssel finden würde, der mir den Weg zu Erkenntnis und Sicherheit öffnete. Schließlich entdeckte ich den Schlüssel inmitten eines der riesigen Feuer. Ich hechtete hinein, um ihn zu bergen!

Mit einem unsanften Ruck wurde ich aus dem Schlaf gerissen. Ich schwitzte stark. Die Soldaten sahen mich mit nervösen Blicken an. Ich schüttelte den Traum ab und lehnte mich gegen die Wagentür. Eine lange Zeit blickte ich aus dem Seitenfenster auf die dunklen Umrisse der Landschaft und kämpfte gegen die Panik an. Allein und unter Bewachung fuhr ich in die Dunkelheit, kein Mensch kümmerte sich um meine Albträume.

Gegen Mitternacht fuhren wir vor einem riesigen, spärlich erleuchteten zweistöckigen Gebäude aus rohem Stein vor. Wir gingen am Haupteingang vorbei und betraten das Gebäude auf einem schmalen Weg durch den Seiteneingang. Treppenstufen führten uns in eine enge Eingangshalle. Die Wände im Inneren waren ebenfalls aus Stein, und die Decke bestand aus riesigen Holzbohlen und unbehandelten rohen Planken. Von der Decke hingen nackte Glühbirnen und beleuchteten unseren Weg. Wir durchquerten eine weitere Tür und kamen schließlich an einem Zellentrakt heraus. Einer der Soldaten, der vorher verschwunden war, kehrte jetzt zurück, öffnete eine der Zellentüren und bedeutete mir mit einer Bewegung hineinzugehen.

In der Zelle befanden sich drei Pritschen, ein Holztisch und eine Vase mit Blumen, und die Zelle machte einen ungewöhnlich sauberen Eindruck. Als ich eintrat, blickte mich ein junger Peruaner, nicht älter als siebzehn oder achtzehn, eingeschüchtert an. Er stand hinter der Tür. Der Soldat verschloss die Tür hinter mir und entfernte sich. Ich setzte mich auf eine der Pritschen, während der junge Mann eine Öllampe aufdrehte. Im Schein der Lampe erkannte ich, dass er indianischer Abstammung war.

»Sprichst du Englisch?«, fragte ich.

»Ein wenig«, sagte er.

»Wo kommst du her?«

»Aus der Nähe von Pullcupa«

»Ist das hier ein Gefängnis?«

»Nein, hier werden alle zum Verhör wegen des Manuskriptes hergebracht.«

»Wie lange bist du schon hier?«, fragte ich.

Er sah mich mit schüchternen braunen Augen von unten herauf an. »Zwei Monate.«

»Was haben sie mit dir gemacht?«

»Sie haben versucht, mir den Glauben an das Manuskript auszutreiben und mich dazu zu bringen, die zu verraten, die Kopien davon besitzen.«

»Wie das?«

»Durch Reden.«

»Nur durch Reden, keine Drohungen?«

»Nur reden«, wiederholte er.

»Haben sie gesagt, wann sie dich gehen lassen werden?«

»Nein.«

Ich schwieg und er blickte mich fragend an. »Bist du auch mit Kopien des Manuskriptes erwischt worden?«, fragte er.

»Ja. Und du?«

»Auch. Ich lebe hier in der Nähe in einem Waisenhaus. Unser Schulleiter hat die Botschaft des Manuskriptes gelehrt. Er hat mir erlaubt, die Kinder zu unterrichten. Er konnte fliehen, aber ich wurde gefangen.«

»Wie viele der Erkenntnisse hast du gelesen?«, fragte ich.

»Alle, die gefunden wurden«, sagte er. »Und du?«

»Alle, außer der Siebten und der Achten Erkenntnis. Die Siebte hatte ich schon in den Händen, doch die Soldaten tauchten auf, bevor ich Zeit hatte, sie zu lesen.«

Der junge Mann gähnte. »Lass uns jetzt schlafen.«

»Ja«, sagte ich abwesend. »Sicher.«

Ich lag auf meiner Pritsche und schloss die Augen, während meine Gedanken sich überschlugen. Was sollte ich als Nächstes tun? Wieso hatte ich mich fangen lassen? Würde es mir möglich sein, zu fliehen? Ich heckte einige Szenarien und Strategien aus, bevor es mir endlich gelang, einzuschlafen.

Wieder wurde ich von lebhaften Träumen heimgesucht. Wieder suchte ich nach dem Schlüssel, doch diesmal hatte ich mich in einem tiefen Wald verirrt. Lange Zeit streifte ich ziellos herum und wünschte mir irgendeinen Anhaltspunkt, irgendeine Führung. Nach einer Weile brach ein gigantischer Gewittersturm herein und überschwemmte die gesamte Landschaft. In der Wasserflut wurde ich zuerst durch eine tiefe Schlucht und dann in einen Flug gespült, in dem ich zu ertrinken drohte. Mit aller Macht kämpfte ich tagelang gegen den Strom an, bis es mir schließlich gelang, mich aus dem reißenden Gewässer zu retten, indem ich mich an das felsige Ufer klammerte. Ich krabbelte die Felsen empor und an den nackten Klippen entlang, höher und höher in immer gefährlicher wirkendes Gelände. Obgleich ich zur Bewältigung der Klippen meine gesamte Konzentration und Willenskraft zusammengenommen hatte, fand ich mich schließlich an einem ausweglosen Stück nackten Felsens wieder, unfähig, mich auch nur noch einen Zentimeter vorwärtszubewegen. Ich warf einen Blick auf das Gelände unter mir. Mit Schrecken bemerkte ich, dass der Fluss aus dem Wald herausfloss zu einem wunderschönen Strand und einer Wiese. Auf der blumenbewachsenen Wiese lag der Schlüssel. Dann rutschte ich aus und fiel schreiend tiefer und tiefer, bis ich auf die Wasseroberfläche aufschlug und unterging.

Entsetzt fuhr ich hoch und schnappte nach Luft. Der junge Indianer, der offenbar bereits erwacht war, kam zu mir.

»Was ist los?«, fragte er.

Ich kam zu Sinnen und blickte mich in der Zelle um. Erst jetzt bemerkte ich, dass der Raum ein Fenster hatte und es draußen bereits hell wurde.

»Nur ein Albtraum«, sagte ich.

Er lächelte mich an, als gefalle ihm, was ich sagte. »Albträume haben die wichtigsten Botschaften«, bemerkte er.

»Botschaften?«, fragte ich, stand auf und zog mein Hemd an.

Es war ihm anscheinend peinlich, sich erklären zu

müssen. »Die Siebte Erkenntnis handelt von den Träumen«, sagte er.

»Was steht dort?«

»Es wird beschrieben, wie man, äh …«

»Träume interpretiert?«

»Ja.«

»Was genau steht dort?«

»Dass die Geschichte eines Traumes mit der Geschichte eines Lebens vergleichbar ist.«

Ich dachte einen Moment lang nach, unsicher, was dieser Hinweis bedeuten mochte.

»Willst du die Bedeutung deines Traumes wissen?« Ich nickte und erzählte ihm, was ich geträumt hatte. Er hörte aufmerksam zu und sagte dann: »Vergleiche Teile dieser Geschichte mit deinem Leben.« Ich sah ihn an. »Wo soll ich beginnen?«

»Am Anfang. Was geschah dir am Anfang des Traumes?«

»Ich suchte im Wald nach einem Schlüssel.«

»Wie hast du dich dabei gefühlt?«

»Verloren.«

»Vergleiche diese Situation mit deiner wirklichen.«

»Nun, vielleicht hängen sie tatsächlich zusammen«, sagte ich. »Ich suche nach Antworten über das Manuskript, und ich fühle mich verdammt noch mal verloren.«

»Was ist dir sonst noch im wirklichen Leben geschehen?«, fragte er.

»Ich bin gefasst worden«, sagte ich. »Trotz all meiner Vorkehrungen hat man mich eingelocht. Jetzt kann ich nur noch hoffen, dass ich jemanden davon überzeugen kann, mich gehen zu lassen.«

»Du willst dich mit deiner Gefangennahme nicht abfinden?«

»Natürlich nicht.«

»Was ist im Traum als nächstes passiert?«

»Ich habe gegen die Strömung angekämpft.«

»Warum?«, fragte er.

Langsam wurde mir klar, worauf er hinauswollte. »Weil ich zu dem Zeitpunkt dachte, ich müsse ertrinken.«

»Und wenn du nicht gegen die Strömung angekämpft hättest?«

»Wäre ich an den Schlüssel gekommen. Was willst du damit sagen? Dass ich an meine Antworten kommen würde, wenn ich mich nicht gegen die Situation hier sträuben würde?«

Er sah wieder verlegen drein. »Ich will gar nichts sagen. Der Traum sagt es.«

Ich dachte einen Augenblick lang nach. Traf seine Interpretation zu?

Der junge Indianer sah zu mir auf. »Wenn du den Traum noch einmal träumen könntest, was würdest du anders machen?«

»Ich würde nicht mehr gegen das Wasser ankämpfen, obwohl es so aussah, als würde ich ertrinken. Diesmal wüsste ich es besser.«

»Was bedroht dich jetzt?«

»Die Soldaten, schätze ich. Gefangengehalten zu werden.«

»Was ist also die Botschaft daraus?«

»Du denkst, die Botschaft des Traumes besteht darin, diese Gefangenschaft als etwas Positives zu begreifen?«

Er antwortete nicht, sondern lächelte nur.

Ich saß auf meiner Pritsche, mit dem Rücken gegen die Wand. Die Traumdeutung hatte mich erregt. Traf sie zu, dann hatte ich an der Kreuzung doch keinen Fehler gemacht, dann sollte alles so kommen, wie es gekommen war.

»Wie heißt du?«, fragte ich.

»Pablo«, sagte er.

Ich lächelte und stellte mich vor, dann erzählte ich ihm in groben Zügen, weshalb ich in Peru war und was sich bisher ereignet hatte. Pablo hatte die Ellbogen auf seine Knie gestützt und saß auf seiner Koje. Er hatte kurzes dunkles Haar und war außergewöhnlich dünn.

»Weshalb bist du hier?«, fragte er.

»Ich will mehr über das Manuskript erfahren«, erwiderte ich.

»Was ist der genaue Grund?«, fragte er erneut.

»Mehr über die Siebte Erkenntnis zu erfahren und herauszufinden, was meinen Freunden, Wil und Marjorie, passiert ist ... Und ich glaube auch, um herauszubekommen, weshalb die Kirche so vehement gegen das Manuskript ist.«

»Du kannst hier mit vielen Priestern reden«, sagte er.

Ich dachte kurz über seine Aussage nach. »Was sagt die Siebte Erkenntnis noch über Träume?«

Pablo erklärte mir, dass wir träumten, um zu erfahren, was uns im Leben fehlt. Er sagte noch etwas, doch anstatt zuzuhören, dachte ich an Marjorie. Ich hatte ihr Gesicht jetzt in allen Einzelheiten vor meinem geistigen Auge, und ich fragte mich, wo sie wohl stecken mochte, dann sah ich, wie sie lächelnd auf mich zu rannte.

Plötzlich merkte ich, dass Pablo nicht länger sprach.

Ich sah ihn an. »Entschuldige, ich habe gerade an etwas Anderes gedacht«, sagte ich. »Was hast du eben gesagt?«

»Schon gut«, erwiderte er. »Woran hast du gedacht?«

»An eine Freundin von mir. Es war nichts weiter.«

Er sah aus, als wolle er weiterbohren, doch jemand machte sich an der Zellentür zu schaffen. Durch die Gitter sahen wir, wie ein Soldat den Riegel zurückschob.

»Frühstückszeit«, sagte Pablo.

Der Soldat öffnete die Tür und bedeutete uns mit einer Bewegung seines Kopfes, uns in den Flur zu begeben. Pablo ging voran, den Steinkorridor hinab. Wir kamen in ein Treppenhaus und stiegen eine Flucht von Treppen hinauf, um schließlich in einen kleinen Speisesaal zu gelangen. Vier oder fünf Soldaten standen in den Ecken des Raumes, während einige Zivilisten, zwei Männer und eine Frau, in einer Reihe anstanden und auf Essen warteten.

Ich glaubte meinen Augen nicht zu trauen! Die Frau war Marjorie. Sie erkannte mich im gleichen Moment und schlug die Hand vor den Mund, die Augen vor Überraschung weit geöffnet. Ich warf einen Blick auf den Soldaten hinter mir. Er ging gerade zu den anderen Militärs in der Ecke, lächelte nonchalant und sagte etwas auf Spanisch zu ihnen. Ich folgte Pablo durch den Raum und stellte mich an das Ende der Schlange.

Marjorie erhielt ihr Essen. Die beiden anderen Männer nahmen ihre Tabletts mit zu den Tischen und unterhielten sich dabei. Mehrere Male sah Marjorie zu mir herüber, und unsere Blicke trafen sich. Es fiel uns schwer, nichts zu sagen. Nach unserem zweiten Blickkontakt merkte Pablo, dass wir uns kannten, und blickte mich fragend an. Marjorie brachte ihr Essen an einen der Tische, und nachdem wir unseres erhalten hatten, setzten wir uns zu ihr. Die Soldaten redeten unterdessen weiter miteinander und schienen sich um uns nicht weiter zu kümmern.

»Gott, bin ich froh, dich zu sehen«, sagte sie. »Wie kommst du hierher?«

»Ich habe mich kurze Zeit bei einigen Priestern versteckt«, erwiderte ich. »Dann bin ich los, um Wil zu finden, und gestern schließlich verhaftet worden. Wie lange bist du schon hier?«

»Seitdem sie mich auf dem Bergkamm erwischt haben«, sagte sie.

Ich bemerkte, dass Pablo uns aufmerksam anblickte und stellte Marjorie vor.

»Ich habe mir schon gedacht, dass Sie Marjorie sind«, sagte er.

Sie unterhielten sich kurz, dann fragte ich Marjorie, was sich sonst noch ereignet hatte.

»Nicht viel«, sagte sie. »Ich habe nicht die leiseste Ahnung, weshalb ich überhaupt inhaftiert bin. Jeden Tag werde ich einem der Priester oder einem der Offiziere vorgeführt und von ihnen befragt. Sie wollen wissen, zu wem ich Kontakt in Viciente hatte und ob ich weiß, wo sich noch weitere Kopien befinden. Das wiederholt sich jetzt seit Tagen!«

Marjorie lächelte und wirkte dabei sehr verletzlich, wieder spürte ich eine starke Anziehung. Aus ihren Augenwinkeln nahm sie mich gründlich unter die Lupe. Beide lachten wir leise. In der darauffolgenden Stille wandten wir uns dem Essen zu. Dann öffnete sich die Tür und ein Priester in Kirchengewand betrat den Raum. Er wurde von einem hohen Offizier begleitet.

»Das ist der Oberpriester«, sagte Pablo.

Der Offizier sagte etwas zu den Soldaten, die Haltung eingenommen hatten, dann durchschritt er mit dem Priester den Raum in Richtung Essenausgabe. Der Priester sah mir direkt in die Augen, und für eine lange Sekunde hielt ich seinem Blick stand, dann unterbrach ich den Kontakt und nahm einen neuen Bissen Essen von meinem Teller. Ich wollte keine unnötige Aufmerksamkeit auf mich ziehen. Die beiden Männer gingen weiter und verließen uns durch die Küche.

»War das einer von den Priestern, mit denen du gesprochen hast?«, fragte ich Marjorie.

»Nein«, sagte Marjorie. »Den habe ich noch nie gesehen.«

»Ich kenne ihn«, sagte Pablo. »Er ist erst gestern angekommen. Sein Name ist Kardinal Sebastian.«

Ich setzte mich aufrecht. »Das war Kardinal Sebastian?«

»Klingt, als hättest du schon von ihm gehört«, sagte Marjorie.

»Habe ich auch«, erwiderte ich. »Er ist der Drahtzieher der kirchlichen Opposition gegen das Manuskript. Ich dachte allerdings, dass er in der Mission bei Pater Sanchez sei.«

»Wer ist Pater Sanchez?«, fragte Marjorie.

Ich wollte es ihr gerade erzählen, als der Soldat, der uns hergeführt hatte, zu unserem Tisch kam und Pablo und mir bedeutete, ihm zu folgen.

»Zeit für die Leibesübungen«, sagte Pablo.

Marjorie und ich sahen einander an. Ich konnte in ihren Augen sehen, wie nervös sie war.

»Mach dir keine Sorgen«, sagte ich, »beim nächsten Essen reden wir weiter. Es wird alles gut werden.«

Im Weggehen fragte ich mich, ob mein Optimismus sehr realistisch war. Die Leute hier konnten jeden von uns jederzeit und ohne viel Aufhebens spurlos verschwinden lassen. Der Soldat brachte uns in einen kurzen Flur, der zu einer Außentreppe führte. Wir stiegen die Stufen hinab und standen schließlich in einem kleinen Hof, der von einer hohen Felsmauer umgeben wurde. Der Soldat blieb am Eingang stehen. Pablo bedeutete mir mit einer Kopfbewegung, ihn bei seinem Spaziergang an der Mauer entlang zu begleiten. Während wir gingen, bückte Pablo sich mehrere Male, um Blumen zu pflücken, die in kleinen Beeten an der Mauer wuchsen.

»Was sagt die Siebte Erkenntnis sonst noch?«, fragte ich.

Er bückte sich erneut und pflückte eine Blume. »Sie sagt, dass wir nicht nur von Träumen geleitet werden, sondern auch von Gedanken und Tagträumen.«

»Ja, Pater Carl behauptete das auch. Erklär mir, wie Tagträume funktionieren.«

»Durch sie sind wir in der Lage, Szenen oder Ereignisse zu sehen, die sich tatsächlich ereignen können. Wenn wir aufmerksam genug sind, können wir uns durch sie auf eine Wendung in unserem Leben vorbereiten.«

Ich sah ihn an. »Weißt du, Pablo, ich hatte eine Eingebung, nach der ich Marjorie wieder sehen würde – und es hat gestimmt.«

Er lächelte.

Ein Schauer lief meinen Rücken hinab. Ich musste tatsächlich am richtigen Ort sein. Ich hatte eine Ahnung von etwas gehabt, was wenig später tatsächlich genau so eingetroffen war. Eine Fügung hatte sich ereignet, und ich fühlte mich erleichtert.

»Häufig habe ich solche Ahnungen nicht gerade«, sagte ich.

Schüchtern blickte Pablo in die andere Richtung. »Der Siebten Erkenntnis nach haben wir sie wesentlich häufiger, als wir annehmen. Um sie zu erkennen, müssen wir jedoch lernen, die Position eines Beobachters zu beziehen. Und taucht ein Gedanke auf, müssen wir fragen, warum er das tut und warum gerade jetzt? In welcher Beziehung steht er zu der Problematik unseres Lebens? Die Position des Beobachters hilft uns dabei, das Bedürfnis nach völliger Kontrolle aufzugeben. Sie bringt uns in Verbindung mit dem Fluss unserer Entwicklung.«

»Aber was ist mit den negativen Gedanken?«, fragte ich. »Der Furcht davor, dass etwas Schreckliches geschehen wird, jemand, der uns nahesteht, verletzt werden könnte oder wir nicht erreichen, was wir uns vorgenommen haben?«

»Ganz einfach«, sagte Pablo. »Die Siebte Erkenntnis sagt, dass Bilder der Angst bei ihrem Auftauchen angehalten und durch etwas Positives ersetzt werden. Daraufhin wird es bald so gut wie keine negativen Bilder oder Gedanken mehr geben. Du wirst nur mehr Ahnungen von positiven Ereignissen haben. Sollten negative Bilder auftauchen, dann rät das Manuskript, sie unbedingt ernst zu nehmen, sie jedoch nicht weiterzuverfolgen. Wenn du zum Beispiel ein Bild davon hast, wie du in einem Lastwagen verunglückst, und jemand bietet dir an, in seinem Wagen mitzufahren, so lehne das Angebot ab.«

Wir waren jetzt einmal um den Hof gegangen und

näherten uns wieder dem Wachmann. Keiner von uns sprach, als wir ihn passierten. Pablo pflückte eine Blume, und ich atmete tief durch. Die Luft war warm und feucht und das Pflanzenleben auf der anderen Seite der Mauer war üppig und tropisch. Ich hatte bereits mehrere Moskitos bemerkt.

»Kommt!«, rief der Soldat plötzlich.

Er stieß uns ins Innere des Gebäudes und hinunter zu unserer Zelle. Pablo betrat sie vor mir, doch der Soldat versperrte mir mit ausgestrecktem Arm den Weg.

»Du nicht«, sagte er und machte eine Kopfbewegung in Richtung Flur. Wir nahmen die gleichen Stufen, die uns in der Nacht zuvor in das Gebäude geführt hatten. Auf dem Parkplatz stieg Kardinal Sebastian auf den Rücksitz eines großen Wagens. Ein Fahrer schloss die Tür hinter ihm. Einen Moment lang sah der Kardinal mich wieder an, dann wandte er sich ab und sagte etwas zu seinem Fahrer. Der Wagen fuhr mit hoher Geschwindigkeit davon.

Der Soldat schubste mich unsanft vor das Gebäude. Wir gingen hinein und betraten ein Büro. Er wies mich an, auf einem Holzstuhl vor einem weißen Eisenschreibtisch Platz zu nehmen. Innerhalb kürzester Zeit tauchte ein etwa dreißigjähriger kleiner Priester mit sandfarbenem Haar auf und setzte sich an den Schreibtisch, ohne meine Anwesenheit zur Kenntnis zu nehmen. Für die Dauer einer vollen Minute blätterte er durch eine Akte und sah mich dann an. Seine runde goldgefasste Brille verlieh ihm den Anstrich eines Intellektuellen.

»Sie sind im Besitz illegaler Dokumente verhaftet worden«, sagte er mit bestimmter, sachlicher Stimme. »Ich bin hier, um festzustellen, ob eine weitere Verfolgung der Angelegenheit nötig ist. Ich wäre Ihnen dankbar, wenn Sie mit mir zusammenarbeiten würden.«

Ich nickte.

»Woher haben Sie die Übersetzungen?«

»Ich verstehe nicht ganz«, sagte ich. »Was soll an Kopien eines alten Manuskriptes illegal sein?«

»Die Regierung von Peru hat ihre Gründe«, sagte er. »Bitte beantworten Sie meine Frage.«

»Warum mischt sich die Kirche ein?«, fragte ich.

»Weil dieses Manuskript im Widerspruch zu den Traditionen unserer Religion steht«, sagte er. »Es verfälscht die Wahrheit unserer geistigen Natur. Wo …«

»Hören Sie«, unterbrach ich ihn. »Ich möchte nur sicherstellen, dass ich auch alles richtig verstehe. Ich bin ein harmloser Tourist, der sich zufällig für dieses Manuskript interessiert hat. Ich stelle für niemanden eine Bedrohung dar. Ich möchte nur wissen, was an der Schrift so gefährlich sein soll.«

Er blickte verwirrt drein, als sei er sich nicht schlüssig darüber, was für eine Taktik er bei mir anwenden solle. Bewusst versuchte ich, Einzelheiten aus ihm herauszuholen.

»Die Kirche ist der Ansicht, dass dieses Manuskript zu Verwirrung unter den Leuten führt«, sagte er vorsichtig. »Sie könnten den Eindruck gewinnen, dass der Mensch selbst in der Lage ist zu entscheiden, wie er zu leben hat, ohne die Gebote zu beachten.«

»Welche Gebote?«

»Das Gebot, Vater und Mutter zu ehren, zum Beispiel.«

»In welchem Zusammenhang steht das mit dem Manuskript?«

»Das Manuskript macht die Eltern für einige der Probleme verantwortlich und untergräbt damit die Institution der Familie.«

»Ich hatte eher den Eindruck, es sprach von der Beendigung bestehender Ressentiments«, sagte ich. »Und davon, einen neuen, positiven Blick auf unser früheres Leben zu werfen.«

»Nein«, sagte er. »Diese Darstellung ist irreführend. Von Anfang an hätte es keinerlei negative Gefühle oder Ressentiments geben dürfen.«

»Haben Eltern nicht das Recht, Fehler zu machen?«

»Eltern tun ihr Bestes. Ihre Finder müssen ihnen vergeben.«

»Aber ist nicht genau davon im Manuskript die Rede? Kann man nicht erst dann vergeben, wenn man auch das Positive an seiner Kindheit erkennt?«

Vor Ärger schwoll seine Stimme an. »Wodurch ist dieses Manuskript denn befugt, derartige Aussagen zu treffen? Weshalb sollten wir ihm Glauben schenken?«

Er erhob sich, ging um seinen Schreibtisch herum und starrte verärgert auf mich hinab. »Sie wissen nicht, wovon Sie reden«, sagte er. »Studieren Sie Theologie? Ich bezweifle es. Sie sind der direkte Beweis für die Verwirrung, die dieses Manuskript anrichtet. Verstehen Sie denn nicht, dass auf dieser Welt lediglich deshalb Ordnung herrscht, weil wir Gesetze und eine Obrigkeit haben? Wie können Sie es wagen, die Obrigkeit in dieser Sache anzugreifen?«

Ich antwortete nicht, was ihn noch mehr aufzuregen schien. »Ich werde Ihnen etwas sagen«, hob er wieder an, »Ihr Vergehen wird in diesem Land mit mehreren Jahren Gefängnis geahndet. Waren Sie jemals in einem peruanischen Gefängnis? Reicht Ihre Yankee-Neugierde aus, herausfinden zu wollen, wie es dort zugeht? Das kann ich problemlos arrangieren. Verstehen Sie mich? Problemlos!«

Er legte seine Hand über die Augen, verschnaufte und atmete tief ein; offenbar war er bemüht, sich abzuregen. »Ich möchte herausbekommen, wer alles Kopien hat und woher sie stammen. Ich frage Sie ein letztes Mal: Woher stammt Ihre Übersetzung?«

Sein Wutausbruch hatte eine Welle der Unruhe in mir ausgelöst. Durch die Fragerei hatte ich meine Situation nur verschlechtert. Was, wenn ich eine Zusammenarbeit verweigern würde? Ich konnte doch nicht Pater Sanchez und Pater Carl verraten?

»Ich brauche ein wenig Bedenkzeit, bevor ich Ihnen eine Antwort geben kann«, sagte ich.

Einen Augenblick lang sah er aus, als stehe er kurz vor einem weiteren Wutausbruch. Dann entspannte er sich und wirkte mit einem Mal sehr müde.

»Ich gebe Ihnen bis morgen früh Bedenkzeit«, sagte er und wies den Soldaten an der Tür an, mich abzuführen. Ich ging mit dem Soldaten den Flur hinab, direkt in meine Zelle.

Ohne ein Wort zu sagen, ließ ich mich erschöpft auf meine Pritsche fallen. Pablo starrte aus dem vergitterten Fenster.

»Hast du mit Kardinal Sebastian gesprochen?«, fragte er.

»Nein, es war ein anderer Priester. Er wollte wissen, woher meine Kopien stammen.«

»Was hast du gesagt?«

»Nichts. Ich bat mir Bedenkzeit aus, und er hat sie mir bis morgen früh gewährt.«

»Hat er etwas wegen des Manuskriptes gesagt?«, fragte Pablo.

Ich sah Pablo in die Augen, doch diesmal senkte er seinen Kopf nicht. »Er hat kurz darüber gesprochen, wie das Manuskript die bestehende Autorität untergräbt«, sagte ich. »Dann fing er an zu lamentieren und mir zu drohen.«

Pablo wirkte überrascht. »Hatte er braune Haare und eine Brille?«

»Ja.«

»Sein Name ist Pater Costous«, sagte Pablo. »Was hast du sonst noch zu ihm gesagt?«

»Dass ich anderer Meinung bin, was die Untergrabung der Autorität durch das Manuskript angeht«, erwiderte ich. »Er drohte mir mit Gefängnis. Denkst du, er meint es ernst?«

»Ich weiß nicht«, sagte Pablo. Er durchquerte die Zelle und setzte sich mir gegenüber auf seine Pritsche. Ich merkte, dass ihm noch etwas anderes durch den Kopf ging, doch war ich so erschöpft und verängstigt, dass ich einfach die Augen schloss und erst wieder erwachte, als Pablo mich rüttelte.

»Mittagessen«, sagte er.

Wir folgten dem Wärter die Treppe hinauf und bekamen jeder einen Teller mit knorpeligem Rindfleisch und Kartoffeln vorgesetzt. Die beiden Männer vom Morgen wurden nach uns hereingeführt. Marjorie war nicht bei ihnen.

»Wo ist Marjorie?«, fragte ich sie und versuchte dabei zu flüstern. Die beiden Männer wirkten entsetzt, dass ich es wagte, mit ihnen zu sprechen, und die Soldaten sahen mich jetzt missbilligend an.

»Ich glaube nicht, dass sie Englisch sprechen«, bemerkte Pablo.

»Ich frage mich, wo sie ist«, sagte ich.

Pablo erwiderte etwas, doch hatte ich wieder nicht zugehört. Mir war plötzlich die Idee gekommen, davonzulaufen, und ich stellte mir vor, wie ich durch eine Straße rannte, mich in einem Hauseingang versteckte und schließlich die Freiheit erlangte.

»Woran denkst du gerade?«, fragte Pablo.

»Ich habe gerade fantasiert, wie es wäre, zu fliehen«, sagte ich. »Was hast du eben gesagt?«

»Warte«, sagte Pablo. »Tu deine Gedanken nicht so einfach ab. Sie könnten sich als wichtig erweisen. Wie bist du geflohen?«

»Ich rannte eine Straße oder Gasse hinab und dann in einen Türeingang. Die Flucht schien jedenfalls gelungen.«

»Was fällt dir zu dem Bild ein?«, fragte Pablo.

»Keine Ahnung«, sagte ich. »Es hatte keine logische Verbindung zu unserer Unterhaltung.«

»Erinnerst du dich, worüber wir gesprochen haben?«

»Ja. Ich habe mich nach Marjorie erkundigt.«

»Und du meinst nicht, dass es eine Verbindung zwischen Marjorie und deinem Fluchtgedanken gibt?«

»So ohne Weiteres fällt mir keine ein.«

»Vielleicht eine versteckte Verbindung?«

»Ich sehe keine Verbindung. In welcher Beziehung sollte meine Flucht zu Marjorie stehen? Meinst du, sie ist geflohen?«

Er wirkte nachdenklich. »Du hast an deine Flucht gedacht.«

»Ach ja, stimmt«, sagte ich. »Möglicherweise fliehe ich ohne sie.« Ich sah ihn an. »Vielleicht fliehe ich *mit* ihr.«

»Das würde ich auch so sehen«, sagte er.

»Aber wo steckt sie?«

»Ich weiß es nicht.«

Ohne ein weiteres Wort beendeten wir unsere Mahlzeit. Trotz meines Hungers war mir das Essen zu schwer. Aus irgendeinem Grund fühlte ich mich müde und schwerfällig. Der Hunger schwand schnell.

Ich bemerkte, dass Pablo ebenfalls nicht aß.

»Ich denke, wir sollten in die Zelle zurückkehren«, sagte Pablo.

Ich nickte, und er gab dem Soldaten zu verstehen, dass er uns zurückbringen sollte. In der Zelle angekommen, streckte ich mich auf meiner Pritsche aus, und Pablo sah mich an.

»Deine Energie scheint fast verschwunden zu sein«, sagte er.

»Stimmt«, erwiderte ich. »Ich weiß auch nicht, was los ist.«

»Hast du versucht, Energie zu laden?«, fragte er.

»Nein, ich schätze nicht«, erwiderte ich. »Und das Essen hilft auch nicht gerade.«

»Du brauchst nicht viel zu essen, wenn du ansonsten genügend Energie aufnimmst.« Er machte eine ausladende Bewegung mit seinem Arm, die unsere ganze Zelle umfasste.

»In dieser Situation ist es für mich nicht gerade einfach, die Liebe fließen zu lassen.«

Er sah mich zweifelnd an. »Wenn du das nicht machst, schadest du dir selbst.«

»Was meinst du damit?«

»Dein Körper hat eine bestimmte Energiefrequenz, die sich aus der molekularen Schwingung deiner Atome ergibt. Wenn du zulässt, dass deine Energie sinkt, leidet dein Körper. Das erklärt die Beziehung zwischen Stress und Krankheit. Liebe ist der einzige Weg zur Aufrechterhaltung deines Energielevels. Sie hält uns gesund. Sie ist das Wichtigste überhaupt.«

»Gib mir ein paar Minuten«, sagte ich.

Ich probierte Pater Sanchez' Methode und fühlte mich augenblicklich besser. Die Gegenstände in der Zelle schienen nun von schärferer Präsenz. Ich schloss die Augen und konzentrierte mich ganz auf das Gefühl. »Gut so«, sagte Pablo.

Ich öffnete die Augen und sah, wie er mich anlächelte. Sein Gesicht und sein Körper waren jungenhaft und unreif, doch seine Augen schienen mir jetzt voller Weisheit.

»Ich kann sehen, wie die Energie zu dir zurückkommt«, sagte er.

Um Pablos Körper entdeckte ich ein grünliches Feld. Die frischen Blumen, die er in die Vase gesteckt hatte, schienen intensiv zu leuchten.

»Um die Siebte Erkenntnis ganz zu verstehen und wirklich ein Teil der Evolution zu werden«, sagte er, »müssen alle Erkenntnisse des Manuskriptes in einer Lebensform vereint werden.«

Ich antwortete nicht.

»Kannst du zusammenfassen, wie die Erkenntnisse die Welt für dich verändert haben?«

Ich dachte einen Augenblick lang nach. »Ich würde sagen, ich bin aufgewacht und habe gelernt, die Welt als einen Ort voller Geheimnisse zu begreifen, einen Ort, der uns mit allem Notwendigen versorgt, sobald es uns gelingt, Klarheit in unser Leben zu bringen und auf unseren Weg zu kommen.«

»Und was passiert dann?«, fragte er.

»Dann sind wir bereit, Teil der Evolution zu werden.«

»Auf welche Weise werden wir zu einem Teil in diesem Prozess?«

Wieder musste ich einen Moment nachdenken. »Indem wir unsere akuten Lebensfragen im Kopf behalten und dann auf Anweisungen warten, die uns in Form von Träumen oder Intuitionen erscheinen. Oder in der Form, dass unsere Umgebung uns erleuchtet.«

»Ja!«, sagte Pablo. »Das ist der richtige Weg. Und jedes Mal führen diese Fügungen zu etwas Neuem. Wir wachsen, werden reifere Persönlichkeiten und existieren auf einer Ebene gesteigerter Schwingung.«

Er hatte sich vorgebeugt, und ich bemerkte einen unglaublichen Energiezuwachs in seiner Präsenz. Er strahlte förmlich und schien nicht länger schüchtern, nicht einmal mehr jung. Er wirkte überaus kraftvoll.

»Pablo, was ist mit dir passiert?«, fragte ich. »Im Vergleich zu gestern bist du viel selbstbewusster und scheinst mehr zu wissen.«

Er lachte. »Als du ankamst, habe ich meiner Energie erlaubt, sich zu zerstreuen. Zuerst dachte ich, du könntest mir dabei helfen, meinen Fluss wieder in Gang zu bekommen, aber dann merkte ich, dass du noch nicht so viel warst. Mit dieser Fähigkeit beschäftigt sich die Achte Erkenntnis.«

Ich war verwirrt. »Was habe ich falsch gemacht?«

»Du musst lernen, dass alle Antworten, die uns auf scheinbar mysteriöse Weise erreichen, in Wirklichkeit von anderen Menschen stammen. Denk daran, was du alles gelernt hast, seitdem du in Peru bist. Hast du nicht alle Antworten durch die Begegnung mit anderen Menschen erhalten?«

Ich dachte darüber nach. Er hatte recht. Ich hatte genau zur rechten Zeit die rechten Leute getroffen: Charlene, Dobson, Wil, Dale, Marjorie, Phil, Reneau, Pater Sanchez und Pater Carl und jetzt Pablo.

»Auch das Manuskript wurde von einem Menschen geschrieben«, fügte Pablo hinzu. »Aber nicht alle Menschen, denen du begegnest, verfügen über die Energie oder die Klarheit, dir ihre Botschaft zu enthüllen. Du musst ihnen helfen, indem du ihnen Energie abgibst.« Er schwieg. »Du hast mir beigebracht, dass man Energie auf Pflanzen projizieren kann, indem man sich auf ihre Schönheit konzentriert, erinnerst du dich?«

»Ja.«

»Nun, das Gleiche funktioniert auch bei Menschen. Nehmen sie deine Energie auf, erleichtert ihnen das, die Wahrheit zu erkennen. Diese Wahrheit können sie dann an dich weitergeben.

Pater Costous ist ein gutes Beispiel«, fuhr er fort. »Er war im Besitz einer wertvollen Botschaft für dich, und du hast ihm nicht geholfen, sie zu enthüllen. Du hast Antworten von ihm verlangt, was zu einer Art Wettbewerb zwischen euch führte und sein Kindheitsdrama, das des Vernehmungsbeamten, auf den Plan rief. Dadurch wurde dann auch das Gespräch bestimmt.«

»Was hätte ich deiner Meinung nach sagen sollen?«

Pablo antwortete nicht. Wieder hörten wir Geräusche an der Zellentür.

Pater Costous kam herein.

Er nickte Pablo zu und ein leichtes Lächeln glitt über sein Gesicht. Pablo lächelte herzlich, als sei ihm der Priester tatsächlich sympathisch. Bei meinem Anblick wurde sein Gesichtsausdruck streng. Angst breitete sich in meinem Magen aus.

»Kardinal Sebastian möchte Sie sehen«, sagte er. »Sie werden heute Nachmittag nach Iquitos gebracht. Ich würde Ihnen raten, alle Fragen zu beantworten.«

»Weshalb will er mich sehen?«, fragte ich.

»Weil der Wagen, in dem Sie gefasst wurden, einem unserer Priester gehörte. Wir haben Grund zu der Annahme, dass Sie Ihre Kopien von dem Besitzer des Wagens erhalten haben. Die Nichtachtung der Gesetze durch einen unserer Priester ist eine schwerwiegende Angelegenheit.« Er sah mich bestimmt an.

Ich warf einen Blick auf Pablo, der mich mit einer Kopfbewegung ermunterte, fortzufahren.

»Sie glauben, dass das Manuskript Ihre Religion untergräbt?«, fragte ich Costous freundlich.

Er blickte mich herablassend an. »Nicht nur unsere Religion; jede Religion. Glauben Sie, es existiert kein Plan für diese Welt? Gott hat die Macht. Er bestimmt unser Schicksal. Unsere Aufgabe besteht darin, den Gesetzen Gottes zu gehorchen. Die Evolution ist ein Mythos. Gott schafft die Zukunft, so wie er es für richtig hält. Zu behaupten, dass Menschen ihre eigene Evolution betreiben, hieße Gott zu leugnen. Das führt zu Selbstsucht und Separation. Die Menschen denken, die Welt drehe sich um ihre Evolution und nicht nach Gottes Plan. Sie werden einander noch schlechter behandeln, als sie es ohnehin schon tun.«

Mir fielen keine weiteren Fragen ein. Der Priester blickte mich eine Weile an und sagte dann beinahe freundlich: »Ich hoffe, Sie werden mit Kardinal Sebastian kooperieren.«

Er wandte sich um und sah Pablo an, offenbar war er stolz darauf, wie er meine Fragen beantwortet hatte. Pablo lächelte nur und nickte erneut. Der Priester verließ die Zelle, und der Soldat schloss die Tür hinter ihm ab. Pablo beugte sich auf seiner Pritsche vor und strahlte mich voller Selbstvertrauen an, seine gesamte Erscheinung war immer noch wie verwandelt.

»Was ist deiner Meinung nach gerade passiert?«, fragte er.

»Ich habe es mit Humor versucht. Außerdem habe ich soeben herausgefunden, dass mein Schlamassel größer ist, als ich angenommen habe.«

Er lachte. »Was noch?«

»Ich weiß nicht, worauf du hinauswillst.«

»Was waren deine Fragen, als du hier ankamst?«

»Ich wollte wissen, wo Marjorie und Wil stecken.«

»Nun, zumindest weißt du jetzt, wo sich einer der beiden aufhält. Was war deine andere Frage?«

»Ich war der Meinung, dass die Kirche nicht aus Bösartigkeit, sondern aus Unkenntnis gegen das Manuskript Stellung bezieht. Ich wollte herausfinden, was die Kirche denkt. Aus irgendeinem Grund war ich der Ansicht, man könne sie mit Argumenten vom Gegenteil überzeugen.«

Kaum hatte ich das gesagt, merkte ich, worauf Pablo hinauswollte. Ich hatte Costous hier an diesem Ort treffen müssen, um herauszubekommen, was ihn an dem Manuskript störte.

»Und welche Botschaften hast du erhalten?«, fragte er.

»Botschaften?«

»Ja, die Botschaft.«

Ich sah ihn an. »Die Vorstellung, dass Menschen die Evolution voranbringen könnten, stört sie, oder?«

»Ja«, sagte er.

»Das macht Sinn«, fügte ich hinzu. »Die Vorstellung einer physikalischen Evolution ist schlimm genug. Sie aber auf den Alltag auszuweiten, auf jede individuelle Entscheidung, die wir treffen, und damit auf die gesamte Geschichte, das ist schlichtweg nicht akzeptabel. Die Kirche glaubt, dass die Bevölkerung im Angesicht dieser Möglichkeit Amok läuft und die Beziehungen zwischen den Menschen völlig herunterkommen werden. Kein Wunder, dass sie die Verbreitung des Manuskriptes verhindern will.«

»Wärst du imstande, sie vom Gegenteil zu überzeugen?«, fragte Pablo.

»Nein … Ich meine, ich weiß selbst nicht genug darüber.«

»Wie müsste man argumentieren, um sie zu überzeugen?«

»Man müsste herausfinden, wie die Menschen sich tatsächlich verhalten würden, wenn jeder die Möglichkeit hätte, sich den Erkenntnissen entsprechend zu entwickeln.«

Pablo schien angenehm überrascht.

»Was ist?«, fragte ich und lächelte ebenfalls.

»Die Frage danach, wie Menschen sich untereinander verhalten, wird in der Achten Erkenntnis behandelt. Deine Frage, weshalb die Priester gegen das Manuskript sind, wurde beantwortet. Diese Antwort hat zu einer neuen Frage geführt.«

»Ja«, sagte ich in tiefen Gedanken. »Ich muss die Achte finden. Ich muss hier raus.«

»Nichts übereilen«, warnte Pablo mich. »Du musst sicher sein, dass du die Siebte vollends verstanden hast, bevor du dich auf die Suche nach der Achten machst.«

»Meinst du, ich habe sie vollends verstanden?«, fragte ich. »Bin ich mit dem Evolutionsstrom verbunden?«

»Das wirst du sein«, sagte er, »wenn du deine Fragen immer im Hinterkopf behältst. Selbst Menschen, die noch kein Bewusstsein darüber haben, können eine Botschaft tragen, die irgendwie zur Beantwortung deiner Fragen beiträgt. Das gilt insbesondere für so genannte Unglücksfälle, wie wir sie nennen. Die Siebte Erkenntnis führt aus, dass die Herausforderung darin besteht, das Gute in jeder Begebenheit aufzufinden – egal wie negativ sie zunächst auch erscheinen mag. Zunächst dachtest du, dass deine Gefangennahme alles ruiniert habe. Doch jetzt siehst du, dass du hier am richtigen Ort bist. Hier lagen die Antworten auf deine Fragen.«

Plötzlich hörten wir wieder Geräusche vom Gang. Pablo sah mich direkt an. Mit einem Mal war er ernst.

»Hör zu«, sagte er. »Vergiss nicht, was ich dir gesagt habe. Die Achte Erkenntnis kommt als Nächstes auf dich zu. Sie spricht über eine zwischenmenschliche Ethik, die richtige Art, Menschen zu behandeln, um Botschaften schneller verbreiten zu können. Aber übereile nichts. Bleib bei dir. Was fragst du dich im Moment?«

»Ich möchte herausfinden, wo Wil ist«, sagte ich. »Und ich möchte die Achte Erkenntnis finden. Und Marjorie.«

»Was für ein Gefühl hast du in Bezug auf Marjorie?«

Ich dachte einen Augenblick lang nach. »Dass ich fliehen würde ... dass wir fliehen würden.«

Wir hörten, wie sich jemand direkt vor der Tür zu schaffen machte.

»Hast du von mir auch eine Botschaft erhalten?«, fragte ich Pablo hastig.

»Natürlich«, sagte er. »Bis du kamst, hatte ich keine Idee, weshalb ich hier war. Ich wusste, dass es irgendetwas mit meinem Wissen über die Siebte Erkenntnis zu tun hatte, aber ich zweifelte an meiner eigenen Fähigkeit, etwas darüber zu sagen. Ich dachte, ich wisse nicht genug. Dank dir«, fuhr er fort, »weiß ich jetzt, dass dem nicht so ist. Das war eine der Botschaften, die ich von dir erhalten habe.«

»Gab es noch eine andere?«

»Ja, deine Idee, die Priester könnten sich von der Richtigkeit des Manuskriptes überzeugen lassen, war für mich ebenso wichtig. Ich denke jetzt, dass ich mich hier aufhalte, um Vater Costous zu bekehren.«

Kaum hatte er zu Ende gesprochen, wurde die Tür von einem Soldaten geöffnet, der mir bedeutete, aufzustehen.

Ich sah Pablo an.

»Ich möchte dir noch eines der Konzepte aus der nächsten Erkenntnis mit auf den Weg geben«, sagte er.

Der Soldat starrte ihn zornig an, ergriff meinen Arm, zog mich aus der Zelle und schloss die Tür.

Während er mich abführte, sah Pablo durch die Eisenstäbe.

»Die Achte Erkenntnis warnt dich«, rief er mir hinterher. »Sie warnt dich davor, dein Wachstum aufzugeben … Das passiert, wenn du nach einer anderen Person süchtig wirst.«

Die interpersonelle Ethik

Ich folgte dem Soldaten die Stufen hinauf und hinaus in das helle Tageslicht. Noch immer ging mir Pablos Warnung durch den Kopf: Die Sucht nach einer anderen Person? Was sollte das bedeuten? Um was für eine Sucht sollte es sich dabei handeln?

Der Soldat führte mich den kleinen Pfad zum Parkplatz hinab, wo schon zwei weitere Soldaten neben einem Militärjeep warteten. Sie beobachteten uns genau, während wir auf sie zugingen, und als ich nahe genug war, um in das Innere des Wagens schauen zu können, bemerkte ich, dass auf dem Rücksitz bereits ein Passagier saß. Marjorie! Sie war bleich und wirkte nervös. Noch bevor es mir gelang, ihre Aufmerksamkeit zu erregen, ergriff der Soldat hinter mir meinen Arm und dirigierte mich auf den Platz neben ihr. Die beiden anderen Soldaten kletterten auf die vorderen Sitze. Der Fahrer warf einen kurzen Blick über seine Schulter nach hinten, dann startete er den Wagen und fuhr nach Norden davon.

»Sprechen Sie Englisch?«, fragte ich die Soldaten.

Der Soldat auf dem Beifahrersitz, ein großer, dicker Kerl, sah mich mit ausdruckslosem Blick an und erwiderte etwas Unverständliches in Spanisch, dann wandte er sich abrupt wieder von uns ab. Ich wandte mich an Marjorie. »Alles in Ordnung?«, fragte ich flüsternd.

daran, wie meine Freunde vor zwei Monaten abgeholt wurden. Wir haben gemeinsam das Manuskript studiert und waren die Einzigen im Ort, die alle acht Erkenntnisse gelesen hatten.

Dann kamen die Soldaten und nahmen meine Freunde mit. Seitdem habe ich nichts mehr von ihnen gehört.

Als ich gestern sah, wie die Lastwagen durch den Ort fuhren, wusste ich, dass die Soldaten die Jagd nach dem Manuskript fortsetzten und dass andere meine Hilfe brauchen würden, genau wie meine Freunde. Ich hatte eine Vision, dass ich Leuten half, und natürlich hielt ich diese Eingebung für bedeutungsvoll. Ich war also nicht sonderlich erstaunt, als Sie in mein Haus kamen.«

Sie schwieg eine Weile. »Ist Ihnen das auch schon einmal passiert?«, fragte sie dann.

»Ja«, sagte ich.

Karla verlangsamte die Fahrt. Vor uns lag eine Kreuzung.

»Ich denke, wir sollten hier nach rechts fahren«, sagte sie. »Es dauert zwar ein wenig länger, ist aber sicherer.«

Als Karla nach rechts abbog, rutschte Mareta nach links und musste sich an ihrem Sitz festhalten, um nicht herunterzupurzeln. Sie lachte. Fasziniert starrte Marjorie auf das kleine Mädchen.

»Wie alt ist Mareta?«, fragte Marjorie.

Einen Augenblick lang wirkte Karla leicht verstört, dann sagte sie freundlich: »Reden Sie bitte nicht in der dritten Person von ihr, als wäre sie nicht anwesend. Wäre sie erwachsen, würden Sie die Frage auch direkt stellen.«

»Oh, tut mir leid«, sagte Marjorie.

»Ich bin fünf«, sagte Mareta stolz.

»Sind Sie mit der Achten Erkenntnis vertraut?«, fragte Karla.

»Nein«, sagte Marjorie, »bisher habe ich nur die Dritte lesen können.«

»Ich bin gerade bei der Achten«, sagte ich. »Besitzen Sie zufällig eine Kopie davon?«

»Nein«, sagte Karla. »Sämtliche Kopien wurden von den Soldaten mitgenommen.«

»Ist in der Achten die Rede davon, wie man mit Kindern umgehen soll?«

»Ja, es geht darum, wie die Menschheit schließlich lernen wird, neue Umgangsformen zu entwickeln, wie man Energie auf andere Personen projiziert und es vermeidet, süchtig nach anderen zu werden.«

Wieder diese Warnung. Ich wollte Karla gerade danach fragen, als Marjorie zu sprechen begann.

»Erzählen Sie uns von der Achten Erkenntnis«, sagte sie.

»Die Achte Erkenntnis«, erklärte Karla, »handelt von der Anwendung der Energie im Umgang mit anderen Menschen und beginnt beim Umgang mit Kindern.«

»Als was sollen wir Kinder sehen?«, fragte ich.

»Als das, was sie wirklich sind: Endpunkte der Evolution. Um sich entwickeln zu können, bedürfen sie unserer konstanten und bedingungslosen Aufmerksamkeit. Das Schlimmste, was man mit Kindern anstellen kann, ist, ihnen die Energie abzuziehen, indem man sie korrigiert. Dadurch werden Kontroll-Dramen geschaffen, wie Sie sicher bereits wissen. Diese erlernten Manipulationen vonseiten des Kindes können vermieden werden, indem wir Erwachsenen ihnen die benötigte Energie zur Verfügung stellen, egal in welcher Situation. Deshalb sollten Kinder grundsätzlich in Unterhaltungen mit einbezogen werden, besonders wenn sie selbst Gegenstand der Unterhaltung sind. Und man sollte nie für mehr Kinder Verantwortung übernehmen, als man imstande ist, Aufmerksamkeit zu gewähren.«

»Das alles soll in dem Manuskript stehen?«, fragte ich.

»Ja«, sagte sie, »und besonders betont wird die Anzahl der Kinder pro Familie.«

Ich war verwirrt. »Weshalb sollte die Anzahl der Kinder von so großer Wichtigkeit sein?«

Sie warf mir einen schnellen Blick zu und konzentrierte sich dann wieder auf die Straße. »Weil jeder Erwachsene sich lediglich auf ein Kind zur selben Zeit konzentrieren kann. Sind die Kinder in der Überzahl, werden die Erwachsenen schlichtweg von den Kindern überfordert und sind nicht länger in der Lage, die Kinder mit ausreichend Energie zu versorgen. Die Kinder fangen dann an, sich um die zur Verfügung stehende Zeit der Erwachsenen zu streiten.«

»Rivalität unter Geschwistern«, sagte ich.

»Ja, aber laut Manuskript ist das Problem von größerer Bedeutung, als die Leute gemeinhin annehmen. Erwachsene neigen oft dazu, große Familien und das gemeinsame Aufwachsen ihrer Kinder zu idealisieren. Doch Kinder sollten sich die Welt von Erwachsenen und nicht von anderen Kindern erklären lassen. In allzu vielen Kulturen haben sich Kinder bereits in Banden organisiert. Das Manuskript behauptet, dass die Menschheit langsam begreifen wird, dass sie keine Kinder mehr in die Welt setzen kann, um die sich nicht mindestens ein Erwachsener verantwortungsvoll kümmert.«

»Augenblick mal«, sagte ich. »Es gibt genügend Familien, in denen beide Eltern arbeiten müssen, um zu überleben. Diese Leute hätten dann kein Recht auf Kinder mehr.«

»Nicht unbedingt«, erwiderte sie. »Das Manuskript spricht davon, dass Menschen mit der Zeit lernen werden, den Begriff Familie zu erweitern. So, dass auch andere Personen in der Lage sein werden, eine verantwortungsvolle Betreuung zu übernehmen. Die Energie muss nicht ausschließlich von den Eltern kommen. Um genau zu sein, ist es ganz gut, wenn sie das nicht immer tut. Wer auch immer für die Kinder verantwortlich ist, muss jedenfalls seine ungeteilte Aufmerksamkeit zur Verfügung stellen.«

»Sieht ganz so aus, als hätten Sie bei ihrer Erziehung irgendetwas richtig gemacht. Mareta wirkt außergewöhnlich reif und erwachsen.«

Karla legte die Stirn in Falten und sagte: »Erzählen Sie ihr das und nicht mir.«

»Oh, richtig.« Ich sah das Kind an. »Du benimmst dich sehr erwachsen, Mareta.«

Einen Augenblick blickte das Mädchen schüchtern zur Seite. »Danke«, sagte sie dann. Karla drückte sie herzlich an sich.

Sie sah mich voller Stolz an. »Ich versuche seit zwei Jahren, Mareta dem Manuskript entsprechend zu begegnen, nicht wahr, Mareta?«

Das Kind lächelte und nickte.

»Ich habe versucht, ihr die nötige Energie zukommen zu lassen und ihr in jeder Situation die Wahrheit zu sagen. In einer Sprache, die sie versteht. Wenn sie Kinderfragen stellt, nehme ich diese sehr ernst und gebe mir Mühe, der

Versuchung zu widerstehen, erfundene Erklärungen abzugeben, die nur der Belustigung der Erwachsenen dienen.«

Ich lächelte. »Meinen Sie die Geschichte vom Storch, der die Kinder bringt?«

»Auch, doch sind diese kulturspezifischen Erklärungen nicht das eigentliche Problem. Da diese Erklärungen sich nie verändern, kommen die Kinder schnell dahinter. Schlimmer sind Zerrbilder, die Erwachsene aus dem Stegreif improvisieren, um ein wenig Spaß auf Kosten der Kinder zu haben und weil sie meinen, die Wahrheit sei für Kinder zu kompliziert. Das stimmt nicht; es gibt immer eine Möglichkeit, die Wahrheit auf einem für Kinder verständlichen Niveau auszudrücken, man muss lediglich ein wenig Einfallsreichtum beweisen.«

»Was hat das Manuskript diesbezüglich zu sagen?«

»Wir sollen immer einen Weg finden, einem Kind die Wahrheit zu vermitteln.«

Etwas in mir wehrte sich gegen den Gedanken. Ich selbst hatte meinen Spaß an Spielen mit Kindern.

»Aber Kinder verstehen es doch gewöhnlich, wenn Erwachsene Spaß machen«, sagte ich. »Mir scheint, als berauben wir die Kinder ihrer Freude und Unbeschwertheit und machen sie so vorschnell zu kleinen Erwachsenen.«

Sie musterte mich mit strengem Blick. »Mareta ist ausgesprochen unbeschwert und voller Lebensfreude. Wir spielen alle Kinderspiele, die ihre Fantasie zulässt. Der Unterschied besteht darin, dass sie weiß, wann wir fantasieren und wann nicht.«

Ich nickte. Natürlich hatte sie recht.

»Mareta wirkt reif und erwachsen«, fuhr sie fort, »weil

ich immer da war, wenn sie mich brauchte. War ich nicht da, dann hat sich meine Schwester, die neben uns wohnte, um sie gekümmert. So war immer ein Erwachsener dort, der ihre Fragen beantworten konnte. Und weil ihr echte Aufmerksamkeit zuteil wurde, hatte sie nie das Gefühl, angeben zu müssen oder Dramen zu inszenieren. Sie hatte immer ausreichend Energie, deshalb geht sie davon aus, dass dies auch in Zukunft so sein wird – und das wird ihr den späteren Wechsel von der Energie der Erwachsenen zu der des Universums sehr viel leichter machen.«

Mittlerweile fuhren wir durch tiefen Dschungel, und obwohl ich nichts sehen konnte, wusste ich, dass die Sonne bereits tief gesunken war.

»Werden wir heute noch bis Iquitos kommen?«, fragte ich.

»Nein«, sagte Karla. »Aber wir können unterwegs bei Bekannten übernachten.«

»Hier in der Nähe?«, fragte ich.

»Ja, ein Freund wohnt hier. Er arbeitet für den Wildschutz.«

»Für die Regierung?«

»Teile des Amazonas stehen unter Naturschutz. Er ist der örtliche Aufsichtsbeamte. Sein Name ist Juan Hinton. Machen Sie sich keine Sorgen, er glaubt an das Manuskript und ist nie deswegen behelligt worden.«

Als wir ankamen, war es bereits völlig dunkel. Der Dschungel quoll über von den lautstarken Geräuschen seiner Bewohner und die Luft war feucht und stickig. Ein hell erleuchtetes Holzhaus stand auf einer Lichtung am Waldesrand, dicht vor der undurchdringlichen Pflanzenwelt des Regenwaldes. In der Nähe befanden sich noch zwei weitere Gebäude und davor standen mehrere Jeeps. Ein weiteres Fahrzeug hatte man aufgebockt, darunter arbeiteten zwei Männer bei künstlicher Beleuchtung.

Ein schlanker Peruaner in teurer Kleidung öffnete die Tür, nachdem Karla geklopft hatte, und lächelte sie an, bis er entdeckte, dass Marjorie, Mareta und ich auf den Stufen vor dem Haus warteten. Von da an wirkte er besorgt, und je länger er mit Karla auf Spanisch sprach, desto ungnädiger schien er zu werden. Schließlich erwiderte sie etwas in bittendem Tonfall, doch sein Verhalten und seine Stimme machten deutlich, dass er nicht bereit war, uns aufzunehmen.

Durch einen Spalt in der Tür bemerkte ich eine einzelne weibliche Figur im Foyer des Hauses. Ich bewegte mich ein wenig, um ihr Gesicht erkennen zu können. Es war Julia. Während ich sie beobachtete, wandte sie ihren Kopf in meine Richtung und erkannte mich, dann kam sie mit überraschtem Gesichtsausdruck auf mich zu. Sie berührte den Mann im Türrahmen an der Schulter und flüsterte ihm etwas ins Ohr. Der Mann nickte und schließlich öffnete er mit resigniertem Gesicht die Haustür. Wir stellten uns vor, während Hinton voraus ins Arbeitszimmer ging. Julia sah mich an und sagte: »So treffen wir uns also wieder.« Sie trug Khakihosen mit Seitentaschen und ein rotes T-Shirt.

»Ja, wer hätte das gedacht«, erwiderte ich.

Ein peruanischer Bediensteter hielt Hinton auf, und nachdem er etwa eine Minute mit ihm gesprochen hatte, begaben die beiden sich in einen anderen Teil des Hauses. Julia ließ sich in einen Sessel neben einem kleinen Beistelltisch fallen und bedeutete uns mit einer Handbewegung, ihr gegenüber auf der Couch Platz zu nehmen. Marjorie wirkte, als ob sie kurz vor einer Panikattacke stehe. Karla schien Marjories Unglück nicht entgangen zu sein. Sie ging zu ihr und nahm sie bei der Hand. »Kommen Sie, trinken wir einen heißen Tee«, schlug sie vor.

Im Weggehen warf Marjorie mir einen Blick über die Schulter zu. Ich lächelte und sah ihr nach, bis sie in der Küche verschwunden war, dann wandte ich mich Julia zu.

»Nun, was soll es deiner Meinung nach bedeuten?«, fragte sie.

»Soll was bedeuten?«, fragte ich, immer noch ein wenig unkonzentriert.

»Dass wir uns wieder über den Weg gelaufen sind.«

»Oh … Ich bin mir nicht sicher.«

»Wie bist du an Karla geraten und wohin seid ihr unterwegs?«

»Sie hat uns das Leben gerettet. Marjorie und ich sind von den Truppen gefangen genommen worden. Nachdem wir geflüchtet waren, hat sie uns weitergeholfen.«

Julia wirkte jetzt angespannt. »Was genau ist passiert?«

Ich lehnte mich zurück und erzählte ihr die ganze Geschichte, angefangen bei der Abfahrt von Machu Picchu bis hin zu meiner Gefangennahme und unserer Flucht.

»Und Karla hat sich bereit erklärt, euch nach Iquitos zu bringen?«, fragte Julia.

»Ja.«

»Was willst du dort?«

»Wil und Pater Carl sollen jetzt angeblich dort sein. Wil hat anscheinend einen Hinweis auf die Neunte Erkenntnis erhalten. Aus irgendeinem Grund hält Kardinal Sebastian sich ebenfalls dort auf.«

Julia nickte. »Ja, der Kardinal hat eine Mission dort in der Nähe. Durch die Bekehrung der dort ansässigen Indianer ist er bekannt geworden.«

»Was machst du hier?«, fragte ich.

Julia erklärte, dass sie ebenfalls auf der Suche nach der Neunten Erkenntnis sei, bisher aber keine Anhaltspunkte hatte, wo sie sich befinden könnte. Nachdem sie mehrere Male unvermittelt an ihren alten Freund Hinton hatte denken müssen, war sie schließlich zu seinem Haus gefahren.

Ich hörte ihr kaum zu. Marjorie und Karla waren aus der Küche auf den Flur getreten und standen dort mit ihren Teetassen in der Hand. Mein Blick traf den von Marjorie, doch sie schwieg.

»Hat sie schon viel vom Manuskript gelesen?«, fragte Julia und deutete mit einer Kopfbewegung auf Marjorie.

»Nur die Dritte Erkenntnis«, sagte ich.

»Es sollte nicht allzu große Probleme bereiten, sie aus dem Land zu schaffen, falls sie das will.«

Ich wandte mich ihr wieder zu. »Wie?«

»Rolando macht sich morgen auf den Weg nach Brasilien. Wir haben dort Freunde bei der amerikanischen Botschaft, die dafür sorgen könnten, dass sie sicher in die Staaten zurückkehrt. Auf diese Weise haben wir schon anderen Landsleuten helfen können.«

Ich sah sie eine Weile an und nickte dann zustimmend. Meine Gefühle gegenüber diesem Vorschlag waren eher ambivalenter Natur. Auf der einen Seite wusste ich, dass es das Beste für Marjorie sein würde, wenn sie das Land so schnell wie möglich verließ. Auf der anderen Seite wollte ich, dass sie bei mir blieb. In ihrer Gegenwart fühlte ich mich so viel besser und energiegeladener.

»Ich denke, ich sollte mit ihr darüber sprechen«, sagte ich schließlich.

»Sicher«, erwiderte Julia. »Wir können uns auch später weiter unterhalten.«

Ich erhob mich und wollte zu Marjorie auf den Flur gehen. Karla war auf dem Weg in die Küche, doch Marjorie war nicht zu sehen. Als ich auf den Flur trat, stand sie um die Ecke, mit dem Rücken an die Wand gelehnt.

Ich zog sie in meine Arme. Mein Körper schien zu pulsieren.

»Spürst du die Energie?«, flüsterte ich ihr ins Ohr.

»Unglaublich«, sagte sie. »Was hat das zu bedeuten?«

»Ich weiß es auch nicht. Wir haben irgendeine Verbindung.«

Ich blickte mich um, und als ich sicher war, dass man uns nicht beobachten konnte, küssten wir uns leidenschaftlich.

Als ich zurücktrat, um ihr ins Gesicht zu schauen, schien sie sich verändert zu haben. Sie wirkte stärker, und ich musste an den Tag unserer Begegnung in Viciente denken und an unsere Unterhaltung in dem kleinen Restaurant in Cula. Mir war unbegreiflich, über wie viel mehr Energie ich in ihrer Gegenwart verfügte, besonders dann, wenn sie mich berührte.

Sie hielt mich fest an sich gezogen. »Seit unserem Treffen in Viciente«, sagte sie, »habe ich mich danach gesehnt, bei dir zu sein. Damals wusste ich nicht, was ich davon halten sollte, aber die Energie zwischen uns ist wunderbar. Mir ist so etwas noch nie passiert.«

Aus dem Augenwinkel bemerkte ich, wie Karla auf uns zutrat und lächelte. Sie verkündete, dass das Abendessen zubereitet sei, und so begaben wir uns ins Esszimmer, wo ein großes Buffet aus frischen Früchten, Gemüse und verschiedenen Brotsorten auf uns wartete. Alle Anwesenden bedienten sich und setzten sich anschließend um einen großen Tisch. Nachdem Mareta ein Dankeslied gesungen hatte, aßen wir und unterhielten uns. Hinton hatte seine Nervosität überwunden und sorgte jetzt für eine heitere und leichte Stimmung, die uns dabei half, die anstrengende Flucht ein wenig zu vergessen. Marjorie hatte sich ebenfalls entspannt und unterhielt sich ungezwungen und fröhlich. Allein die Tatsache, neben ihr sitzen zu dürfen, sorgte für warme Gefühle in meiner Herzgegend.

Nach dem Abendessen führte Hinton uns wieder in sein Arbeitszimmer, wo eine Puddingspeise mit süßem Likör serviert wurde. Marjorie und ich saßen nebeneinander auf der Couch und verfielen in eine lange Unterhaltung über unsere Vergangenheit und die herausragenden Ereignisse unseres jeweiligen Lebens. Das Vertrauen zwischen uns wuchs, und die einzige Schwierigkeit schien darin zu bestehen, dass sie an der Westküste und ich im Süden lebte. Später tat Marjorie dieses Problem mit einer Handbewegung ab und lachte.

»Ich kann es kaum abwarten, bis wir wieder in den Staaten sind«, sagte sie. »Wir werden so viel Spaß beim Hinundherreisen haben.«

Ich lehnte mich ein wenig zurück und sah sie ernsthaft an. »Julia meinte, dass sie für morgen deine Rückkehr organisieren könnte.«

»Für uns beide, meinst du?«

»Nein, ich … ich kann nicht mit.«

»Weshalb nicht?«, fragte sie. »Ich kann nicht ohne dich abreisen. Aber länger in Peru zu bleiben schaffe ich auch nicht. Ich werde hier noch wahnsinnig.«

»Du musst allein vorausfahren. Ich werde bald nachkommen.«

»Nein!«, sagte sie entschieden. »Das halte ich nicht aus!«

Karla, die gerade wieder in den Raum trat, nachdem sie Mareta zu Bett gebracht hatte, warf uns einen schnellen Blick zu und schaute dann wieder weg. Hinton und Julia unterhielten sich immer noch. Marjories Ausbruch schien ihnen entgangen zu sein.

»Bitte«, sagte Marjorie. »Lass uns nach Hause fahren.«

Ich blickte in die andere Richtung.

»Na gut!«, sagte sie. »Dann bleib!« Sie stand auf und ging mit festem Schritt in Richtung der Schlafzimmer.

Ein Schmerz fuhr mir in die Eingeweide, als ich Marjorie so gehen sah. Meine angesammelte Energie verschwand auf einen Schlag und mit einem Mal fühlte ich mich schwächlich und verwirrt. Ich versuchte es zu ignorieren. Schließlich, so versuchte ich mich zu beruhigen, kannte ich sie noch nicht so lange. Auf der anderen Seite mochte sie recht haben. Vielleicht sollte ich wirklich sehen, dass ich nach Hause kam. Was konnte ich hier schon ausrichten? Daheim wäre ich vielleicht in der Lage, Unterstützung für das Manuskript zu mobilisieren und gleichzeitig am Leben zu bleiben. Ich stand auf und wollte ihr auf den Flur folgen, doch aus irgendeinem Grund setzte ich mich wieder. Ich konnte mich nicht entschließen, etwas zu unternehmen.

»Stört es Sie, wenn ich mich einen Augenblick zu Ihnen setze?«, fragte Karla mit einem Mal. Ich hatte nicht bemerkt, dass sie die ganze Zeit neben dem Sofa gestanden hatte.

»Im Gegenteil«, sagte ich.

Sie setzte sich und sah mich mitfühlend an. »Ich habe zwangsläufig mitbekommen, was geschehen ist«, sagte sie. »Und ich dachte, dass Sie vielleicht daran interessiert sind, was die Achte Erkenntnis über die Sucht nach Menschen zu sagen hat, bevor Sie eine Entscheidung treffen.«

»Bitte. Mich interessiert brennend, was damit gemeint ist.«

»Sobald es jemandem gelungen ist, sich ein wenig Klarheit über den eigenen Weg zu verschaffen und die eigene Entwicklung voranzutreiben, geschieht es häufig, dass die Sucht nah einem anderen Menschen diesen Prozess wieder stoppt.«

»Die Rede ist von Marjorie und mir, richtig?«

»Ich würde Ihnen den Vorgang gern erklären«, sagte sie. »Dann können Sie sich Ihr eigenes Urteil bilden.«

»Okay.«

»Zuallererst möchte ich sagen, dass ich persönlich besonders große Schwierigkeiten mit diesem Teil der Erkenntnis hatte. Ich denke, ich hätte ihn niemals verstanden, wäre ich nicht auf Professor Reneau gestoßen.«

»Reneau?!«, rief ich aus. »Ich kenne ihn. Wir haben uns getroffen, als ich bei der Vierten Erkenntnis war.«

»Wir sind uns begegnet, als wir beide die Achte Erkenntnis erreicht hatten. Damals hat er einige Tage bei mir gewohnt.«

Ich nickte verwundert.

»Er sagte, dass die Idee der Sucht nach Menschen, wie sie im Manuskript beschrieben wird, erklärt, weshalb es innerhalb romantischer Beziehungen letztendlich zu Machtkämpfen kommen muss. Wir haben uns immer gefragt, weshalb Glück und Euphorie in einer Liebesbeziehung irgendwann enden und es dann zu Konflikten und Auseinandersetzungen kommt. Jetzt wissen wir es. Es hängt mit dem Energieaustausch zwischen den Beteiligten zusammen.

Am Anfang einer Liebe versorgen sich beide Partner unbewusst gegenseitig mit Energie, geraten als Folge davon in Hochstimmung und fühlen sich beflügelt. Dieses unwahrscheinlich intensive Hochgefühl nennen wir ›Verliebtsein‹. Wenn die Partner jedoch erwarten, der andere müsse ihnen dieses Gefühl vermitteln, so schneiden sie sich damit von der Energiezufuhr des Universums ab und werden im Lauf der Beziehung immer abhängiger von der Energie des Partners – unglücklicherweise ist sie dort zu diesem Zeitpunkt meistens nicht mehr im Überfluss vorhanden. Und so wird an der eigenen Energie gespart. Die Beteiligten verfallen wieder in ihre alten Dramen und versuchen einander zu kontrollieren, um die Energie des anderen in die eigene Richtung zu lenken. An diesem Punkt verkommt die Beziehung zu dem ja bestens bekannten stinkgewöhnlichen Machtkampf.«

Sie zögerte einen Augenblick, so als wolle sie prüfen, ob ich ihr folgen konnte. »Reneau war es, der mir erklärte, dass unsere Empfänglichkeit für derartiges Sucht- oder Abhängigkeitsverhalten einen psychologischen Grund hat, falls Ihnen das beim Verständnis helfen sollte.«

Ich nickte erneut und bat sie darum, fortzufahren.

»Reneau meint, dass das Problem sehr früh, in der Familie, beginnt. Wegen der Energiekämpfe dort ist niemand von uns in der Lage gewesen, einen sehr wichtigen psychologischen Prozess zum Abschluss zu bringen. Es war uns nicht möglich, unser anderes Geschlecht zu integrieren.«

»Unser was?«

»In meinem Fall«, fuhr sie fort, »war ich unfähig, meine männliche Seite zu integrieren. Und Sie waren nicht in der Lage, Ihre weibliche Seite anzunehmen. Der Grund für unsere Abhängigkeit von Angehörigen des anderen Geschlechtes besteht in unserem Unvermögen, die sexuelle Energie des anderen Geschlechts in uns selbst zu entwickeln. Schließlich und endlich wird es gelingen, uns dieser Erfahrung zu öffnen, doch wenn wir erst am Anfang des Prozesses der Bewusstseinsveränderung stehen, müssen wir sehr vorsichtig damit umgehen. Die Integration braucht vor allem Zeit. Wenn wir uns vorzeitig mit einer menschlichen Quelle weiblicher oder männlicher Energie verbinden, blockieren wir die universelle Zufuhr.«

Ich erklärte, dass ich sie nicht verstehe.

»Überlegen Sie, wie so eine Integration innerhalb einer Familie im Idealfall verlaufen könnte. Vielleicht verstehen Sie dann, was ich meine. In jeder Familie muss das Kind zunächst einmal Energie von den Eltern bekommen. Sich mit der Energie des gleichen Geschlechtes zu identifizieren und diese in sich aufzunehmen ist gewöhnlich nicht mit großen Schwierigkeiten verbunden. Energie von dem anderen Elternteil zu erhalten kann sich dagegen weitaus schwieriger gestalten.

Nehmen wir als Beispiel ein weibliches Kind. Alle

kleinen Mädchen wissen, dass ihr erster Integrationsversuch männlicher Energie in der starken Empfindung für den Vater besteht. Das Mädchen möchte, dass er möglichst nah und möglichst oft bei ihr ist. Das Manuskript erklärt diesen Wunsch vor allem mit einem Verlangen nach männlicher Energie, denn diese komplettiert ihre weibliche Seite. Aus der männlichen Energie bezieht sie Hochgefühle und ein erstes Empfinden der Vollständigkeit. Fälschlicherweise nimmt sie an, dass der einzige Weg zu dieser Energie über ihre Sexualität verläuft, und sie versucht den Vater zu besitzen und dafür zu sorgen, dass er dauernd körperlich anwesend ist.

Interessanterweise begreift sie intuitiv, dass die männliche Energie in Wirklichkeit ihre eigene sein sollte, über die sie nach Belieben verfügen kann, denn sie möchte den Vater dirigieren, als sei er Teil ihrer selbst. Sie hält ihn für ein zauberhaftes Wesen, das in der Lage ist, ihr jeden Wunsch zu erfüllen. In einer nicht idealen Familiensituation wird dieses Verhalten für einen Machtkampf zwischen dem kleinen Mädchen und ihrem Vater sorgen. Die Ausbildung von Dramen beginnt, sowie sie lernt, sich in Szene zu setzen, um ihn zu manipulieren und sich die gewünschte Energie zu verschaffen.

In einer idealen Familiensituation würde der Vater sich nicht auf diesen Machtkampf einlassen. Er würde fortfahren, sich ernsthaft mit dem Kind auseinanderzusetzen, und genügend Energie aufbringen, um sie bedingungslos zu versorgen, obwohl er natürlich nicht alles tun kann, was sie verlangt. Der wichtige Punkt bei diesem Idealbeispiel besteht darin, dass der Vater offen bleibt und zur Kommunikation bereit ist. Sie hält ihn für ideal und zauberhaft, doch wenn er ihr ehrlich erklärt, wer er wirklich ist und aus welchem Grund er wie handelt, wird das kleine Mädchen in der Lage sein, sein Wesen und seine Fähigkeiten aufzunehmen und ihr unrealistisches Bild vom Vater aufzugeben. Am Ende wird sie ihn als einen besonderen Menschen erfahren, einen Menschen mit Schwächen und Stärken. Hat sie dies einmal verinnerlicht, gelingt dem Kind meistens ein einfacher Übergang: Es empfängt die sexuelle Energie des anderen Geschlechtes nicht länger durch den Vater, sondern begreift sie als Teil einer umfassenderen, überall vorhandenen universellen Energie.

Das Problem besteht nur darin, dass die meisten Eltern mit ihren Kindern um Energie wetteifern. Wegen dieses Wettstreites hat es bisher keiner von uns wirklich geschafft, die Energie des anderen Geschlechts zu integrieren. Wir stecken alle in einem Stadium, in dem wir immer noch außerhalb nach dieser Energie suchen, in einer Person, die wir für ideal und zauberhaft halten und die wir sexuell besitzen können. Verstehen Sie die Problematik?«

»Ja«, sagte ich. »Ich denke, schon.«

»Da wir uns von unserer Anlage her kontinuierlich weiterentwickeln wollen, stehen wir so vor einer kritischen Situation. Wie ich vorhin schon sagte, behauptet die Achte Erkenntnis, dass wir zu Beginn unserer Bewusstseinsbildung automatisch mit der Energie des anderen Geschlechtes versorgt werden. Sie hat ihren natürlichen Ursprung in der Schöpfungsgewalt. Doch müssen wir Acht geben, denn wenn uns jemand den direkten Zugang zu dieser Energie anbietet, schneiden wir uns von der wahren Quelle ab ... und aus ist es mit der Weiterentwicklung. Wir fallen zurück.« Sie kicherte.

»Weshalb lachen Sie jetzt?«, fragte ich.

»Reneau sagte einmal, dass wir wie Halbkreise herumlaufen, bevor wir es nicht gelernt haben, dieser Situation aus dem Weg zu gehen. Wir sehen aus wie der Buchstabe C. Wir sind ausgesprochen angezogen von Personen des anderen Geschlechtes, die ebenfalls Halbkreise darstellen und sich mit uns vereinen wollen, um so endlich einen Kreis zu bilden – und uns eine enorme Zufuhr an Euphorie und Energie zu verschaffen, die sich durchaus so anfühlt, als ständen wir in direkter Verbindung mit den Kräften des Universums. In Wirklichkeit haben wir uns lediglich mit jemandem zusammengetan, der wie wir versucht, seine andere Hälfte in der Außenwelt zu finden.

Reneau sagte, dass es sich hierbei um das klassische Beispiel einer Co-Abhängigkeit handelt und dass die vorprogrammierten Konflikte nicht lange auf sich warten lassen werden.«

Sie zögerte, als erwarte sie eine Stellungnahme von mir. Doch ich nickte nur.

»Das Problem mit dem nun entstandenen O, der vermeintlich kompletten Person, besteht darin, dass es zwei unterschiedliche Menschen brauchte, um sie zu erschaffen; einer lieferte die weibliche Energie, der andere die männliche. Diese eine Person verfügt konsequenterweise über zwei Köpfe beziehungsweise Egos. Beide wollen die eine Person, die sie ja erschaffen haben, dirigieren. Genau wie in der Kindheit wollen beide das Kommando über den anderen haben, als handele es sich bei ihm um ihre eigene Person. Die Illusion, ein Ganzes zu sein, bricht bei den folgenden Machtkämpfen gewöhnlich völlig zusammen. Am Ende wird jeder den anderen als höchst gewöhnlichen Menschen betrachten und sogar versuchen, ihn zu schwächen, damit das angeblich vollständige Selbst in die gewünschte Richtung gelenkt werden kann. Natürlich funktioniert das nicht, wenigstens heutzutage nicht mehr. In der Vergangenheit mag einer der Partner willens gewesen sein, sich unterzuordnen – gewöhnlich die Frau, manchmal auch der Mann. Doch jetzt sind die meisten aufgewacht, und kaum jemand möchte den Unterworfenen spielen.«

Mir fiel wieder ein, was die Erste Erkenntnis über Machtkämpfe innerhalb intimer Beziehungen sagte, und ich dachte an den Wutausbruch der Frau, die mit Charlene und mir im Restaurant gesessen hatte. »Das war's dann wohl mit der Romantik«, sagte ich.

»Oh, romantisch können wir auch weiterhin sein«, gab Karla zurück. »Doch zunächst müssen wir lernen, den Kreis allein zu vollenden. Wir müssen unsere Verbindung zur universellen Energie stabilisieren. Dazu braucht es Zeit, doch wenn die Verbindung einmal steht, wird dieses Problem nie wieder auftauchen und wir sind reif für eine »höhere« Beziehung, wie das Manuskript sie nennt. Verlieben wir uns danach in eine andere, ebenfalls vollständige Person, so schaffen wir eine Super-Person … Allerdings werden wir dadurch nicht mehr vom Pfad unserer individuellen Entwicklung abkommen.«

»Etwas, das Marjorie und mir gerade passiert. Nicht wahr? Das denken Sie doch?«

»Allerdings.«

»Wie können wir derartigen Begegnungen aus dem Weg gehen?«, fragte ich.

»Indem wir der Liebe auf den ersten Blick nicht immer

gleich nachgeben, sondern lernen, mit dem anderen Geschlecht auch platonische Beziehungen zu führen. Allerdings dürfen Sie diese Beziehungen nur mit Leuten eingehen, die keine Geheimnisse vor Ihnen haben, sondern Ihnen mitteilen, wie und warum sie etwas machen – so wie es das Elternteil des anderen Geschlechts in einer idealen Familiensituation getan hätte. Indem wir verstehen, wer diese Freunde im Inneren wirklich sind, brechen wir die Projektion, die wir auf das andere Geschlecht gerichtet haben, und es wird wieder möglich, uns mit dem Universum zu verbinden.

Sie dürfen außerdem nicht vergessen, dass dies in keinem Falle ein einfaches Unterfangen sein wird, besonders dann nicht, wenn jemand dazu aus einer bereits bestehenden Beziehung zweier Abhängiger ausbrechen muss. Dann kommt es zu einem so leidvollen wie unbedingt notwendigen Auseinanderziehen von zwei Energiefeldern. Abhängigkeit unter Menschen ist keine Seltenheit. Wir alle sind abhängig und wir alle wachsen jetzt aus dieser Abhängigkeit heraus.

Die Idee besteht darin, Hochgefühle und Euphorie, wie sie nur zu Beginn einer Abhängigkeitsbeziehung auftreten, auch allein empfinden zu können. Sie müssen Ihren Partner gewissermaßen in Ihrem Inneren entwickeln. Danach werden Sie Fortschritte machen und können sich endlich auf die Suche nach jener einmaligen romantischen Beziehung machen, die Ihnen auf den Leib geschneidert ist.«

Sie schwieg einen Augenblick. »Und wer weiß, wenn Sie und Marjorie sich weiterentwickeln, vielleicht finden Sie heraus, dass Sie wirklich füreinander bestimmt sind.

Im Augenblick hat Ihre Beziehung allerdings nicht die geringste Chance zu überleben.«

Unsere Unterhaltung wurde durch Hinton unterbrochen, der zu uns trat, um gute Nacht zu sagen und uns mitzuteilen, dass unsere Zimmer hergerichtet seien. Wir dankten ihm für seine Gastfreundschaft, und während er ging, sagte Karla: »Ich werde ebenfalls zu Bett gehen. Wir können ein anderes Mal weiterreden.«

Ich nickte und sah ihr nach, als sie ging. Ich spürte, wie sich eine Hand auf meine Schulter legte. Es war Julia.

»Ich gehe jetzt auf mein Zimmer«, sagte sie. »Weißt du schon, wo deines ist? Ich kann es dir zeigen.«

»Bitte«, sagte ich. »Wo ist Marjories Zimmer?«, fragte ich dann.

Sie lächelte, als wir den Flur entlang gingen und vor einer Tür Halt machten. »Nicht in deiner Nähe«, sagte sie. »Mr. Hinton ist in diesen Belangen ausgesprochen konservativ.«

Ich lächelte ebenfalls und sagte ihr gute Nacht, dann betrat ich mein Zimmer und hielt mir den Bauch, bis ich eingeschlafen war.

Geweckt wurde ich durch den Geruch frischen Kaffees, dessen Aroma das ganze Haus durchzog. Nachdem ich mich angekleidet hatte, ging ich ins Arbeitszimmer, wo mir ein älterer Hausangestellter ein Glas frisch gepressten Pampelmusensaft anbot, das ich dankend annahm.

»Guten Morgen«, sagte Julia hinter meinem Rücken.

Ich wandte mich um. »Guten Morgen.«

Sie blickte mich interessiert an. »Ist dir mittlerweile klar geworden, weshalb wir uns wieder über den Weg gelaufen sind?«

»Nein«, sagte ich. »Ich hatte noch keine Zeit, darüber nachzudenken. Ich bin gerade damit beschäftigt, mein Suchtverhalten zu verstehen.«

»Ja«, sagte sie. »Das habe ich gesehen.«

»Was meinst du damit?«

»An deinem Energiefeld konnte ich sehen, was gestern vorgefallen ist.«

»Wie hat es ausgesehen?«, fragte ich.

»Dein Energiefeld hat sich mit dem von Marjorie verbunden. Als du hier gesessen hast und sie sich im anderen Zimmer aufhielt, erstreckte es sich bis zu ihr und hat sich mit ihrem verbunden.«

Ich schüttelte den Kopf.

Sie lächelte und legte ihre Hand auf meine Schulter. »Du hast deine Verbindung mit der Quelle der Energie verloren und bist süchtig nach Marjories Energie geworden. Jede Form der Sucht ist ähnlich – weil der Süchtige versucht, durch eine Person oder eine Droge mit dem Universum in Verbindung zu treten. Das Beste in solch einem Fall ist es, den eigenen Energielevel anzuheben, sich zu zentrieren und sich vor Augen zu führen, was man eigentlich vorhat.«

Ich nickte und ging hinaus. Sie wartete im Arbeitszimmer. Für ungefähr zehn Minuten praktizierte ich Pater Sanchez' Methode der Energiegewinnung und langsam kehrte die Schönheit der Dinge zurück. Ich fühlte mich erleichtert und ging wieder ins Haus. »Du siehst besser aus«, sagte Julia.

»Ich fühle mich auch besser«, erwiderte ich.

»Noch irgendwelche Fragen?«

Ich dachte einen Augenblick lang nach. Ich hatte Marjorie wieder gefunden, dieses Problem war gelöst. Doch wollte ich immer noch wissen, wo Wil steckte. Und ich wollte unbedingt herausbekommen, wie Menschen, die den Anweisungen des Manuskriptes folgten, sich verhielten. Wenn die Wirkung des Manuskriptes positiv war, weshalb sollten sich Kardinal Sebastian und die anderen Priester dann Sorgen machen?

Ich sah Julia an. »Ich muss den Rest der Achten Erkenntnis verstehen und möchte herausbekommen, wo Wil steckt. Vielleicht hat er schon die Neunte gefunden.«

»Ich werde morgen nach Iquitos fahren«, sagte sie. »Möchtest du mitkommen?«

Ich zögerte.

»Ich nehme an, dass Wil sich dort aufhält«, fügte sie hinzu.

»Wie kommst du darauf?«

»Weil ich heute Nacht an ihn denken musste.«

Ich sagte nichts.

»An dich habe ich auch gedacht«, fuhr Julia fort. »Wir fuhren gemeinsam nach Iquitos. Irgendwie scheinst du in die ganze Angelegenheit verwickelt zu sein.«

»Inwiefern?«, fragte ich.

Sie grinste. »Insofern du die letzte Erkenntnis finden willst, bevor der Kardinal es tut.«

Während sie sprach, dachte ich daran, wie wir zusammen in Iquitos ankommen würden, dann aber aus irgendwelchen Gründen entschieden, uns zu trennen, um in unterschiedliche Richtungen weiterzugehen. Ich hatte das Gefühl, eine Aufgabe dort zu haben, wusste aber nicht genau, worin sie bestand.

Ich konzentrierte mich wieder auf Julia. Sie lächelte.

»Wo warst du gerade?«, fragte sie.

»Entschuldige«, sagte ich. »Ich habe gerade an etwas denken müssen.«

»War es wichtig?«

»Keine Ahnung. Ich dachte, dass wir uns, sobald wir in Iquitos ankommen ... nun, dass wir uns trennen werden.«

Rolando betrat den Raum.

»Ich habe die Ausrüstungsgegenstände, die du haben wolltest, beschafft«, sagte er zu Julia. Er bemerkte mich und nickte höflich.

»Gut, vielen Dank«, erwiderte Julia. »Sind viele Soldaten unterwegs?«

»Nein, ich habe keinen einzigen gesehen«, sagte er.

Marjorie trat ins Zimmer und lenkte mich ab, doch hörte ich trotzdem, wie Julia Rolando erklärte, dass sie der Ansicht sei, Marjorie würde mit ihm nach Brasilien fahren, von wo aus er sich um ihre Weiterfahrt in die Vereinigten Staaten kümmern sollte.

Ich gesellte mich zu Marjorie. »Hast du gut geschlafen?«, fragte ich.

Sie sah mich an, als müsse sie sich erst entscheiden, ob sie weiterhin verärgert sein sollte oder nicht. »Nicht besonders«, sagte sie dann.

Mit einer Kopfbewegung deutete ich auf Rolando. »Er ist ein Freund von Julia und reist heute nach Brasilien ab. Von dort wird er dir helfen, in die USA zurückzukehren.«

Sie wirkte ängstlich.

»Schau mal«, sagte ich, »dir wird gewiss nichts passieren. Er hat schon anderen Amerikanern geholfen. Er kennt Leute bei der Botschaft in Brasilien und du wirst in kürzester Zeit zu Hause sein.«

Sie nickte. »Ich mache mir Sorgen um dich.«

»Vergiss es. Sobald ich wieder in den Staaten bin, werde ich dich anrufen.«

Hinton rief aus dem Hintergrund, dass das Frühstück fertig sei. Gemeinsam begaben wir uns ins Speisezimmer. Danach hatten Julia und Rolando es eilig. Sie erklärte, dass es für Rolando von großer Wichtigkeit sei, vor Einbruch der Dunkelheit die Grenze zu überqueren, und dass die Reise den ganzen Tag in Anspruch nehmen würde.

Marjorie packte ein paar Kleider ein, die Hinton ihr gegeben hatte, und später, als Julia und Rolando sich auf der Türschwelle unterhielten, zog ich Marjorie zur Seite.

»Mach dir bitte keine Sorgen«, sagte ich. »Halte die Augen offen, dann begegnen dir vielleicht noch ein paar Erkenntnisse.«

Sie lächelte, sagte aber nichts. Ich sah zu, wie Julia und Rolando ihr beim Verstauen des Gepäcks in den kleinen Wagen behilflich waren. Als der Wagen vom Grundstück fuhr, trafen sich unsere Blicke kurz.

»Meinst du, sie werden gut durchkommen?«, fragte ich Julia.

Sie warf mir einen kurzen Blick zu und winkte mit der Hand ab. »Selbstverständlich. Wir machen uns jetzt auch besser auf die Socken. Hier sind ein paar Anziehsachen für dich.« Sie überreichte mir einen Rucksack mit Kleidern, und gemeinsam mit einigen Kisten voller Lebensmittel verstauten wir ihn in einem Wagen. Dann verabschiedeten wir uns von Hinton, Karla und Mareta und fuhren nach Nordwesten, Richtung Iquitos, davon.

Im Verlauf der Fahrt wurde die Landschaft noch dschungelartiger und wir sahen immer weniger Menschen. Wieder kam mir die Achte Erkenntnis in den Sinn.

Ganz eindeutig handelte es sich dabei um ein neues Verständnis des zwischenmenschlichen Umganges, doch hatte ich immer noch nicht genau verstanden, was eigentlich gemeint war. Karla hatte mich über die Behandlung von kleinen Kindern aufgeklärt und darüber, wie man die Abhängigkeit von anderen Menschen vermeiden konnte. Doch hatten Pablo wie auch Karla Andeutungen über die Projektion von Energie auf andere Menschen gemacht. Was genau hatte es damit auf sich?

Ich bemerkte, wie Julia mich ansah. »Die Achte Erkenntnis habe ich immer noch nicht vollends verstanden«, sagte ich.

»Wie schnell wir uns entwickeln und wie schnell unsere Lebensfragen beantwortet werden, hängt davon ab, wie wir Menschen begegnen«, sagte sie. »Nimm dich als Beispiel. Auf welche Weise sind deine Fragen beantwortet worden?«

»Meistens durch Menschen, denen ich begegnet bin, so nehme ich jedenfalls an.«

»Warst du immer in der Lage, ihre Botschaften aufzunehmen?«

»Eigentlich nicht, die meiste Zeit habe ich den Unnahbaren gespielt.«

»Haben sich die Leute davon abschrecken lassen?«

»Nein, sie waren ausgesprochen offenherzig und hilfsbereit. Sie …« Ich zögerte, unfähig meine Gedanken in die richtigen Worte zu fassen.

»Sie haben dir geholfen, dich zu öffnen, richtig?«, fragte sie. »Haben sie dich irgendwie energetisch aufgeladen?«

Ihre Bemerkung löste in meinem Inneren einen ganzen Erdrutsch von Erinnerungen aus. Ich erinnerte mich an Wils beruhigende Art, als ich in Lima fast in Panik verfallen wäre, und an Sanchez' väterliche Gastfreundschaft sowie an Pater Carls, Pablos und Karlas anteilnehmende Ratschläge. Und jetzt Julia. Alle hatten sie den gleichen Ausdruck in den Augen gehabt.

»Ja«, sagte ich. »Ihr alle habt viel für mich getan.«

»Du hast recht«, sagte sie. »Das haben wir und zwar ganz bewusst. Wir folgen der Achten Erkenntnis. Indem wir dir dabei behilflich waren, dir Klarheit zu verschaffen, konnten wir nach der Wahrheit, der Botschaft suchen, die für uns in dir verborgen liegt. Verstehst du, was ich meine? Dir Energie zu übermitteln war das Beste, was wir für uns selbst tun konnten.«

»Was genau sagt das Manuskript dazu?«

»Wann immer ein anderer Mensch unseren Weg kreuzt, trägt er eine Botschaft für uns. Zufällige Begegnungen gibt es nicht. Wie wir auf Begegnungen reagieren, entscheidet darüber, ob wir in der Lage sind, die Botschaft aufzunehmen oder nicht. Wenn wir in einer Unterhaltung mit jemandem keine Botschaft in Bezug auf unsere aktuellen Fragen erhalten, so heißt das nicht, dass keine Botschaft für uns existiert, sondern nur, dass wir sie aus irgendeinem Grunde nicht verstanden haben.«

Sie dachte einen Augenblick nach und fuhr dann fort: »Bist du jemals einem alten Freund oder Bekannten begegnet, hast eine Minute mit ihm gesprochen, dich verabschiedet und bist ihm am gleichen Tag oder in der gleichen Woche noch einmal begegnet?«

»Allerdings«, erwiderte ich.

»Und was sagst du dann normalerweise? ›So ein Zufall, dich wiederzutreffen!‹ Du lachst und gehst deiner Wege.«

»So ungefähr.«

»Laut Manuskript sollten wir in solchen Situationen unsere Tätigkeit unter allen Umständen unterbrechen, um herauszufinden, welche Botschaft die betreffende Person für uns hat. Das Manuskript sagt voraus, dass unsere Interaktionen sich verlangsamen und gründlicher und bedeutungsvoller werden, sobald wir gelernt haben, diese Realität zu verstehen.«

»Das stelle ich mir nicht einfach vor, besonders weil die meisten Leute gar keine Idee haben, wovon wir reden.«

»Schon, aber das Manuskript gibt uns genaue Anweisungen.«

»Und wie sehen die aus?«

»Erinnerst du dich, wie der Mensch in der Dritten Erkenntnis als einmaliges Energiewesen gilt, weil er die Fähigkeit hat, seine Energie bewusst auf andere zu projizieren?«

»Ja.«

»Weißt du noch, wie das funktionierte?«

Ich erinnerte mich an die Anweisungen von John. »Ja, indem man sich so lange auf die Schönheit eines Gegenstandes konzentriert, bis genügend Energie akkumuliert ist, um ein Gefühl der Liebe zu erzeugen. Ab diesem Zeitpunkt sind wir in der Lage, auch Energie abzugeben.«

»Genau. Und das Gleiche gilt für den Umgang mit Menschen. Wenn wir uns auf einen Menschen konzentrieren und versuchen, seine Eigenarten und Besonderheiten zu erfassen, bis er klar hervortritt und an Präsenz gewinnt, können wir ihm ebenfalls Energie übermitteln und ihn aufmuntern.

Der erste Schritt besteht natürlich darin, die eigene

Energie auf einem hohen Niveau zu halten, um überhaupt in der Lage zu sein, die durchfließende Energie an eine andere Person weitergeben zu können. Je mehr wir die innere Schönheit und Einzigartigkeit der anderen schätzen lernen, desto mehr Energie fließt zu uns zurück. Deshalb ist unsere Liebe zu anderen das Beste, was wir für uns selbst tun können.«

»Das habe ich schon einmal gehört«, sagte ich. »Pater Sanchez hat es oft gesagt.«

Ich nahm Julia genauer in Augenschein. Es schien mir, als sei ich zum ersten Mal imstande, ihre wahre Persönlichkeit wahrzunehmen. Sie erwiderte meinen Blick und konzentrierte sich dann wieder auf die Straße. »Der Effekt, den die Energieprojektionen auf den Einzelnen haben, ist immens«, sagte sie. »Du bist gerade dabei, mich mit Energie aufzutanken, das spüre ich. Meine Gedanken sind klarer und einfacher zu formulieren.

Dadurch ist es mir möglich, meine Wahrheit zu erkennen, und es fällt mir leichter, sie an dich weiterzugeben. Gelingt es mir, wirst du eine Art Offenbarung erfahren. Sie führt dazu, dass du mein höheres Selbst erkennst und dich auf einer tieferen Ebene darauf einlassen und konzentrieren kannst. Was mir wiederum mehr Energie zuführt und mir umfassendere Einsichten in meine eigene Situation erlaubt, und so beginnt der ganze Kreislauf von vorn. Wenn zwei oder mehrere Leute dieses Wechselspiel gemeinsam vornehmen, können sie sich zu unwahrscheinlichen Höhen aufschwingen. Du musst allerdings verstehen, dass solche Verbindungen nicht das Geringste mit Abhängigkeitsbeziehungen zu tun haben. Abhängigkeitsbeziehungen beginnen zwar ebenso, verkommen jedoch in kurzer Zeit zu Kontrollkämpfen, weil die Abhängigkeit zwischen den Menschen und die wahre Energiequelle tritt und die Energie deshalb bald versiegt. Die wahre Form der Energieprojektion ist frei von Anhänglichkeit oder Erwartung. Die Beteiligten warten lediglich auf die Enthüllung der für sie bestimmten Botschaften.«

Während sie sprach, dachte ich an Pablo, der behauptet hatte, ich hätte die von Pater Costous für mich bestimmte Botschaft deshalb nicht erhalten, weil ich sein Kindheitsdrama aktiviert hätte.

»Was machen wir, wenn die Person, mit der wir sprechen, bereits innerhalb eines Kontroll-Dramas operiert und versucht, uns mit hineinzuziehen?«, fragte ich.

Julia antwortete schnell. »Dem Manuskript nach zerfällt das Drama, wenn wir nicht das passende Gegenstück dazu liefern.«

Julia schaute auf die Straße vor uns. Ich merkte, dass sie in Gedanken war. »Irgendwo hier in der Nähe können wir tanken.«

Ich blickte auf die Benzinanzeige und sah, dass der Tank noch halb voll war.

»Wir haben noch reichlich Benzin«, sagte ich.

»Ja, ich weiß«, gab sie zurück. »Aber ich würde gern meiner Eingebung folgen und trotzdem voll tanken.«

»Oh, okay.«

»Da vorn ist die Straße«, sagte sie und zeigte nach rechts.

Wir bogen ab und fuhren etwa eine halbe Meile durch den Dschungel, bevor wir vor einem Gebäude ankamen, das aussah wie ein Versorgungsposten für Flussfischer und Jäger. Die Anlage befand sich direkt am Wasser und an einem Dock lagen mehrere Fischerboote vor Anker. Wir hielten neben einer rostigen Benzinpumpe und Julia begab sich ins Innere des Hauses, um den Besitzer ausfindig zu machen.

Ich stieg aus und streckte mich, dann ging ich um das Gebäude herum, hinunter an das Flussufer. Die Luft war extrem feucht. Obwohl ein dickes Geflecht von Zweigen keine Sonne durchließ, wusste ich, dass sie sich direkt über mir befand. Bald würden die Temperaturen nahezu unmenschlich werden.

Mit einem Mal erklang hinter mir eine Männerstimme in ärgerlichem Spanisch. Ich drehte mich um und sah einen untersetzten Peruaner. Er musterte mich mit drohendem Blick und wiederholte seine Bemerkung.

»Ich weiß nicht, was du da redest«, sagte ich.

Er wechselte ins Englische. »Wer bist du? Was hast du hier zu suchen?«

Ich versuchte ihn zu ignorieren. »Wir wollen nur tanken. In ein paar Minuten sind wir wieder weg.« Ich drehte mich um und blickte über das Wasser, in der Hoffnung, er würde wieder verschwinden.

Er stellte sich direkt neben mich. »Du sagst mir besser, wer du bist, Yankee.«

Ich sah ihn an. Er schien es ernst zu meinen.

»Ich bin Amerikaner«, sagte ich. »Ich weiß nicht genau, wo wir hinfahren, ich begleite eine Freundin.«

»Sieh mal an, ein verirrter Amerikaner«, sagte er feindselig.

»So kann man's auch ausdrücken«, sagte ich.

»Was suchst du hier, verirrter Amerikaner?«

»Ich suche überhaupt nichts«, sagte ich und machte Anstalten, zurück zum Wagen zu gehen. »Und ich kann mich nicht erinnern, dir etwas getan zu haben. Lass mich gefälligst in Ruhe.«

Ich bemerkte, dass Julia am Auto stand. Als ich sie ansah, bemerkte der Peruaner sie ebenfalls.

»Wir sollten losfahren«, sagte Julia. »Sie verkaufen kein Benzin mehr.«

»Wer bist du?«, fragte der Peruaner in seinem feindseligen Tonfall.

»Weshalb sind Sie so verärgert?«, fragte Julia zurück.

Die Haltung des Mannes änderte sich. »Es ist meine Aufgabe, hier nach dem Rechten zu sehen.«

»Ganz gewiss verrichten Sie gute Arbeit. Allerdings ist es nicht gerade leicht, mit Ihnen zu reden, wenn Sie den Leuten Angst einjagen.«

Der Mann starrte sie an, als versuche er herauszubekommen, wes Geistes Kind sie sei …

»Wir sind auf dem Weg nach Iquitos«, sagte Julia. »Wir arbeiten für Pater Sanchez und Pater Carl. Kennen Sie die beiden zufällig?«

Er schüttelte den Kopf. Die Erwähnung der beiden Geistlichen hatte ihn besänftigt. Schließlich grüßte er und ging seiner Wege.

»Los jetzt«, sagte Julia.

Wir stiegen in den Wagen und fuhren davon. Erst jetzt fiel mir auf, wie angespannt und nervös ich gewesen war. Ich versuchte diese Gefühle abzuschütteln.

»Ist im Inneren des Hauses etwas vorgefallen?«, fragte ich.

Julia sah mich an. »Was meinst du?«

»Hat sich da drinnen etwas ereignet, was diesen Aufenthalt gerechtfertigt hätte?«

Sie lachte. »Nein, nur draußen.«

Ich sah sie wieder an.

»Bist du dahintergekommen?«, fragte sie.

»Nein«, erwiderte ich.

»Woran hast du gedacht, bevor wir gehalten haben?«

»Ich wollte meine Beine ausstrecken.«

»Davor noch. Was war deine letzte Frage in unserer Unterhaltung?«

Ich dachte nach. Wir hatten uns über Kindheitsdramen unterhalten. Dann erinnerte ich mich. »Du hast mich verwirrt«, sagte ich. »Du hast behauptet, dass jemand nur dann ein Kontroll-Drama mit uns spielen kann, wenn wir mitspielen. Das habe ich nicht verstanden.«

»Verstehst du es jetzt?«

»Eigentlich nicht. Worauf willst du hinaus?«

»Die Szene hat eben in aller Deutlichkeit demonstriert, was passiert, wenn jemand auf ein Drama einsteigt und mitspielt.«

»Wie das?«

Sie warf mir einen knappen Blick zu. »Was für ein Drama hat der Mann mit dir abgezogen?«

»Ganz offensichtlich spielte er den Einschüchterer.«

»Genau, und du?«

»Ich habe versucht, ihn mir vom Hals zu halten.«

»Ich weiß, aber was war deine Rolle?«

»Zu Anfang habe ich den Unnahbaren gespielt, doch er wollte nicht lockerlassen.«

»Und dann?«

Unsere Unterhaltung begann mich jetzt zu irritieren,

doch ich versuchte, bei mir zu bleiben und mich zu konzentrieren. Ich sah Julia an und sagte: »Ich schätze, ich muss das arme Ich gespielt haben.«

Sie lächelte. »Ganz genau.«

»Du schienst nicht im Mindesten Probleme mit ihm zu haben«, sagte ich.

»Weil ich nicht auf sein Drama eingestiegen bin. Erinnere dich, dass jedes Kontroll-Drama eine Kindheitsreaktion auf ein anderes Drama ist. Deshalb braucht jeder Spieler einen Gegenspieler. Damit der Einschüchterer seine Energie erhält, braucht er entweder ein armes Ich oder einen weiteren Einschüchterer.«

»Wie hast du das gemacht?«, fragte ich, immer noch verwirrt.

»Von Haus aus hätte ich dazu geneigt, selbst den Einschüchterer herauszukehren und ihn an die Wand zu spielen, was aller Wahrscheinlichkeit nach zu einer gewalttätigen Auseinandersetzung geführt hätte. Stattdessen habe ich mich an das Manuskript gehalten und sein Drama beim Namen genannt. Letztlich sind alle Dramen nur verdeckte Bemühungen, an Energie zu gelangen, und er versuchte, dich durch Einschüchterung um deine Energie zu bringen. Ich habe sein Spiel beim Namen genannt.«

»Du hast ihn gefragt, weshalb er so ärgerlich ist.«

»Genau. Das Manuskript beweist, dass solche Versuche, Energie abzuziehen, nicht mehr funktionieren, sobald man sie zur Sprache oder ins Bewusstsein der jeweiligen Person bringt, weil sie nur verdeckt existieren können. Die Wahrheit wird sich in einem Gespräch schließlich immer durchsetzen. Danach muss dein Gegenüber aufrichtiger und ehrlicher sein.«

»Das ergibt Sinn«, sagte ich. »Ich schätze, dass ich selbst bereits Dramen beim Namen genannt habe, ohne mir dessen bewusst zu sein.«

»Wir alle haben das getan. Wir begreifen jetzt langsam, was auf dem Spiel steht. Die Lösung liegt darin, auf die wahre Person hinter dem Drama zu schauen und so viel Energie wie möglich an diese Person abzugeben. Wenn sie merkt, dass Energie in ihre Richtung fließt, braucht sie nicht mehr mit allen Mitteln dafür zu kämpfen.«

»Was konnte man an dem Typ gut finden?«, fragte ich.

»Ich habe ihn als kleinen, unsicheren Jungen gesehen, der verzweifelt nach Energie verlangte. Abgesehen davon hat er dir immerhin eine Botschaft übermittelt, oder etwa nicht?«

Ich sah sie an. Sie schien kurz vor einem Lachanfall zu stehen.

»Du meinst, wir haben dort Halt gemacht, damit ich verstehen lerne, wie Leute ihre Dramen ausspielen?«

»Das war doch deine Frage, oder nicht?«

Ich lächelte und merkte, wie mein Wohlbefinden langsam zurückkehrte. »Ja, ich schätze, das muss sie gewesen sein.«

Das Sirren eines Moskitos vor meinem Gesicht riss mich aus dem Schlaf. Ich warf einen Blick auf Julia. Sie lächelte, als erinnere sie sich gerade an eine lustige Begebenheit. Nach unserem kurzen Stopp waren wir mehrere Stunden schweigend gefahren und hatten unterwegs von dem Proviant gegessen, den Julia für die Reise eingepackt hatte.

»Bist du wach?«, fragte Julia.

»Ja«, gab ich zurück. »Wie weit ist es noch bis Iquitos?«

»Bis zur Stadt sind es ungefähr noch dreißig Meilen, aber in ein paar Minuten werden wir am Stewart Inn eintreffen. Das ist eine kleine Herberge, die gleichzeitig als Jagdhütte dient. Der Besitzer ist Engländer und unterstützt das Manuskript.« Wieder lächelte sie. »Er und ich haben hier einige schöne Tage miteinander verbracht. Wenn nichts dazwischengekommen ist, müsste er da sein. Ich hoffe, er kann uns bei der Suche nach Wil behilflich sein. Sie hielt am Straßenrand und schaute mich an. »Wir sollten lieber auf der Karte nachschauen, wo wir sind«, sagte sie. »Bevor wir uns bei Hinton getroffen haben«, fuhr sie fort, »überlegte ich hin und her, wie ich die Neunte Erkenntnis finden könnte. Dann kam mir Hinton immer wieder in den Sinn. Ich fuhr also zu ihm, und plötzlich bist du aufgetaucht und hast mir erzählt, dass du auf der Suche nach Wil nach Iquitos unterwegs bist. Ich hatte das Gefühl, dass wir beide im Begriff sind, die Neunte Erkenntnis zu finden, und du hattest die Vision, dass sich unsere Wege an einem bestimmten Punkt trennen würden. Das ist doch eine ganze Menge.

Du solltest wissen, dass ich zwischenzeitlich häufiger an Willie Stewart und seine Herberge denken musste. Irgendetwas wird dort passieren.«

Ich nickte.

Sie fuhr den Wagen zurück auf die Straße, und hinter einer Kurve, etwa zweihundert Meter vor uns, wo die Straße eine scharfe Rechtskurve beschrieb, lag ein zweistöckiges, im viktorianischen Stil erbautes Wohnhaus – Stewart Inn.

Wir fuhren auf einen geschotterten Parkplatz und parkten. Auf der Veranda des Hauses unterhielten sich mehrere Männer. Ich öffnete die Tür des Fahrzeugs und wollte eben aussteigen, als Julia mich an der Schulter berührte.

»Vergiss nicht, dass sich niemand zufällig hier aufhält. Achte auf die Botschaften.«

Ich folgte ihr auf die Veranda. Die Männer, größtenteils gut gekleidete Peruaner, nickten nur, als wir an ihnen vorbei ins Innere des Hauses gingen. Im großen Foyer angekommen, zeigte Julia auf den Speisesaal und bat mich, an einem der Tische zu warten, bis sie mit dem Besitzer zurückkehren würde.

Ich ließ meinen Blick durch den Raum streifen. Etwa ein Dutzend Tische waren in zwei Reihen aufgestellt worden; ich wählte einen, der ungefähr in der Mitte des Raumes stand, und setzte mich mit dem Rücken zur Wand. Nach mir betraten drei Peruaner den Raum und setzten sich an den Tisch gegenüber. Ein einzelner Mann gesellte sich zu uns und wählte einen Tisch, der ungefähr fünf Meter von mir entfernt stand. Er setzte sich ebenfalls. Ich hatte den Eindruck, dass es sich um einen Ausländer, möglicherweise einen Europäer, handelte.

Julia kam rein, sah mich und setzte sich mir gegenüber.

»Der Besitzer ist nicht hier«, sagte sie, »und sein Vertreter hat nichts von Wil gehört.«

»Und was jetzt?«, fragte ich.

Sie sah mich an und zuckte mit den Achseln. »Ich weiß auch nicht. Nehmen wir an, dass irgendjemand hier eine Botschaft für uns hat.«

»Wer könnte das sein?«

»Ich weiß noch nicht.«

Sie betrachtete die anderen Anwesenden. »Ich weiß

nicht, wer diese Leute sind, doch wenn wir lange genug mit ihnen reden, werden wir herausfinden, dass jeder von ihnen uns etwas zu sagen hat.«

Ich verzog das Gesicht. Sie lehnte sich zu mir über den Tisch. »Merk dir endlich, dass jeder, der uns über den Weg läuft, ein potenzieller Botschafter ist. Sonst hätten sie einen anderen Weg eingeschlagen, wären bereits abgereist oder später angekommen. Die bloße Tatsache, dass diese Leute hier sind, hat etwas zu bedeuten.«

Ich sah sie an, immer noch unsicher, ob die Dinge wirklich so einfach lagen.

»Das Manuskript erwähnt einige Zeichen, auf die es zu achten gilt.«

Obwohl ich Julia aufmerksam zuhörte, sah ich mich in dem Raum um und blieb an dem Mann zu meiner Rechten hängen. Er drehte sich im gleichen Moment zu mir um, und als wir uns kurz in die Augen sahen, blickte er schnell wieder auf sein Essen. Ich senkte meinen Blick ebenfalls.

»Was für Zeichen?«, fragte ich.

»Genau solche«, sagte sie. »Laut Manuskript werden wir lernen, spontanen Augenkontakt als sicheres Zeichen für die Notwendigkeit einer Unterhaltung anzusehen.«

»Wir haben doch ständig Augenkontakte.«

»Schon«, sagte sie. »Aber die meisten Leute achten einfach nicht darauf oder vergessen es sofort wieder.«

Ich nickte. »Was sind die anderen Zeichen?«, fragte ich.

»Das Gefühl, jemanden zu kennen«, erwiderte sie. »Jemanden zu treffen, der uns vertraut erscheint.«

Ich dachte daran, wie bekannt mir Dobson und Reneau vorgekommen waren, als ich ihnen zum ersten Mal begegnet war.

»Erteilt das Manuskript Auskunft darüber, weshalb Leute uns so vertraut erscheinen?«, fragte ich.

»Weniger. Dort steht nur, dass wir zur gleichen Gedankengruppe gehören und gewöhnlich die gleichen Interessen haben. Wir denken ähnlich und das sorgt für Ähnlichkeiten in Ausdruck und Verhalten. Intuitiv erkennen wir Mitglieder unserer Gedankengruppe, und sehr häufig haben sie uns etwas zu sagen.«

Erneut blickte ich auf den Mann rechts von mir. Irgendwie schien er mir bekannt. Wieder sah er zur gleichen Zeit zu mir. Ich blickte schnell auf Julia.

»Du musst mit diesem Mann reden«, sagte Julia.

Ich antwortete nicht. Der Gedanke, einfach aufzustehen und mich an den Tisch des Mannes zu begeben, bereitete mir Unbehagen. Ich wollte vorschlagen, nach Iquitos weiterzufahren, doch Julia meldete sich wieder zu Wort.

»Hier ist genau der richtige Ort«, sagte sie, »und nicht in Iquitos. Dein Problem besteht darin, dass du dich dagegen sträubst, eine Unterhaltung mit dem Mann anzufangen.«

»Woher wusstest du, was ich gedacht habe?«

»Das ist kein großes Mysterium. Ich brauche mir nur deinen Gesichtsausdruck genau anzuschauen. Sobald man sich tiefer auf jemanden eingelassen hat, ist es nicht weiter schwierig, hinter die Fassade der jeweiligen Person zu schauen. Auf dieser Ebene sind wir in der Lage, Gedanken ebenso zu lesen wie Gesichtsausdrücke. Das ist ganz normal.«

»Für mich klingt es wie Telepathie«, sagte ich.

Sie grinste. »Telepathie ist auch völlig normal.«

Wieder warf ich einen Blick auf den Mann. Diesmal schaute er nicht zurück.

»Sammle dich und dann geh rüber und sprich mit ihm«, sagte Julia, »bevor die Gelegenheit vorüber ist.«

»Was soll ich ihm sagen?«

»Die Wahrheit«, sagte sie. »Kleide sie in eine Form, von der du annimmst, er könnte damit etwas anfangen.«

»Na gut.«

Ich schob meinen Stuhl zurück und begab mich an den Tisch des Mannes. Er wirkte schüchtern und nervös, so wie Pablo in der Nacht, als ich ihm zum ersten Mal begegnet war. Ich versuchte, seine Nervosität auf einer tieferen Ebene zu verstehen und meinte, auf seinem Gesicht einen anderen, neuen und belebteren Ausdruck zu bemerken.

»Hallo«, sagte ich. »Sie scheinen nicht aus Peru zu stammen. Ich suche nach meinem Freund Wil James und frage mich, ob Sie mir dabei helfen könnten.«

»Setzen Sie sich«, sagte er. »Ich bin Professor Edmond Connor.«

Er streckte mir seine Hand entgegen und sagte: »Tut mir leid, aber Ihren Freund Wil kenne ich leider nicht.«

Ich stellte mich vor und erklärte ihm, einer plötzlichen Eingebung folgend, dass Wil nach der Neunten Erkenntnis suchte.

»Ich bin mit dem Manuskript vertraut«, sagte er. »Ich selbst bin hier, um seine Authentizität zu überprüfen.«

»Sind Sie ganz allein?«

»Eigentlich sollte ich Professor Dobson hier treffen.

Doch bisher hat er sich nicht blicken lassen. Mir ist seine Verspätung unerklärlich. Er versicherte mir, dass er zusammen mit mir eintreffen würde.«

»Sie kennen Dobson?!«, rief ich aus.

»Ja. Er ist derjenige, der die Untersuchung des Manuskriptes in die Wege geleitet und organisiert hat.«

»Und es geht ihm gut? Er kommt hierher?«

Der Professor blickte mich fragend an. »Das hatten wir jedenfalls geplant. Ist irgendetwas dazwischengekommen?«

Meine Energie sank. Ich merkte, dass Dobsons Treffen mit Connor vor Dobsons Verhaftung arrangiert worden war. »Ich habe ihn im Flugzeug nach Peru getroffen«, erklärte ich. »Er ist in Lima verhaftet worden und ich habe nicht die leiseste Idee, was aus ihm geworden ist.«

»Verhaftet! Mein Gott!«

»Wann haben Sie zuletzt mit ihm gesprochen?«, fragte ich.

»Vor einigen Wochen, doch unser Treffen hier war fest abgemacht. Er wollte anrufen, falls irgendetwas dazwischenkommen sollte.«

»Weshalb wollten Sie sich hier und nicht in Lima treffen?«, fragte ich.

»Er wollte sich mit einem anderen Wissenschaftler über einige Ruinen hier in der Nähe unterhalten.«

»Hat er gesagt, wo genau er den Wissenschaftler treffen wollte?«

»Ja, er wollte nach, äh, San Luis, glaube ich. Wieso?«

»Ich weiß nicht … nur so eine Idee.«

Während ich das sagte, passierten zwei Dinge auf einmal. Zunächst kam mir in den Sinn, wie ich Dobson wieder sehen würde. Wir trafen uns auf einer Straße mit hohen Bäumen. Zur gleichen Zeit sah ich aus dem Fenster, und zu meinem Erstaunen sah ich, wie Pater Sanchez die Stufen zur Veranda hinaufging. Er wirkte übermüdet und seine Kleidung war dreckig. Neben seinem Wagen auf dem Parkplatz wartete ein weiterer Priester.

»Wer ist das?«, fragte Professor Connor.

»Das ist Pater Sanchez!«, rief ich, kaum in der Lage, meine Erregung zu unterdrücken.

Ich wandte mich um, doch Julia saß nicht mehr an unserem Tisch. Gerade als ich mich erhoben hatte, betrat Sanchez den Raum. Bei meinem Anblick blieb er abrupt stehen – auf seinem Gesicht stand der Ausdruck völliger Überraschung. Dann kam er auf mich zu und legte seine Arme um mich.

»Bist du in Ordnung?«, fragte er.

»Ja, alles bestens«, sagte ich. »Was machen Sie hier?«

Trotz seiner offensichtlichen Erschöpfung lachte er leise. »Ich wusste nicht, wo ich sonst hingehen sollte. Fast hätte ich es nicht geschafft. Hunderte von Soldaten sind auf dem Weg hierher.«

»Soldaten?«, fragte Connor, während er sich Sanchez und mir näherte.

»Tut mir leid«, gab Sanchez zurück. »Ich weiß nicht, was die Truppen vorhaben. Aber ich weiß, dass es nicht gerade wenige sind.«

Ich stellte die beiden Männer einander vor und erklärte Pater Sanchez Connors Situation. Connor schien der Verzweiflung nahe.

»Ich muss gehen«, sagte er, »aber ich habe keinen Fahrer.«

»Draußen wartet Pater Paul«, sagte Sanchez. »Er wird in wenigen Minuten nach Lima zurückfahren. Wenn Sie wollen, können Sie ihn begleiten.«

»Ganz gewiss werde ich das«, sagte Connor.

»Was, wenn sie auf die Truppen stoßen?«, fragte ich.

»Ich nehme nicht an, dass man Pater Paul aufhalten wird«, sagte Sanchez. »Er ist nicht sonderlich bekannt.«

In diesem Augenblick betrat Julia wieder den Raum und sah Sanchez. Die beiden umarmten sich herzlich, und ich stellte ihr Connor vor. Während ich redete, schien Connor noch ängstlicher zu werden, und nach ein paar Minuten bemerkte Sanchez, dass es für Pater Paul an der Zeit sei, den Rückweg anzutreten. Connor ging, um seine Sachen zu holen, war allerdings in Windeseile wieder bei uns. Sanchez und Julia begleiteten ihn nach draußen; ich sagte ihm an Ort und Stelle auf Wiedersehen und blieb an meinem Tisch. Ich wollte nachdenken. Mir war klar, dass die Begegnung mit Connor irgendeine Bedeutung haben musste, ebenso wie das unverhoffte Auftauchen von Sanchez, doch bekam ich nicht heraus, was genau es war.

Nach kurzer Zeit kehrte Julia zurück und setzte sich neben mich. »Ich habe dir ja gesagt, dass hier etwas passieren wird«, sagte sie. »Wären wir weitergefahren, hätten wir weder Sanchez noch Connor getroffen. Übrigens, was hast du von Connor erfahren?«

»Darüber bin ich mir noch nicht ganz im Klaren«, sagte ich. »Wo ist Pater Sanchez?«

»Er hat sich ein Zimmer gemietet, um eine Weile zu ruhen. Er hat seit zwei Tagen nicht geschlafen.«

Ich wusste, dass Sanchez müde war, doch als ich hörte,

kommt nicht in den Genuss aller vorhandenen Ideen. Dasselbe ist der Fall, wenn einige der Gruppenmitglieder nicht akzeptiert werden. Die so Zurückgewiesenen sind nicht mit der Energie verbunden, und auf diese Weise bringt sich die Gruppe um den Nutzen ihrer Ideen.«

Julia hielt einen Moment inne, und wir blickten beide auf Sanchez. »Die Technik, Menschen an diesen Prozess anzuschließen, ist von großer Bedeutung«, sagte er. »Sobald wir jemanden nicht leiden können, neigen wir dazu, uns auf einen missliebigen Aspekt seiner Persönlichkeit zu konzentrieren. Geschieht dies, bleibt uns die tiefere Schönheit der Person verborgen, und wir schließen sie von der Energiezufuhr aus – um genau zu sein, nehmen wir ihr Energie und fügen ihr Schaden zu. Diese Menschen fühlen sich mit einem Mal weniger attraktiv und verfügen über weniger Selbstvertrauen. Meistens wissen sie selbst nicht, woran das liegt.«

»Deshalb ist dieser Prozess von so großer Wichtigkeit«, sagte Julia. »Menschen lassen sich durch ihren nur als gewalttätig zu bezeichnenden Konkurrenzkampf gegenseitig altern.«

»Wenn jedoch die energetischen Schwingungen jedes Gruppenmitgliedes gesteigert werden, verbinden sich die individuellen Energiefelder, und die Gruppe besteht aus einem Körper mit vielen Köpfen. In solch einer Gruppe weiß jedes Mitglied, wann es sprechen soll und was es zu sagen hat, weil jeder einen äußerst klaren Einblick in die Mysterien des Lebens hat. Wir sprechen hier von der Höheren Persönlichkeit, von der in der Achten Erkenntnis in Verbindung mit einer romantischen Beziehung zwischen Mann und Frau die Rede ist. Doch auch andere und größere Gruppen sind in der Lage, dieses höhere Bewusstsein gemeinsam zu erreichen und auch beizubehalten.«

Die Worte des Paters ließen mich plötzlich an Pater Costous und Pablo denken. War es dem jungen Indianer am Ende gelungen, Pater Costous zu überzeugen, ihn sogar so weit zu bringen, sich für die Rettung des Manuskriptes einzusetzen? Hatte die Achte Erkenntnis Pablo eine so große Macht verliehen?

»Wo befindet sich Pater Costous jetzt?«, fragte ich.

Die beiden sahen mich gelinde überrascht an. »Er und Pater Carl haben sich entschieden, nach Lima zu gehen, um mit den Kirchenältesten über Kardinal Sebastians Pläne zu sprechen«, sagte Pater Sanchez schnell.

»Ich schätze, dies ist auch der Grund, weshalb er unbedingt in die Mission fahren wollte. Er wusste, dass er dort noch etwas zu erledigen hatte.«

»Ganz genau«, sagte Sanchez. »Die Frage ist jetzt, was wir tun sollen.«

Julia meldete sich zuerst. »Ich habe die ganze Zeit vor Augen, wie ich die Neunte Erkenntnis entdecke und sie lange genug in meinem Besitz habe, um etwas damit anzufangen …, aber ich weiß immer noch nicht, wie das in der Realität aussehen könnte.«

Sanchez und ich betrachteten sie aufmerksam.

»All dies wird an einem ganz besonderen Ort geschehen …«, fuhr sie fort. »Augenblick mal! Es sind die Ruinen, die Ruinen von Celestine! Dort zwischen den Tempeln gibt es einen Fleck, den ich fast vergessen hatte.« Sie sah uns erwartungsvoll an. »Dorthin müssen wir gehen! Ich muss zu den Ruinen von Celestine.«

Nachdem sie zu Ende gesprochen hatte, verlagerten Sanchez und Julia ihre Aufmerksamkeit auf mich.

»Ich bin mir nicht sicher«, sagte ich. »Ich interessiere mich dafür, weshalb Sebastian und seine Leute sich derartig vehement gegen das Manuskript einsetzen. Bisher weiß ich, dass sie sich vor dem Gedanken an eine Evolution des Inneren fürchten …, aber ich weiß nicht, wohin ich mich wenden soll … Die Soldaten kommen … Es scheint, als würde Kardinal Sebastian die Neunte Erkenntnis als Erster finden … Irgendwie meine ich, ihn daran hindern zu können, den Rest des Manuskriptes zu zerstören.«

Ich verfiel in Schweigen. Meine Gedanken wanderten wieder zu Dobson und dann zurück zur Neunten Erkenntnis. Mit einem Mal wurde mir klar, dass die Neunte enthüllen würde, in welche Richtung sich der Mensch im Verlauf dieser Evolution entwickelte. Ich hatte ihn gefragt, wie Menschen nach den Erkenntnissen des Manuskriptes miteinander umgehen würden und diese Frage war durch die Achte Erkenntnis beantwortet worden. Die nächste logische Frage bestand darin, wohin alles führen würde, wie sich die menschliche Gesellschaft verändern würde? Das würde die Neunte Erkenntnis erklären, dessen war ich mir jetzt sicher.

Aus irgendeinem Grund wusste ich auch, dass dieses Wissen dazu dienen konnte, Kardinal Sebastians Befürchtungen bezüglich einer bewussten Evolution zu beschwichtigen … Wenn es mir nur gelingen würde, ihn zum Zuhören zu bewegen.

»Ich bin weiterhin der Ansicht, dass der Kardinal von den Inhalten des Manuskriptes überzeugt werden kann!«, sagte ich im Brustton tiefer Überzeugung.

»Wirst du derjenige sein, der ihn überzeugt?«, fragte Sanchez.

»Nein …, nein, nicht ich. Ich werde mich in Gesellschaft von jemandem befinden, der einfacheren Zugang zu ihm hat, jemand, der ihn kennt und ihn in seiner Sprache ansprechen kann.«

Sowie ich das gesagt hatte, blickten Julia und ich auf Pater Sanchez.

Er versuchte zu lächeln, und als er sprach, schwang eine leichte Resignation in seiner Stimme mit. »Kardinal Sebastian und ich sind seit langer Zeit dabei, einer Konfrontation wegen des Manuskriptes aus dem Weg zu gehen. Er ist immer mein Vorgesetzter gewesen. Er war mein Mentor, und ich muss zugeben, dass ich zu ihm aufgesehen habe. Doch ich habe immer gewusst, dass es eines Tages zu dieser Auseinandersetzung kommen würde. Mein gesamtes Leben steuere ich schon darauf hin.«

Angespannt blickte er auf Julia und mich und fuhr dann fort: »Meine Mutter war eine Vertreterin der Reformation. Sie verabscheute den Begriff der Schuld und Zwangsmaßnahmen bei der Evangelisierung. Sie wollte, dass die Leute sich aus Liebe und nicht aus Furcht der Religion zuwandten. Mein Vater auf der anderen Seite war ein Verfechter strenger Disziplin, wurde Priester und glaubte wie der Kardinal hartnäckig an Tradition und Autorität. Deshalb wollte ich mich innerhalb der Kirche um eine Verbesserung bemühen, indem ich eine stärkere Betonung auf die höhere religiöse Erfahrung legte.

Mich mit dem Kardinal auseinanderzusetzen ist der nächste, folgerichtige Schritt für mich. Ich habe mich dagegen gesträubt, doch jetzt weiß ich, dass ich mich zu Kardinal Sebastians Mission in Iquitos auf den Weg machen muss.«

»Ich werde Sie begleiten«, sagte ich.

Das Auftauchen einer Kultur

Die Straße nach Norden wand sich durch dichten Dschungel und führte uns über mehrere große Flüsse – Seitenarme des Amazonas, wie Pater Sanchez mir erklärte. Wir waren früh aufgestanden und hatten Julia in aller Eile auf Wiedersehen gesagt. Dann waren wir in einem geborgten Geländewagen mit erhöhtem Chassis und übergroßen Reifen aufgebrochen. Im Verlauf unserer Reise stieg die Landschaft leicht an, die Bäume wurden mächtiger und standen weiter auseinander.

»Hier sieht es aus wie in der Nähe von Viciente«, sagte ich zu Sanchez.

Er lächelte mich an. »Wir befinden uns gerade in einem Gebiet von ungefähr fünfzig mal zwanzig Meilen Größe, das sich von der restlichen Landschaft hier unterscheidet. Es erstreckt sich bis hin zu den Ruinen von Celestine und gilt unter energetischen Gesichtspunkten als besonders spektakulär. Von allen Seiten wird das Gebiet durch Dschungel begrenzt.«

In einiger Entfernung, am Rande des Dschungels, bemerkte ich einen Flecken gerodetes Land. »Was ist das dort?«, fragte ich und zeigte mit dem Finger in die Richtung.

»Das ist die Vorstellung der Regierung von landwirtschaftlicher Entwicklung«, sagte er.

Auf breiter Fläche hatte jemand mit Hilfe einer Planierraupe Bäume entwurzelt und zu Haufen zusammengeschoben, einige davon waren teilweise verbrannt. Eine Viehherde graste ungehindert zwischen den wilden Gräsern und der aufgerissenen zerstörten Erdoberfläche. Verstört durch das Motorengeräusch, sah das Vieh uns nach. Ich bemerkte eine weitere frisch planierte Fläche, und mir wurde klar, dass die Rodung sich auf die riesigen Bäume zubewegte, die wir unterwegs passiert hatten.

»Das sieht ja grauenhaft aus«, sagte ich.

»Ist es auch«, gab Sanchez zurück. »Selbst Kardinal Sebastian ist dagegen.«

Ich dachte an Phil. Vielleicht waren es Flächen wie diese, die er schützen wollte. Was nur mit ihm geschehen sein mochte? Wieder fiel mir Dobson ein. Connor hatte gesagt, dass Dobson zur Herberge hatte kommen wollen. Was war der Zweck von Dobsons Mitteilung gewesen? Wo befand sich Dobson jetzt? Ausgewiesen? Inhaftiert? Es war meiner Aufmerksamkeit nicht entgangen, dass ich spontan eine Verbindung zwischen Dobson und Phil hergestellt hatte.

»Wie weit ist es von hier zur Mission des Kardinals?«, fragte ich.

»Ungefähr eine Stunde Fahrt«, erwiderte Sanchez. »Wie fühlst du dich? Wie steht es mit deinem Energielevel?«

»Gut, glaube ich. Eine enorme Schönheit hier um mich herum.«

»Was denkst du über unser Gespräch gestern Abend?«, fragte er.

»Ich fand es wirklich bemerkenswert.«

»Ist dir klar geworden, was sich ereignet hat?«

»Meinen Sie, wie die Ideen zu unterschiedlichen Zeitpunkten aus jedem von uns förmlich heraussprudelten?«

»Auch, aber mehr noch meine ich die umfassendere Bedeutung des Ganzen.«

»Ich weiß nicht genau.«

»Nun, ich denke die ganze Zeit darüber nach. Eine Methode der bewussten Unterhaltung, in deren Verlauf jeder versucht, das Beste im anderen hervorzubringen, anstatt ihn zu besiegen, wird über kurz oder lang von der gesamten Menschheit angewandt werden. Denk nur, in welchem Maß das individuelle Energieniveau und das Fortschreiten der Evolution dadurch beeinflusst werden könnte!«

»Gewiss«, sagte ich. »Ich frage mich, wie sehr sich die menschliche Kultur mit der Erhöhung des Energieniveaus verändern wird.«

Er sah mich an, als habe ich mit meiner Frage den Nagel auf den Kopf getroffen. »Genau das will ich auch wissen«, sagte er.

Wir blickten uns einen Moment in die Augen und merkten beide, dass wir darauf warteten, wer die nächste Idee haben würde. »Die Antwort auf diese Frage muss in der Neunten Erkenntnis stehen«, sagte er schließlich.

»Dort wird erklärt werden, was geschieht, wenn die Kultur diesen Sprung nach vorn macht.«

Sanchez verlangsamte die Fahrt. Wir näherten uns einer Kreuzung, und er schien unentschlossen, welche Richtung wir einschlagen sollten.

»Kommen wir in der Nähe von San Luis vorbei?«, fragte ich.

Er sah mir direkt in die Augen. »Wenn wir hier links fahren, schon. Weshalb fragst du?«

»Connor erwähnte, dass Dobson auf seinem Weg zur

Herberge vorhatte, durch San Luis zu fahren. Vielleicht könnte es sich dabei um eine Botschaft gehandelt haben.«

Wir sahen uns immer noch an.

»Sie bremsen ja jetzt schon ab«, sagte ich. »Was ist los?«

Er zuckte mit den Achseln. »Ich weiß auch nicht ... Der direkte Weg nach Iquitos wäre geradeaus. Aus irgendeinem Grund zögere ich jedoch, ihn zu nehmen.«

Ein eiskalter Schauer lief mir über den Körper.

Sanchez hob eine Augenbraue und grinste. »Ich schätze, wir fahren lieber durch San Luis, hmm?«

Ich nickte und spürte, wie mir die Energie durch den Leib schoss. Ich merkte, dass der Aufenthalt in der Herberge und der Kontakt mit Connor immer mehr an Bedeutung gewann. Als Sanchez nach links abbog und in Richtung San Luis weiterfuhr, behielt ich erwartungsvoll den Straßenrand im Auge. Dreißig oder vierzig Minuten vergingen und nichts passierte. Wir fuhren durch San Luis und weiterhin blieb alles ruhig. Dann dröhnte mit einem Mal eine Hupe, und von hinten schnellte ein silberfarbener Jeep auf unseren Wagen zu. Der Fahrer winkte uns verzweifelt zu. Irgendwie kam er mir bekannt vor.

»Das ist doch Phil!«, sagte ich.

Wir fuhren an den Straßenrand. Phil sprang aus seinem Wagen und rannte auf uns zu, durch das Fenster griff er nach meiner Hand und nickte Sanchez zu.

»Ich weiß nicht, was ihr hier vorhabt«, sagte er, »aber die Straße vor euch ist voller Soldaten. Kommt lieber mit zurück und wartet bei uns.«

»Woher wusstest du, dass wir kommen würden?«, fragte ich.

»Gar nicht«, gab er zurück. »Ich habe aufgeschaut und euch vorbeifahren sehen. Wir haben etwa eine halbe Meile von hier Quartier gemacht.« Er sah sich einen Augenblick um, dann fügte er hinzu: »Wir sollten zusehen, dass wir von der Straße verschwinden!«

»Fahren Sie vor, wir folgen Ihnen«, sagte Pater Sanchez.

Wir folgten Phil, der seinen Jeep wendete, und fuhren zurück in die Richtung, aus der wir gekommen waren. An einer kleineren Straße bog er nach Osten ab und parkte den Wagen. Hinter einer Gruppe von Bäumen tauchte ein Mann auf, der Phil begrüßte. Ich traute meinen Augen kaum. Es war Dobson!

Ich kletterte aus dem Wagen und ging auf ihn zu. Er war ebenfalls überrascht und umarmte mich herzlich.

»Wirklich schön, dich zu sehen!«, sagte er.

»Ebenfalls«, erwiderte ich lachend. »Ich dachte schon, du wärst erschossen worden!«

Dobson klopfte mir auf den Rücken. »Nein, ich habe es wohl mit der Angst zu tun bekommen; man hat mich lediglich in Verwahrung genommen. Später haben mich einige Sympathisanten des Manuskriptes laufen lassen. Seitdem bin ich auf der Flucht.«

Er schwieg einen Augenblick und lächelte mich an. »Ich bin froh, dich lebend zu sehen. Als Phil mir sagte, dass er dich in Viciente getroffen habe und später gemeinsam mit dir verhaftet worden sei, wusste ich nicht, was ich davon halten sollte. Doch ich hätte mir denken können, dass wir uns wieder sehen würden. Wohin seid ihr unterwegs?«

»Wir wollen Kardinal Sebastian einen Besuch abstatten. Wir befürchten, dass er vorhat, die Neunte Erkenntnis zu vernichten.«

Dobson nickte und wollte etwas sagen, doch Pater Sanchez trat hinzu.

Ich stellte die Männer einander vor.

»Ich habe Ihren Namen schon in Lima gehört«, sagte Dobson zu Sanchez, »in Verbindung mit einigen verhafteten Priestern.«

»Pater Carl und Pater Costous?«, fragte ich.

»Ich glaube, das waren die Namen, ja.«

Sanchez schüttelte kaum merklich den Kopf. Ich beobachtete ihn einen Moment, dann verbrachten Dobson und ich ein paar Minuten damit, uns zu erzählen, was seit unserer Trennung geschehen war. Er hatte alle der acht Erkenntnisse studiert und schien darauf zu brennen, noch etwas anderes loszuwerden, doch ich unterbrach ihn und erzählte, dass ich Connor getroffen hatte und er nach Lima zurückgekehrt sei.

»Vermutlich wird er ebenfalls in Verwahrung genommen werden«, sagte Dobson. »Es tut mir leid, dass ich es nicht geschafft habe, rechtzeitig an der Herberge zu sein, doch ich wollte unbedingt vorher noch nach San Luis, um mich mit einem anderen Wissenschaftler zu treffen. Wie sich herausstellte, war es unmöglich, ihn zu finden, stattdessen traf ich auf Phil und …«

»Stimmt etwas nicht?«, fragte Sanchez.

»Vielleicht sollten wir uns lieber hinsetzen«, sagte Dobson. »Ihr werdet es nicht für möglich halten, aber Phil hat eine Kopie der Neunten Erkenntnis gefunden!«

Niemand rührte sich.

»Er hat eine Kopie der Übersetzung gefunden?«, fragte Pater Sanchez.

»Ja.«

Phil hatte etwas im Inneren seines Wagens zu tun gehabt und kam nun auf uns zu.

»Du hast einen Teil der Neunten gefunden?«, fragte ich.

»Gefunden eigentlich nicht«, sagte er. »Jemand hat sie mir gegeben. Nachdem du und ich gefangen genommen wurden, hat man mich in eine andere Stadt gebracht. Wo das war, weiß ich nicht. Nach einer Weile tauchte Kardinal Sebastian auf. Er hörte nicht auf, mich wegen meiner Arbeit in Viciente und meinem Einsatz für die Erhaltung des Baumbestandes zu löchern. Ich hatte keine Idee, weshalb mir einer der Wärter einen Teil der Neunten Erkenntnis brachte. Der Wärter hatte sie von Kardinal Sebastians Leuten gestohlen, die offenbar gerade die Übersetzung beendet hatten. In der Erkenntnis ist die Rede von der Energie der alten Wälder.«

»Was genau steht dort?«, fragte ich Phil.

Er dachte einen Augenblick nach, und Dobson bat noch einmal darum, dass wir uns setzen sollten. Er führte uns zu einer Stelle, an der man eine Zeltplane in der Mitte einer Lichtung ausgelegt hatte. Der Ort war von außerordentlicher Schönheit. Ein Dutzend riesiger Bäume bildeten einen Kreis, der ungefähr dreißig Meter im Durchmesser maß. Innerhalb des Kreises befanden sich stark duftende tropische Büsche und langstielige Farnkräuter, die vom intensivsten Grün waren, das ich je gesehen hatte. Wir setzten uns einander gegenüber.

Phil sah Dobson an. Dann blickte Dobson auf Sanchez und mich. »Die Neunte Erkenntnis erklärt, wie sich die menschliche Kultur innerhalb des nächsten Jahrtausends aufgrund der bewussten Evolution verändern wird. Sie beschreibt einen völlig anderen Lebensstil, als wir ihn kennen. Das Manuskript sagt zum Beispiel voraus, dass die Menschheit freiwillig die Geburtenrate verringern wird, sodass wir alle an den schönsten und energetisch stärksten Plätzen der Erde leben können. Bemerkenswerterweise geht die Schrift davon aus, dass in der Zukunft mehr solcher Orte bestehen werden als im Moment, weil wir die Wälder nicht mehr abholzen werden und sie heranwachsen und Energie generieren können.

Der Neunten zufolge wird der Durchschnittsmensch zur Mitte des nächsten Jahrtausends unter fünfhundert Jahre alten Bäumen und inmitten sorgfältig gepflegter Gartenanlagen leben, trotzdem werden sich städtische Siedlungen, ausgestattet mit den unglaublichsten technischen Errungenschaften, in nächster Nähe befinden. Zu diesem Zeitpunkt wird alles, was wir zum Leben brauchen, wie Essen, Kleidung und Fortbewegung, vollends automatisiert sein und kostenlos zu jedermanns Verfügung stehen. Unsere Bedürfnisse werden ohne den Austausch von Geld befriedigt werden, trotzdem existieren weder Ausschweifungen noch Faulheit.

Geleitet von der eigenen Intuition, wird jeder wissen, was genau er wann zu tun hat, und die Aktionen des Einzelnen werden die der anderen auf harmonische Weise ergänzen. Exzessiven Konsum wird es nicht mehr geben, weil niemand mehr die Notwendigkeit verspürt, etwas aus Sicherheits- oder Kontrollgründen besitzen zu müssen. Im nächsten Jahrtausend wird das Leben andere Inhalte haben.

Dem Manuskript zufolge«, so fuhr er fort, »wird unser Drang nach einem Lebenszweck durch die Tatsache unserer eigenen Evolution befriedigt. Die Neunte Erkenntnis sagt eine Welt voraus, in der jeder zur Ruhe kommen wird, jedoch aufmerksam und sogar wachsam nach der nächsten bedeutungsvollen Begegnung Ausschau hält. Überlegen Sie einmal, wie menschliche Begegnungen verlaufen würden, die eine derartige Bedeutung haben. Jeder wird zunächst das Energiefeld des anderen nach bedrohlichen Bestrebungen absuchen, und nachdem die Frage der Energie geklärt ist, in der Lage sein, Botschaften zu empfangen, die aus den unterschiedlichen Lebensgeschichten der Beteiligten hervorgehen. Jedes Treffen zwischen den Menschen wird bei den Beteiligten für eine bedeutsame Fortentwicklung sorgen.«

In dem gleichen Maße, wie wir Dobson mit Energie und Aufmerksamkeit versorgten, wurde er beredter und inspirierter in seiner Zukunftsbeschreibung der Menschheit. Ich persönlich hegte keinen Zweifel daran, dass seine Beschreibungen in ferner Zukunft realistische und erreichbare Ziele darstellten. Allerdings wusste ich auch, dass in der Vergangenheit viele Visionäre, wie zum Beispiel Karl Marx, eine derartige Welt vorausgesehen hatten, jedoch nicht in der Lage gewesen waren, ein derartiges Utopia auch zu verwirklichen. Der Kommunismus hatte in einer Tragödie geendet.

Selbst versehen mit dem Wissen der ersten acht Erkenntnisse, konnte ich mir nicht vorstellen, wie die Menschheit zu dem in der Neunten Erkenntnis beschriebenen Niveau gelangen sollte, besonders nicht, wenn ich die augenblickliche Verfassung der Menschheit in Betracht zog. Als Dobson eine Pause machte, trug ich meine Bedenken vor.

»Unser natürliches Streben nach Wahrheit wird uns dorthin führen«, erklärte Dobson und lächelte mich an. »Erinnern Sie sich daran, was bereits in diesem Jahrtausend möglich geworden ist: die Entwicklung vom Mittelalter, das im Wesentlichen durch die kirchliche Definition von gut und böse bestimmt wurde, über die Renaissance bis hin zur Ausbreitung der Wissenschaft und ihrem Bestreben nach einer Erklärung der materiellen Welt, die jedes Geheimnis von unserem Planeten verbannte. Jetzt sind wir in der Lage, die wahre Natur dieser einseitigen Betrachtungsweise zu erkennen. Wir haben lediglich die Vorbereitungen für eine neue Phase in unserer Entwicklung getroffen – die Rückkehr der Mysterien in unsere materielle Existenz. Dies ist jedenfalls die Botschaft, mit der die Wissenschaft nach fünf Jahrhunderten zu uns zurückgekehrt ist: Die Menschheit befindet sich auf diesem Planeten, um sich bewusst weiterzuentwickeln. Während wir lernen, die notwendigen Schritte für eine derartige Entwicklung zu unternehmen und Wahrheit für Wahrheit unseren eigenen Weg erkennen, wird sich die gesamte Kultur unserer Menschheit auf unschwer vorauszusehende Weise transformieren.«

Er machte eine kurze Pause. Es war offensichtlich, dass wir darauf brannten, mehr von ihm zu hören.

»Ist die kritische Masse einmal überschritten«, fuhr er fort, »und sind die Erkenntnisse auf globaler Ebene verinnerlicht, wird die Menschheit in eine Phase intensiver Selbstbeobachtung treten. Wir werden endlich begreifen, wie schön und spirituell die natürliche Welt wirklich ist. Wir werden Bäume, Flüsse und Berge als heilige Orte der Kraft begreifen und verehren und nach einem Ende der umweltfeindlichen Aktivitäten verlangen, die diese Schätze der Natur bedrohen. Jene, die dieser Problematik am nächsten stehen, werden alternative Lösungsvorschläge gegen die Verschmutzung der Erde ausarbeiten, weil diese Lösungen einen Teil der individuellen Evolution des Einzelnen darstellen und auch als solche begriffen werden.

Dies ist der Anfang der ersten großen Umschichtung unseres Bewusstseins, die zu Berufswechseln in großem Rahmen führen wird. Sobald Menschen in der Lage sind, klare Vorstellungen darüber zu erhalten, wer sie wirklich sind und worin ihre Aufgabe besteht, entdecken sie oft, dass sie den falschen Beruf haben und ihn im Interesse eines ungehinderten Wachstums wechseln müssen.

Die nächste Umschichtung wird auf dem Gebiet der Warenproduktion stattfinden. Die Techniker und Ingenieure werden dafür sorgen, dass Angebot und Nachfrage automatisch geregelt werden. Dies wiederum wird zu einer Erhöhung der individuellen Freizeit und der Beschäftigung mit anderen und neuen Themenkreisen führen.

Die restlichen Menschen werden innerhalb ihres existierenden Berufes ihre Vorstellungen verwirklichen und sich mehr freie Zeit wünschen, bis sie realisieren, dass die Verkündung der Wahrheit und die damit verbundenen Notwendigkeiten sich mit einem traditionellen Berufsbild nicht mehr vereinbaren lassen. Als Folge davon werden sie weniger arbeiten. Zwei oder drei Leute werden sich eine Vollzeitbeschäftigung teilen. Dieser Trend wird es denen, die durch die Automation ihre Arbeit verloren haben, einfacher machen, zumindest eine Teilzeitbeschäftigung zu finden.«

»Aber was ist mit dem Geld?«, fragte ich. »Ich kann mir nicht vorstellen, dass jemand freiwillig sein Einkommen zurückschraubt.«

»Oh, das wird nicht notwendig sein«, sagte Dobson. »Das Manuskript spricht von stabilen Einkommen, da man uns für unsere Erkenntnisse Geld geben wird.«

Fast hätte ich laut gelacht. »Wie bitte?«

Er lachte und sah mich direkt an. »Wenn wir mehr über die energetischen Vorgänge des Universums verstanden haben, werden wir auch verstehen, was eigentlich vor sich geht, wenn wir jemandem etwas geben. Bisher besteht unsere Vorstellung von der Natur des Gebens aus dem etwas engstirnigen Konzept der kirchlichen Kollekte eines Zehnten.«

Er blickte Pater Sanchez an. »Wie Sie sicher wissen, besteht die vorherrschende Interpretation des Zehnten gewöhnlich darin, dass der Gläubige ein Zehntel seines Einkommens der Kirche zur Verfügung stellt. Die Idee dahinter jedoch besagt, dass wir ein Vielfaches dessen, was wir geben, zurückbekommen werden. Die Neunte Erkenntnis führt aus, dass das Geben ein System universeller Unterstützung ist, nicht nur für die Kirchen, sondern für jeden. Geben wir, so erhalten wir auch, das liegt in der Natur der universellen Energie. Sobald wir anfangen, kontinuierlich zu geben, werden wir immer mehr erhalten, als wir abgeben können.

Und unsere Geschenke sollten an Menschen gehen, die uns mit spiritueller Wahrheit versorgt haben. Auf diese Weise schaffen wir eine spirituelle Ökonomie und können nach und nach unsere Berufe aufgeben, um schließlich für die ungehinderte Entwicklung unserer ureigenen

Wahrheit und deren Weitergabe an andere bezahlt zu werden.«

Ich blickte zu Sanchez. Er hörte angeregt zu und schien fasziniert.

»Ja«, sagte Dobson. »Das sehe ich mit voller Klarheit. Wenn jeder an diesem Austausch beteiligt wäre, könnten wir die materiellen Dinge den Automaten überlassen, weil wir zu beschäftigt sind, um derartige Systeme zu besitzen oder gar zu betätigen. Möglicherweise wären wir Teilhaber an den Anlagen, doch könnten wir uns völlig auf die Ausweitung des Informationszeitalters konzentrieren.«

»Das Wichtigste für uns ist jedoch, dass wir ein neues Verständnis darüber bekommen, wo es langgeht. Unsere Furcht, zu kurz zu kommen, sowie unsere Kontrollsucht haben es uns bisher weder ermöglicht, die Umwelt zu retten, noch den Planeten zu demokratisieren oder die Armen zu ernähren. Wir hatten einfach kein Konzept von der Möglichkeit einer alternativen Lebensform. Doch jetzt haben wir es!«

Er sah Phil an. »Wir werden zumindest eine billige Energiequelle brauchen.«

»Fusion, Supraleitfähigkeit, künstliche Intelligenz«, zählte Phil auf. »Die Automatisationstechnologie ist nicht mehr weit entfernt, jetzt, da wir wissen, wofür wir sie brauchen.«

»Stimmt«, sagte Dobson. »Das Wichtigste wird sein, zu erkennen, dass wir uns nicht auf diesem Planeten befinden, um private Imperien aufzubauen, sondern um uns weiterzuentwickeln. Andere für ihre Erkenntnisse zu bezahlen, wird die Transformation einleiten, und während immer größere Teile der Wirtschaft automatisiert werden, wird schließlich die gesamte Währung verschwinden. Wir werden sie nicht mehr brauchen. Solange wir unserer Intuition folgen, werden wir nur nehmen, was wir auch wirklich brauchen.«

»Und wir werden lernen zu verstehen, dass die natürlichen Ressourcen und die unglaublichen Kraftquellen der Erde geschützt und erhalten werden müssen«, sagte Phil.

Während er gesprochen hatte, war unsere gesamte Aufmerksamkeit bei ihm. Er schien überrascht, welchen belebenden Effekt dies auf ihn hatte.

»Mein Interesse hat immer den Wäldern und ihrer Rolle innerhalb des Ökosystems gegolten«, fuhr Phil fort. »Jetzt weiß ich auch, weshalb dies seit meiner Kindheit so war. In der Neunten Erkenntnis wird behauptet, dass die Menschheit sich spirituell entwickelt und dass wir freiwillig für den Rückgang der Geburtenrate sorgen werden, bis die Erde imstande ist, uns alle zu versorgen. Wir werden innerhalb des natürlichen Energiesystems dieses Planeten leben und die Landwirtschaft wird automatisiert. Eine Ausnahme bilden jene Pflanzen, die jeder selbst mit Energie versorgen will, bevor er sie konsumiert. Die zum Hausbau benötigten Bäume werden in extra ausgewiesenen Gebieten angebaut. Auf diese Weise können die übrigen Bäume ungehindert wachsen und schließlich zu kraftvollen Wäldern werden. Jeder wird die Möglichkeit haben, in der Nähe eines dieser Energiezentren zu leben.«

»Dies würde unsere Evolution ungemein beschleunigen«, sagte Sanchez. »Je mehr Energie wir mühelos aufnehmen, desto häufiger werden wir auf geheimnisvolle Weise jenen Leuten begegnen, die Antworten auf unsere Fragen haben. Wenn die Geschichte sich fortsetzt, dann …«

»… werden wir einen zunehmend höheren Level energetischer Schwingung erreichen«, sagte Dobson und beendete den Satz.

»Ja«, sagte Sanchez. »Genau das. Entschuldigt mich einen Augenblick.« Er stand auf, ging einige Meter in den Wald hinein und ließ sich dort allein nieder.

»Was steht sonst noch in der Neunten?«, fragte ich Dobson.

»Das wissen wir auch nicht«, sagte er. »An dieser Stelle endete die Übersetzung. Willst du sie lesen?«

Ich bejahte, und er ging zu seinem Wagen und kam mit einer Mappe aus braunem Papier zurück. Darin befanden sich zwanzig maschinengeschriebene Blätter. Ich las den Text und war beeindruckt, wie gründlich Dobson und Phil seine grundlegenden Aussagen zusammengefasst hatten. Der Text endete abrupt mitten in einer längeren Betrachtung, in welcher behauptet wurde, eine neue Qualität würde im Leben der Menschen auftauchen, doch worin sie bestand, wurde nicht mehr gesagt.

Nach einer Stunde stand Sanchez auf und kam zu mir. Dobson und Phil standen hinter dem Jeep und unterhielten sich, und ich hatte zwischen einigen Pflanzen gesessen und fasziniert ihre unglaublichen Energiefelder betrachtet. »Ich denke, wir sollten nach Iquitos weiterfahren«, sagte er.

»Was ist mit den Soldaten?«, fragte ich.

»Wir sollten es riskieren. Ich bin der festen Überzeugung, dass wir es schaffen können, wenn wir jetzt sofort aufbrechen.«

Ich stimmte zu, seiner Intuition zu folgen, und gemeinsam gingen wir zu Dobson und Phil und unterrichteten sie von unserem Vorhaben.

Beide Männer bestärkten uns in diesem Plan. »Wir werden direkt zu den Ruinen von Celestine fahren«, sagte Dobson. »Vielleicht gelingt es uns, die Reste der Neunten Erkenntnis zu retten.«

Wir wünschten ihnen viel Glück und fuhren weiter in Richtung Norden.

»Woran denken Sie?«, fragte ich nach einer längeren Periode des Schweigens.

Pater Sanchez verlangsamte die Fahrt und sah mich an. »Ich denke an Kardinal Sebastian, daran, was du gesagt hast: dass er aufhören würde, das Manuskript zu bekämpfen, wenn wir die Chance hätten, es ihm zu erklären.«

Während Sanchez sprach, hatte ich eine Vision von dem Kardinal, der in einem Gerichtssaal stand und auf uns herabblickte. In jenem Augenblick verfügte er über die Macht, das Manuskript zu zerstören, doch gelang es uns, ihn davon abzubringen.

Ich bemerkte, wie Sanchez mich anlächelte.

»Was hast du gedacht?«

»Die Vorstellung einer Konfrontation wurde deutlicher. Er wollte die letzte Erkenntnis vernichten, und wir versuchten es ihm auszureden.«

Sanchez atmete tief durch. »Es sieht ganz so aus, als würde es von uns abhängen, ob die Welt von der Neunten Erkenntnis erfährt oder nicht.«

Bei dem Gedanken bildete sich ein Knoten in meinem Magen. »Was sollen wir zu ihm sagen?«

»Ich weiß es auch noch nicht. Wir müssen versuchen, ihn vom positiven Potential der Schrift zu überzeugen und davon, dass sie die Botschaft der Kirche nicht negiert, sondern verfeinert. Ich bin mir sicher, dass das beim Rest der Neunten Erkenntnis auch der Fall ist.«

Eine Stunde fuhren wir schweigend, ohne einem anderen Fahrzeug zu begegnen. Meine Gedanken rasten durch die Ereignisse, die sich seit meiner Ankunft in Peru überschlagen hatten. Mir wurde klar, dass sich die Aussagen des Manuskriptes schließlich in meinem Bewusstsein festgesetzt hatten und zu einem Teil meiner selbst geworden waren. Ich war mir bewusst, dass mein Leben sich auf geradezu mysteriöse Weise entwickelte, wie es in der Ersten Erkenntnis stand, dass unsere gesamte Kultur die Wiederkehr dieses Mysteriums spürte und dass wir dabei waren, eine neue Weltsicht zu schaffen – genau wie die Zweite Erkenntnis es vorausgesagt hatte. Mir war klar, dass das Universum ein gigantisches System energetischer Vorgänge war und dass menschlicher Konflikt aus einem Mangel an Energie und dem Versuch, sie von anderen abzuziehen, resultierte. So stand es in der Dritten und der Vierten Erkenntnis.

Die Fünfte Erkenntnis beendete den Konflikt durch die Energiezufuhr aus einer höheren Quelle, die Sechste sagte voraus, dass sich unsere individuellen Dramen klären würden und wir unserem wahren Kern begegneten – auch dies war mir für immer ins Gedächtnis gebrannt. Die Siebte hatte die Evolution der wahren Menschen in Gang gesetzt: durch richtiges Fragen, Intuition und die daraus resultierende Antwort. Sich unausgesetzt in diesem nahezu magischen Fluss aufzuhalten, darin lag das Geheimnis für Glück.

Die Achte zeigte uns eine neue Methode menschlicher Interaktion, eine, die das Beste im Menschen hervorbrachte – der Schlüssel zur Fortsetzung des Mysteriums wie zum Erhalt der für uns lebensnotwendigen Antworten.

Alle Erkenntnisse hatten sich mittlerweile in mir zu einem neuen Bewusstsein verdichtet, das sich vor allem in erhöhter Aufmerksamkeit und Wachheit äußerte. Was mir an Wissen noch fehlte, so wusste ich, würde durch die Neunte hinzukommen, die sich damit beschäftigte, wohin unsere Evolution uns führte. Einen Teil der Neunten hatten wir jetzt entdeckt. Was war mit dem Rest?

Pater Sanchez fuhr den Wagen an den Straßenrand.

»Wir sind jetzt vier Meilen von Kardinal Sebastians Mission entfernt«, sagte er. »Ich halte es für besser, wenn wir ein wenig reden.«

»Okay.«

»Ich weiß nicht, was uns dort erwartet, aber ich denke, es ist das Beste, wenn wir uns direkt in die Höhle des Löwen begeben.«

»Wie groß ist seine Mission?«

»Groß. Seit zwanzig Jahren hat er an ihrem Aufbau gearbeitet. Er hat sich hier niedergelassen, weil er sich um die indianische Landbevölkerung kümmern wollte, die er in dieser Region für vernachlässigt hielt. Mittlerweile kommen Studenten aus dem ganzen Land hierher. Der Kardinal hat administrative Pflichten in der Kirchenzentrale in Peru, doch die Mission hier ist sein Lieblingsprojekt, dem er sich mit Herz und Seele verschrieben hat.«

Sanchez sah mir direkt in die Augen. »Bitte versuch, deine Konzentration aufrechtzuerhalten. Es könnte sein, dass wir einander helfen müssen.«

Nachdem er das gesagt hatte, fuhr er weiter. Nach einigen Meilen passierten wir zwei Militärjeeps, die auf der rechten Straßenseite geparkt worden waren. Die Soldaten sahen uns mit angespannten Gesichtern hinterher.

»Nun«, sagte Pater Sanchez, »jetzt wissen sie, dass wir hier sind.«

Nach einer weiteren Meile kamen wir an das Tor der Mission. Hohe Eisengitter schützten die asphaltierte Zufahrt. Die Tore standen offen, doch vier Soldaten und ein Jeep blockierten den Weg und bedeuteten uns anzuhalten. Einer von ihnen sprach in ein Kurzwellenfunkgerät.

Sanchez lächelte, als einer der Soldaten nähertrat. »Ich bin Pater Sanchez und möchte Kardinal Sebastian sprechen.«

Der Soldat blickte zuerst Sanchez und dann mich mit misstrauischer Miene an. Er drehte sich um und ging zu dem Soldaten mit dem Funksprechgerät. Ohne uns aus den Augen zu lassen, unterhielten sie sich. Nach einigen Minuten kam der Soldat zurück und erklärte, dass wir ihm folgen sollten.

Der Jeep fuhr voraus und führte uns auf eine mehrere hundert Meter lange, von hohen Bäumen gesäumte Einfahrt, die uns schließlich auf das eigentliche Missionsgelände brachte. Das Kirchengebäude war aus rohen Steinblöcken erbaut und konnte meiner Schätzung nach mindestens eintausend Menschen beherbergen. Auf beiden Seiten der Kirche befanden sich vierstöckige Gebäude, die wie Schulhäuser aussahen.

»Ein eindrucksvoller Ort«, sagte ich.

»Ja, aber wo sind die Menschen?«, fragte er.

Ich bemerkte, dass die Wege und Gehsteige wie ausgestorben dalagen.

»Sebastian betreibt hier eine vielgerühmte Schule«, sagte er. »Wo sind seine Studenten geblieben?«

Die Soldaten führten uns zum Eingang der Kirche und baten uns höflich, aber bestimmt, ihnen ins Innere zu folgen. Während wir die Zementstufen erklommen, sahen wir, dass hinter einem angrenzenden Gebäude mehrere Lastwagen geparkt waren. Dreißig oder vierzig Soldaten hielten sich aufbruchbereit in ihrer Nähe auf. Nachdem wir die Kirche betreten hatten, wurden wir durch den Altarraum und von dort in ein kleines Zimmer geführt. Dort durchsuchte man uns gründlich und ließ uns warten. Die Soldaten entfernten sich und verschlossen die Tür.

»Wo liegt das Büro des Kardinals?«, fragte ich.

»Weiter hinten in der Kirche«, sagte er.

Plötzlich wurde die Tür geöffnet. In Begleitung mehrerer Soldaten stand Kardinal Sebastian vor uns. Seine Haltung war gerade und aufrecht.

»Was willst du?«, fragte der Kardinal Sanchez.

»Ich möchte mit dir reden«, sagte Sanchez.

»Worüber?«

»Den neunten Teil des Manuskriptes.«

»Es gibt nichts zu reden. Er wird niemals auftauchen.«

»Wir wissen, dass du ihn bereits gefunden hast.«

Die Augen des Kardinals weiteten sich. »Ich werde niemals zulassen, dass diese so genannte Erkenntnis an die Öffentlichkeit gelangt«, sagte er. »Kein Wort darin ist wahr.«

»Woher weißt du, was die Wahrheit ist?«, fragte Sanchez. »Auch du kannst irren. Gib sie mir zu lesen.«

Der Gesichtsausdruck des Kardinals verlor etwas von seiner Strenge, während Sanchez sprach. »Es gab eine Zeit, da hast du meine Entscheidungen in derartigen Angelegenheiten für korrekt und angemessen gehalten.«

»Ich weiß«, sagte Sanchez. »Du bist mein Mentor gewesen. Meine Inspiration. Nach deinem Vorbild habe ich meine Mission errichtet.«

»Bis zur Entdeckung des Manuskriptes hast du mich respektiert. Merkst du jetzt, wie zersetzend es ist? Ich habe dich deinen eigenen Weg gehen lassen, selbst nachdem du damit begonnen hattest, die Erkenntnisse zu lehren. Doch ich werde unter keinen Umständen zulassen, dass dieses Dokument zerstört, was unsere Kirche in Jahrhunderten aufgebaut hat.«

Ein Soldat trat von hinten an den Kardinal heran und bat um ein Gespräch. Dieser warf einen Blick auf Sanchez und begab sich dann auf den Flur. Wir konnten ihn zwar noch sehen, verstanden aber kein Wort des Gespräches. Es war offensichtlich, dass der Inhalt der überbrachten Botschaft Kardinal Sebastian zu alarmieren schien. Als er sich zum Gehen wandte, signalisierte er allen, ihm zu folgen, bis auf einen seiner Soldaten, der mit unserer Bewachung beauftragt wurde.

Er kam in unser kleines Zimmer und lehnte sich mit verstörtem Gesichtsausdruck an die Wand. Er war höchstens zwanzig Jahre alt.

»Was ist los?«, fragte Sanchez ihn.

Der Soldat schüttelte nur den Kopf.

»Geht es um das Manuskript, die Neunte Erkenntnis?«

Der Soldat schien überrascht. »Was wissen Sie von der Neunten Erkenntnis?«, fragte er zaghaft.

»Wir sind hier, um diese vor der Vernichtung zu bewahren«, sagte Sanchez.

»Ich möchte auch nicht, dass sie vernichtet wird«, gab der Soldat zurück.

»Haben Sie die Schrift gelesen?«, fragte ich.

»Nein«, sagte er. »Aber ich habe davon gehört. Sie wird unsere Religion wieder zum Leben erwecken.«

Von draußen war plötzlich Gewehrfeuer zu hören. »Was geht dort vor?«, fragte Sanchez.

Der Soldat rührte sich nicht.

Freundlich berührte Sanchez ihn am Arm. »Helfen Sie uns.«

Der junge Soldat begab sich zur Tür und sah den Flur hinab. »Jemand ist in die Kirche eingebrochen und hat eine Kopie der Neunten Erkenntnis gestohlen. Es scheint, als befinden die Einbrecher sich noch auf dem Gelände.«

Wieder hörte man Gewehrschüsse.

»Wir müssen versuchen, den Leuten zu helfen«, sagte Sanchez zu dem jungen Mann.

Der sah verängstigt drein.

»Wir müssen unsere Pflicht tun«, begann Sanchez wieder. »Es geht um das Schicksal der ganzen Welt.«

Der Soldat nickte und sagte, dass wir uns in einen Teil der Kirche begeben sollten, in dem weniger Aufregung herrschte und wo er uns vielleicht behilflich sein könnte. Er führte uns den Flur hinab und zwei Treppenfluchten hinauf, auf einen großen Korridor, der sich über die gesamte Breite des Kirchenschiffes erstreckte.

»Kardinal Sebastians Büro liegt direkt unter uns, zwei Stockwerke tiefer«, sagte der junge Mann.

Mit einem Mal hörten wir, wie eine Gruppe von Menschen durch einen der anderen Korridore in unsere Richtung rannte. Sanchez und der Soldat liefen vor mir und schlüpften sofort in einen Raum zu unserer Rechten. Mir war klar, dass ich den Raum nicht mehr rechtzeitig erreichen konnte, deshalb rannte ich in den davor liegenden und schloss die Tür hinter mir.

Ich befand mich in einem Klassenzimmer. Pulte, Podium, Schrank. Ich lief zum Schrank, fand ihn unverschlossen und quetschte mich zwischen ein paar muffige Jacken und einige Schachteln, die dort verstaut lagen. Obwohl ich versuchte, mich so gut es ging zu verstecken, wusste ich, dass nur jemand die Schranktür zu öffnen brauchte, um mich zu entdecken. Ich versuchte mich nicht zu bewegen, nicht einmal zu atmen. Die Tür zum Klassenzimmer öffnete sich mit lautem Quietschen, und ich hörte, wie mehrere Leute den Raum betraten und sich darin zu schaffen machten. Jemand schien sich dem Schrank zu nähern, dann hielt er inne und entfernte sich in die entgegengesetzte Richtung. Lautes Spanisch war zu hören. Dann Stille. Keine Bewegung.

Ich wartete noch zehn Minuten, bevor ich es wagte, die Schranktür vorsichtig zu öffnen und den Kopf aus dem Schrank zu stecken. Ich ging zur Tür. Es gab keinerlei Anzeichen dafür, dass sich jemand auf dem Flur aufhielt. Mit eiligen Schritten begab ich mich zu dem Raum, in dem Sanchez und der Soldat sich versteckt hatten. Zu meinem Erstaunen handelte es sich nicht um ein Zimmer, sondern um einen weiteren Flur. Ich lauschte, konnte aber nichts hören. Ich lehnte mich gegen die Wand, und auf dem Grunde meines Magens breitete sich eine unangenehme Unruhe aus. Leise rief ich Sanchez' Namen. Keine Antwort. Ich war allein. Vor Nervosität wurde mir schwindelig.

Ich holte tief Luft und versuchte, mich durch Selbstgespräche zu beruhigen; ich musste klaren Verstand bewahren und meine Energie aufbauen. Mehrere Minuten kämpfte ich, bis die Farben und Formen auf dem Schulflur eine stärkere Präsenz hatten und fühlte mich tatsächlich nach einer Weile besser. Wieder dachte ich an den Kardinal. Falls er sich in seinem Büro aufhalten sollte, würde Sanchez dorthin gehen.

Vor mir führte der Flur zu einer Treppe und ich ging zwei Stockwerke hinunter, bis in das Erdgeschoss. Durch das Glas der Tür zum Treppenhaus sah ich den Flur hinab. Weit und breit war niemand zu sehen. Ich öffnete die Tür und lief los, ohne mir darüber im Klaren zu sein, wohin ich eigentlich wollte.

Dann hörte ich, wie Sanchez' Stimme aus einem Raum vor mir erklang. Die Tür war nur angelehnt, und Kardinal Sebastians Stimme schrie ihn förmlich nieder. Gerade als ich mich der Tür nähern wollte, öffnete ein Soldat sie von innen und zeigte mit seinem Gewehrlauf direkt auf mein Herz – er zwang mich einzutreten und mich gegen die Wand zu stellen. Sanchez nahm mein Eintreffen durch einen kurzen Seitenblick zur Kenntnis und legte sich die Hand auf den Solarplexus. Der Kardinal schüttelte angewidert den Kopf. Der junge Soldat, der uns geholfen hatte, war nirgendwo zu sehen.

Ich wusste, dass Sanchez' Geste etwas zu bedeuten hatte. Alles, was mir einfiel, war, dass er Energie benötigte. Während er sprach, konzentrierte ich mich auf sein Gesicht und versuchte sein höheres Selbst zu sehen – sein Energiefeld dehnte sich aus.

»Du wirst die Wahrheit nicht aufhalten können«, sagte Sanchez. »Die Menschen haben ein Recht darauf, sie zu erfahren.«

Der Kardinal blickte Sanchez herablassend an. »Diese so genannten Erkenntnisse stehen im Widerspruch zu der Heiligen Schrift. Unter keinen Umständen kann etwas an ihnen wahr sein.«

»Widersprechen sie wirklich der Heiligen Schrift oder verdeutlichen sie nur, was die wahre Bedeutung der Schrift ist?«

»Wir wissen, was ihre wahre Bedeutung ist«, sagte der Kardinal. »Wir wissen es seit Jahrhunderten. Hast du deine Ausbildung vergessen, die vielen Jahre deines Studiums?«

»Nein, das habe ich nicht«, sagte Sanchez. »Aber ich weiß trotzdem, dass das Manuskript unseren Begriff von Spiritualität erweitert. Sie …«

»Wessen Spiritualität?«, rief der Kardinal mit lauter Stimme. »Wer hat denn dieses Manuskript überhaupt geschrieben? Irgendein heidnischer Maya, der irgendwo gelernt hat, Aramäisch zu sprechen? Was verstanden diese Leute schon davon? Sie glaubten an die Magie von bestimmten Orten und an mysteriöse Energien. Das waren Primitive. Die Ruinen, in denen die Neunte Erkenntnis gefunden wurde, nennt man die Celestine-Tempel, die himmlischen Tempel – was um alles in der Welt konnte diese Kultur vom Himmel verstanden haben?

Und hat ihre Kultur etwa überlebt?«, fuhr er fort.

»Nein. Kein Mensch weiß, was mit dem Volk der Mayas geschehen ist. Sie sind spurlos verschwunden. Und du verlangst, dass wir an dieses Manuskript glauben? Dieses Dokument behauptet, Menschen hätten Kontrolle über die Welt. Doch das haben sie nicht. Gott hat sie. Unsere einzige Wahl besteht in der Akzeptanz der Botschaft der Heiligen Schrift, in ihr liegt der Schlüssel zu unserer Erlösung.«

»Was heißt es denn in Wirklichkeit, die Heilige Schrift zu akzeptieren und Erlösung zu erlangen?«, gab Sanchez zurück. »Wodurch erlangen wir sie? Weist das Manuskript uns nicht den genauen Weg zu einer höheren Spiritualität, einen Weg, wie wir uns verbinden können, gerettet werden – wie diese abstrakten Dinge sich in der Realität anfühlen? Und führen uns die Achte und die Neunte Erkenntnis nicht deutlich vor Augen, was geschähe, wenn jeder Mensch sich dementsprechend verhalten würde?«

Der Kardinal schüttelte den Kopf und machte Anstalten zu gehen, dann drehte er sich um und blickte Sanchez mit stechendem Blick an. »Du hast die Neunte Erkenntnis ja noch nicht einmal mit eigenen Augen gesehen.«

»Doch, habe ich. Zumindest einen Teil davon.«

»Wie das?«

»Man hat mir kurz vor meiner Ankunft davon berichtet. Einen weiteren Teil habe ich vor wenigen Minuten gelesen.«

»Wie?! Wie ist das möglich?«

Sanchez trat auf den alten Priester zu. »Hör zu, überall verlangen Menschen nach der Offenbarung dieser letzten Erkenntnis. Sie rückt alle anderen Erkenntnisse in den entscheidenden Zusammenhang. Sie zeigt uns unsere Bestimmung und unser Schicksal – was es heißt, ein spirituelles Bewusstsein zu haben!«

»Wir wissen, was ein spirituelles Bewusstsein ist, Sanchez.«

»Tun wir das wirklich? Ich denke, nicht. Wir haben Jahrhunderte damit verbracht, darüber zu reden, es uns vorzustellen, unseren Glauben darin zu geloben. Doch haben wir diesen Begriff immer als etwas Abstraktes beschrieben, etwas, das es intellektuell zu erfassen gilt. Und immer haben wir spirituelles Bewusstsein als etwas dargestellt, das von Einzelnen entwickelt werden musste, um das Eintreffen von Unglück zu verhindern, nicht um etwas Gutes oder gar Wunderbares zu bewerkstelligen und zu erreichen. Das Manuskript beschreibt die Inspiration, die aus der wahren Liebe zu anderen und der Evolution unserer Existenz entstehen wird.«

»Evolution! Evolution! Hör dich doch an, Pater! Du, der du immer gegen den Einfluss der Evolution gekämpft hast. Was ist mit dir geschehen?«

Sanchez sammelte sich ein wenig. »Ja, es stimmt. Ich habe mich gegen die Ideen der Evolution gewandt, sobald sie als Ersatz für Gott herangezogen wurden, als Versuch, das Universum gottlos zu machen. Doch jetzt sehe ich, dass die Wahrheit in einer Synthese aus Religion und Wissenschaft liegt. Die Wahrheit ist, dass Gott die Evolution geschaffen hat und noch dabei ist, sie zu schaffen.«

»Es gibt keine Evolution«, protestierte Kardinal Sebastian. »Gott hat diese Welt geschaffen und damit Schluss.«

Sanchez warf mir einen schnellen Blick zu, doch hatte ich keinerlei zündende Ideen beizusteuern.

»Sebastian«, fuhr er fort, »das Manuskript beschreibt

die Abfolge der Generationen als eine Evolution des Geistes, eine Entwicklung hin zu höherer Spiritualität und höherer molekularer Schwingung. Jede Generation erzeugt eine höhere Form der Energie und vereint mehr Wahrheit in sich als die vorausgegangene, und sie gibt diesen Status an die Menschen der nächsten Generation weiter, welche diese Dinge ihrerseits wieder weiterentwickelt.«

»Barer Unsinn«, sagte der Kardinal. »Es existiert nur ein Weg zu einer höheren Spiritualität, und der besteht in der Befolgung der Gebote.«

»Exakt!«, rief Sanchez aus. »Doch wo sind die Beispiele hierfür? Ist die Geschichte der Gebote nicht die Geschichte eines Volkes, das lernt, die göttliche Energie und den göttlichen Willen zu empfangen und zu verinnerlichen? Dies haben die frühen Propheten die Menschen im Alten Testament gelehrt. Und war es nicht die Offenheit für diese göttliche Energie, die im Leben des Sohnes eines Zimmermannes kulminierte, bis zu einem Punkt, wo er zum direkten Abgesandten Gottes auf dieser Erde wurde? Ist dies nicht die Geschichte des Neuen Testamentes«, fuhr er fort, »die Geschichte einer Gruppe von Menschen, die von einer Energie erfüllt und vollkommen verändert wurde? Hat nicht Jesus selbst gesagt, dass wir in der Lage sind zu tun, was er getan hat – und darüber hinauszugehen! Bis zum heutigen Tage haben wir diese Idee nie ernsthaft in Betracht gezogen. Jetzt erst beginnen wir zu verstehen, wovon Jesus gesprochen hat, wohin seine Botschaft uns führte. Das Manuskript erklärt uns, was er meinte und wie wir es erreichen können!«

Der Kardinal wandte seinen Blick ab; sein Gesicht war

jetzt rot vor Zorn. In die entstandene Pause platzte ein hoher Offizier und berichtete dem Kardinal von der Sichtung der Eindringlinge.

»Sehen Sie!« Der Offizier zeigte aus dem Fenster. »Da sind sie!«

Drei- oder vierhundert Meter entfernt sahen wir, wie zwei Figuren über ein Stoppelfeld in Richtung Wald davonliefen. Eine Anzahl Soldaten am Feldrand schien auf den Befehl zu warten, das Feuer zu eröffnen.

Der Offizier wandte seinen Blick vom Fenster ab und blickte mit erhobenem Funkgerät auf den Kardinal.

»Wenn sie den Wald einmal erreicht haben, werden sie nur noch schwer zu finden sein. Habe ich Ihre Erlaubnis, das Feuer zu eröffnen?«

Ein einziger Blick aus dem Fenster verriet mir, dass es sich bei den Flüchtenden um meine Bekannten handelte.

»Wil und Julia!«, rief ich aus.

Sanchez trat noch näher an Kardinal Sebastian heran. »Im Namen Gottes, du kannst dich nicht des Mordes schuldig machen!«

Der Offizier insistierte weiter. »Kardinal Sebastian, wenn Sie weiter Wert auf die Geheimhaltung des Manuskriptes legen, müssen Sie jetzt den Befehl geben.«

Ich stand wie erstarrt.

»Vater, vertraue mir«, sagte Sanchez. »Keinesfalls wird das Manuskript vernichten, was du aufgebaut hast, wofür du stehst. Du kannst diese Leute nicht ermorden lassen.«

Der Kardinal schüttelte den Kopf. »Dir vertrauen …?« Dann setzte er sich hinter seinen Schreibtisch und sah den Offizier an. »Wir werden niemanden erschießen lassen. Weisen Sie Ihre Truppen an, die Leute gefangen zu nehmen.«

Der Offizier nickte und verließ das Zimmer. »Danke«, sagte Sanchez, »du hast die richtige Entscheidung getroffen.«

»Nicht zu töten, ja«, sagte der Kardinal. »Doch meine Meinung werde ich nicht ändern. Dieses Manuskript ist ein Fluch. Es wird die Grundfesten unserer geistlichen Autorität untergraben. Es wird die Menschen ermutigen, sich selbst für die Herren ihrer spirituellen Bestimmung zu halten. Es wird die Disziplin untergraben, die notwendig ist, jeden auf diesem Planeten in die Kirche zu bringen und genau dort werden die Leute sein wollen, wenn der Jüngste Tag kommt.« Er warf Sanchez einen erbarmungslosen Blick zu. »In diesem Moment treffen Tausende von Soldaten ein. Es spielt also keine Rolle mehr, was du tust oder andere. Die Neunte Erkenntnis wird das Land niemals verlassen. Und nun entfernt euch bitte aus meiner Mission.«

Während wir mit hoher Geschwindigkeit davonfuhren, hörte ich in der Ferne das Geräusch einer großen Anzahl schwerer Lastwagen.

»Weshalb hat er uns laufen lassen?«, fragte ich.

»Vermutlich, weil er uns für unschädlich hält«, erwiderte Sanchez. »Es gibt nichts mehr, was wir tun könnten. Ich weiß wirklich nicht, was ich davon halten soll.« Er sah mir in die Augen. »Es ist uns nicht gelungen, ihn zu überzeugen.«

Auch ich war verwirrt. Was hatte das zu bedeuten? Möglicherweise hatte unsere Aufgabe nicht darin bestanden, den Kardinal zu überzeugen. Vielleicht hatten wir ihn lediglich aufhalten sollen. Ich blickte zu Sanchez hin. Er konzentrierte sich auf die Straße und suchte gleichzeitig die Gegend nach Anzeichen von Wil oder Julia ab. Wir waren in die Richtung gefahren, in die sie geflohen waren, doch bisher hatten wir keine Spur von ihnen bemerkt. Während der Fahrt wanderten meine Gedanken zu den Ruinen von Celestine, und ich stellte mir den Ort vor: stufenförmige Ausgrabungen, die Zelte der Wissenschaftler und hohe pyramidenförmige Gebäude im Hintergrund.

»Hier in den Wäldern scheinen sie nicht zu sein«, sagte Sanchez. »Sie müssen einen Wagen gehabt haben. Wir sollten entscheiden, wohin wir fahren und was wir jetzt machen.«

»Meiner Ansicht nach müssen wir zu den Ruinen«, sagte ich.

Er sah mich an. »Warum nicht. Mir fällt auch kein anderer Ort ein.«

Sanchez wendete den Wagen und wir fuhren nach Westen.

»Was wissen Sie über die Ruinen?«, fragte ich.

»Julia sagt, sie sind das Ergebnis zweier unterschiedlicher Kulturen. Die Mayas hatte den Höhepunkt ihrer Zivilisation dort, obwohl die meisten ihrer Tempel weiter nördlich, in Yucatan, stehen. Mysteriöserweise verschwanden die Mayas ungefähr 600 vor Christus ohne einen ersichtlichen Grund. Danach gründeten die Inkas ihre Zivilisation am selben Ort.«

»Was ist Ihrer Meinung nach mit den Mayas geschehen?«

Sanchez sah mich an. »Ich weiß es nicht.«

Mehrere Minuten fuhren wir schweigend dahin.

»Wie kommt es, dass Sie noch mehr von der Neunten Erkenntnis gelesen haben?«, fragte ich ihn, als ich mich an sein Gespräch mit dem Kardinal erinnerte.

»Der junge Soldat, der uns geholfen hat, wusste, wo ein Teil des Manuskripts aufbewahrt wurde. Nachdem wir getrennt worden waren, nahm er mich mit in einen anderen Raum und zeigte ihn mir. Im Wesentlichen handelt es sich dabei um einige Ergänzungen zu den von Phil und Dobson ausgeführten Konzepten, doch vor allem habe ich Argumente gefunden, die ich gegen den Kardinal ins Feld führen konnte.«

»Was genau sagt die Neunte?«

»Dass das Manuskript den Inhalt vieler Religionen erklären wird und ihnen dabei behilflich sein kann, ihre jeweiligen Versprechungen zu erfüllen. Sämtliche Religionen, so behauptet das Manuskript, versuchen die Verbindung zwischen der Menschheit und einer höheren Instanz herzustellen. Und alle Religionen sprechen von der göttlichen Wahrnehmung im Gläubigen selbst, eine Wahrnehmung, die uns erfüllt und uns zu etwas anderem, Besserem macht, als wir es sind. In dem Augenblick, als man Führer bestimmte und sie damit beauftragte, Gottes Willen den Menschen zu erklären, anstatt ihnen zu zeigen, wie sie den Weg dorthin finden können, wurde die Religion allerdings korrumpiert. Im Manuskript steht, dass irgendwann in der Geschichte ein Einzelner die exakte Art und Weise, sich mit der göttlichen Quelle zu verbinden, erfahren wird und so ein dauerndes Beispiel für die Möglichkeit dieser Verbindung gibt.« Sanchez blickte mich an. »Hat nicht Jesus genau dieses getan? Hat er nicht seine eigene Energie und seine Schwingungen derartig erhöht, bis er leicht genug war, um …?« Sanchez sprach seinen Satz nicht zu Ende und schien in tiefen Gedanken versunken.

»Woran denken Sie?«, fragte ich.

Sanchez schien die Frage zu überraschen. »Hier genau endete die Kopie, die der Soldat mir zum Lesen gegeben hat. Der Auserwählte würde einen Weg gehen, dem die ganze Menschheit folgen soll, das ist ihre Bestimmung. Doch das Manuskript sagte nicht, wohin der Weg uns führt.«

Eine Viertelstunde etwa fuhren wir schweigend dahin. Ich bemühte mich zu erahnen, was als Nächstes geschehen würde, doch mein Kopf blieb leer.

»Dort sind die Ruinen«, sagte Sanchez.

Vor uns, auf der linken Seite, konnte ich durch die Bäume drei pyramidenförmige Bauwerke erkennen. Nachdem wir den Wagen geparkt und näher gekommen waren, sah ich, dass die Pyramiden aus behauenen Steinen errichtet worden waren und in gleichmäßigen Abständen von etwa hundert Metern voneinander entfernt standen. Zwischen ihnen hatte man den Boden mit einer weicheren Sorte Stein gepflastert. An den Grundmauern der Pyramiden war an mehreren Stellen mit Ausgrabungsarbeiten begonnen worden.

»Schau – dort!«, rief Sanchez und zeigte auf die Pyramide, die am weitesten von uns entfernt stand.

Eine einsame Figur saß direkt davor. Als wir näher kamen, bemerkte ich ein Ansteigen meiner Energie. Als ich in der Mitte der Steinplatten angekommen war, fühlte ich mich mit einem Mal vollkommen frisch. Ich warf einen Blick auf Sanchez und er hob eine Augenbraue. Dann konnte ich endlich erkennen, dass es sich bei der Person vor der Pyramide um Julia handelte. Sie saß im Schneidersitz und hielt einige Papiere auf ihrem Schoß.

»Julia!«, rief Sanchez.

Julia wandte sich uns zu und stand auf. Ihr Gesicht schien leicht zu schimmern.

»Wo ist Wil?«, fragte ich.

Julia zeigte nach rechts. Ungefähr hundert Meter entfernt saß Wil. In dem rasch schwindenden Dämmerlicht schien er förmlich zu leuchten.

»Was macht er dort?«, fragte ich.

»Die Neunte«, erwiderte Julia und hielt uns den Stapel mit Papieren entgegen. Sanchez erklärte ihr, was wir bereits von der Erkenntnis erfahren hatten: dass die Menschheit durch bewusstes Vorantreiben der Evolution transformiert werden würde.

»Aber wohin wird diese Evolution uns führen?«, fragte Sanchez.

Julia antwortete nicht. Sie hielt uns die Papiere entgegen, als erwarte sie von uns, dass wir ihre Gedanken lesen könnten.

»Was?«, fragte ich.

Sanchez berührte meinen Unterarm. Sein Blick erinnerte mich daran, wachsam zu bleiben und abzuwarten, was sich entwickelte.

»Die Neunte enthüllt unsere ultimative Bestimmung«, sagte Julia. »Alles erscheint kristallklar. Der Mensch ist die Zuspitzung des gesamten Evolutionsprozesses, von der

Materie in ihrer schwächsten Form bis hin zu den Elementen, den Spezies – jede von ihnen eine höhere Form der Schwingung. Als die ersten Menschen auftauchten, führten wir diese Evolution unbewusst fort, indem wir andere gefangennahmen, uns ihre Energie aneigneten und uns dadurch ein wenig vorwärts bewegten. Wurden wir selbst gefangen genommen, so verloren wir die Energie wieder. Dieser physische Konflikt setzte sich fort, bis wir die Demokratie erfanden und der Konflikt auf eine mentale Ebene verlagert wurde. Jetzt bringen wir uns den gesamten Prozess zu Bewusstsein. Jetzt sind wir in der Lage, unseren Energielevel anzuheben und die Fügungen des Schicksals bewusst zu erleben.«

Sie zögerte einen Augenblick und sah uns nacheinander an. »Unsere Bestimmung liegt darin, den Energielevel weiter zu erhöhen. Damit erhöht sich die Frequenz der molekularen Schwingungen unserer körpereigenen Atome.«

Sie zögerte erneut.

»Was hat das zu bedeuten?«, fragte ich.

»Es bedeutet, dass wir leichter und reiner in unserer Spiritualität werden.«

Ich sah Sanchez an. Er hatte sich jetzt vollkommen auf Julia konzentriert.

»Die Neunte Erkenntnis«, so fuhr Julia fort, »behauptet, dass sich im Anschluss daran etwas absolut Erstaunliches ereignen wird. Gruppen von Leuten, die einen bestimmten Level erreicht haben, werden für jene, die sich noch auf einem der unteren Level befinden, unsichtbar werden. Es wird so aussehen, als sei die Gruppe von Leuten einfach verschwunden, während sie ihrem eigenen Bewusstsein nach noch da ist – allerdings um vieles erdgelöster als zuvor.«

Während Julia sprach, bemerkte ich, dass sich ihr Gesicht und ihr Körper ein wenig veränderten. Ihr Körper verhielt sich wie ihr Energiefeld. Zwar waren ihre Körperteile klar und deutlich zu erkennen, doch schien ich nicht länger auf Muskeln und Fleisch zu schauen, sondern auf reines Licht, ein Licht, das aus ihrem Inneren zu kommen schien.

Ich blickte auf Sanchez. Er hatte sich ebenfalls verändert. Zu meiner völligen Verwunderung schien alles in meiner Umgebung sich verändert zu haben: die Pyramiden, die Steinplatten unter unseren Füßen, der angrenzende Wald, selbst meine Hände. Ich war in der Lage, eine Form der Schönheit wahrzunehmen, die alles überstieg, was ich je erlebt hatte.

»Haben die Menschen ihre energetischen Schwingungen auf einen Level gebracht, auf dem sie unsichtbar für andere werden«, fuhr Julia fort, »beginnen sie die Barriere zwischen diesem Leben und der anderen Welt zu überqueren, jener Welt, aus der wir kommen und in die wir nach unserem Tode wieder eintreten werden. Die bewusste Überquerung der Grenze zwischen diesen beiden Bereichen wurde von Christus vollzogen. Er war in der Lage, sich der Energie so weit zu öffnen, dass er leicht genug wurde, um über Wasser zu gehen. Er hat den Tod hier, mitten unter uns, transzendiert und war der Erste, der die Grenze überschritt und seine körperliche Welt in die spirituelle ausdehnte. Er war ein lebendes Beispiel, und wenn es uns gelingen sollte, uns mit derselben Energie zu verbinden, können wir Schritt für Schritt in die gleiche Richtung gehen. Irgendwann wird jeder in der Lage sein, seiner Aura die Frequenz eines hohen Energielevels zu geben und in seiner jetzigen Gestalt den Himmel zu erreichen.«

Langsam kam Wil auf uns zu. Seine Bewegungen schienen ungewöhnlich anmutig, fast als würde er über den Boden schweben.

»Dem Manuskript nach«, sagte Julia, »werden die meisten diesen Level im Laufe des dritten Jahrtausends erreichen, gemeinsam mit jenen Menschen, mit denen sie sich am engsten verbunden fühlen. Einige Kulturen in der Geschichte der Menschheit haben diesen Schritt bereits vollzogen. Die Mayas haben die Grenze zwischen den beiden Welten geschlossen übertreten.«

Julia hörte abrupt auf zu sprechen. Hinter uns erklangen gedämpfte Stimmen in Spanisch. Dutzende von Soldaten waren an den Ruinen angelangt und bewegten sich auf uns zu. Zu meiner großen Überraschung hatte ich keine Angst. Sie gingen weiter in unsere Richtung und schienen seltsamerweise keinerlei Notiz von uns zu nehmen.

»Sie können uns nicht sehen!«, sagte Sanchez. »Unsere Schwingungen sind zu hoch!«

Wieder blickte ich zu den Soldaten. Er hatte recht. In ungefähr sechs Meter Entfernung gingen sie an uns vorbei und ignorierten uns völlig.

Dann erklang lautes Rufen hinter der Pyramide zu unserer Linken. Die Soldaten, die uns am nächsten standen, rannten in die Richtung.

Ich bemühte mich zu sehen, was dort vorging. Eine weitere Gruppe von Soldaten kam aus dem Wald. Sie führten zwei Männer an den Armen heraus. Es waren Dobson und Phil. Ihre Gefangennahme versetzte mir einen Schock, und ich merkte, wie mein Energielevel abstürzte. Ich blickte auf Sanchez und Julia. Beide starrten forschend auf die Soldaten und schienen ebenfalls verstört.

»Wartet!«, schien Wil zu rufen. »Lasst eure Energie nicht absinken!« Ich fühlte die Worte mehr, als dass ich sie hörte. Sie klangen seltsam verfremdet.

Wir drehten uns nach Wil um und er bewegte sich mit eiligen Schritten in unsere Richtung. Er wollte noch etwas sagen, doch waren seine Worte jetzt vollkommen unverständlich. Ich bekam Schwierigkeiten, mich zu konzentrieren. Wils Erscheinung wurde undeutlicher und seine Umrisse verzerrt. Langsam verschwand er direkt vor meinen ungläubigen Augen.

Julia wandte sich Sanchez und mir zu. Auch ihr Energielevel schien gesunken zu sein, doch war sie völlig unverzagt, als hätten die jüngsten Ereignisse etwas für immer geklärt.

»Wir sind nicht in der Lage, die Energie zu halten«, sagte sie. »Angst senkt das Energieniveau radikal.« Sie schaute auf den Fleck, an dem Wil zuletzt gestanden hatte, bevor er nach und nach verschwunden war. »Die Neunte Erkenntnis behauptet, dass einzelne in der Lage sein werden, die Grenze zu übertreten. Ein Umbruch auf breiterer Ebene wird jedoch erst stattfinden können, nachdem wir unsere Furcht besiegt haben und in allen Situationen eine ausreichend hohe energetische Schwingung erzeugen und halten können.«

Julias Aufregung wuchs. »Versteht ihr denn nicht?

Wann immer wir Zweifel an unserem eigenen Weg haben, müssen wir uns daran erinnern, wohin wir auf dem Weg sind, wohin wir uns entwickeln – was es eigentlich bedeutet, am Leben zu sein. Den Himmel hier auf Erden zu errichten, deshalb sind wir hier, und jetzt wissen wir sogar, wie wir das machen können …, wie es passieren wird.«

Einen Moment hielt sie inne. »In der Neunten wird die Existenz einer Zehnten Erkenntnis erwähnt. Ich denke, sie wird enthüllen, wie …«

Noch bevor sie zu Ende sprechen konnte, zerschlug eine Garbe Maschinengewehrfeuer den Plattenboden vor unseren Füßen. Wir duckten uns und hoben die Hände. Niemand sagte ein Wort, als die Soldaten kamen und jeden von uns in eine andere Richtung abführten.

Die ersten Wochen nach meiner Gefangennahme verbrachte ich in einem Zustand permanenter Angst. Mein Energielevel sank dramatisch, während mich ein Militäroffizier nach dem anderen streng verhörte und nach dem Manuskript befragte.

Ich spielte den ahnungslosen Touristen. Schließlich war es nicht allzu weit von der Wahrheit entfernt, dass ich nicht wusste, wer von den anderen Priestern eine Kopie des Manuskriptes besaß oder inwieweit die Öffentlichkeit von der Existenz des Manuskriptes Kenntnis hatte. Allmählich schien meine Taktik zu wirken. Die Soldaten wurden meiner müde und übergaben mich schließlich den Zivilbehörden, die es mit einer anderen Methode versuchten. Die Beamten wollten mich davon überzeugen, dass meine Reise nach Peru von Anfang an eine Art

Wahnsinnsunterfangen gewesen sei, da das Manuskript in Wirklichkeit gar nicht existiere. Sie behaupteten, die Schrift sei die Erfindung einer kleinen Gruppe rebellischer Priester gewesen, die damit einen Umsturz hatten herbeiführen wollen.

Nach einer Weile bekamen unsere Unterhaltungen einen beinahe freundlichen Charakter. Die Beamten behandelten mich wie das unschuldige Opfer einer Verschwörung: den leichtgläubigen Yankee, der sich nach der Lektüre allzu vieler Abenteuergeschichten unversehens in einem fremden Land verirrt.

Und da meine Energie einen neuen Tiefpunkt erreicht hatte, wäre ich auf diese Gehirnwäsche sogar beinahe hereingefallen – hätte sich nicht noch eine seltsame Begebenheit ereignet. Von einem Tag auf den anderen wurde ich von der Militärbasis zu einem Lager der Regierung am Flughafen von Lima gebracht – einem Lager, in dem ich Pater Carl wiedertraf. Diese Begegnung sorgte dafür, dass sich mein altes Vertrauen wieder einstellte.

Ich machte gerade einen Spaziergang im Hof des Lagers, als ich ihn lesend auf einer Bank sitzen sah. Ich schlenderte beiläufig zu ihm und bemühte mich, meine überschwängliche Freude zu verbergen, um nicht die Aufmerksamkeit der Beamten im Inneren des Gebäudes auf mich zu ziehen. Als ich mich neben ihn setzte, sah er auf und grinste.

»Ich habe Sie erwartet«, sagte er.

»Wirklich?«

Er ließ sein Buch sinken, und ich konnte die Freude in seinen Augen sehen.

»Nachdem Pater Costous und ich in Lima angekommen waren«, erklärte er, »wurden wir sofort verhaftet und getrennt. Seitdem befinde ich mich hier in Gewahrsam. Ich verstand nicht, weshalb, denn es schien nichts weiter zu passieren, bis ich mehrfach an Sie denken musste.« Er warf mir einen wissenden Blick zu. »Und so habe ich mir gedacht, dass Sie früher oder später hier auftauchen würden.«

»Ich bin heilfroh, Sie hier zu sehen«, sagte ich. »Hat Ihnen niemand erzählt, was bei den Ruinen von Celestine geschehen ist?«

»Doch«, erwiderte Pater Carl. »Ich habe kurz mit Pater Sanchez gesprochen. Er wurde einen Tag lang hier festgehalten, bevor man ihn fortbrachte.«

»Geht es ihm gut? Wusste er, was mit den anderen geschehen ist? Und was ist mit ihm? Hat man ihn ins Gefängnis geworfen?«

»Über die anderen hatte er auch keine Informationen. Und was Pater Sanchez angeht, so weiß ich überhaupt nichts. Die Strategie der Regierung besteht darin, jede Kopie des Manuskriptes systematisch zu suchen und zu zerstören und die ganze Angelegenheit danach als einen formidablen Schwindel abzutun. Ich nehme an, dass wir allesamt gehörig diskreditiert werden, aber was sie darüber hinaus mit uns vorhaben, vermag ich nicht zu sagen.«

»Was ist mit Dobsons Kopien geschehen?«, fragte ich. »Er hatte die Erste und die Zweite Erkenntnis in den Staaten zurückgelassen.«

»Die haben sie bereits gefunden«, erwiderte Pater Carl. »Pater Sanchez erzählte mir, dass Agenten der Regierung wussten, wo sie versteckt waren und sie gestohlen haben.

Offenbar waren von Anfang an peruanische Agenten im Einsatz. Sie überwachten Dobson und wussten ebenfalls von Ihrer Freundin Charlene.«

»Meinen Sie, es wird der Regierung gelingen, alle Kopien zu vernichten?«

»Es wäre ein Wunder, wenn auch nur eine einzige übrig bleibt.«

Ich merkte, wie meine neugewonnene Energie sich verflüchtigte.

»Sie wissen, was das bedeutet, nicht wahr?«, fragte Pater Carl.

Ich sah ihn an, sagte aber nichts.

»Das heißt, dass jeder von uns sich genauestens daran erinnern muss, was die Botschaft des Manuskriptes war. Sie und Pater Sanchez haben es nicht geschafft, Kardinal Sebastian von der Freigabe des Manuskriptes zu überzeugen, aber ihr habt ihn lange genug hingehalten, um die Neunte Erkenntnis zu verstehen. Jetzt müsst ihr den Inhalt verbreiten. Darin besteht eure Aufgabe.«

Ich fühlte mich durch seine Behauptung unter Druck gesetzt und aktivierte unversehens mein altes Drama als Unnahbarer. Ich lehnte mich auf der Bank zurück und blickte ziellos in der Gegend herum, bis Pater Carl lachte. Genau in diesem Moment bemerkten wir, dass uns die Botschaftsangehörigen durch ein Bürofenster beobachteten.

»Hören Sie zu«, sagte Pater Carl hastig. »Von nun an gilt es, die Erkenntnisse mit so vielen Menschen wie möglich zu teilen. Jeder, der von der Authentizität der Erkenntnisse überzeugt ist, muss die Botschaft an andere weitergeben. Ohne die Verbindung zu dieser Energie wird die Menschheit weiterhin so tun, als ginge es im Leben darum, Macht über andere zu haben und den Planeten auszubeuten. Das werden wir in keinem Fall überleben. Jeder von uns muss sein Möglichstes tun, diese Botschaft zu verbreiten.«

Ich bemerkte, dass zwei Beamte das Gebäude verlassen hatten und sich auf uns zu bewegten.

»Noch eins«, sagte Pater Carl mit gesenkter Stimme.

»Was?«, fragte ich.

»Pater Sanchez sagte, dass Julia von einer Zehnten Erkenntnis gesprochen hat. Bisher hat niemand sie gefunden, und niemand weiß, wo sie sich befindet.«

Die Beamten hatten uns fast erreicht.

»Ich denke, dass Sie jetzt freigelassen werden. Es könnte sein, dass Sie der Einzige sind, der Gelegenheit haben wird, danach zu suchen.«

Die Männer unterbrachen unsanft unsere Unterhaltung und führten mich in Richtung des Bürogebäudes. Pater Carl lächelte und winkte mir zu. Er sagte noch etwas, doch ich vermochte nicht mehr zuzuhören. Bei der Erwähnung der Zehnten Erkenntnis hatte ich automatisch an Charlene denken müssen. Weshalb dachte ich gerade jetzt an sie? Was hatte sie mit der Zehnten Erkenntnis zu tun?

Die beiden Männer bestanden darauf, dass ich meine wenigen Habseligkeiten packte und ihnen zunächst zur Botschaft und dann in ein bereitstehendes Regierungsfahrzeug folgte. Damit wurde ich direkt zum Flughafen gebracht und dort in ein Flugzeug gesetzt. Einer der Männer lächelte mich schwach an und musterte mich durch seine dicken Brillengläser. Als er mir meinen Reisepass und ein Ticket in die Vereinigten Staaten überreichte, verschwand sein Lächeln … Mit starkem peruanischem Akzent bat er mich, niemals wieder einen Fuß auf peruanischen Boden zu setzen. Niemals.

Nachwort

Die Erkenntnisse leben

Nun haben Sie *Die Prophezeiungen von Celestine* gelesen. Wie geht es jetzt weiter? Ich habe gehört, dass die meisten Leser nach der Lektüre eine völlig neue Inspiration verspüren: über das Leben an sich und ihren eigenen Weg darin. Ihnen ist bewusst geworden, dass *Die Prophezeiungen von Celestine* eine Vision davon sind, wie das menschliche Leben in Zukunft aussehen könnte – schließlich *ist* das Buch eine Prophezeiung. Aber es stellen sich den Leserinnen und Lesern auch Fragen.

Ist diese *Celestine*-Zukunft in Anbetracht unseres umstrittenen modernen Lebensstils überhaupt möglich? Und sind die spirituellen Erfahrungen, die in dem Buch beschrieben werden, tatsächlich für jeden von uns zugänglich?

Die Antwort auf diese beiden Fragen lautet: Ja.

Während ich *Die Prophezeiungen von Celestine* schrieb, begannen sich in meinem Leben häufig Synchronizitäten zu ereignen, und die Erkenntnis, dass so viele Menschen, während sie das Buch lesen, ebenfalls solche inspirierenden, bedeutungsvollen Fügungen erleben, hat mich immer wieder begeistert.

Vielleicht ist Ihnen das auch so ergangen.

Vielleicht hat Sie eine Freundin angerufen, um Ihnen mitzuteilen, dass sie das Buch liest, gerade als Sie ihr ein Exemplar schicken wollten. Oder vielleicht saßen Sie neben jemandem, der das Thema Synchronizität ansprach, und dann stellten Sie fest, dass Sie Nachbarn sind.

Oder noch besser, Sie folgten einer Ahnung und lasen das Buch während eines Urlaubs, und jedes Mal, wenn Sie zu einer der Erkenntnisse kamen, erlebten Sie auf Ihrer Reise etwas, das genau der Wendung der Handlung entsprach, die gerade im Buch geschah.

Wenn unsere Wahrnehmung für Synchronizität geschärft ist und Zufälle an unsere Tür klopfen, können wir sie einfach nicht mehr ignorieren. Und jeden Tag sind mehr Menschen davon überzeugt, dass diese kleinen Wunder im Leben real sind.

Um dieses Buch völlig verstehen zu können, sollten Sie ein wenig mehr über die Zeit wissen, in der es geschrieben wurde. Es war vor dem 11. September 2001, vor der großen Rezession und bevor die Welt so zynisch und säkular wurde. Zu dieser Zeit gab es einen kulturellen Durchbruch in der psychologischen Wissenschaft, von dem Sie vielleicht schon gehört haben. Er nannte sich »Human Potential Movement« (Bewegung für menschliches Potenzial) und entsprang einem starken Interesse an der Maximierung der menschlichen Lebensspanne, an der Entwicklung unserer Talente und daran, alles zu werden, was wir in jeder Hinsicht sein können.

Als ich anfing, dieses Buch zu schreiben, hatte ich schon eine Weile als Therapeut und Verwaltungsangestellter im sozialen Bereich gearbeitet, und ich spürte die Veränderungen, die sich auch auf diesem Gebiet vollzogen.

Es gab eine Flut von neuen Büchern, und zum ersten Mal räumte die Wissenschaft des »Helfens« ein, was die meisten von uns bereits wussten: Wenn Menschen schwierige Probleme haben, die sie an der Entfaltung ihres menschlichen Potenzials hindern – also Verletzungen aus der Vergangenheit, Überreaktionen und Ängste, die Stress verursachen –, dann funktioniert normale psychologische Beratung nicht wirklich gut.

Wir haben herausgefunden, dass es sehr schwierig ist, solche emotionalen Verletzungen und Narben aus der Vergangenheit zu überwinden, egal wie oft man darüber spricht. Wir haben festgestellt, dass diese Verletzungen durch ein transzendentes, inspirierteres »neues Selbst« ersetzt werden müssen, das es den Menschen ermöglicht, ihre alten defensiven Gewohnheiten loszulassen und sich weiterzuentwickeln.

Um diese Aufgabe zu bewältigen, muss man sich auf den göttlichen Teil einstimmen, den wir alle in uns tragen, auf unser ureigenes spirituelles Bewusstsein, nicht nur auf einen religiösen Glauben.

Diese Art von Durchbruch muss persönlicher Natur sein und auf echten spirituellen Erfahrungen beruhen, die sich uns unmittelbar erschließen. Ich nenne solche Erfahrungen »authentische Spiritualität«, und genau das ist es, was Sie beim Lesen dieses Buches gespürt haben.

* * *

Das war also das inspirierende Klima, in dem ich mich hinsetzte, um *Die Prophezeiungen von Celestine* zu schreiben.

Ich hatte selbst schon genug erlebt und war inzwischen überzeugt, dass spirituelles Bewusstsein nicht so esoterisch oder kompliziert sein muss und dass es sich für jeden von uns ziemlich ähnlich anfühlt. In Wirklichkeit sind, wie bereits Carl Gustav Jung feststellte, unsere Seelen und Gehirne dafür konzipiert, sich für dieses höhere Bewusstsein zu öffnen.

Meine Reise und die Erfahrungen anderer in meinem Umfeld hatten mich davon überzeugt, dass die Menschheit durch eine Reihe von Erkenntnissen allmählich erwachte, sie uns für die Bewusstheit öffneten, nach der wir strebten. Und tatsächlich öffneten sich weltweit immer mehr Menschen für diese spirituellen Erkenntnisse.

Ich wusste, dass meine Aufgabe darin bestand, einen Weg zu finden, diese Erkenntnisse zu beschreiben und anderen Menschen zu vermitteln.

Ich hatte sogar alte Dokumente gesehen, in denen im Grunde das Gleiche stand, also war dieses Wissen nicht einmal neu. Doch der moderne Mensch war nun dabei, diese Weisheit zu begreifen.

Die Prophezeiungen von Celestine wurden als Versuch geschrieben, diese im Grunde alten Erkenntnisse so zu offenbaren, wie das persönliche spirituelle Erwachen sich üblicherweise anfühlt und wie es uns in die Lage versetzt, unser menschliches Potenzial für ein besseres, erfüllteres Leben zu nutzen.

Als ich dieses Werk geschrieben hatte, rissen sich die Verlage nicht gerade darum. Also gründeten wir selbst einen kleinen unabhängigen Verlag, in dem wir es veröffentlichten.

Was dann geschah, war atemberaubend: Die Leser erkannten dieses Erwachen in sich selbst und begannen, das

Buch massenhaft an ihre Freunde weiterzugeben, quer durch alle Religionen, Kulturen und Philosophien, bis es buchstäblich überall verbreitet war.

Eine Zeit lang war es das meistgelesene neue Buch der Welt, wodurch sich offenbar alles bestätigte, was in ihm geschrieben stand.

Aber das war damals. Schauen wir auf das Jetzt.

* * *

Seitdem glüht *Celestine* unermüdlich weiter, wird weiterhin empfohlen und herumgereicht, um sich wie eine Flamme in der Nacht gegen eine säkulare, gar atheistische, materialistische Welt zu behaupten. Diese Welle des spirituellen Erwachens existiert parallel zu einer tief verwurzelten Korruption in Konzernen und Regierungen, die im Laufe der Jahre immer weiter um sich griff und auch immer offensichtlicher wurde. Inzwischen erkennen genügend Menschen diese korrupten Verflechtungen, immer mehr Menschen erwachen, und so sind wir heute in der Lage, etwas dagegen zu tun.

Wissen Sie, ich dachte immer, dieses Buch könnte ein Begleiter und Helfer für die Zeit sein, in der die zwei nächsten Generationen heranwachsen, die dann ihre eigene Energie und Sichtweise in die *Celestine*-Vision unserer Zukunft einbringen.

Ich spreche von der Generation der Millennials und ihren älteren Kindern, die das Buch jetzt immer häufiger untereinander weitergeben und gleichzeitig entsetzt sind über die immer klarer zutage tretende Korruption.

Nennen wir diese beiden Generationen die Verwirklicher.

Gehören Sie zu einer dieser beiden Generationen?

Lieben Sie jemanden, der zu ihnen gehört?

Dann werden Sie vielleicht sehr gut nachvollziehen können, was ich nun sage:

Diese beiden Generationen erweisen sich als besonders geeignet für die wichtigste Aufgabe, die man nach der Lektüre der *Prophezeiungen von Celestine* zu bewältigen hat: wach zu bleiben.

Sobald Sie wach sind, müssen Sie verhindern, dass Sie wieder in die unbewusste säkulare Welt zurückgesogen werden, mit all ihren Spielzeugen und Ablenkungen. Sie müssen wach bleiben für die Inspirationen und Möglichkeiten, die Sie in diesem Buch gespürt haben.

Und ich glaube, dass Sie tatsächlich wach bleiben werden, weil Sie von Natur aus wissen, dass in dieser Welt etwas fehlt. Sie haben sicherlich den Film *Matrix* gesehen und wissen, dass der Durchbruch zum Höheren Bewusstsein die wahre rote Pille ist.

Jetzt haben Sie die Erkenntnisse von *Celestine* in sich aufgenommen. Die Erkenntnisse schwingen in Ihnen, und ich hoffe, Sie stimmen mir zu, dass Sie dadurch den inneren Ruf vernehmen, eine höhere Ebene inspirierten Lebens anzustreben und der aufregenden Kreativität Raum zu geben, die nun in Ihnen erwachen wird.

Und obwohl die Korruption überall um Sie herum entmutigend wirken kann, werden Sie sich fragen, warum das so sein muss. Sie wollen wissen, wie es zu dieser massiven Verzerrung der menschlichen Welt kommen konnte. Warum ist das Leben immer noch so von Lügen und politischen Manipulationen bestimmt? Wie konnte das geschehen? Wer hat diese Zustände zu verantworten?

Gewiss werden Sie mir jetzt zustimmen, dass die Lösung nicht darin besteht, sich von der Welt abzuwenden, sondern sich neu auf sie einzustimmen, und zwar auf einer höheren Frequenz. So können Sie dabei mitwirken, eine neue Kultur zu erschaffen, die wahrhaftiger und erleuchteter ist.

Wir alle scheinen zu spüren, wie sich die kritische Masse immer mehr heranbildet. Die Millennials und ihre Kinder machen inzwischen mehr als zwei Drittel der Bevölkerung dieses Planeten aus, und sie sind bereit, ihren Einfluss auf diesen wichtigen Schritt unserer Evolution geltend zu machen – und jeden Tag werden es mehr. Wir können uns jetzt alle energetisch vereinen.

* * *

Auf den folgenden Seiten möchte ich Ihnen einen bewährten Weg vorschlagen, wie Sie auf den *Celestine*-Erkenntnissen und der Inspiration aufbauen können, die Sie bereits entdeckt haben. Diese Vorschläge können Ihnen helfen, Ihr Leben selbst in die Hand zu nehmen und alle Schlüsselerfahrungen, die das spirituelle Bewusstsein ausmachen, zu integrieren und zu leben.

Die bewusste Integration dieser Erfahrungen ermöglicht es Ihnen, der stärkste Teil einer strategischen »Liebeswelle« zu sein, die jetzt über die Erde fegt und Licht dorthin bringt, wo jetzt noch Schatten ist, um die Korruption durch Bewusstheit zu ersetzen.

Wir werden besprechen, wie Sie Ihre Synchronizität steigern, eine höhere spirituelle Verbindung entdecken, Ihre höhere schöpferische Kraft einsetzen, sich von Ihrer Intuition führen lassen, sich mit den Gaben des guten

Karmas in Einklang bringen, Ihre Beziehungen heilen, Ihre lebensbejahende Bestimmung finden und all das in eine inspirierende Lebensweise integrieren können.

Wenn Ihr Bewusstsein stärker wird, werden Sie erkennen, dass all diese Fähigkeiten sich entfalten, wenn Ihnen klar wird, dass es die kleinen Wunder der Synchronizität sind, die Sie spirituell durch Ihr Leben führen.

I
Die Fähigkeit, ein synchronistisches Leben zu führen

Wenn es Synchronizität gibt, löst sich die säkulare Täuschung in Luft auf.

So einfach ist das.

Aus diesem Grund ist Synchronizität so wichtig.

Wenn Sie bewusst auf die »geheimnisvollen« Fügungen im Leben achten, beweisen Sie sich damit selbst, dass uns allen in dieser Welt von einer Kraft geholfen wird, die größer ist als wir selbst. Und sobald wir uns wirklich auf diese liebende Kraft einstimmen, ändert sich alles. Sie müssen sich nur dafür entscheiden – ein Schritt, den Sie in jedem Alter tun können.

Die Synchronizität öffnet uns für all die anderen Schlüsselerlebnisse des spirituellen Bewusstseins. Das bedeutet, dass Sie eine Ebene intuitiven Wissens erreichen können, die Ihre Reise schöner und einfacher macht – und diese positive Veränderung kann sehr schnell eintreten.

Letztendlich wird Ihnen die Synchronizität helfen, Ihre persönliche Lebensaufgabe zu erkennen und voranzutreiben, und sie wird Ihnen die Türen zur Verwirklichung Ihrer Aufgabe öffnen. In jeder Biografie, die jemals geschrieben wurde, gibt es synchronistische Begebenheiten, und doch ist Synchronizität als Phänomen erst seit wenigen Jahrzehnten ins öffentliche Bewusstsein gerückt.

Mein Lieblingsbeispiel für Synchronizität ereignete sich im Leben Abraham Lincolns.

Der spätere Präsident wuchs im ländlichen Illinois auf. Die Familie des jungen Abe war arm, und seine Zukunft schien festzustehen: Er würde als kleiner Farmer Pionierland im Westen urbar machen oder bescheidener Ladenbetreiber werden müssen. Doch Abraham Lincoln spürte, dass ihm das Leben größere Möglichkeiten bot, auch wenn er den Weg dorthin noch nicht erkennen konnte.

Dann veränderte ein einziges Ereignis sein Leben.

Er begegnete zufällig einem Hausierer, den sein Glück verlassen hatte, weswegen er für ein altes Fass mit den letzten Resten seines verbliebenes Warensortiments nur einen halben Dollar verlangte. Wie es heißt, rührte den junge Abe die Notlage des Mannes, und er kaufte ihm das alte Fass ab. Als Lincoln es ausleerte, fand er am Boden eine Sammlung von juristischen Lehrbüchern. Er war davon fasziniert und brachte sich im Selbststudium grundlegende Rechtskenntnisse bei. Schließlich erwarb er in Illinois seine Anwaltszulassung und machte sich daran, sein bemerkenswertes Schicksal zu vollenden.

Tritt die Synchronizität nur bei berühmten, außergewöhnlichen Menschen auf? Nein. Man könnte sogar behaupten, dass die wichtigsten Berufungen vermutlich eher auf lokaler, alltäglicher Ebene stattfinden. Die meisten Menschen spüren, dass es ihr Schicksal ist, in einer Familie, einer Gemeinde, einem Unternehmen oder einem Beruf Gutes zu bewirken – und das meistens ohne großes Aufsehen.

Der wichtigste Punkt, den man sich merken sollte, ist folgender: Die Synchronizität ist eine reale Kraft, eine göttliche Hand, die in der Welt wirkt. Sie ist dazu da, uns genau die richtigen Gelegenheiten zum richtigen Zeitpunkt zu bringen, damit wir unsere eigene bemerkenswerte Mission erfüllen können.

Auch in Ihrem Leben sollte ein kontinuierlicher Strom von Synchronizitäten fließen.

Die Zahl der Synchronizitäten erhöhen

Es gibt viele Möglichkeiten, wie Sie Ihre Synchronizität erhöhen können.

Erstens können Sie an jedem Morgen Ihre bewusste Absicht bekräftigen, dass sich an diesem Tag in Ihrem Leben viele bedeutsame Fügungen ereignen werden. Wir kommen später noch darauf zurück.

Und vergessen Sie nicht, dass Sie sich bei der Suche nach Antworten zunächst klare Fragen stellen müssen, damit Sie wissen, nach welchen Informationen Sie suchen müssen – wie Sie im Buch gesehen haben.

Ihre Fragen werden natürlich jeden Tag andere sein, aber genau das ist ja der Punkt, um den es geht. An manchen Tagen werden Ihre Fragen den eigenen persönlichen Umständen gelten, und manchmal werden sie sich auf das große Ganze konzentrieren und Sie ermutigen, Ihr Verständnis für Ihren Weg in der Welt zu vertiefen.

Ganz gleich, wo Ihr Schwerpunkt liegt, achten Sie darauf, dass Sie Ihre Fragen regelmäßig aktualisieren, damit Ihre Absichten klar und präzise bleiben.

Noch einmal: Synchronizität ist ein reales Phänomen, das Ihnen zu Hilfe kommen möchte, aber die Kräfte der Gesellschaft versuchen immer wieder, Sie zurück in den Irrglauben zu locken, Sie würden in einem toten, säkularen Universum leben.

Wir müssen unbedingt hellwach und aufmerksam bleiben, damit wir keine Gelegenheiten vorbeiziehen lassen. Während sich die großen Synchronizitäten oft aufdrängen, tun es die kleineren weniger. Wir alle können auf die schicksalhaften Ereignisse in unserem Leben zurückblicken: der erste große Glücksfall, der uns einen Job bescherte, der den Grundstein für unsere Karriere legte, oder der Tag, an dem wir einen besonderen Menschen kennenlernten, der sich als unsere kostbarste Langzeitbeziehung erwies.

Aber zwischen diesen großen Synchronizitäten erwartet uns ein stetiger Fluss kleiner Synchronizitäten.

Aufmerksamkeit und Mut sind der Schlüssel dazu.

Beginnen Sie damit, indem Sie bewusst darauf achten, wer sich in Ihr Energiefeld hinein bewegt. Die meisten Synchronizitäten kommen durch andere Menschen zu Ihnen, und es lohnt sich, die Leute zu bemerken, die ein Gebäude zur gleichen Zeit betreten wie Sie oder mit Ihnen in den Aufzug steigen und Ihnen einen kurzen Blick zuwerfen.

Achten Sie immer darauf, wer im Restaurant oder im Flugzeug neben Ihnen sitzt.

Auch gelangen manche synchronistischen Informationen durch Gespräche zu Ihnen, die Sie zufällig im

Fernsehen hören. Auch Ihr Computer kann Ihnen wertvolle Botschaften liefern, während Sie im Internet herumsurfen.

In Buchläden ist die Synchronizität besonders ausgeprägt. Die Menschen sind bereits dort, um Informationen zu suchen, und berichten oft, dass sich monumentale synchronistische Gelegenheiten ergeben haben, nur weil ihr Blick auf ein Buch auf der anderen Seite des Raumes fiel, das regelrecht zu leuchten schien. Manchmal fällt einem ein Buch buchstäblich aus dem Regal vor die Füße, wie es mir persönlich schon mehr als einmal passiert ist.

Fragen, die Sie sich im Zusammenhang mit solchen Ereignissen stellen sollten, sind: *Warum habe ich diese Person getroffen oder diese Information in diesem bestimmten Moment erhalten? Worüber habe ich da gerade nachgedacht? Wie passt es zu meiner momentanen Lebensreise?*

Manchmal ist schon der Umstand, dass Ihr Blick wie zufällig auf einen bestimmten Menschen fällt, ein synchronistischer Hinweis. Die Person springt Ihnen einfach ins Auge oder löst bei Ihnen ein Bauchgefühl aus.

Denselben Fremden mehrmals am gleichen Tag oder in kurzen Zeitabständen zu sehen ist besonders bedeutsam. Ich nenne dieses Phänomen gerne »Orbiting« – jemand kreist immer wieder in unserer Umgebung herum.

Vielleicht sehen Sie eine Person ein Einkaufszentrum betreten, und kurz darauf begegnet dieser Mensch Ihnen in einem Bekleidungsgeschäft. Und eine halbe Stunde später sehen Sie ihn in einem Café. Es bringt Sie nicht weiter, wenn Sie dann einfach nach Hause gehen und Ihrem Partner erzählen, wie komisch Sie es finden, dass Ihnen die gleiche Person dreimal kurz hintereinander über den Weg lief. Man muss solchen Synchronizitäten nachgehen, sie erforschen, um die tiefere Bedeutung zu erkennen.

Hier ist nun der erwähnte Mut gefragt! Finden Sie einen Weg, mit diesen Leuten, die auffällig in Ihrem Umfeld herumschwirren, ins Gespräch zu kommen. Die Herausforderung besteht hier natürlich darin, wie man es anstellt, einfach eine wildfremde Person anzusprechen. Manchen Menschen fällt das leicht, andere kostet es Überwindung. Aber es muss sein. Wenn Sie diesen Mut nicht aufbringen, kommen Sie nicht weiter.

Um eine Synchronizität aufzuspüren, ist mutige Beharrlichkeit erforderlich. Fangen Sie also an, mit einer Person, von der Sie glauben, dass sie eine synchronistische Botschaft für Sie haben könnte, über irgendetwas zu sprechen – das Wetter dürfte fürs erste genügen. Und schauen Sie dann, wohin dieses Gespräch führt.

Und warum auch nicht?

Was könnte denn schlimmstenfalls passieren? Die Person könnte Sie erschrocken anschauen und sich abwenden? Na und?

Mein Großvater pflegte zu sagen, das Geheimnis eines erfüllten Lebens bestehe darin, dass wir lernen, mit Eleganz und Würde das zu tun, was wir für richtig halten, auch auf die Gefahr hin, uns damit in den Augen anderer zum Narren zu machen. Diesen Satz habe ich nie vergessen. Wenn jemand verärgert ist, lächle einfach und sende ihm Energie. In Wirklichkeit sind die meisten Menschen grundsätzlich freundlich und gesprächig, also versuchen Sie einfach, ein Gespräch zu beginnen.

Die Quintessenz davon ist: Sie müssen solche vermeintlichen »Zufälle« gründlich erforschen. Auf diese Weise verstärken Sie den Strom der Synchronizitäten in Ihrem Leben. Sie wissen nie, welches Gespräch Ihr Leben dramatisch verändert oder Ihnen neue Einsichten darüber vermittelt, wer Sie sind und wohin Sie unterwegs sind.

Was Sie tun können, wenn Sie sich vom Synchronizitätsfluss abgeschnitten fühlen

Doch genau hier, an diesem Punkt, wenn Sie nach diesem Fluss suchen, tauchen häufig bestimmte Fragen auf: *Warum erlebe ich eine Zeit lang bedeutsame Fügungen, habe das Gefühl, auf einer synchronen Reise zu sein, und dann passiert etwas in meinem Leben, das mich aus diesem Flow wirft? Was stellt sich dem Leben, von dem ich weiß, dass es für mich möglich ist, in den Weg?*

Die Beantwortung dieser Fragen ist für uns alle von größter Wichtigkeit. Wenn wir einen plötzlichen Rückschlag erleiden, sind wir zwar noch wach, aber unsere Inspiration hat sich verflüchtigt, und wir fragen uns, wie es weitergehen soll.

Zum Glück gibt es inzwischen genügend Erkenntnisse und Austausch, um dieses Rätsel ein für alle Mal zu lösen.

Wenn wir den Kontakt zu unserem Synchronizitätsfluss verlieren, geschieht das meist, weil ein belastendes Lebensereignis uns aus diesem Fluss herausreißt und in ein Gefühl der Unsicherheit stürzt.

Die Lösung für diese Situation ist immer gleich. Erinnern Sie sich an die Szenen im Buch, die auf dem Berggipfel spielen. Man muss eine tiefere spirituelle Verbindung finden, die uns innere Sicherheit schenkt, uns in solchen Augenblicken stärkt und wieder zurück auf den richtigen Weg bringt.

2
Die Fähigkeit, eine tiefere spirituelle Verbindung zu entdecken

Die Frage ist, *wie* wir diese tiefere Verbindung herstellen können.

Die gute Nachricht ist, dass auch diese Frage im Rahmen der Erforschung des menschlichen Potenzials beantwortet wurde.

Aber um zu finden, müssen wir wirklich zu suchen bereit sein.

Spiritualität ist die persönlichste aller Entscheidungen, und wieder müssen wir die Stimmen der säkularen Welt abwehren, die uns zurück in die Unbewusstheit ziehen wollen. Man will uns erneut einreden, unsere Momente der Inspiration seien reine Selbsttäuschung und Fantasie gewesen. Es gäbe gar keine göttliche Kraft. Das Universum wäre immer noch gefühllos.

Glücklicherweise wissen wir es jetzt besser. Genügend Menschen haben diese spirituelle Verbindung inzwischen wirklich hergestellt und erleben sie. Sie ist eine wachsende Realität in der Welt, und wie sie sich anfühlt, wurde in einer Fülle von Büchern ausführlich erörtert.

Wenn wir sie selbst erfahren, stellen wir fest, dass sie genau so ist, wie es die Weisen und Heiligen beschreiben. Sie schenkt uns einen »Frieden, der höher ist als alle Vernunft«. Wir öffnen uns für einen »Download göttlicher Liebe, innerer Sicherheit und Geborgenheit«.

Unser Bewusstsein dehnt sich dabei stets so aus, dass wir uns mit unserer höheren intuitiven Intelligenz verbinden, die uns leitet und uns hilft, ein zuverlässigeres Fließen der Synchronizitäten zu erreichen.

Solche Durchbrüche können von einem Augenblick zum anderen geschehen, aber häufiger ist etwas mehr Zeit erforderlich, um eine vollständige Verbindung zur intuitiven Intelligenz aufzubauen. Seien Sie gewiss, dass wir, wenn wir aufrichtig suchen, diese Verbindung immer finden werden – nicht manchmal, oder meistens, sondern *immer*. Wir müssen nur bereit sein, etwas Geduld aufzubringen.

Und es ist Ihr Geburtsrecht.

Wie der spirituelle Durchbruch geschieht

Folgendes müssen Sie wissen:

Wenn Sie Synchronizität nicht sehr oft erleben, wenn sie kommt und geht, ist das ziemlich normal: Eine Stresssituation macht Ihnen zu schaffen, Sie fühlen sich unsicher und verletzlich, und nun haben Ihre gewohnten Abwehrmechanismen eingesetzt, die bewirken sollen, dass Sie sich besser und sicherer fühlen, wenn auch nur für eine kurze Zeit.

Solche Stressfaktoren in unserem Leben können einfach sämtliche Fragen oder Probleme sein, mit denen wir konfrontiert sind. Und wir verteidigen uns dagegen auf unsere typische Art und Weise, zu handeln und zu denken. Das kann jede Aktivität sein, in der wir uns verlieren können und die uns dadurch hilft, den Schmerz zu betäuben.

Übermäßiges Essen, Vergnügungen nachjagen, Wutausbrüche, Geld ausgeben, Arbeitssucht und Zwangsstörungen sind nur einige Beispiele.

Theoretisch funktioniert jeder erlernte Selbstschutz, solange Sie dieser Aktivität so intensiv nachgehen, dass Sie sich für eine Weile ablenken können und besser fühlen.

Allzu oft verlegen Menschen sich jedoch auf Verteidigungsmaßnahmen, die gefährlicher sind und tragische Folgen haben können, wie etwa Drogen oder Kriminalität.

Ihre Abwehrmechanismen genau zu verstehen ist deshalb absolut entscheidend, um eine dauerhafte spirituelle Verbindung aufzubauen, eine, die Ihnen das sichere Gefühl gibt, Ihr Leben bewältigen zu können. Dann werden Sie keine Zeit mehr damit vergeuden, sich sinnlos im Kreis zu drehen, indem Sie immer wieder das selbsttäuschende Verhalten oder die Ablenkung wiederholen, die es Ihnen ermöglicht, in Ihrem halbbewussten Zustand zu verharren. Nur wenn Sie ihn überwinden, werden Sie wirkliche Fortschritte auf Ihrer synchronistischen Reise machen.

Zum Glück ist die Methode, mit der Sie Ihre Abwehrmechanismen durchbrechen und innere Sicherheit herstellen können, gut erforscht und einfach.

Es ist eine Form der Meditation, die nur erfordert, dass Sie sich ruhig hinsetzen und etwas Zeit allein mit sich verbringen. Konzentrieren Sie sich dabei auf die Absicht, eine Göttliche Verbindung herzustellen, die sich wie eine innere Liebe und Sicherheit und eine Öffnung des Herzens anfühlt.

Normalerweise genügt es, auf diese Weise allein zu sitzen, und schon werden Ihre Abwehrmechanismen ihr hässliches Haupt erheben. Sie werden Sie dazu drängen, zu Ihren stressreduzierenden Süchten zurückzukehren.

In dieser Meditation müssen Sie immer auf der Hut sein vor dem ängstlichen Drang, sich zu beschäftigen, zu Ihren Projekten zurückzukehren oder sich auf unterhaltsame Ablenkungen zu fokussieren. Kehren Sie zu Ihrer Absicht zurück, das Gefühl der Liebe zu intensivieren – auch wenn Sie sich an vergangene Zeiten erinnern müssen, in denen Sie Liebe erfahren haben, um sie wieder heraufzubeschwören. Die Liebe, nach der Sie suchen, ist jedoch ein konstanter Gefühlszustand, ohne jedes Objekt.

Und seien Sie sich aller anderen emotionalen Zustände bewusst, die auftauchen, und lassen Sie sie einfach los. Das Ziel dieser Meditation ist es, die Gewohnheit zu entwickeln, sich immer so früh wie möglich dabei zu ertappen, wenn andere Gedanken oder Emotionen Sie aus Ihrer spirituellen Verbindung herausreißen. Die Übung besteht darin, so schnell wie möglich zu erkennen, wenn Sie Ihren Liebeszustand verlieren, und dann sogleich zu Ihrer Absicht zurückzukehren, die Göttliche Verbindung zu suchen, die den Stress ersetzt.

Sie tun dies immer und immer wieder, bis Sie diesen stabilen emotionalen Zustand der Liebe und der inneren Sicherheit, ja sogar der Glückseligkeit erleben, mit dem Sie Ihren Flow unabhängig von den Belastungen in Ihrem Leben aufrechterhalten können. Allmählich wird dieser stabile emotionale Zustand zu einer Gewohnheit, die Sie außerhalb Ihrer Meditationen in Ihrem Alltag aufrechterhalten können, und Sie werden frei sein.

Zusammen mit diesem inneren Frieden erlangen Sie auch all die anderen Fähigkeiten, die es Ihnen ermöglichen werden, gar nicht erst in Stress zu geraten.

Das ist es! Das ist alles, was Sie brauchen, um zu Ihrer tieferen Verbindung durchzubrechen.

Die einzige Herausforderung besteht darin, hartnäckig zu bleiben und diese Methode so lange zu praktizieren, bis Sie Resultate sehen.

Erste Schritte

Der Einstieg ist einfach. Suchen Sie sich einen Platz, an dem Sie sich still für sich hinsetzen können, und legen Sie dann, wie weiter oben besprochen, Ihre Absicht fest – beabsichtigen Sie, ganz in diesem Moment präsent zu sein und sich mit der höheren Emotion der göttlichen Liebe zu verbinden. Lösen Sie sich von allen Gedanken oder Gefühlen, die nicht zu diesem Zustand gehören.

Manchmal wird Ihr inneres Geschwätz Sie aus Ihrer Konzentration reißen. Wenn das geschieht, lösen Sie sich einfach davon und kehren Sie zu Ihrer Absicht zurück, im gegenwärtigen Moment spirituelle Verbundenheit zu erfahren.

Es ist wichtig, dass Sie bei dieser Übung allein und ungestört sind. Wenn es Ihnen anfangs schwerfällt, überhaupt allein zu sein, so wie es mir erging, halten Sie trotzdem durch.

Glauben Sie mir, es ist wichtig. Schließlich bestehen viele unserer Abwehrmechanismen darin, dass wir uns im

Trubel des gesellschaftlichen Lebens und der Gespräche verlieren und geselligen Aktivitäten nachgehen, um uns von unseren Unsicherheiten abzulenken.

Ich gehe dazu vorzugsweise in den Wald, wo ich die Energie der Bäume spüren kann. Aber wo Sie spirituelle Verbindung aufnehmen, ist ganz Ihnen überlassen. Sie müssen nur dafür sorgen, dass Sie für eine Weile mit sich selbst allein sind.

Auch wenn Sie das Stillsitzen anfangs nur ein paar Minuten aushalten, steigern Sie die Dauer allmählich auf dreißig Minuten, und tun Sie das eine Zeit lang jeden Tag.

Es wird garantiert Ihr Leben verändern.

Werden Sie nie wieder wegen eines stressigen Lebensereignisses Ihren spirituellen Flow verlieren? Nein, von Zeit zu Zeit wird eine Krise auftreten.

Aber Sie haben jetzt einen bewährten, erprobten Weg gefunden, Ihre spirituelle Verbindung und damit eine innere Sicherheit wiederzuerlangen, die Ihnen die Geistesgegenwart gibt, eine weitere Schlüsseltechnik zur Steigerung der Synchronizität anzuwenden: das Positive in allen Rückschlägen zu finden – manchmal auch als die Fähigkeit bezeichnet, in jeder Situation den Silberstreif am Horizont zu erkennen.

In Wirklichkeit sind die meisten Hindernisse, auf die wir in unserem Leben stoßen, wichtige Ereignisse, die dazu dienen, uns immer besser auf die Erfüllung unserer höchsten Aufgabe vorzubereiten.

Ich weiß, das ist schwer zu akzeptieren, aber einige scheinbar negative Ereignisse bereiten uns vor, machen uns widerstandsfähiger oder lenken uns auf irgendeine

Weise. Auch diese Ereignisse können als wichtige Synchronizitäten betrachtet werden, die uns in eine andere Richtung drängen.

Die Suche nach dem Silberstreif in so genannten negativen Ereignissen hilft uns, unseren synchronistischen Schwung aufrechtzuerhalten und unseren Glauben zu stärken, dass wir uns auf dem Weg unserer Bestimmung befinden.

Diese Fähigkeit, die meisten Ereignisse positiv zu sehen, ermöglicht es uns, unsere höchste schöpferische Kraft zu entwickeln.

3
Ihre höhere kreative Kraft einsetzen

Eine erhöhte Gebets- oder Absichtskraft ergibt sich natürlich aus Ihrer spirituellen Verbindung. In *Celestine* wurde dies nur kurz erwähnt, aber in einem späteren Buch, *Das Geheimnis von Shambhala*, ausführlicher beschrieben. Dies ist Ihre Fähigkeit, jedem Lebensbereich, in dem Sie Lösungen brauchen oder ein Ziel erreichen wollen, Energie und Schwung zu verleihen. Es ist Ihre persönliche kreative Kraft.

Wenn Sie sich zum ersten Mal mit der Macht der Absicht beschäftigen, bedenken Sie, dass die Welt im Allgemeinen nicht an die Kraft von Gebet oder Absicht glaubt, obwohl sehr gute Forschungsergebnisse belegen, dass es eindeutig funktioniert, wie Dr. Larry Dossey gezeigt hat.

Aber Millionen von Menschen sind ohne jegliches Verständnis für die Göttliche Kraft aufgewachsen, die hinter den Kulissen dieser Welt wirkt, und so lehnen sie die Idee, es gäbe eine absichtsvolle Macht, zunächst reflexartig ab. So bleibt ihnen nur die weltliche Hoffnung, im Leben Glück zu haben.

Gehen Sie nicht diesen Weg.

Seien Sie der spirituelle Wissenschaftler. Beweisen Sie, dass das Universum dafür geschaffen ist, Ihnen ein höheres Maß an kreativer Entfaltung zu ermöglichen.

Hier erfahren Sie, wie Sie diese kreative Fähigkeit verwirklichen können.

Denken Sie daran, dass Sie mit dieser Methode versuchen, ein Ziel in Ihrem Leben zu erreichen oder ein Problem zu lösen, und sie funktioniert, indem durch sie mehr Synchronizitätskraft aufgebaut wird.

Nehmen Sie sich zunächst Zeit, Verbindung zur göttlichen Liebe aufzunehmen, und zentrieren Sie sich dann in Ihrer aktuellen Situation. Es ist auch ratsam, Ihr Ego für einen Moment zu prüfen – denn, wie das Sprichwort sagt, sollten Sie sich gut überlegen, was Sie sich wünschen, denn Sie werden es höchstwahrscheinlich bekommen.

Vergewissern Sie sich, dass Sie gute, positive Ergebnisse für alle Beteiligten anstreben und dass Ihre Absicht aus Ihrer höheren Intelligenz kommt.

Sobald Sie das Gefühl haben, das Richtige zu tun, visualisieren Sie Ihre Absicht so vollständig wie möglich. Sprechen Sie die Absicht laut aus, aber bitten Sie nicht nur einfach darum, Ihre Ziele zu erreichen, sondern formulieren Sie Ihre Absicht mit positiven, bejahenden Worten.

Formulieren Sie es, als wäre es bereits Wirklichkeit.

Wenn Sie sich fragen, ob Sie Affirmationen verwenden sollten, schlagen Sie in der Bibel das Vaterunser nach. Es enthält Sätze, die alle affirmativ sind: »Dein Reich komme.« »Dein Wille geschehe.« »Unser tägliches Brot gib uns heute.«

In der Bibel steht nicht: »Bitte, Gott, wenn es dir nichts ausmacht, und wenn ich würdig genug bin, gewähre mir diese Dinge.« Die Heilige Schrift rät uns, das, was wir wollen, als Affirmation zu verkünden, die aus unserer gläubigen Verbundenheit mit dem Göttlichen kommt.

Der nun folgende Schritt ist sehr wichtig.

Verleihen Sie Ihrem Vorhaben einen Schub an »Glaubenskraft«, indem Sie im Voraus Dankbarkeit empfinden. Mit anderen Worten: Seien Sie so überzeugt von Ihrem Vorhaben, dass Sie Dankbarkeit empfinden, als wäre es bereits verwirklicht.

Und rufen Sie dieses Gefühl wirklich in Ihnen hervor. Spüren Sie genau dieses Gefühl in Ihrem Herzen: Dankbarkeit. Das ist eine seit Langem bewährte Technik, die Ihre Glaubenskraft aktiviert.

Viele Menschen verwenden, wenn sie einmal mit den hier wirkenden Prinzipien vertraut sind, manchmal eine Kurzform zur Erklärung einer Absicht. Sie bekräftigen ihre Verbundenheit mit ihrer intuitiven Intelligenz, indem sie diese Kraft Geist nennen, oder Heiligen Geist, und bekräftigen, dass ein gestecktes Ziel oder ihr geplanter Lebensweg gut gedeihen möge, indem sie dankbar sagen: »Geist, bringe dies zu uns.«

Oder sie sagen, wenn ein Problem auftaucht: »Geist, löse dieses Problem.« Oder: »Beschütze uns.«

Was zu tun ist, wenn ein Gebet/eine Absicht scheinbar nicht funktioniert

Wenn Ihr Vorhaben sich nicht sofort verwirklicht, sollten Sie keine voreiligen Schlüsse ziehen. Ich glaube, wir sollten uns immer Optionen offen halten und denken: *Ich will, dass dieses Ziel sich verwirklicht – oder etwas Besseres.*

Es ist immer möglich, dass Sie bei dem, was Sie konkret zu erschaffen versuchen, ein wenig daneben liegen. Auch dann werden Sie immer noch Synchronizitäten erleben, die Sie irgendwie voranbringen, aber allmählich, das kann durchaus etwas dauern, werden Sie erkennen, dass Ihre höhere Intelligenz ein etwas anderes Schicksal für Sie will.

Das bringt uns zu einer weiteren spirituellen Erfahrung und Fähigkeit, die sich zeigt, wenn Sie Ihre spirituelle Verbindung stärken – eine, die noch mehr Synchronizität in Ihr Leben bringt und Ihnen auf jedem Schritt Ihres Weges zu größerer Klarheit verhilft.

4
Stimmen Sie sich auf Ihre intuitive Führung ein

Die Suche nach einer höheren spirituellen Verbindung (vor allem, wenn Sie Ihre Absichtskraft hinzufügen) lässt Sie Ihre eigenen Gedanken und Antriebe bewusster wahrnehmen. Sie beginnen, sich für eine weitere lebensverändernde Fähigkeit zu öffnen: die Einstimmung auf Ihre intuitive Führung.

Die Intuition beweist ganz unmittelbar, dass spirituelles Bewusstsein real und Teil eines Universums ist, dessen ganzes Design darauf ausgerichtet ist, uns zu helfen.

Persönliche Berichte und Biografien sind voll von glücklichen Momenten, in denen die Intuition eines Menschen zu einer Handlung führte, durch die eine Katastrophe verhindert, jemandem das Leben gerettet oder eine wichtige Synchronizität herbeiführt wurde, die jemandem eine wertvolle Inspiration für seine Reise schenkte.

Meine Lieblingsgeschichte über Intuition ist eine, die ich aus zuverlässiger Quelle gehört habe und die sich inzwischen viral verbreitet hat. Es ist die Geschichte des inneren Wissens eines Vaters.

Ein Mann ging jeden Tag mit einigen Kollegen, die in seiner Nähe wohnten, gemeinsam von der Arbeit nach Hause und genoss dabei die lebhaften Gespräche mit seinen Freunden.

Doch an einem bestimmten Tag kam ihm aus heiterem Himmel in den Sinn, einen anderen Weg nach Hause zu nehmen. Die emotionale Bürde dieses Gedankens war so groß, dass er sich, anstatt den Drang zu unterdrücken, entschuldigte und den anderen Weg ging – nur um zu sehen, ob dabei etwas Erwähnenswertes geschehen würde.

Nichts geschah, bis er nur noch einige hundert Meter von seinem Haus entfernt war. Zu diesem Zeitpunkt war es bereits dunkel, und niemand schien in der Nähe zu sein.

Plötzlich hörte er vor sich ein Geräusch und dann einen Schrei.

Er lief los und sah, wie ein Mann versuchte, ein Mädchen zu vergewaltigen. Das Gesicht des Mädchens, eines Teenagers, konnte er nicht erkennen.

Er schrie den Mann an, und der ließ von dem Mädchen

ab und rannte weg. Er verfolgte ihn einen Moment, lief aber dann zurück, um nach dem Mädchen zu sehen.

Es war seine Tochter.

* * *

Solche Geschichten über Intuition gibt es viele, aber der Punkt ist, dass wir diese intuitive Fähigkeit kultivieren und nutzen können, um einen noch besseren synchronistischen Fluss in unserem Leben zu erzeugen.

Intuitionen fordern uns oft auf, etwas zu tun oder irgendwohin zu gehen, wo sich dann eine Synchronizität ereignen kann, die uns auf unserer Lebensreise voranbringt. Und oft, wenn Sie die Intuition nicht bemerken und ihr nicht folgen, entgeht Ihnen ein inspirierendes Erlebnis, durch das Ihr Leben eine wichtige Wendung hätte nehmen können.

Daher ist es wichtig, dass Sie Ihre spirituelle Verbindung pflegen und stärken und dass Sie lernen, die Botschaften Ihrer Intuition zu erkennen.

Intuitive Führung kommt auf unterschiedliche Weise zu uns. Manchmal handelt es sich um Ideen, die wir als Ganzes erfassen und verstehen. Sie motivieren uns dazu, etwas zu tun oder zu erschaffen. Manchmal sind es Bilder, die Ihnen durch den Kopf gehen und zeigen, wie Sie etwas Bestimmtes tun. Oder Sie verspüren den inneren Drang, etwas auf eine besondere Art und Weise zu erledigen.

Damit Sie lernen, Ihre intuitiven Eingebungen zu erkennen, hilft es, sie von gewöhnlichen Gedanken zu unterscheiden, indem Sie lernen, wie sie sich anfühlen.

Ein gewöhnlicher Gedanke ist ein Gedanke, bei dem Sie über eine Situation oder eine Entscheidung nachdenken, indem Sie logisch mit sich selbst sprechen (so wie Sie mit einer anderen Person sprechen würden) und Alternativen oder Wege zur Lösung von Problemen oder zur Verwirklichung eines Projekts erwägen. Diese Art von Ego-Gedanken sind Teil von dem, was Ihr Ego Ihnen sagt, wenn Sie sich unsicher fühlen und Ihre gewohnten Abwehrmechanismen aktiv sind, die Sie dazu drängen, unbewusst nach den Krücken zu greifen, die Sie gerne einsetzen, um sich besser zu fühlen.

Eine Intuition hingegen taucht einfach in Ihrem Hinterkopf auf, ohne dass Sie einen Anstoß dazu geben (obwohl es durchaus sein kann, dass sie plötzlich als Lösung auftaucht, während Sie über ein Problem nachdenken).

Der Punkt ist, dass die intuitive Führung immer ein hilfreiches Geschenk ist, das Ihnen Vorschläge Ihrer höheren Intelligenz übermittelt.

Fragen Sie sich, um Ihre Wahrnehmung zu schärfen: *Warum habe ich das jetzt gerade gedacht? Warum verspüre ich in diesem Moment den Drang zu handeln? Warum habe ich dieses innere Bild von mir gesehen, wie ich etwas Bestimmtes tue?*

Ein weiterer Anhaltspunkt ist, wie sich Impulse unserer Intuition anfühlen. Sie werden nämlich immer von einem inspirierenden Energieschub begleitet, der unterstreicht, wie wichtig es ist, dass Sie der Intuition entsprechend handeln. Es fühlt sich an wie ein weiterer wichtiger Schritt im Film Ihres Lebens.

Wenn die Intuition kommt und Sie noch nicht wissen, wie Sie weiter vorgehen sollen, denken Sie daran, dass manche Botschaften Ihrer Intuition sich auf Aktivitäten beziehen, die etwas weiter in der Zukunft liegen.

Ich sah einmal die gesamte Vision der *Prophezeiungen von Celestine*, während ich in einem Urwald meditierte. Ich sah die Schrift, das fertige Buch und die Art und Weise, wie es in der Welt weitergegeben werden würde.

Natürlich hatte ich keine Ahnung, dass diese Vision tatsächlich Gestalt annehmen würde. Ich wusste nicht einmal, was das Thema sein würde. Es schien wie ein Hirngespinst … bis ein Strom von Synchronizitäten einsetzte, der alles Wirklichkeit werden ließ.

* * *

Schreiben Sie also Ihre Lebensvisionen auf und überprüfen Sie sie regelmäßig. Einige intuitive Botschaften werden Sie erst später wirklich verstehen, wenn weitere Ereignisse eintreten, die deren Bedeutung offenbaren.

Sobald Ihnen klar geworden ist, was eine intuitive Botschaft bedeutet, ist auch Ihr nächster Schritt sehr wichtig.

Stürzen Sie sich nicht einfach in Aktivitäten hinein. Überprüfen Sie das, wozu Ihre Intuition Sie drängt, mit Ihrem logischen Denken. Fragen Sie sich: *Ist das realistisch? Wie soll ich vorgehen, um die besten Erfolgsaussichten zu haben?*

Aber lassen Sie sich nicht unbedingt von der Tatsache abhalten, dass die Sache Ihrem Verstand etwas unpraktisch erscheinen mag.

Als ich beschloss, meinen Job zu kündigen und *Celestine* zu schreiben, ging ich damit ein ziemliches Risiko ein. Doch die Inspiration war so stark, dass ich beschloss, ihr zu folgen. Ich kündigte, ließ mir mein Rentenguthaben auszahlen und gab der Sache eine Chance.

Dennoch ist es klug, nie alles auf eine Karte zu setzen.

Um über die Runden zu kommen, fand ich zusätzlich einen Teilzeitjob als spiritueller Berater in einer örtlichen Unity-Kirchengemeinde.

Manche Intuitionen lassen Ihnen natürlich nicht viel Zeit, logisch über sie nachzudenken – zum Beispiel wenn mitten in einem Gespräch der Impuls auftaucht, ein neues Thema anzusprechen oder jemandem etwas sehr Persönliches zu sagen.

In diesem Fall würde ich vorschlagen, sich zu vergewissern, dass Sie es nicht nur sagen, um Ihr eigenes Ego aufzubauen, sondern dass Sie deutlich spüren, dass es für die andere Person positiv ist – wenn ja, können Sie loslegen.

Schließlich ist es Ihre Motivation, Gutes zu tun, zu helfen, und Sie beweisen sich damit selbst, dass das kosmische Design des Universums auf das Helfen ausgerichtet ist. Manchmal wird Ihnen geholfen, und manchmal sind Sie aufgerufen, anderen zu helfen – und wenn Sie mit diesem Prinzip im Einklang bleiben, wird der positive Flow in Ihrem Leben dadurch sogar noch stärker.

5
Die Fähigkeit, in karmischer Harmonie zu bleiben

Was wäre, wenn ich Ihnen sage, dass jedes Mal, wenn Sie jemandem intuitiv helfen – indem Sie Ihre intuitive Intelligenz nutzen, um ihm eine Synchronizität zu schenken, die sein Leben zum Besseren verändert –, ein Scheck über einen bestimmten Geldbetrag in Ihrem Briefkasten landen wird?

Würden Sie mir das glauben?

Natürlich spreche ich hier symbolisch, aber ich glaube, Sie können sich selbst beweisen, dass das Universum tatsächlich so eingerichtet ist und genau auf diese Weise funktioniert.

Einzelhändler, Handwerker und andere Selbstständige haben sich das über Jahre hinweg selbst bewiesen, und sicher werden Sie es auch schon beobachtet haben: Alle selbstständigen Händler und Dienstleister wissen, dass sie sich um ihre Kunden kümmern müssen – das heißt, sie müssen immer im Interesse ihrer Kunden denken und handeln.

Sie müssen ihnen einen guten Gegenwert bieten, dürfen den Kunden nichts verkaufen, was diese nicht wirklich brauchen, und wenn sie ihnen nicht helfen können, müssen sie das ehrlich sagen. Kurz gesagt, sie müssen bereit sein, ehrlich zu geben.

Wenn sie das tun, spricht sich herum, dass sie ehrlich sind und wirklich gute Arbeit leisten, und was geschieht? Ihr Geschäft gedeiht.

Und was geschieht, wenn sie sich nicht auf diese positive Weise verhalten? Es spricht sich schnell herum, ihr Ruf leidet und schon bald sind sie nicht mehr im Geschäft. Die Menschen erkennen, wenn wir manipulieren oder lügen. Das bestätigt sich immer wieder.

Aber geht dieses Prinzip noch tiefer? Überzeugen Sie sich selbst davon, dass es so ist. Unternehmen, bei denen der Kunde wirklich an erster Stelle steht, ziehen zum Beispiel auch leichter Kunden von außerhalb oder aus dem Internet an. Diese Unternehmer werden Ihnen sagen, dass die Kunden sie auf geheimnisvolle Weise entdeckt haben und von der »Energie der Web-Bilder« sprechen oder davon, dass die »Farbgestaltung« der Website sie angezogen hätte.

Bei jenen aber, die nur nehmen und nicht geben wollen, sieht es anders aus. Sie ziehen Kunden und Geschäftspartner an, die sich ebenfalls manipulativ und unlauter verhalten und nur auf den eigenen Vorteil bedacht sind.

Warum ist es so, dass immer noch viele Menschen auf diese negative Art und Weise handeln?

Auch hier liegt der Grund darin, dass die Wissenschaftler mit der Ideologie vom »toten Universum« sie davon überzeugt haben, dass es keine Rolle spielt, ob sie sich ehrlich verhalten, weil ihr Schicksal dem Universum sowieso vollkommen gleichgültig ist. Sie unterstellen: »Es mag unethisch sein, aber warum sollen wir *nicht* manipulieren, um besser für uns selbst zu sorgen? Es sorgt sich ja sonst niemand um uns.«

Und so geschieht es ihnen dann auch.

Wie sieht also das karmische Prinzip aus, das hier zum Tragen kommt?

Das ist offensichtlich: Diejenigen von uns, die in dieser Welt geben, ziehen auf geheimnisvolle Weise mehr Menschen an, die ihrerseits auch gerne geben, die uns Energie oder Unterstützung oder geheimnisvolle Informationen genau zum richtigen Zeitpunkt zukommen lassen – so dass unser Leben leichter wird und wir stets inspiriert bleiben.

So einfach und so spektakulär ist das!

Wenn wir im Einklang mit diesem kosmischen Betriebssystem leben, bewirkt das in unserem Leben einen sofortigen Energieschub. Und das Alter spielt keine Rolle. Es ist nie zu spät, damit zu beginnen.

Nehmen Sie sich also vor, den Menschen in Ihrem Leben den größtmöglichen Dienst zu erweisen, und beginnen Sie, sich auf die intuitiven Informationen zu konzentrieren, die Sie erhalten, um sie an andere weiterzugeben.

Die intuitive Führung, die Sie empfangen, um anderen zu helfen, kann alles Mögliche sein: etwas, was Sie neu entdecken, etwas, von dem Sie spüren, dass ein anderer Mensch es gerade braucht, oder einfach ein ermutigender Energieschub, der aus Ihrer eigenen Göttlichen Verbindung kommt und von Ihnen auf die Leute ausstrahlt, denen Sie begegnen.

Wenn Sie einen solchen intuitiven Impuls spüren, etwas zu tun oder zu sagen, sollten Sie nie versäumen, danach zu handeln. Oft sind Sie zu einem bestimmten Zeitpunkt an einem bestimmten Ort, um eine wertvolle Synchronizität für die Menschen zu sein, mit denen Sie zusammentreffen. Und je mehr Sie auf diese Weise helfen, desto mehr Menschen werden dann auch in Ihrem Leben auftauchen, um eine wertvolle Synchronizität für Sie zu sein.

* * *

An dieser Stelle sollten Sie sich fragen: *Wie würde sich die Welt verändern, wenn plötzlich jeder in karmischer Harmonie handelt?*

Die Kreativität aller würde enorm zunehmen, und sie würden schneller ihre wahren Aufgaben finden, um Licht in die Welt zu bringen und die alten korrupten, manipulativen Verhaltensweisen durch Liebe und Inspiration zu ersetzen.

Vergessen Sie auch nicht, dass es – wie Sie aus der

Lektüre des Buches wissen – noch eine andere Möglichkeit gibt, Ihr gutes Karma zu verstärken: Geben Sie den Zehnten.

Der Zehnte ist nicht nur ein religiöses Konzept, sondern eine machtvolle spirituelle Technik, deren Wirksamkeit sich eindrucksvoll nachweisen lässt und die große Freude bereitet.

Ich schlage vor, dass Sie den Zehnten auf folgende Weise zahlen:

Beschließen Sie, einen bestimmten Prozentsatz Ihres Geldes an andere zu verschenken, insbesondere an diejenigen, die Ihnen etwas gegeben haben. Es ist in Ordnung, klein anzufangen, aber setzen Sie sich zum Ziel, die magische Grenze von zehn Prozent zu erreichen.

Und denken Sie daran, dass Geld nur eine Form von Energie ist, die zu Ihnen zurückfließt, je nachdem, wie Sie sie nutzen.

Lassen Sie sich von Ihrer Intuition den Weg weisen, wohin Sie das Geld geben sollen. Es gibt nichts Interessanteres, als einen bestimmten Geldbetrag in der Tasche zu haben und gespannt darauf zu warten, was man damit macht. Sie wissen, dass sich etwas Geheimnisvolles ereignen wird, um Sie zu leiten, und wenn Sie die Augen offen halten, wird genau das auch eintreten.

Zehn Prozent scheint die Größenordnung zu sein, welche am meisten Geldenergie aktiviert und die als Ergebnis Ihres Zehnten zu Ihnen zurückkommt. Wenn das Geben des Zehnten noch eine neue Erfahrung für Sie ist, werden Sie bald feststellen, dass es tatsächlich wunderbar funktioniert. In einigen spirituellen Schriften heißt es, dass der Zehnte *die* Möglichkeit ist, das System wirklich zu testen und in der vollen Erwartung zu geben, dass alles um ein Vielfaches vermehrt wieder zu uns zurückkommt.

Ich denke, dass der Zehnte, wie in *Celestine* empfohlen, sich letztlich zur wichtigsten Wirtschaftsform auf Erden entwickeln wird.

Aber beweisen Sie sich erst einmal selbst, dass es funktioniert, und erkennen Sie, wie die bewusste Ausrichtung auf das karmische System uns alle glücklicher, inspirierter und bewusst genug macht, um alles daran zu setzen, unser wertvollstes Gut erheblich zu verbessern: die Beziehungen zu unseren Mitmenschen.

6
Beziehungen heilen

Die Fähigkeit, hoch bewusste Beziehungen zu entwickeln, ist ein weiterer Schlüssel zu einer besseren spirituellen Verbindung, die unser Leben inspiriert.

Denken Sie daran, dass die Absicht, die eigene spirituelle Verbundenheit systematisch zu entwickeln, automatisch unser Gefühl innerer Sicherheit und Geborgenheit stärkt. Das ist wichtig, denn viele der Übel, die unsere Beziehungen belasten können, haben mit unserem Bedürfnis nach Sicherheit zu tun.

Wenn wir uns in unserem Leben unsicher fühlen, neigen wir dazu, andere Menschen zu unserem Lebensinhalt zu machen und uns in schweren Zeiten auf sie zu stützen. Einiges davon ist natürlich und kann ein wertvolles Element gegenseitiger Fürsorge und Unterstützung sein, aber nur, wenn es bewusst geschieht und das

Machtgleichgewicht in der Beziehung gewahrt ist. Dies gilt vor allem, wenn es sich um eine Liebesbeziehung handelt.

Wenn dieses Gleichgewicht gestört ist, entstehen Probleme.

Aber das wissen Sie natürlich.

* * *

Ich versichere Ihnen, dass mit den Fähigkeiten, über die wir gesprochen haben, die meisten Beziehungen auf natürliche Weise geheilt werden können.

Unsere innere Sicherheit ist jedoch von größter Bedeutung, denn sie bewirkt, dass Sie wirklich im Mittelpunkt Ihres Lebensfilms stehen, und verhindert, dass Sie lediglich zum Nebendarsteller in der Geschichte eines anderen Menschen werden.

Eine untergeordnete Rolle zu spielen, stört das Machtgleichgewicht in einer Beziehung und löst, wie Sie in diesem Buch gelesen haben, unbewusste Kontrolldramen aus.

Um eine bewusste Beziehung aufzubauen, muss jede Person innerlich sicher werden, damit sie nicht mehr von der Energie der anderen abhängig ist. So entsteht ein ausgeglichenes Kräfteverhältnis, und zwar ganz natürlich und mühelos.

Vergessen Sie nicht: Wenn Sie gut in Ihrer spirituellen Verbindung zentriert sind, verfügen Sie über einen endlosen Vorrat an Energie.

Wenn also Beziehungspartner sich gegenseitig Energie geben, steht sogar noch mehr Energie zur Verfügung, die Ihnen hilft, Ziele zu entwickeln und Pläne zu schmieden,

Synchronizitäten zu deuten und Erziehungsaufgaben harmonisch miteinander zu teilen.

Und was ist, wenn Sie all das anstreben, aber einige der Menschen, zu denen Sie in Beziehung stehen, noch nicht daran interessiert sind, den spirituellen Sprung zu machen, oder Ihnen gegenüber sehr festgefahrene Kontrolldramen an den Tag legen?

Was soll man dann tun? Vor allem, wenn Ihnen daran gelegen ist, die Beziehung zu einer solchen Person zu retten?

Rufen Sie sich zunächst ins Gedächtnis, wie solche Kontrolldramen überhaupt entstehen. Wenn Menschen unsicher und ängstlich sind, tun sie alles, um sich irgendwie besser zu fühlen. Wir müssen uns nicht nur gegen unsere eigenen Verletzungen und Ängste verteidigen, sondern auch gegen andere Leute, von denen wir glauben, dass sie uns niedermachen oder anderweitig manipulieren wollen, um uns Energie zu stehlen.

Wenn uns jemand herabwürdigt, fühlen wir uns angegriffen und schenken dieser Person Aufmerksamkeit. Nun greift das Prinzip, dass »die Energie dorthin fließt, wohin die Aufmerksamkeit fließt«. Der betreffende Mensch bekommt von uns einen Energieschub, und wir fühlen uns geschwächt.

Also neigen wir dazu, uns gegen diesen »Energieraub« zu wehren, indem wir wiederum den anderen niedermachen oder manipulieren, um uns die Energie zurückzuholen.

Wie Sie in *Celestine* lesen können, ist dies das Spiel, das von so vielen Menschen gespielt wird und so viel Lüge und Korruption in unserer Welt erzeugt.

Aber das sind natürlich alles Ego-Probleme, die in Familien entstehen, in denen Unsicherheit vorherrscht. Und Sie kennen bereits das Heilmittel dagegen, nämlich stets spirituell verbunden zu sein. Wenn wir uns unsere eigene innere Sicherheit und Geborgenheit schaffen und darin ruhen, schenkt uns das einen unerschöpflichen Vorrat an Energie, und zwar auch dann, wenn andere versuchen, uns Energie zu stehlen. Wir müssen diese Spiele dann nicht mehr mitspielen.

Und das geht so: Bleiben Sie einfach mit der Person in Verbindung, geben Sie ihr freiwillig und bewusst Energie, und sagen Sie ihr dann offen, dass Sie verstehen, welches Spiel von ihr gespielt wird.

Wenn Sie zum Beispiel mit dem Drama des »Armen Ichs« konfrontiert sind, bei dem jemand Ihnen Schuldgefühle für etwas einreden will, das von Ihnen überhaupt nicht beabsichtigt war, sagen Sie einfach: »Ich habe das Gefühl, dass ich gezwungen werde, mich schuldig zu fühlen.«

Und bleiben Sie dabei. Verteidigen Sie sich nicht. Erklären Sie einfach weiter Ihre Erfahrungen mit der Situation. Senden Sie weiterhin Liebe. Sie müssen sich vielleicht zurückziehen, aber Sie sind nicht betroffen. Sie bleiben ein Gebender, sicher in sich selbst ruhend.

Sie haben ein unauthentisches Spiel geklärt, indem Sie authentische Ehrlichkeit zum Ausdruck brachten. Sie haben dem anderen mitgeteilt, wie Sie die Situation erleben. Ob die andere Person das will oder nicht, als Reaktion auf Ihre Authentizität wird auch sie authentischer werden. Und da Sie sich nicht von ihr abkapseln, öffnet das die Tür, um über die wahren Gefühle in einer Beziehung zu sprechen.

Manchmal ist es das Kontrolldrama der »Unnahbarkeit«, mit dem Sie konfrontiert sind, und die Person benutzt Distanzierung oder Geheimnistuerei, um Sie dazu zu bringen, Fragen zu stellen, und auf diese Weise Energie von Ihnen zu bekommen. Durchbrechen Sie dieses Spiel, indem Sie ihr bewusst Energie geben und authentisch sagen: »Ich habe das Gefühl, dass ich dich nicht wirklich kennenlernen kann, weil du mir keine Details über dich erzählst.«

Ähnlich verhält es sich, wenn Sie es mit dem Kontrolldrama des »Vernehmungsbeamten« zu tun haben, der Energie zu stehlen versucht, indem er ständig etwas an Ihnen zu kritisieren findet. Sagen Sie einer solchen Person einfach, dass Sie sich kritisiert und herabgesetzt fühlen, wenn Sie mit ihr zusammen sind. Diese Menschen spüren Ihre Energie und authentische Aufrichtigkeit und werden dadurch, oft unmittelbar während des Gesprächs, auch selbst wieder authentischer.

Diese Methode, das Spiel beim Namen zu nennen, funktioniert auch bei der aggressivsten Variante des Kontrolldramas, dem »Einschüchterer«, der versucht, Energie von Ihnen zu bekommen, indem er droht, dass er ausrasten und etwas Extremes tun wird, und Ihnen damit regelrecht Angst einjagt.

Benennen Sie das Spiel behutsam, aber seien Sie vorsichtig – wenn Sie mit einem Einschüchterer konfrontiert sind, ist es manchmal klüger, sich aus der Situation zu entfernen.

Wie Sie sehen können, besteht das Geheimnis bewusster Beziehungen darin, innere Sicherheit aufzubauen, authentisch, aufrichtig mit anderen zu kommunizieren und freiwillig Energie zu geben – denn wenn Sie die Menschen, die Ihnen nahe stehen, heilen und erleuchten, werden Sie um sich herum all die Unterstützung versammeln, die Sie brauchen, um synchronistisch Ihren Flow und Ihr intuitives Geben zu steigern.

Und während Sie Ihr natürliches Muster, Ihren Mitmenschen und der Welt Gutes zu geben, beobachten und entwickeln, werden Sie sich an Ihren Auftrag erinnern.

7
Erinnerung an ihren Auftrag

Wenn Sie sich bewusster auf das Leben einlassen, stets das Beste für andere und für sich selbst anstreben und sich bei der Frage, wie Sie am besten helfen können, von Ihrer Intuition leiten lassen, werden Sie sich klar darüber werden, was Ihre Bestimmung in diesem Leben ist.

Sie beginnen, in der Wahrheit, die Sie anderen gegenüber aussprechen, ein Muster zu erkennen. Dabei kann es sich um jeden Aspekt des Lebens handeln: Wellness, Unterricht, Regierung, Coaching, Geschäft oder eine Vielzahl anderer Bereiche. Oder es könnte etwas ganz Einzigartiges sein, das die Welt braucht.

Sicherlich kann jeder von uns auf vielfältige Weise helfen, aber oft erkennen wir (und das kann in jedem Alter geschehen), dass all unsere Erfahrungen uns darauf vorbereitet haben, auf eine ganz bestimmte Weise zu helfen. Wir können es an der Art und Weise erkennen, wie unsere Intuition uns leitet, und an den Möglichkeiten, die durch die Synchronizität in unser Leben gebracht werden. Wir haben das Gefühl, dass wir uns auf einer Reise befinden und letztlich auf einen bestimmten Ort oder eine Situation zusteuern, in der wir dazu beitragen können, die Welt weiterzuentwickeln.

Und nun möchte ich Ihnen schilden, was wir, wie ich glaube, über diesen Prozess herausgefunden haben.

Es geht nicht darum, anerkannt oder berühmt zu sein. Ruhm kann diesen Prozess in vielerlei Hinsicht behindern. Es geht darum, sich selbst zu kennen und auf dem Weg des Herzens zu bleiben.

Hier ist eine Möglichkeit, wie Sie erforschen können, was Ihr Auftrag, Ihre Bestimmung ist. Lehnen Sie sich für einen Moment zurück und danken Sie dafür, dass Ihnen nun ein möglichst klares Bild Ihres Lebens gezeigt wird. Denken Sie daran, dass alle Wendepunkte in Ihrem Leben im Nachhinein als Synchronizitäten betrachtet werden können.

Beginnen Sie also bei Ihren Eltern und Verwandten.

Warum haben Sie sich für diese Familie entschieden, oder warum wurden Sie in diese Familie hineingeboren? Was könnten Sie sich bei dieser Wahl gedacht haben? Das sind die Menschen, die Ihnen beibrachten (oder auch nicht), worum es in der Welt geht, was ihrer Meinung nach wichtig ist und wie Sie sich ins Leben einfügen sollten.

Fragen Sie sich, wie Ihnen diese ersten Einflüsse gefielen. Was war Ihrer Meinung nach an der Weltanschauung dieser Menschen wahr? Womit lagen sie Ihrer Meinung nach eher falsch? Was könnte eine unvollendete Aufgabe eines Ihrer Eltern oder Verwandten gewesen sein?

Ist es der Sinn Ihrer Reise, diese Aufgabe zu erfüllen?

Denken Sie ernsthaft darüber nach.

Wie Sie auf Ihre frühe Lebenssituation reagiert haben, ist Ihr erster Hinweis darauf, was Sie in Ihrem Leben tun möchten. Wie hätten Sie Ihre frühen Lebensumstände verändert, wenn Sie gekonnt hätten?

Denken Sie nun an die anderen wichtigen Menschen in Ihrem frühen Leben. Wer waren Ihre Lieblingslehrer? Was haben sie Ihnen vermittelt, das für Ihr frühes Kennenlernen der Welt wichtig war?

Und wer waren die ersten Freunde, zu denen Sie sich hingezogen fühlten? Welche Synchronizitäten brachten diese in Ihr Leben? Was waren Ihre frühen Interessen in der Schule? Warum haben Sie bestimmte Fächer gewählt?

Wenn Sie zurückblicken, gab es eine Synchronizität, die Sie zu Ihrem ersten Job hinführte?

Fahren Sie nun fort und schauen Sie sich die bedeutsamen Synchronizitäten an, durch die andere wichtige Menschen in Ihr Leben gebracht wurden, vielleicht sogar Ihr Ehepartner. Welche synchronistischen Fügungen spielten bis zum heutigen Zeitpunkt bei Ihrer Ausbildung und Ihrer Arbeit eine Rolle? Was haben Sie von Ihren Kindern oder anderen Kindern gelernt?

Am wichtigsten ist, dass Sie sich bei der Betrachtung all der Synchronizitäten in Ihrem Leben bis zu diesem Punkt eine entscheidende Frage stellen: Worauf haben all diese Impulse und Einflüsse Sie vorbereitet? Was ist Ihre Botschaft, die Sie nun der Welt darüber erzählen können, wie man ein großartiges Leben führt und erlebt?

Das ist es, was Sie gegenwärtig bezüglich Ihres Lebensauftrages klar sehen und verstehen, und dieser Prozess wird nie wirklich enden. Im Laufe Ihres Lebens werden Sie eine immer klarere Vorstellung davon gewinnen, warum Sie in diese Welt gekommen sind. Ihre Wahrheit oder Begabung wird sich immer weiter entwickeln, während die spirituelle Verbundenheit überall auf der Welt wächst.

8
Integrieren Sie Ihre Fähigkeiten in eine spirituelle Weltanschauung

Alle Informationen, die wir hier erörtert haben, begannen mit Gedanken darüber, wie man wach bleibt und für sich einen höheren Lebensweg findet.

Wir sprachen über Ihre Fähigkeit, den Fluss der Synchronizität in Ihrem Leben zu steigern, und warum Sie dafür eine zusätzliche Fähigkeit kultivieren müssen – die spirituelle Verbindung auf einer höheren Ebene.

Dann haben wir gezeigt, wie Absicht, Intuition, karmische Harmonisierung, bessere zwischenmenschliche Beziehungen und ein Gefühl für die eigene Bestimmung und den Lebensauftrag, Fähigkeiten sind, die aus dieser höheren spirituellen Verbindung entspringen.

Jetzt ist es an der Zeit zu erforschen, wie sich diese Fähigkeiten nahtlos in das einfügen lassen, das man als *Celestine*-Weltanschauung bezeichnen könnte. Natürlich handelt es sich dabei um eine Weltanschauung, die darauf beruht, dass wir unseren Teil dazu beitragen, die Welt weiterzuentwickeln und die alarmierend um sich greifende Korruption durch eine neue, stärker spirituell geprägte Kultur zu ersetzen.

Es ist von entscheidender Bedeutung, uns selbst daran zu erinnern, dass wir, um eine bessere Welt zu erschaffen, dieses Bewusstsein vernehmlich artikulieren und leben müssen.

Das ist kein Krieg. Wenn wir zulassen, dass unsere Sorge über die Korruption in Hass umschlägt, wechseln wir damit selbst auf die dunkle Seite.

Wenn wir die Liebesverbindung aufrechterhalten, geschieht die Veränderung, denn wenn wir dieses Bewusstsein leben und darüber sprechen, werden wir auch andere auf positive Weise damit anstecken.

Denken Sie daran, dass jede Seele dazu bestimmt ist, sich zu öffnen wie ein Samenkorn, das aufspringt – sich zu öffnen für diese inspirierende Lebensweise.

Stellen Sie sich vor, wie eine spirituelle Kultur aussehen und sich anfühlen könnte

Sie haben einen guten Zugang zu Ihrer spirituellen Verbindung aufgebaut – vor allem durch die Zähmung Ihrer alten defensiven Gewohnheiten, indem Sie sich Ihre auf Liebe basierende innere Sicherheit immer wieder »downloaden«. Deshalb fällt es Ihnen morgens nach dem Aufwachen leicht, sich auf Ihre spirituelle Verbindung einzustimmen und sie zu stärken.

Das Gefühl, das Sie spüren, ist Liebe.

Diese Verbindung schenkt Ihnen einen morgendlichen Inspirationsschub, während Sie nach Ihren wichtigsten Fragen suchen und gespannt sind, wann die erste Synchronizität eintreten wird, um sie zu beantworten.

Sie bekräftigen dankbar, dass diese Antworten auftauchen werden, einschließlich der Absicht, dass Ihr Tag ruhig und sicher verlaufen wird und dass gut erkennbare

Intuitionen Sie zu den »geheimnisvollen Zufällen« führen werden, die Sie erwarten.

Wenn Sie an Ihrem Arbeitsplatz eintreffen, beginnen Sie vielleicht mit einem Projekt oder haben sich ein Ziel gesetzt.

Nehmen wir an, Sie müssen einen Marketingplan für ein neues Nahrungsergänzungsmittel auf pflanzlicher Basis entwickeln, das ein guter Ersatz für ein Medikament mit vielen schädlichen Nebenwirkungen ist.

Zunächst geben Sie dem Projekt einen affirmativen Anstrich, damit der Marketingplan probemlos erstellt werden kann und die Öffentlichkeit dadurch auf das Produkt aufmerksam gemacht wird.

Und weil Sie wissen, dass Sie sich an der karmischen Harmonie orientieren müssen, können Sie noch etwas tun: Sie können sich selbst über das Ergänzungsmittel informieren, damit Sie wissen, dass Sie wirklich für eine gute Sache arbeiten, die den Menschen hilft.

Als Nächstes könnten Sie die Idee mit Hilfe der Logik beleuchten.

Sie gehen auf logische, praxisorientierte Weise an Ihre Aufgabe heran. Sie wollen herausfinden, wie sich in der heutigen Marketingwelt Herz und Gefühl besser einbringen lassen, aber schließlich wird Ihnen klar, dass diese Ansätze nicht wirklich zu diesem Projekt passen. Also konzentrieren Sie sich auf Ihre Frage und definieren die klare affirmative Absicht, einen besseren Weg zu finden.

Vielleicht kommt Ihnen nun in den Sinn, etwas Zeit allein zu verbringen, um dadurch Ihre spirituelle Verbindung zu stärken und sich besser auf Ihre intuitiven Gedanken konzentrieren zu können. Plötzlich ist da der

Einfall, in der Mittagspause einen Spaziergang in den Park zu unternehmen, was Sie als belebende Idee empfinden.

Sie wissen, dass es sich hier vermutlich um einen wichtigen Hinweis Ihrer Intuition handelt. Also spazieren Sie los.

Während des Spaziergangs gehen Ihnen eine Menge Dinge durch den Kopf: Aufgaben, die später zu Hause erledigt werden müssen, eine bevorstehende Urlaubsreise, vielleicht die Sorge, ob Sie Ihr Projekt rechtzeitig fertigstellen können – wodurch eine Ihrer defensiven Gewohnheiten zum Vorschein kommt, die darin besteht, sich obsessiv in Ihrer Arbeit zu verlieren. Sie überlegen sogar, sofort ins Büro zurückzugehen, um sich gleich wieder in die Arbeit zu vergraben. Aber Sie rufen sich ins Gedächtnis, dass Sie bereits hier und jetzt mit dem Spaziergang eine wichtige Arbeit tun, und kehren zu Liebe und innerer Ruhe zurück, Ihrem emotionalen Fundament.

Plötzlich fällt Ihr Blick auf eine Parkbank neben einem großen Baum. Sie gehen dorthin und setzen sich. Dann bemerken Sie, dass auf der anderen Seite des Baumes eine große Gruppe von Leuten gemeinsam Mittagspause macht, isst und sich laut unterhält. Fast wollen Sie aufstehen und weitergehen.

Aber Sie bleiben dann doch sitzen und können gar nicht anders, als zuzuhören, was diese Leute reden. Während Sie zuhören, spüren Sie, dass Ihr Energielevel steigt. Die Menschen dort sprechen über Leben und Kultur, und über das Ausmaß der ständigen Manipulation in der kommerziellen Werbung.

»Warum«, sagt eine Frau in der Gruppe, »können Unternehmen nicht einfach die Wahrheit über die Produkte sagen, die sie verkaufen, ohne all den Hype und die Täuschungen?«

Und da trifft Sie die Erkenntnis wie ein Blitz.

Sie denken: *Das ist wahr! Warum können Firmen nicht einfach die Wahrheit sagen?*

In diesem Moment wissen Sie, dass Sie Ihre Antwort gefunden haben, wie es mit dem Marketingkonzept weitergehen soll, an dem Sie arbeiten. Sie werden einfach auf bestmögliche Weise die Wahrheit sagen: Dieses Nahrungsergänzungsmittel ist wirkungsvoll und kann die Einnahme bestimmter Medikamente ersetzen, wenn man gleichzeitig den eigenen Zuckerkonsum deutlich reduziert und auf eine ausreichende Versorgung mit allen wichtigen Nährstoffen achtet.

Mit dieser Erkenntnis gehen Sie zurück ins Büro, erklären Ihren Kolleginnen und Kollegen, wie Sie dazu inspiriert wurden, und die anderen beginnen, spirituelles Bewusstsein auf neue Art wertzuschätzen.

* * *

Was sagt uns diese Visualisierung? Wenn genug von uns so leben, werden andere es bemerken und anfangen, diese Lebensweise auszuprobieren und für sich zu entdecken, weil sie so wirkungsvoll und monumental wichtig ist und weil sie so viel Freude macht.

Um in diese Realität zu gelangen, müssen wir nur eines tun: einen Gang zurückschalten, uns mehr Zeit nehmen und unsere spirituellen Fähigkeiten anwenden. Das Universum ist darauf angelegt, ständig diese Art von Fügungen hervorzurufen. Wir müssen nur lernen, sie wahrzunehmen, uns von ihnen leiten zu lassen und uns die Zeit zu nehmen, anderen diese Lebensweise zu erklären.

Ich hoffe, Sie spüren, wie die kritische Masse für diese neue Weltsicht bereits entsteht und eine Welle von Menschen motiviert, ein neues Bewusstsein und eine ansteckende neue Energie in unsere Zivilisation zu bringen und auf diese Weise zu unermüdlichen Helfern und Reformern zu werden.

Wir alle können uns auf diese Liebeswelle einstimmen und zulassen, dass sie uns zur rechten Zeit an den richtigen Ort führt. Dann werden wir viel bewirken.

Wir hoffen, dass Sie sich uns anschließen, weil diese höhere Herangehensweise uns allen die beste Art zu leben eröffnet … und wahrscheinlich erwecken und entfalten wir dadurch das einzige Bewusstsein, das die Welt retten kann.

James Redfield
Seaside, Florida
Juni 2018

Für weitere Informationen besuchen Sie
Celestinevision.com

Die Fortsetzung des Weltbestsellers

Mit einer neuen, in sich abgeschlossenen Erzählung nimmt James Redfield in diesem Buch die Geschichte von Celestine wieder auf und schickt seine Leser auf die atemberaubende Suche nach der zehnten Prophezeiung, in der ein neuer Schlüssel zum Überleben der Menschheit verborgen ist. Die Geschichte der zehnten Prophezeiung ist eine Parabel voller verblüffender Erkenntnisse, die unseren Blickwinkel erweitern und unserem Leben einen neuen Sinn geben können. James Redfield lässt die Vision einer neuen Spiritualität vor unseren Augen auferstehen, die uns verändern kann... und vielleicht sogar die ganze Welt.

James Redfield
Die zehnte Prophezeiung von Celestine
Das zweite Buch von Celestine

Taschenbuch
Auch als E-Book erhältlich
www.ullstein.de

ullstein